汽车保养与维修丛书

汽车维修实用技术

（第四版）

主 编　曹建国

Qiche

重庆大学出版社

内容简介

本书主要介绍汽车修理的基本理论、汽车发动机、底盘各主要零部件的损坏机理及修理方法和修理工艺,汽车主要总成的拆卸、检测、装配等方法,并对汽车新结构、新技术也做了较为详细的介绍。

本书可作为汽车及相关专业的教材及教学参考书,也可作为汽车维修人员和汽车爱好者的有关汽车维修知识的参考书。

图书在版编目(CIP)数据

汽车维修实用技术/曹建国主编.—重庆:重庆大学出版社,2003.12(2022.1重印)
(汽车保养与维修丛书)
ISBN 978-7-5624-2819-0

Ⅰ.汽… Ⅱ.曹… Ⅲ.汽车—车辆修理 Ⅳ.U472.4

中国版本图书馆 CIP 数据核字(2003)第 045888 号

汽车维修实用技术
(第四版)

主编 曹建国

责任编辑:曾显跃　　版式设计:曾显跃
责任校对:许 玲　　责任印制:张 策

*

重庆大学出版社出版发行
出版人:饶帮华
社址:重庆市沙坪坝区大学城西路 21 号
邮编:401331
电话:(023) 88617190　88617185(中小学)
传真:(023) 88617186　88617166
网址:http://www.cqup.com.cn
邮箱:fxk@cqup.com.cn(营销中心)
全国新华书店经销
POD:重庆新生代彩印技术有限公司

*

开本:787mm×960mm　1/16　印张:23.25　字数:469 千
2019 年 8 月第 4 版　　2022 年 1 月第 9 次印刷
印数:13 001—14 000
ISBN 978-7-5624-2819-0　定价:49.80 元

前　言

　　汽车已经成为人类社会必不可少的、便捷的交通工具。我国国民经济的高速发展,给汽车工业带来了一个新的发展时期,我国已成为世界主要的汽车制造大国,汽车的年产量已位居世界前列。我国的汽车保有量越来越大,乘用车已普遍进入寻常百姓家庭,人们急需学习和掌握汽车维护保养知识。作者为了满足汽车使用者的需要,结合实际情况编写了这本汽车维护和保养图书。

　　根据读者的要求和意见,我们在第三版的基础上,对本书进行了修改。全书以实用性为原则,以一般汽车使用者为对象,深入浅出,全面地阐述了汽车维修保养的基本原理、维修、装配知识。

　　本书主要讲述了汽车维修的基础理论、汽车发动机的修理、汽车底盘的修理、汽车新结构的修理知识。全书共分20章。第1章讲述汽车性能的基本概念;第2章讨论了汽车零件的损伤的机理;第3章介绍了汽车零部件的修复方法;第4章简介了汽车维修制度;第5章讲授了维修车辆的解体与零件的清洗、检测;第6章~第11章详细讲解了汽车发动机主要零部件的修理知识;第12章~第16章重点论述了汽车底盘主要总成的修理方法以及汽车总装知识;第17章~第20章讨论了汽车发动机电子控制汽油喷射系统、自动变速器、防抱死制动系统等汽车新结构的维修知识。

　　本书适用于汽车服务工程专业、汽车运用专业、汽车维修与保养专业的本专科学生作为教材,也可作为汽车维修人员、汽车驾驶员、汽车爱好者学习汽车维修与保养知识的参考书。

参加本书编写工作的有曹建国、邓定瀛、廖林清、杨新桦。全书由曹建国担任主编。

在本书编写过程中,引用了国内外同行的数据和插图,参考了许多相关书籍的资料,在此表示衷心的感谢。

由于汽车维修技术涉及面广,汽车的新技术、新结构不断涌现,加之编者水平有限,本书难免存在疏漏和错误,恳请读者批评指正。

编　者

2019 年 6 月

目 录

第1篇 汽车维修基础知识

第2篇　汽车发动机的修理

第3篇　汽车底盘的修理

第4篇　现代汽车新结构的检修

第 1 篇

汽车维修基础知识

第1章 汽车技术性能的变化

1.1 汽车技术性能的变化与评价指标

汽车在使用过程中,随着行驶里程的增加和外界条件的变化,其技术性能将逐渐变差,致使汽车的动力性下降,排气和噪声污染加剧,可靠性降低,直至最后达到使用极限。其相继出现的主要现象有:

①汽车最高行驶速度降低,加速时间和加速距离延长;

②牵引能力下降,以致最终不能拖挂;

③燃油与润滑油消耗量增加;

④制动性能不良,甚至于跑偏和失灵;

⑤转向沉重、摆振;

⑥排气中碳烟含量增多或有异常气味;

⑦行驶中出现噪声、震动或异常声响;

⑧运行中因技术故障而停歇的时间增加。

汽车技术性能变差的主要原因是:相互摩擦的零件之间产生自然磨损;与有害物质相接触的零件被腐蚀,长期在交变载荷作用下产生疲劳;在外载荷、温度、残余内应力的作用下,零件发生变形;橡胶、塑料等非金属零件和电器元件因长时间工作而老化;使用中由于偶然事故造成零件损伤等。上述原因致使零件原有尺寸、几何形状及表面质量改变,破坏了原来的配合特性和正确位置,从而引起汽车(或总成)技术性能的变差。

汽车在正常使用情况下,零件的磨损是导致汽车技术性能变差,以致最后失去工作能力的主要因素,这是客观存在的,也是不可避免的。

1.1.1 评价发动机性能的指标

汽车发动机的工作条件极不稳定,它经常运转在转速与负荷剧烈变化的条件下,某些零件还要在高温及高压等苛刻的条件下工作,因此,在使用过程中,其技术状况的变化也是很复杂的。发动机技术状况变化的主要现象有:功率下降,燃油与润滑油消耗量增加,漏水、漏油、漏气,启动困难及运转中有异常声响等。

评价发动机技术性能的参数很多,主要有:

（1）发动机功率

发动机机件磨损,点火、供油、冷却及润滑等系统工作不良,都会引起功率下降。在正常使用过程中,由于机件磨损,尤其是汽缸活塞组零件的磨损,因间隙增大、漏气量增加而使发动机功率下降,可通过汽缸压缩压力或曲轴箱窜气量的测定来进一步确定。气门与气门座磨损、烧毁、密封性变差或配气相位改变,也会影响发动机功率,可通过汽缸密封性来检查。此外,点火系及供油系失调,以及冷却系及润滑系工作不正常等因素引起的发动机功率下降,也可采用相应的诊断方法,测定其各自的参数来具体检验。

通过测定发动机功率值,就可以确定发动机是否可继续使用,是否需要维护保养或大修。

（2）燃油消耗量

发动机燃油消耗量是一个综合评价技术参数,它不仅与发动机供油系的技术状况有关,同时还受点火系、冷却系及底盘技术状况等因素的影响。因此,燃油消耗量除了可以用来确定供油系的技术状况外,还可用来确定发动机、甚至整车的性能好坏。

供油系技术性能不好,在发动机各种工况下,不能及时提供适当的混合气,必将造成发动机功率下降和燃油超耗。点火时刻不准、强度不大,致使发动机燃烧情况不良,也是引起功率下降和燃油超耗的原因。冷却系过热,发动机容易爆震;冷却系过冷,燃油挥发和雾化不良,均会使油耗增加;底盘部分的传动及行走等机构运行间隙失常,润滑不良,必然增大运动阻力,促使汽车油耗增加。因此,汽车在使用过程中检验燃油消耗量,可以作为不解体诊断汽车技术性能的手段之一。

（3）机油消耗量

机油消耗量可以反映汽缸活塞组的磨损情况,从而能在一定程度上表明发动机的技术状况。在发动机润滑系无渗漏,空气压缩机工作正常,以及机油规格符合要求的情况下,机油消耗量增加的主要原因是汽缸活塞组及活塞环磨损过大,机油窜入燃烧室被烧掉所致。

（4）发动机的燃烧质量

发动机燃烧室内的燃烧质量,可通过废气分析仪测定排气成分来确定。混合气体在燃烧室内的燃烧情况,可以反映燃油供给系、点火系及冷却系等的技术状况。燃烧质量的好坏将直接影响发动机的功率与油耗。

（5）汽缸压力

汽缸压缩终了时的压力与压缩比、曲轴转速、机油黏度及汽缸活塞组的技术状况有关。

活塞及活塞环与汽缸壁间隙过大,活塞环弹力不足,卡滞及对口,气门与气门座不密合,气门间隙过小,汽缸垫漏气等都会使汽缸压力下降。而燃烧室积炭过多、汽缸垫过薄或汽缸盖磨削过多,会使汽缸压力增高。

对汽缸压力的检验,不但可以判断发动机的技术状况,同时根据诊断时出现的现象,还能判明是汽缸活塞组漏气,还是气门与气门座不密合,还能够查明各个汽缸的磨损和漏气情况。

(6)发动机异响和振动

发动机的磨损主要发生在各配合零件之间,如:汽缸和活塞环、活塞销和衬套、曲轴和轴承、凸轮轴和轴承、气门和气门导管等。随着磨损的增加,零件的配合间隙变大,在零件工作时要产生冲击而产生振动和声响。因此,发动机工作时出现异常声响和振动,是发动机技术状况不良的证明。通过人耳的辨识或使用检测设备对异响和振动信号进行分析,可以判断故障的发生部位和程度,从而确定发动机状况。

1.1.2 评价底盘性能的指标

汽车底盘的性能好坏,关系到汽车行驶中的操纵性和安全性,同时底盘的技术状况还影响发动机的动力传递和燃油消耗,从而直接影响到汽车的经济性和动力性。评价底盘性能的指标主要有:

(1)驱动车轮的牵引力

测量出某一车速下驱动轮的牵引力(或功率)可以判断汽车的技术状况,这是因为汽车行驶时,发动机的功率是用以克服汽车本身阻力和运动阻力。运动阻力包括:滚动阻力、空气阻力、坡度阻力和加速阻力。汽车本身阻力(即传动系摩擦阻力),取决于传动系的机械效率。传动系机件磨损致使传动系技术状况恶化时,传动装置的功率损失将会增加,使得传至驱动轮的功率减少。因此,驱动轮上的输出功率可以表明底盘传动系总的技术状况。

(2)制动距离

制动器摩擦衬片与制动鼓磨损、油污或卡滞;液压制动系中有空气、制动液渗漏及总泵内制动液不足;气压制动系控制阀或制动气室密封不良;空气压缩机皮带松弛,工作效率降低等等,这些因素皆可使制动系工作效率降低,造成制动距离增长。因此,汽车制动距离可以反映制动系的综合技术状况。

(3)转向角及转向间隙

转向轮转向角关系到汽车的机动性。汽车转向机构在使用过程中,因机件磨损造成自由间隙增大后,可能造成汽车行驶中转向轮摇摆、转向失灵,以致酿成事故。

对转向角及转向间隙的检查,可以确定转向系的技术状况。

(4)转向桥车轮定位角及侧滑量

转向桥车轮定位角与汽车行驶中的操纵性、稳定性、安全性、轮胎磨损以及燃油消耗等有直接或间接的关系。例如:前束失准,会引起轮胎偏磨;主销后倾角过小,汽车行驶不稳定,主销后倾角过大,则转向沉重;主销内倾角过小,转向车轮不能自动回正；车轮外倾角失准，也会造成轮胎偏磨和转向沉重等故障。

车轮外倾角与车轮前束的正确配合，可以最大限度地保证车轮纯滚动，减少轮胎磨损。由于调整不当或使用原因造成两者不相"匹配"时，车轮滚动中将有侧向力存在，使车轮向某一侧滑移，用侧滑试验台可以诊断出车轮动态侧移量，从而判断车轮定位的技术状况。

车轮不平衡质量在旋转时将产生离心力，在汽车行驶中，它会引起振动和摇摆，使汽车操纵性变坏，同时还会加速轮胎的磨损。不平衡质量产生的离心力，将随车速提高而加剧，其情形如图1.1所示。近年来，汽车性能与速度逐渐地提高，因而对车轮平衡的要求也愈加严格。

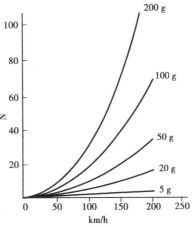

图 1.1 车轮不平衡质量产生的
离心力与车速的关系

对于车轮平衡的检查，可将车轮从汽车上拆下，装在固定式车轮平衡机上检查，或者用移动式车轮平衡机进行就车诊断。

（5）底盘异常声响与振动

底盘的异常声响，可为底盘系统技术状况的诊断提供线索。正确判明声响的部位，能把故障局限到某一总成或机构，进而能查明故障原因。底盘某总成或机构零件磨损松动后，运转时产生声响的同时还可能发生振动，诊断时要区别这两种异常现象。

（6）滑行距离

滑行距离能够表明底盘传力系统与行走机构的配合间隙与润滑等总的技术状况。

（7）底盘某些总成的工作温度

变速器、主减速器、制动器和转向器等总成的工作温度，可作为不解体诊断时的参考。温度过高，一般是运动件（齿轮、轴承等）间隙不当，或润滑条件变坏（润滑油不足、黏度太低等）。

1.1.3 汽车技术状况变化规律

汽车技术状况变化规律是指汽车技术状况与行驶里程或时间的关系。所以，研究汽车技术状况变化规律，就在于掌握其规律，采取相应措施，降低零件磨损速度，延长其使用寿命。

一部新车或大修后的汽车是否能投入运行及其技术状况的变化规律，通常是研究汽车主要部件磨损规律的指标。两个相配合零件的磨损量与汽车行驶里程的变化规律称做磨损特性。而两者关系曲线称为磨损特性曲线,如图 1.2 所示。

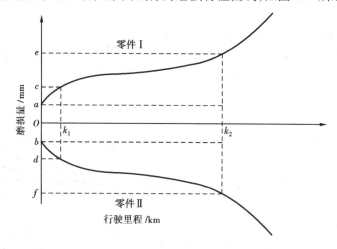

图 1.2 配合件的磨损特性曲线

由图 1.2 可以看出,零件的磨损规律可分为三个阶段:

第一阶段是零件的走合期(一般为 1 000 ~ 1 500 km)。这一阶段的特征是:在较短的时间(或里程)内,零件的磨损量增长较快,当配合件配合良好后,磨损量增长速度开始减慢。机件在走合期的磨损量主要与机件表面加工质量及在走合期的使用情况有关。

第二阶段为零件的正常工作时期($k_1 \sim k_2$)。这一阶段的特征是:零件的磨损随汽车行驶里程的增加而缓慢地增长。这是由于零件已经过了初期走合阶段,工作表面凸出尖点部分已被磨掉,部分由于塑性变形而将凹陷填平,零件的表面已经磨合较光滑,而相配零件间隙仍处于正常允许限度之内,润滑条件已有相当改善,所以,此阶段磨损量的增长是缓慢的。即在较长时间内相配件间隙增大不多,就整个期间的平均情况而言,其磨损强度(单位时间或里程内的磨损量)基本不变。对于汽车来说,这一阶段的行驶里程相当于大修前的行驶里程。在正常工作阶段中,机件的自然磨损取决于零件的结构、使用条件及使用情况,如果使用得合理,汽车就能经常保持良好的技术状况,自然磨损期相应延长。

第三阶段是零件的加速磨损时期。这一阶段的特征是:相配零件间隙已达到最大允许使用极限,磨损量急剧增加。由于间隙增大,引起冲击负荷增大,使润滑油膜难以维持,从而导致磨损量急剧增加到一定程度,出现失去工作能力,故障异响,漏气等现象,若继续使用,则将由自然磨损发展为事故磨损,使零件迅速损坏。汽车的大部分机件或主要部件到此限时,需进行大修才能恢复汽车的使用性能。行驶里程 Ok_2 称修理间隙里程或修理周期。

从汽车的磨损规律的分析可以看出,汽车的使用寿命与走合期和正常工作期的合理使用密切相关。图 1.3 示出了汽车使用的合理程度对汽车零件磨损的影响。

曲线 1 是合理使用,所以行驶里程至 L_1(km)时方进行大修,而曲线 2 或曲线 3 皆为不合理使用,加速零件的磨损,所以大修间隔里程缩小至 L_2 或 L_3(km),两者都小于 L_1。

结论:为了使汽车减小磨损速度,延长其使用寿命,必须对汽车走合期和正常工作期进行合理使用,采取技术措施,减少故障的发生,保证汽车技术状况的良好。

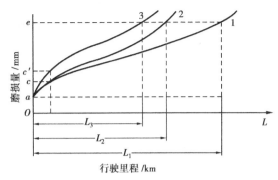

图 1.3　汽车使用不合理时对磨损的影响
1—使用合理(L_1);2—未及时维护及
驾驶不良(L_2);3—走合不良(L_3)

1.2　汽车技术性能变化的影响因素

汽车零件的磨损和老化是汽车运行过程技术性能变化的主要原因,而影响汽车零件磨损和老化的因素很多,其中主要包括汽车的结构和使用条件。使用条件包括有:载荷与速度条件、燃料和润滑材料的品质、气候条件、道路条件、驾驶技术和维修质量等。各方面因素并不是孤立存在,而是相互关联的。例如,汽车零件的承载状况在很大程度上取决于道路条件,但同时也与汽车的驾驶技术有关。由于气候条件影响道路的路面状况变化,有时还影响发动机工作的热状况。因此,在一定的条件下,汽车技术状况的变化是上述各种因素综合作用的结果,在某一特定条件下,其中某一因素所引起的作用会较大。为了便于分析,下面将分别说明各因素对技术状况变化的影响。

1.2.1　汽车的结构

汽车结构设计的合理性、制造装配质量和选用材料的优劣,是提高汽车的技术性能和寿命的重要途径。例如,结构设计不合理,就会加速机件局部磨损。

由于汽车结构复杂,各总成、结合件、零部件的工作情况差异很大,不能完全适应各种运行条件的工作情况,使用中就会暴露出某些薄弱环节。例如,有些制造厂生产的汽车,气门弹簧经常断裂,有些品牌汽车的发动机容易过热或空气压缩机容易窜油,有些品牌汽车行驶中容易摆振等。

上述各种情况,均属设计制造的缺陷或薄弱环节。

汽车零件和部件结构的设计合理化,可以在很大程度上改善汽车的使用性能和可靠性。例如:在悬挂方面采用橡胶或空气悬挂和尼龙销套等。

国外各汽车制造厂为使各自生产的车辆有较长的使用寿命,长期以来,对本厂生产的车辆采取各种方便维修的技术和组织措施,广泛设置服务维修网点,不仅保证维修质量,而且及时更换配件,同时还能了解到车辆在原设计和制造中的一些缺陷,为进一步改进汽车的结构提供有利的依据。

1.2.2 使用条件

(1)载荷与速度条件

1)载质量

载质量的大小影响汽车零件的磨损。汽车应按制造厂规定的载质量的额定标准载质量,如果超载,零件的磨损速度迅速上升。因为载质量增加,各总成的工作负荷增加,工作状态就会不稳定,所以要求发动机曲轴单位行驶里程的转数相应地增加;发动机处于高负荷且在不稳定情况下工作,会造成冷却系水温和曲轴箱内的机油温度过高,热状况不良。这一切均可使发动机磨损量增大。

汽车拖载总质量增加,磨损量增加,如图1.4所示。

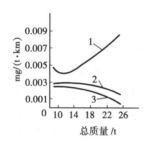

图1.4　汽车拖载总质量对各主要总成磨损的影响
1—发动机的磨损量;2—变速器的磨损量;
3—主减速器的磨损量

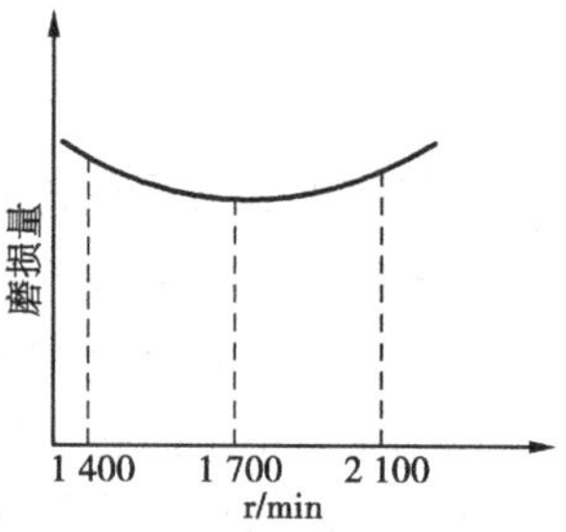

图1.5　用直接挡行驶时行驶速度对发动机磨损的影响

从图1.4可以看出,汽车拖载总质量增加时,各总成的磨损量均增大,其中以发动机最为显著(原因同单车)。变速器和主减速器磨损量随汽车拖载总质量增加而增加,其原因是低挡使用的次数多,各总成载荷加大,其中离合器的磨损最甚。

2)行驶速度

汽车的行驶速度对发动机磨损的影响比载质量更为明显。当载荷一定时,行驶速度对发动机磨损的影响,如图1.5所示。

当汽车行驶速度过高,发动机处于高转速状态,活塞的平均移动速度增高,汽缸磨损也相应加大;低速时,机件润滑条件不良,因而磨损同样加剧。高速行驶引起轮胎发热磨损增加,对于制动器的影响,主要是因高速行驶时汽车常需要急速制动。因为车轮制动蹄摩擦片的磨损一般是正比于每平方厘米衬带面积所吸收的汽车动能能量,因此,高速行驶汽车急速制动,使制动蹄片的磨损量迅速增加。

加速滑行行驶比以稳定速度行驶时发动机磨损量要增加 25% ~ 30%。因此,启动次数多,并利用加速滑行驾驶时,发动机磨损量增加。加速终了的速度越高,速度变化范围越大,发动机的磨损量也越大。为了减少机件磨损,必须控制行车速度,正确选用挡位,提倡中速行驶。

(2)燃料和润滑材料的品质

为了保证汽车正常工作,在使用中就应该合理地选用品质合适的燃料与润滑材料,否则,将促使汽车各总成和零件的磨损增加,降低汽车的使用性能,使技术状况迅速变差。

1)燃料品质的影响

①汽油

对于汽油发动机而言,其燃料品质对零件磨损的影响,主要评价指标包括:馏分温度、辛烷值和含硫量。

A. 馏分温度　汽油终点的馏分温度(馏出馏分 90% ~ 95% 时的温度)越高,对发动机的磨损越大。因为终点馏分温度表示其成分中重质馏分较多,而重质馏分不易挥发、雾化和燃烧。当低温启动发动机时,重质馏分不易挥发,而以油滴状态进入汽缸,冲洗缸壁上的油膜,并稀释曲轴箱的润滑油,使润滑油油性变差,缸壁和其他各部需润滑零件的润滑条件变差,从而加速零件的磨损。馏分终点的温度由 200 ℃ 提高至 250 ℃,发动机磨损量将增大 4 倍。

B. 辛烷值　在使用中,汽油的辛烷值若选择不当,会增加发动机的磨损,因为如果压缩比较高的发动机使用辛烷值低的汽油,则易引起爆燃,使发动机功率和经济性下降,而且将使曲柄连杆各零件受到很大的冲击负荷,严重时造成损坏。此外,由于爆燃产生高压力、高热的冲击波,把缸壁上的油膜吹散、点燃,致使润滑条件变坏,增加了磨损。实验表明,由于选择辛烷值不当,发动机在爆燃情况下工作,其发动机的平均磨损比不爆燃发动机磨损增加 58%,最高磨损甚至高达 2 倍。发动机爆燃对汽缸磨损的影响见表 1.1。

C. 含硫量　燃料含硫量对发动机的化学腐蚀影响很大。燃料中的硫在燃料后生成二氧化硫。当缸壁温度较低时,空气中的水蒸气在缸壁上凝结成水,与二氧化硫反应生成亚硫酸,对金属有强烈的腐蚀作用,加剧了发动机磨损。含硫量越多,发动机的磨损量就越大。国家规定汽油质量指标中含硫量不得超过 0.15%。

表 1.1　发动机爆燃对汽缸磨损的影响

发动机工作情况	汽缸平均磨损/%	汽缸上部平均磨损/%	汽缸上部最大磨损/%
无爆燃	100	100	100
有爆燃	158	218	303

②柴油

柴油品质的好坏对发动机零件磨损影响也很大。例如,柴油中重馏分过多,造成燃烧不完全而形成碳粒,汽缸磨损增加;另外,容易堵塞喷油器的喷孔,破坏发动机的正常工作。

柴油的黏度对喷油泵柱塞磨损也有影响。黏度大时,机件的工作阻力增加,柱塞偶件不能得到良好的润滑,磨损增大;黏度小时,柴油在零件的配合间隙内失去润滑作用,加速零件磨损。

柴油的十六烷值影响发动机工作的平稳性,选择不当,会产生工作粗暴,增加发动机的载荷,加剧机件磨损。

当柴油中含硫量由 0.1% 增至 0.5% 时,柴油机汽缸和活塞环的磨损量将增加20%~25%,柴油机的铅基铜质轴瓦也出现加速损坏。所以,规定柴油中含硫量不得超过 0.10%。

2)润滑材料

①润滑油

润滑油的品质主要表现为它的黏度、油性和抗氧化性能。

A. 黏度　润滑油随着温度升高而黏度降低的性质称为黏度—温度特性。润滑油黏度的高低,直接影响到润滑油的流动性。若润滑油黏度过大,使润滑油流动困难,特别是低温启动发动机时,不易达到摩擦表面,润滑条件变差,加速发动机的磨损。若润滑油黏度过低,使润滑系统的油压过低,造成供油不足,不能形成可靠的油膜,容易出现边界磨损或半干摩擦,同样会加速发动机磨损。

B. 油性　即润滑油在零件表面的吸附能力。油性对零件的磨损影响很大,特别是对于要求配合间隙严格、高载荷或受冲击载荷情况下工作的零件,提高润滑油的油性,可明显降低发动机的磨损。润滑油中含有水或其他杂质时,会使油性变差。

C. 抗氧化性　在使用过程中,发动机润滑油会逐渐变质,形成糊状物、胶质沉积物或积炭。积炭是热的不良导体且硬度较高,当燃烧室和活塞顶覆盖了积炭,引起散热不良,使零件过热,易产生爆燃,加速零件磨损。胶质沉积物是零件表面润滑膜在高温氧化后形成的,胶质沉积物导热性能差,黏附在活塞环上会降低其活动性,甚至引起活塞环卡死,使汽缸刮伤。沉积物严重时,会影响润滑油在油道、油管以及机油滤清器中的通过能力,破坏润滑系的正常工作。为了提高抗氧化性,降低磨损,延长润滑油的使用期限,可在润滑油中加入添加剂。试验证明,有添加剂的润滑油能减少零件磨损 30%~40%。

②润滑脂

在使用润滑脂进行润滑时,要注意合理选择不同性质的润滑脂,不可随意滥用。同时要注意清洁,避免混入灰土、砂石或金属屑等杂物,以减少机件磨损,提高润滑脂润滑作用。目前,有些载货汽车的底盘采用集中润滑,不仅方便了维修的润滑作业,而且对机件延长其使用期限,带来极为明显的效果。

1.2.3　气候条件

气候条件对汽车技术状况的影响,一般在严寒和酷热时较为显著。

低温时,汽油雾化条件差,加剧了发动机的磨损。试验表明:在气温 -15 ℃启动时,润滑油需 2 min 才能到达主轴承;若机油滤清器由于胶状物黏度增加($500 \sim 1\,000$ 倍),工作能力下降,则需 6 min 才能出油。在气温 5 ℃时,启动发动机一次,汽缸壁磨损程度相当于汽车行驶 $30 \sim 40$ km,在气温 -18 ℃时,发动发动机一次,汽缸磨损程度相当于汽车行驶 $200 \sim 250$ km。造成磨损原因之一是,进气时气流冲洗缸壁润滑油,破坏了缸壁油膜。发动机低温启动及低温状况下工作所引起的电化学腐蚀对发动机的磨损影响也很大。

对于某些非金属材料(如塑料、橡胶制品等),严寒可能使之冻裂、硬化或降低零件的结构强度。

酷热一般是指日平均温度在 40 ℃以上的气候。高温条件常影响汽车机件的受热状态,对于在发动机罩下的电器元件,当外界温度为 $40 \sim 45$ ℃时,罩内的工作温度常达 $70 \sim 75$ ℃,这样的温度会影响点火系的正常工作,也加速导线的材质耗损。高温时,发动机散热性能变差,发动机过热,使润滑油黏度降低,机油压力减小,并加速氧化变质;高温易产生爆燃和早燃,加速发动机的磨损。高温易使汽油发动机的供油系气阻,产生故障,可靠性下降。

气温过高,对轮胎的使用寿命的影响甚为明显。许多资料认为,轮胎胎面的使用寿命与其周围工作气温近似成反比。例如,对于小客车轮胎的使用寿命,冬季使用要比夏季使用平均高 30%,我国北方的一些使用单位也普遍认为,冬季积雪路面上行驶的车辆,轮胎的磨损不显著。

1.2.4　道路条件

路面质量(材料与平坦度)对汽车的行驶阻力、行驶速度、燃料消耗及汽车的磨损均有影响。

在良好的道路上行驶的汽车,行驶速度得以发挥,燃油经济性较好,零件磨损较小,使用寿命就可以得到延长。在较差的道路上行驶的汽车,它的主要总成的使用寿命有较大幅度下降。经常在较差的道路上行驶的汽车比在一般道路上行驶的同类汽车行驶阻力增加;发动机经常在大负荷下工作,使汽缸内平均指示压力和单位路程曲轴转速提高,从而增加了活塞的摩擦功,加剧了汽缸的磨损,发动机第一次大修前的使用期限将下降 32%。由于道路条件差,行驶速度经常变化,增加换挡次数和制动次数,加剧了离合器摩擦片的磨耗和压盘弹簧的疲劳,使变速器的使用期限缩短 44%,后桥与前桥的使用期限缩短 33% 和 51%,也加剧了制动鼓与制动蹄片的磨损。

同时,路面高低不平,使零件承受冲击载荷,加剧行走部分和轮胎的磨损。如:钢板弹簧在干线公路上做行驶试验,可行驶近 15×10^4 km 无磨损,但在无路条件下装车行驶时,其行驶里程下降近 10 倍。

1.2.5 驾驶技术

汽车技术状况的变化除取决于汽车的结构和运行条件等客观因素外,更为显著的是驾驶技术对汽车使用寿命的影响。驾驶技术娴熟的驾驶员,经常采用诸如冷摇慢转,预热升温,轻踏缓抬,均匀中速,行驶平稳,及时换挡,爬超自如,正确滑行,掌握温度与避免灰尘等一整套正确合理的操作方法,所以,对汽车行驶速度的控制、变速挡位的使用和燃油消耗等方面都有明显改善,使汽车各部件基本上长期处于较有利的工作状态,从而使汽车各总成均能延长其使用寿命。在同一道路域段上行驶的车辆,同类车的各级驾驶员,低速挡的使用率之差可达 2~3 倍,燃料消耗可差 27% ,由车轮制动器消耗去的平均功率几乎相差 25% ,整个汽车的使用寿命,有时也出现成倍的相差。

1.2.6 维修质量

汽车的维修质量对于合理使用汽车、延长使用寿命和保持原有使用性能都是极其关键性的因素。

维修要及时,并且必须认真执行技术标准、操作规程和维修作业项目,特别是在维修作业中的过程检验。

汽车各总成和机构应及时地进行润滑、检查、紧固、调整作业。这不仅能减少机件磨损,避免工作中发生异响,同时,还使之操作方便灵活,保证行车安全。

维修质量与配件的质量也有密切的关系。例如,在维修中更换某些厂生产的汽缸盖,在同一缸盖下各缸的燃烧室容积差超出公差范围,装用后发动机工作不稳定,工作无力或爆燃,以致维修质量不高,影响汽车的使用质量,从而增加故障率。

近年来,先进测试技术在汽车维修中得到了广泛的应用。它可以在不解体的条件下,迅速反映、检测汽车各机构系统、总成、零件的技术状况,不仅能查找车辆故障,而且还能进行技术预测。这项技术的发展将使汽车维修工作提高到一个新的水平。

第2章　汽车零件的损伤

汽车零件的损伤按其产生的原因可分为四类:磨损、变形、疲劳和蚀损。

零件的磨损使它原有的尺寸、形状和表面质量等发生变化,同时也破坏了配合副原有的配合特性。实践表明,零件磨损是导致汽车失去工作能力的主要原因。即使在正常的使用情况下,汽车零件的磨损也是不可避免的,但应力求降低零件的磨损速率,延长它们的使用寿命,从而提高汽车的可靠性和耐用性。

零件变形可能产生弯曲、扭曲、挠曲等损伤。基础件变形是造成轴线不平行度、不垂直度和不同轴度等位置公差过大的主要原因。基础件变形对总成和汽车的修复质量及寿命有很大的影响。

疲劳损伤是指承受交变载荷的零件,由于材料的疲劳,在应力远低于材料强度极限的情况下所产生的破裂、折断等损伤。

汽车零件的蚀损可分为腐蚀与穴蚀两类。周围介质与零件金属产生化学或电化学反应称为腐蚀。穴蚀是某些与液体接触的零件所特有的损伤,损伤处呈聚集的孔穴状。柴油机缸套外表面的穴蚀成为近年来影响柴油机使用寿命和可靠性的一个关键性的问题。

2.1　摩擦与润滑

零件的摩擦、磨损、润滑是密不可分的,研究它们内在规律的科学称为摩擦学(Tribology)。本节简单地介绍有关摩擦与润滑的基本概念。

2.1.1　固体摩擦

两金属固体在载荷 W 的作用下,它们的表面直接接触,互相摩擦运动,如图2.1所示。

摩擦定律:在工程计算中广泛应用库仑摩擦定律,即

$$F = f \cdot W \tag{2.1}$$

则

$$f = \frac{F}{W}$$

式中:F——滑动摩擦力;

f——摩擦系数;

W——法向载荷。

13

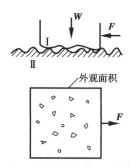

图 2.1 固体摩擦

这个定律表明,滑动摩擦力只与摩擦系数及法向载荷有关,而与接触面积的大小、滑动速度的快慢无关,而摩擦系数应为一个常数。

实际上,库仑定律只能近似地反映摩擦现象的规律,但它有一定局限性。摩擦的客观规律异常复杂,不可能用一个数学公式概括起来。

在图 2.1 中,虽然两个固体名义接触面积很大,但由于它们的表面凹凸不平,仅仅是在凸出点上接触,实际的接触面积通常是很小的,只有名义接触面积的几百分之一到几万分之一。于是,接触点的接触应力就很大,往往会超过材料的屈服极限,从而引起接触点金属产生塑性变形。在滑动摩擦中,不仅摩擦副较硬一方的凸点会压入较软的一方,拉成沟槽,而且由于金属塑性剪切会产生大量的热。固体滑动摩擦阻力较大,摩擦系数高达 $0.1 \sim 0.7$,磨损也比较严重。

2.1.2 流体摩擦

流体摩擦又称为流体润滑,是两摩擦表面被包括润滑油在内的各种流体完全隔开的摩擦。由于两摩擦表面不接触,故摩擦只发生在润滑油流体分子之间。流体摩擦的摩擦系数很小,通常仅为 $0.001 \sim 0.01$,它几乎不产生磨损。为了维持流体润滑,除供给润滑油外,还必须注意使摩擦面的大小、形状和间隙等能适应负载、速度、润滑油性能等条件。研究它们之间关系的理论称为流体润滑理论。

图 2.2 表示摩擦副中 I 以 v 的速度滑动,II 是静止的,它们之间有一厚度为 $h_1 \sim h_2$ 的楔形油膜。由于润滑油完全附着在两表面上,在运动面上 $y = 0$ 处润滑油的速度为 v,在静止面 $y = h$ 处润滑油速度 $v = 0$。另外,由于油很薄,润滑油的流动状态可视为层流,且可视润滑油为非压缩的流体充满在间隙里。因此,间隙的任何断面上润滑油的流量可看成是相同的。由楔形间

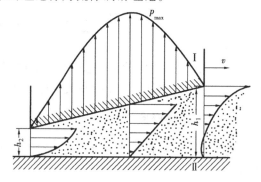

图 2.2 流体润滑楔形油膜

隙右侧 h_1 带入的润滑油必须从左侧狭窄处 h_2 流出。随着黏性润滑油的流动,在楔形油膜内产生相当大的油压,并把运动面抬起,而这个油压的合力与负载 W 平衡。显然,滑动速度 v 越大,润滑油的黏度越大,油膜的承载能力越强。

在流体润滑的条件下,摩擦力与润滑油黏度 μ 及滑动速度 v 成正比。

油压的发生不局限于上述楔形油膜的场合,当黏性流体由狭缝中被挤出时,例

如,齿轮面的啮合,滚轮的滚动,也同样会产生油压。

2.1.3　边界摩擦

边界摩擦又称为边界润滑。两摩擦面被润滑油完全隔开,摩擦力很小,几乎没有磨损的润滑状态是理想的状态。实际上,在高负载、低速、高温的条件下,因润滑油黏度下降,油膜逐渐变薄,而两摩擦面的凸起部分仅由一层极薄的油膜(十几个分子的厚度)隔开,这种由极薄油膜隔开的摩擦称为边界摩擦。

润滑油分子在金属表面上有很强的吸附力,牢牢地附着在金属表面上,如图2.3所示。以润滑性能特别好的饱和脂肪酸为例,链式的分子结构的分子一端具有化学亲和力非常强的酸根—COOH,它能牢固地吸附在金属表面上,并且排列得很整齐;长长的链式分子本体在另一端成纤维状延长,就像地毯铺开一样。这个吸附在固体表面上的油膜具有特殊性能,称为边界膜,它不是能流动的液体,也不是结晶的固体。

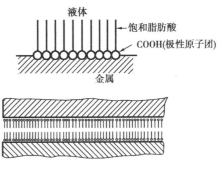

图 2.3　边界摩擦

边界摩擦的摩擦系数在固体摩擦和流体摩擦之间,视金属和所用润滑油的组合不同而异(在0.05~0.2的范围之内),它的特点是与速度和黏度无关,并且数值大致是恒定不变的。

一旦这个强力的边界层的结合变弱,就容易产生金属直接接触的固体摩擦。

2.1.4　混合摩擦(润滑)

尽管将零件的摩擦状态分为固体摩擦、流体摩擦和边界摩擦,实际上,机件在运转中,这三种摩擦与润滑状态是混合存在着的,如图2.4所示。

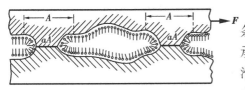

图 2.4　混合摩擦

在汽车的设计、使用、保修中,应创造条件尽可能地使重要的摩擦副(如轴与轴承、齿轮、活塞环与汽缸)在理想的流体润滑状态下工作,这样就可做到零件的磨损小,使用期限长。此外,要尽可能地避免金属直接接触的固体摩擦。

图2.5所示为在不同摩擦状态下,摩擦系数的变化曲线。这个曲线纵坐标为摩擦系数f,横坐标为$\mu v/W$,μ为润滑油的绝对黏度,v为摩擦速度,W为负载。从曲线的形状可看出,f与$\mu v/W$在不同摩擦状态都接近线性关系,即研究摩擦与润滑

以 $\mu v/W$ 为变量是很方便的。

在图中①处，$\mu v/W$ 值较大，是摩擦副保持正常流体摩擦的区域，f 随 $\mu v/W$ 的增加而呈线性的缓慢增加。当负载 W 及速度 v 稳定不变时，f 与 μ 成正比。随着工作条件恶化，如负载 W 增加、黏度 μ 由于温度升高而降低，或 v 减小，使得 f 缓慢减小，摩擦状态由①向②变化，摩擦力 f 在②达到最低点。

为了保持流体润滑状态，当 W 增加时，μv 相应增加，但实际上，润滑油的黏度 μ 总是随着 W、v 的增加引起的温度升高而减小。因此，对于大功率、高速运转的机械，选择润滑油的品质是很重要的，即应当选择黏度对温度变化不敏感的润滑油。

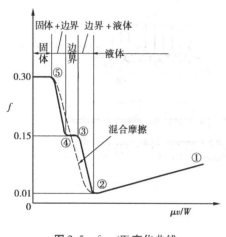

图 2.5 $f\text{-}\mu v/W$ 变化曲线

从图 2.5 可知，由②～③为部分边界摩擦与流体摩擦共同存在的阶段，f 由 0.01 急剧上升到 0.15。③～④为整个摩擦表面处于边界润滑状态。④～⑤为部分固体摩擦与边界摩擦共存的阶段，⑤以后为全面固体摩擦。但实际上，比如发动机启动时，曲轴与轴瓦在某种程度上存在着固体、流体、边界三种混合形式的摩擦，如图中虚线所示的摩擦状态。

2.2 零件的磨损

2.2.1 磨料磨损

硬的颗粒夹在摩擦表面里所引起的磨损称为磨料磨损。

磨料磨损是大多数汽车零件逐渐被磨损，以致不能再使用的主要原因。了解磨料磨损的规律及提高零件抗磨料磨损能力的方法，对延长汽车零件的使用寿命有重大的意义。

磨料对摩擦表面的破坏可分为碰撞冲击、研磨与擦伤三种形式。此外，磨粒还有划破零件表面油膜，促使边界摩擦转变为固体摩擦，从而加剧磨损的作用。

磨料磨损的特点：

①磨损率与摩擦速度成正比；

②一般情况下，磨料硬度越高，磨损越大；材料的硬度越高，材料越耐磨；

③一般金属的磨损率随磨粒平均尺寸的增大而线性增加，但达到一定临界尺寸后，磨损率保持不变。

汽车发动机里磨料主要来自空气中的尘埃、燃料里的夹杂物及零件在摩擦过程中剥落的磨屑。

道路上空飘浮的尘埃颗粒大小不一,粒度约为 $1 \sim 50 \ \mu m$。对于汽缸、曲轴轴颈,$20 \sim 30 \ \mu m$ 颗粒所引起的磨损最严重,$1 \ \mu m$ 以下的颗粒几乎不起作用。但对于气门挺杆、凸轮轴,由于摩擦表面油膜极薄,这样细小的颗粒同样是有害的。

磨料越硬,损害越大。发动机吸入石英粉末所引起的磨损比吸入一般道路尘土要大得多。某台联合收割机上的新柴油发动机,在黄河滩农场收割小麦,由于空气滤清器不够完善,吸入了大量含石英砂的尘埃,只工作了 2 周,麦子尚未收割完,已不能使用。拆开检查,发现汽缸磨损已超过了允许极限。

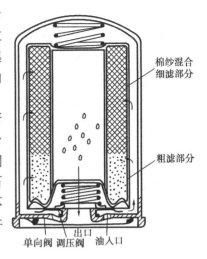

棉纱混合
细滤部分

粗滤部分

出口
单向阀　调压阀　油入口

图 2.6　复合滤芯滤清器

综上所述,减轻磨料磨损,首先要清除掉磨料,不仅润滑油要滤清,空气和燃料也要滤清;其次应增加摩擦表面的硬度。

润滑油滤清器要能滤掉 $1 \ \mu m$ 以上的颗粒,并除掉油泥和胶质,使润滑油重新变得透明。但是,这样的滤清元件易于过早堵塞。图 2.6 所示为福特(Ford)公司研制的复合滤芯滤清元件。采用复合滤清元件比采用普通纸滤清元件发动机轴承的磨损降低了一半。

2.2.2　表面疲劳磨损

汽车上的齿轮、凸轮、滚动轴承座圈经过一定时间的使用后,在摩擦面会出现麻点或洼坑。这种在滚动或滚动加滑动摩擦中,由于接触应力反复作用,使摩擦表面产生的磨损和剥落的现象称为疲劳磨损。

汽车上齿轮、凸轮轴、滚动轴承都属于耐用件,它们应当可以使用 $10^6 \sim 2 \times 10^6 \ km$,也就是说,能用到汽车报废,在大修时一般不必更换。我国目前生产的汽车耐用性比较差,主要就表现在齿轮、凸轮等经不起疲劳磨损,只能使用 $10^5 \sim 4 \times 10^5 \ km$。每次大修汽车就要更换一批齿轮,造成极大的浪费。

(1) 表面疲劳磨损的机理

表面疲劳磨损与一般疲劳断裂破坏是不同的,前者是伴随着摩擦与磨损的表面塑性变形、发热,以及受到润滑油流体楔入作用对材料引起的破坏。

在滚动摩擦中,接触表面弹性变形理论的点、线接触实际上为一个平的接触区,在同时有滑动摩擦力的作用下,摩擦力越大,此最大剪切应力的作用点越向摩擦表面

17

推移。

在反复滚压、滑动摩擦的最大剪切应力附近,如果材料有缺陷(含有杂质,或晶粒较粗大)将首先出现微观的疲劳裂纹。由于距表面很近(只有 0.15～0.25 mm),裂纹很容易扩展到表面。润滑油在滚动压力下楔入裂纹后,若滚动方向与裂纹方向一致,当滚动体封闭裂纹口时,堵在里面的润滑油在滚压下将产生巨大的液压,迫使裂纹向前发展,最后成为点状剥落,形成麻点或小洼坑。

(2)提高零件抗疲劳磨损性能几个值得注意的问题

要求材料(钢)含夹杂物少、含碳量均匀,碳化物尺寸越小,越近于球状,分布越均匀越好。

试验表明,轴承钢的硬度在 62 HTC 时,有最佳的抗疲劳磨损能力,低于或高于此值,轴承的寿命显著下降;对于齿轮来说,应当也有一个最佳的硬度值,技术条件上笼统规定齿面硬度为 56～62 HRC 是很不合理的。

渗碳层应当厚一些,不应有脱碳的缺陷,心部强度越高,产生疲劳裂纹的危险越小。

接触表面的表面粗糙度要高,以滚动轴承为例,$Ra\ 0.2\ \mu m$ 比 $Ra\ 0.8\ \mu m$ 的寿命高 4～6 倍,$Ra\ 0.1\ \mu m$ 又比 $Ra\ 0.2\ \mu m$ 的高40%。表面粗糙度再提高对寿命影响就很微小了。

零件表面硬度越高,要求的表面粗糙度也越高,否则,反而会降低寿命。

我国现在生产的汽车齿轮表面粗糙度 Ra 的值只有 0.8～1.6 μm,与从日本、德国、美国进口的汽车齿轮相比,显然偏低。

润滑油黏度高可使接触压力分布均匀,有利于提高抗疲劳磨损的能力。另外,低黏度润滑油易于渗入裂纹中,加速裂纹的扩展及疲劳磨损。润滑油中含水分过多也会降低抗疲劳磨损的能力。

2.2.3　黏着磨损

黏着磨损是固体摩擦的结果,严重时,会使摩擦副"咬死",所以又称为咬死磨损。它是严重破坏汽车零件的一种磨损。

(1)黏着磨损的机理

两固体在载荷作用下做摩擦运动时,实际接触点的面积很小、应力很大,接触点往往产生塑性变形,把接触表面拉成沟槽,并产生大量的热。接触点的温度升高甚至超过金属熔点,使其熔化就发生了黏着(adhesion)现象。黏着就是两个摩擦表面金属间原子的互相扩散、溶解、化合以及再结晶的过程。在随后的相对滑动中,黏着点又被撕脱,这样反复进行就形成了黏着磨损。

由于黏着点与其两边材料在机械性能上的差别,在黏着点分离时可能出现以下两种情况：

①黏着点的结合强度低于两边金属的强度，分离（剪切破坏）又发生在黏着点上，表面的材料转移极轻微，摩擦面也较平滑，只有轻微的擦伤，这种情况称为外部黏着磨损。对于汽车发动机汽缸与活塞环，当润滑油膜遭到破坏时，即属于这类磨损。

②黏着点的结合强度高于两边金属中某一方的强度，分离面发生在较弱金属的内部，每次黏着撕脱它就被挖掉一块，摩擦面显得很粗糙，有明显的撕裂痕迹，这种情况称为内部黏着磨损。

在多数情况下，两零件摩擦总是两种情况同时发生的，即一部分黏着点从外部分离，另一部分黏着点从内部分离。当黏着磨损轻微时，摩擦阻力上升；当黏着磨损加剧时，摩擦表面粗糙度下降。如果负载继续加大，润滑条件继续恶化，摩擦力及温度急剧上升，黏着面积越来越大，最后形成了两接触表面的咬死（摩擦焊），导致事故性的损伤。例如，活塞在汽缸中拉缸或曲轴在轴瓦中抱死。

（2）防止黏着磨损的措施

在选择摩擦副的材料时，应避免选用相同的金属或互相共溶的金属。摩擦副的一方可选金属键不太强的金属（如铅、锑、锡、镉、铜、铝等）。如果摩擦副一方选用塑料、陶瓷等非金属材料效果更好。

在润滑良好、摩擦表面有一层完整坚韧氧化膜的情况下，是不容易产生黏着的。因此，改善润滑条件、提高氧化膜与基体金属的结合力以及提高摩擦表面的粗糙度等都有助于减轻黏着磨损。

为了减小外部黏着磨损，可采用降低两摩擦表面原子间结合力的表面处理（如渗硫、发蓝、磷化、软氮化等）。这些表面处理实质上是在金属表面形成一层化合物，从而避免金属的直接接触。例如，渗硫并不提高表面层的硬度，但在表面上形成一层硫化铁后，不仅可以防止黏着，而且可以降低摩擦系数。汽车后桥双曲线齿轮必须采用专用的润滑油。如果用一般润滑油，由于齿面的接触应力很高，发生黏着磨损，齿轮会很快磨损报废。在专用的双曲线齿轮润滑油中含有硫化物，能及时在齿面上形成一层硫化铁，从而减轻黏着磨损的危害。

为了减小内部黏着磨损，除降低配对材料的原子结合力外，还要提高零件本身的表面硬度。表面强化处理渗碳、氮化、氰化及碳氮硼三元共渗等，对减轻黏着磨损都有一定的效果。特别是硫氮共渗、硫氰共渗是提高齿轮、凸轮、挺杆表面耐磨性的有效方法。

2.2.4　氧化磨损与微动磨损

（1）氧化磨损

氧化磨损是最广泛的一种磨损形态，在汽车零件的各摩擦副中，普遍地存在氧化磨损。它无论在何种摩擦过程中及何种摩擦速度下，也无论接触压力大小和是否存在润滑情况下都会发生。氧化磨损的产生,是当摩擦副一方的凸起部分与另一方做相对滑动时,在产生塑性变形的同时,有氧气扩散到变形层内形成氧化膜,而这种氧化膜在遇到第二个凸起部分时有可能剥落,使新露出的金属表面又被重新氧化。这种氧化膜不断被除去,又反复形成的过程就是氧化磨损。

氧化磨损是各类磨损中磨损速率最小的一种,也是汽车运行中允许存在的一种磨损形态,所以,在汽车中总是首先创造条件设法使其他可能出现的磨损形态转化为氧化磨损,其次再设法减小氧化磨损速率,从而延长汽车的使用寿命。氧化磨损速率决定了所形成氧化膜的性质和氧化膜与基体金属的结合能力,同时也决定了金属表层的塑性变形抗力。氧化膜的性质主要是指它们的脆性程度。致密而非脆性的氧化膜能显著提高磨损抗力,如在生产中已广泛地采用的发蓝、磷化、蒸汽处理、渗硫以及有色金属的氧化处理等,对于降低磨损速率都有良好的效果。氧化膜与基体金属的结合能力主要取决于它们之间的硬度差,硬度差愈小,结合力愈强。提高基体表面硬度,可以增加表层塑性变形抗力,从而减轻氧化磨损。

(2) 微动磨损

在零件的嵌合部位、静配合处,它们之间虽然没有宏观的相对位移,如图 2.7 所示。但在外部变动负荷和振动的影响下,却会产生微小的滑动,此时表面上产生大量的微小氧化物磨损粉末,由此造成的磨损称为微动磨损。由于微动磨损集中在局部地区,又因两摩擦表面永不脱离接触,磨损产物不易往外排除,故兼有氧化磨损、磨料磨损和黏着磨损的作用。在微动磨损的产生处往往形成蚀坑(微动磨损又称为咬蚀),其结果不仅使零件精度和性能下降,更严重的是会引起应力集中,导致疲劳损坏。

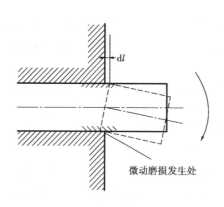

微动磨损发生处

图 2.7 微动磨损的发生

影响微动磨损的因素有:除了极短时间的初期磨损外,磨损量随零件振动(或总振动)的次数增加而增大;磨损量随振幅增大而增大,在总振动次数相同时,磨损量随振动频率的增加而减少,如图 2.8 所示;磨损量随负荷的增加而增加,但增大的速率则不断减小,超过某临界值后则呈下降趋势。有理论认为,在载荷较小时,接触面随载荷的增加而增加,使产生微动磨损的区域扩大,磨损增加。当达到一定值后,由于载荷的增加,而使产生滑移的界面面积和振幅减小,磨损降低,如图 2.9 所示。在氮等不活泼气体及真空中磨损量减小,而空气中湿度增大时,则磨损量增大。

综上所述,在微动磨损时,外界条件影响很大,所以,目前提高微动磨损条件下的疲劳强度,主要是从工艺和设计方面采取措施。

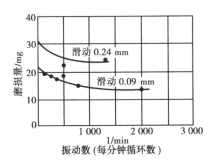

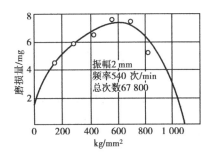

图 2.8　微动磨损量与零件振动频率的关系　　图 2.9　微动磨损的磨损量与负荷大小的关系

2.2.5　外界条件对磨损的影响

汽车零件的磨损不仅与材料的内在因素有关,而且还与其工作条件有关。如时间、摩擦速度、接触应力、温度、有无润滑和润滑状态以及周围介质等,这些因素不仅影响磨损量的大小,而且影响磨损类型。例如:在具有良好润滑的条件下,磨损十分轻微;而在砂尘较多的地段长期行驶的车辆,其零件就容易发生磨料磨损。对于化工机械中的零件,腐蚀磨损则是主要的。下面主要讨论时间、摩擦速度、接触应力以及温度对磨损的影响。

(1)时间对磨损的影响

磨损是一个随时间延长而不断发展的过程,因此,很少有零件在开始运转时就因磨损而报废的。但是,在不同的摩擦条件下,磨损随时间变化的规律又有所不同。例如,在进行切削加工时刀具与工件的摩擦,拖拉机耕地时犁铧与砂土的摩擦,它们总是在一个新的接触面上摩擦,这类摩擦可称为新生面摩擦。特别是磨损速率不随时间变化,而磨损量与摩擦距离(摩擦时间)成正比,如图 2.10 所示。在另一类摩擦的情况下,如变速箱齿轮、发动机汽缸等,它们总是在某一接触面上承受周而复始地摩擦,这类摩擦称为重复摩擦。对于重复摩擦,其磨损随时间的变化如图 2.11 所示。

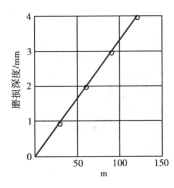

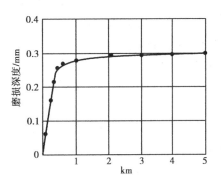

图 2.10　新生面磨损量随时间的变化　　图 2.11　重复摩擦时磨损量随时间的变化

21

初期磨损量大,这是由于摩擦面不平滑,使实际接触面积减小,比压增大的缘故。当摩擦一段时间后,摩擦面被磨得平滑,接触良好,这时磨损量减少,最后达到磨损速率不随时间而变化,趋向稳定磨损阶段。稳定磨损阶段时间的长短,决定了汽车零件的使用寿命,一般也可以此来评定材料耐磨性的优劣。

(2)摩擦速度及接触应力对磨损的影响

磨损的类型和磨损量的大小均随着接触应力、摩擦速度的变化而变化。在摩擦速度不太高的范围内,钢铁材料的磨损量随摩擦速度、接触应力的变化规律如图2.12所示。

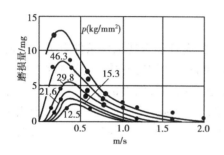

图2.12 磨损量与摩擦速度与接触应力的关系

当摩擦速度很小时,磨损粉末是红色的氧化物(Fe_2O_3),且磨损量很小,这种磨损即所谓"氧化磨损"。当摩擦速度稍高时,则产生颗粒较粗大,并呈现金属色泽的磨粒,此时磨损量显著增大,这一阶段就是黏着磨损。如果摩擦速度进一步增高时,则又出现了氧化磨损,然而,这时的磨损粉末是黑色的氧化物(Fe_3O_4),且磨损量又减小。在图2.12的试验范围以外进一步增加摩擦速度,将再次出现黏着磨损,且磨损量急剧增加。此时,因摩擦而产生高温,所以又称为热磨损。接触应力的变化并不会改变磨损量随摩擦速度而变化的规律,但随着接触应力增加,磨损量也增加,而且黏着磨损发生的区域移向摩擦速度较低的方向。

磨损类型随摩擦速度变化的上述规律,通过化学分析、X射线结构分析等方法获得了证明。

(3)温度对磨损的影响

在讨论温度的影响时,必须区别摩擦面的平均温度与摩擦面上真实接触点的温度。后者是局部地点的温度,而且也是接触瞬间的温度,称为热点温度。由于真实接触部分很小,因此在整个摩擦面平均温度不太高时,其热点温度可能较高。在低速摩擦范围内对磨损有直接影响的是热点温度。

试验表明,图2.13曲线上黏着磨损量最大的点,其接触应力p和摩擦速度v之间的关系大致为$p^{\frac{1}{3}} \cdot v =$常数,此时测量到的热点温度也为一定值。图2.13是铸铁的比磨损量与热点温度的关系

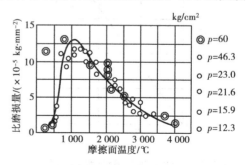

图2.13 铸铁的磨损量与热点温度的关系

图。从图上可以看出,无论摩擦速度、接触应力如何改变,只要热点温度为定值,比磨损量也为定值。实验证明:钢铁材料的比磨损量的极大值在热点温度300 ℃左右。

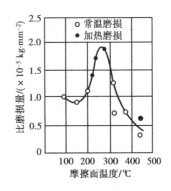

图 2.14　轴承钢比磨损量与摩擦面温度的关系

由以上分析可知,摩擦速度、接触应力对比磨损量的影响,主要是通过改变热点温度而引起的。为证明这一结论,曾进行了如下试验,即在一定的摩擦速度下,通过外界强制加热的办法来改变摩擦副的热点温度,其试验结果如图 2.14 所示。改变加热温度的结果和改变摩擦速度的结果是一致的,大致热点温度在 300 ℃左右时比磨损量有极大值,因此,可以用热点温度来衡量比磨损量的大小。

由上面的讨论可以看到,随热点温度的变化,磨损类型和磨损量的大小也会发生很复杂的变化。热点温度在 250 ℃以下,为氧化磨损,且磨损量很小。由 250 ℃开始转变为黏着磨损,在 300 ℃左右黏着磨损量出现极大值。而高于 300 ~ 400 ℃时,随温度上升磨损量又减小,这又是氧化磨损,此时磨损量最小。当热点温度进一步升高时,摩擦面内局部地点形成的黏着现象就以热的形式向整个摩擦面扩展,摩擦面平均温度显著升高,这时,黏着现象不是发生在个别点上,而是在较大的一块面积上形成"烧结",即所谓"热磨损"。例如,汽车发动机曲轴与轴瓦之间出现事故性的"烧瓦"现象就是热磨损所引起的。从这个分析出发,可以得出这样的结论:在低速摩擦范围内,当热点温度为 300 ℃左右时,零件磨损量最大,此时通过改变摩擦速度、接触应力以及外界加热或散热的方法,使热点温度上升或下降,都可以使磨损量减小,使黏着磨损转为氧化磨损。而当热点温度在 400 ℃左右时,磨损有极小值,此时热点温度升高或下降都会使磨损量增加,使氧化磨损转变为黏着磨损。

2.2.6　汽车典型零件的磨损

(1)汽缸—活塞的磨损

1)汽缸的磨损特点

在正常情况下,汽缸表面沿其高度方向在活塞环运动区域内的磨损呈锥形,如图 2.15 所示。由图可见,汽缸最大磨损部位是当活塞在上止点位置时第一道活塞环所对应的缸壁;活塞环没有接触的上口几乎没有磨损。

汽缸沿圆周方向的磨损也不均匀,形成不规则的椭圆形,如图 2.16 所示,其各方向的磨损量往往相差 3 ~ 5 倍。最大磨损区的位置随结构、使用条件的不同而异,一般的倾向是位于进气门的对面。

2)汽缸工作条件对缸壁磨损的影响

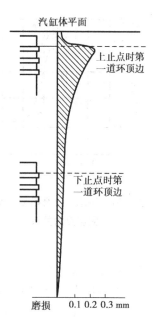

图 2.15　汽缸的锥形磨损

图 2.16　汽缸磨损的失圆状况

汽缸—活塞环的工作条件与汽车一般零件比较,具有如下的特点:

①汽车发动机要求体积小、质量轻、功率大,因而单位载荷较高;

②燃料燃烧产生高温;

③燃烧产物的某些成分对金属表面和机油产生有害的化学作用;

④往复运动零件在换向时瞬时速度为零,不利于形成液体润滑;

⑤为避免机油大量烧失,对燃烧室附近部位不能充分供给机油;

⑥吸入的空气中含有尘埃;

⑦各部位工作条件相差极大,要求润滑油具有广泛的适应性。

对汽缸—活塞环的磨损状况的影响因素可做如下的分析。

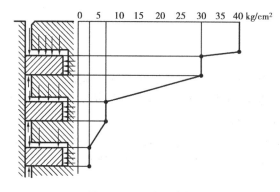

图 2.17　活塞环的背压

①工作气体压力的影响　工作气体压力对汽缸磨损的影响是通过活塞环对缸壁的压力实现的。由于活塞环与环槽间有一定的装配间隙,工作气体通过此间隙窜入活塞环背后,将环进一步压向缸塞。第一道环压向缸壁的压力常高达燃烧室压力的 76%(图 2.17)。根据流体润滑理论,在其他条件不变的情况下,外载荷越大,承载油膜越薄。

当承载油膜厚度低于零件表面微观不平度的凸起高度时,两表面的局部地区将出现边界摩擦和干摩擦,磨损急剧增加。特别是发动机启动时,由于缸壁上没有足够的润滑油,磨损更大。

②工作温度和润滑油黏度的影响　汽缸上部温度最高,润滑油黏度随温度升高而下降。根据流体润滑理论,黏度越低,在其他条件相同的情况下,承载油膜的厚度越小。汽缸上部润滑条件较差,其磨损也较强烈。

③腐蚀性物质的影响　发动机汽缸承受着燃烧产物中含有的碳、硫和氮的氧化物(CO_2、SO_2、NO)、水蒸气和有机酸等腐蚀性物质的作用。这类物质有时直接与缸壁发生化学作用,造成化学腐蚀;这类物质有时溶于水,形成酸类。腐蚀强度与温度有

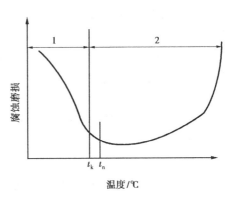

图 2.18　汽缸壁温度与腐蚀强度的关系
1—电化学腐蚀区;2—化学腐蚀区

关,如图 2.18 所示。图中 t_k 是在一定压力下水蒸气可以凝结的露点,在温度低于 t_k 的第一区域内为电化学腐蚀,腐蚀强度很高;温度高于 t_k 时主要是化学腐蚀,随着温度的升高腐蚀又加剧。虽然汽缸内温度较高,但由于压力较大,露点的温度也比较高,为电化学腐蚀造成了条件。发动机启动时,特别是低温启动,汽缸的磨损很大,相当正常运行的若干倍。

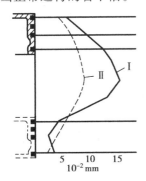

图 2.19　润滑油污染时汽缸的磨损特性
Ⅰ—垂直于曲轴轴线;
Ⅱ—平行于曲轴轴线

④润滑油中磨料物质的影响　当润滑油中含有相当多的磨料时,汽缸可能产生如图 2.19 所示的"腰鼓"形磨损。汽缸中部活塞运动速度最高的部位磨损最大,两端磨损较少。通过磨料磨损机理可知,相对运动速度越大,磨损越强烈。

发动机润滑油中的磨料物质有来自发动机自身的磨损产物、燃烧产物的固态粒子和来自外部空气的尘土。磨料对汽缸磨损的影响与磨料粒子的大小、数量和硬度有极大关系。润滑油越脏,含有的磨料粒子就越多,引起的磨损就越严重。

硬度较低的磨料对磨损的影响不大,高硬度的磨料粒子能起如同锉刀一样的作用,对缸壁和活塞环造成严重的磨损。

如果磨损粒子小于工作表面承载油膜的厚度时,只要对润滑油的性质没有不利的影响(例如,加速润滑油的老化等),对于磨损就不会有很大的影响。实验指出,颗

粒尺寸为 20～30 μm 的磨料对磨损的影响最大。

　　3）汽缸—活塞环材料的耐磨性

　　目前第一道活塞环和缸套的主要材料都是含有合金成分的灰铸铁。铸铁的金相组合对耐磨性的影响比合金成分更为重要。对于活塞环，要求铸铁以细片状索氏体或珠光体为基体，石墨均匀分布且呈直线状、螺旋片状或团絮状。石墨之间要求没有大面积的无石墨区才有利于润滑。石墨本身就是一种润滑剂，又能吸附润滑油，使摩擦面不致形成干摩擦的擦伤。铁素体不应过多，形成小块更为有害，一般以放大 100 倍尚不能辨别为准。

　　铸铁汽缸套的基体应为珠光体，石墨应呈细片状均匀分布，基体组织中的铁素体也不应过多。

　　为了提高活塞环的耐磨性，其工作表面常镀覆各种耐磨材料，特别是第一道气环。最常用的是镀覆多孔性铬，可提高耐磨性 2～3 倍。但镀铬环不易磨合，磨下来的碎屑是硬度很高的强磨料，所以对镀铬环的加工要求较高。

　　此外，为提高活塞环表面的耐磨性，还可喷钼以及各种耐热合金及其碳化物，如碳化钨、碳化铬等。

　　对于一般未经镀覆耐磨层的活塞环表面，为了提高磨合性和耐腐蚀性，可镀锡或经磷化处理。

　　为了提高汽缸的耐磨性，可对缸套表面高频淬火、镀铬或在汽缸上部镶入奥氏体半截缸套等。

　　为了保证汽缸表面工作耐久，必须精确加工。汽缸表面粗糙度对汽缸耐磨性和使用寿命影响很大，Ra 的值一般要达到 0.4～0.8 μm。通过珩磨在汽缸工作表面形成夹角约为 60° 的网纹，其表面有利于吸附润滑油膜，减少拉缸。

　　4）使用条件对汽缸—活塞环磨损的影响

　　任何能够引起缸壁与活塞环间油膜减薄或破坏的因素都将导致磨损加剧，这些因素包括润滑油的数量、质量、温度和发动机工况等。

　　润滑油供应不充分，可能是由于曲轴箱内油面过低或油压调节过低。过冷的、黏稠的油也使润滑油供应不足。油环作用过于强烈也会大大地降低汽缸的润滑。反之，润滑油供油过多也是有害的。

　　润滑油品质的降低包括油的老化、稀释和混入水分。

　　老化是润滑油的分解和氧化。润滑油老化影响其润滑作用，应注意及时更换。

　　润滑油稀释是由于燃料通过某些途径进入润滑油中，使油的黏度下降而影响润滑作用。汽油的蒸发性好，当进入润滑油中的燃料达一定限度后，将受热蒸发，从曲轴箱通风口排出，所以，在一般情况下，尚不致有很大影响。柴油不易蒸发，稀释作用的影响较大。

润滑油的清洁非常重要,应加强三滤工作,并保持各滤清器的工作正常。此外,在修理装配之前应将零件清洗干净,以免将砂粒和尘埃等带入发动机内部。

燃料对汽缸活塞环的影响包括燃料的挥发性、水分、含硫量等。挥发性差的燃料使缸壁油膜受混合气中油滴的破坏,从而使磨损增大;燃料中的水分将加剧腐蚀磨损;含硫量也有同样的影响。

(2) 同轴轴颈—轴承的磨损

1) 曲轴的工作条件及润滑条件

曲轴轴颈—轴承组是发动机中的主要配合副。曲轴将活塞的往复运动变为其本身的旋转运动,承受着往复运动的惯性力和旋转离心力。曲轴在这些力的作用下发生弯曲和扭转变形。曲轴工作时,轴颈表面的轴承内的滑动速度很高(超过 10 m/s),润滑油温度可达 100~150 ℃,其工作黏度较低。

根据流体润滑理论,滑动轴承和轴颈间要形成流体润滑,摩擦副间必须有楔形间隙,运动时产生油楔承载,使轴"浮起"。其条件是:只有当润滑油具有足够的黏度,轴的旋转达到一定的速度,作用在轴上的负荷不超过油楔的承载能力时,才能产生流体润滑。另外,为了保证承载油膜的厚度,轴颈和轴承应精确加工,以控制其几何偏差。

对于实际运行的发动机,由于各种原因,不能满足理想的流体润滑所提出的各种假设。例如,实际的轴颈和轴承不能呈标准的圆柱形,轴承的承载不稳定,装配和使用中的变形使轴颈和轴承有时不能保证准确的相对位置,发动机启动或工况的变化等,都可能削弱和破坏理想的流体摩擦。

2) 曲轴磨损的特点

对于曲轴轴颈,特别是连杆轴颈,沿其圆周方向的磨损是不均匀的。连杆轴颈最大磨损往往发生在朝向主轴颈轴线的一面。连杆轴颈径向磨损主要与工作载荷的大小以及作用的时间有关。曲轴在旋转过程中,连杆轴颈上承受各种力的综合作用,力的方向始终受到连杆大头离心力的牵制。四行程发动机在一个工作循环中,其合力主要集中作用在轴颈内侧(即面向主轴颈中心线一面)。也就是说,连杆在离心力作用下,在四个行程中大都与连杆轴颈的内侧接触,而轴承的接触点沿圆周方向不断变化,如图 2.20 所示。

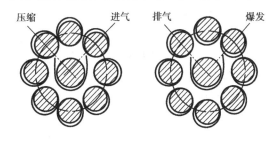

图 2.20　连杆轴颈与轴承的接触情况

曲轴连杆轴颈沿轴线方向的磨损在某些发动机中常形成锥形磨损。例如,跃进 NJ130 汽车发动机,其连杆大头在轴线方向的布置是不对称的,使载荷沿轴线分布不均匀,所以,第 1、3、5 道连杆轴颈前半部磨损较多,如图 2.21 所示。

曲轴油道位置对轴颈的磨损特征有一定影响,润滑油中的磨料物质在离心力作用下在油道中形成不均匀分布,偏积在一侧(图2.22),使该部分轴颈磨损较大。

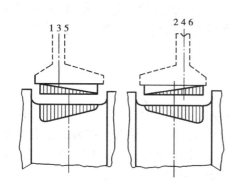

图2.21 不对称连杆载荷沿曲轴轴线的分布

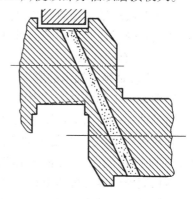

图2.22 润滑油机械杂质偏积示意图

2.2.7 零件磨损量的测定方法

零件磨损量的测定方法基本上可分为两类:即间接测定法和直接测定法。间接测定法只能确定各个摩擦表面磨损量的总值,而不能确定磨损量在摩擦表面的分布情况和由于磨损造成的零件尺寸的变化;直接测定法是专门测定某一工作表面的磨损量的方法,它能测出摩擦表面尺寸的变化和磨损量在摩擦表面的分布情况。各类方法都有各自的特点,不能互相代替,只能互相补充。

(1)测量尺寸或质量的变化

零件在使用或试验过程中,由于磨损会导致尺寸和质量的变化,用专用仪器或精密天平测出磨损后零件质量的变化或同一位置尺寸的变化,即可知道零件的磨损量。其缺点是:测量精度受诸多条件的限制,同时必须把零件拆下来才能进行。

(2)人工基准法

人工基准法的实质是:在摩擦表面人为的制作一定几何形状的凹槽作为测量磨损的基准。由于磨损凹槽的尺寸会改变,测量凹槽磨损前后的尺寸,即可确定摩擦表面的局部磨损量。

零件表面的凹槽可用压孔、钻孔、切削、磨削的方法制取,其中金刚石棱锥压孔(刻痕)和用废转车刀切削月牙槽的方法得到了广泛应用。凹槽的形状应保证有一个尺寸严格地按照一定规律沿凹槽深度变化,以保证测量的精度。

确定磨损量时不是直接测量凹槽的深度,而是测量凹槽的某一个尺寸,如棱锥孔的对角线或月牙槽的长度。利用这个尺寸通过计算可求出凹槽在深度方向的变化,从而得出摩擦表面局部的直线磨损量。

用刻痕的人工基准法测定磨损量存在两个主要的缺点:首先是刻痕边缘所形成的凸起会破坏表面的原始粗糙度,其次是屈服点较高的材料会发生弹性恢复,从而改变刻痕的形状,这些都会影响测量精度。

上述方法除称质量法以外,都能确定磨损量在摩擦表面的分布特性,得出局部的直线磨损量。但进行测量时需拆卸部分机器零件,当重复试验时,反复拆卸会改变零件的相互位置,破坏摩擦表面的磨合性。

(3) 分析润滑油中含铁量确定磨损的方法

当在摩擦表面不间断地供给润滑油时,磨损产物便被润滑油带走,并悬浮于润滑油中。显然,润滑油的含铁量与零件的磨损程度有关,若能确定润滑油中的含铁量,即可估计零件的磨损程度。首先从润滑油中提取试样,将取出的润滑油烧成灰烬再进行化学分析或光谱分析,即可确定试样中的含铁量。

润滑油中含铁量的变化反映了零件的磨损率,因此,在不同的时间间隔中所取试样的含铁量差值,即可表征零件的磨损率。

利用上述方法确定磨损量时,首先应解决取试样问题,要求每次取的试样都能表示润滑油中的平均含铁量。对于发动机,可从曲轴箱或主轴油道中取试样,这时应将发动机的精滤器取下,以便使润滑油中的含铁量能真实地反映出零件的磨损量。从曲轴箱中取试样时,应搅拌润滑油,以保证试样中的含铁量是润滑油中的平均含铁量。

分析润滑油中含铁量的方法,仅能确定零件的磨损率,不可能确定零件的绝对磨损量,也不可能确定零件磨损量的分配情况,所确定的磨损量是各个摩擦表面磨损量的总和值。此外,所确定的润滑油中的含铁量,并不能精确地反映出零件的磨损量,因为一些大颗粒的磨损产物会沉积在油底壳和油道中,在所取的试样中没有包括这些大颗粒的铁屑。

应用分析润滑油中的含铁量的方法进行比较性试验是很有利的,用它可以评价影响零件磨损的因素。在发动机试验时,常用此法来评价发动机主要零件的磨损率,以及某些因素(如燃油种类、冷却水温度、润滑油品质等)对零件磨损的影响,用此法可以评定实验试件的磨损强度。

(4) 用放射性同位素确定磨损量的方法

将放射性元素引入摩擦表面,磨损过程中放射性同位素的原子便与磨损产物一同落入润滑油中,而在润滑油中的放射性原子的数量与磨损产物成正比。因此,测定润滑油中放射性元素的辐射强度,即可确定润滑油中的金属量,从而确定零件的磨损量。

利用放射性同位素确定零件的磨损具有很高的灵敏度(10^{-3} g),可以在不停止机器运转和不拆卸机器的情况下,确定零件的磨损或单独测定个别零件的磨损,以及自动记录零件磨损量的变化,并可在试验过程中随时得到磨损的测量结果。这些优点使它越来越广泛地应用在各工业领域中研究机器的磨损问题。例如,常用它来研究发动机汽缸、活塞环、活塞销、曲轴轴颈和轴承等零件的磨损。

2.3 零件的蚀损

2.3.1 零件的腐蚀

零件在周围介质作用下引起损坏称为零件的腐蚀。按腐蚀机理可分为化学腐蚀和电化学腐蚀。

(1)化学腐蚀

化学腐蚀指金属与介质发生化学反应而引起的损坏。腐蚀产物在金属表面形成一层膜。膜的性质决定化学腐蚀的速度,如果膜是完整的,强度、塑性都较好,膨胀系数与金属相近,膜与金属的黏着力强等,它有保护金属、减缓腐蚀的作用。

金属在空气中的氧化属于化学腐蚀,如果生成的氧化膜完整致密,使金属与空气隔绝,可避免进一步氧化。

(2)电化学腐蚀

电化学腐蚀指金属与介质发生电化学反应而引起的破坏。

金属与电解质溶液相接触,形成原电池,其中电位较低的部分遭受腐蚀。

两种不同金属放在电解质溶液中,用导线连通,由于它们的电极电位不同,就会构成原电池。

电位较低的金属由于原子溶解成为正离子,使它表面电子过剩而构成电池的负极。金属零件上所形成的原电池,其电流无法利用,却使负极金属遭受到腐蚀,这种原电池称为腐蚀电池。

各种金属都不是绝对纯的,表面上分布着很多杂质,与电解质溶液接触时,如果杂质的电位较高,则每一颗杂质对于金属来说都构成正极,即在金属表面形成许多微小的原电池。此外,金属表面化学成分的不均、组织差异、温度不同及内应力差别等,都可产生电位的差别,构成微电池而引起腐蚀。

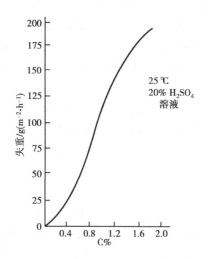

图 2.23 Fe-C 合金的溶解速度与含碳量的关系

碳钢中所含的渗碳体及铸铁中所含的石墨,两者的电位都高于基体 α 铁。当接触盐酸和稀硫酸溶液时,形成许多微电池,使 α 铁的负极遭受腐蚀,而渗碳铁或石墨的正极则不受腐蚀。当碳钢或铸铁的含碳量增高时,正极点增多,腐蚀更为严重(图 2.23)。

奥氏体不锈钢经 400～850 ℃ 加热后,有晶间腐蚀倾向,也是微电池效应所造成的。不锈钢加热后,晶间析出高铬碳化物,使靠近晶界的一薄层固溶体极端贫铬,电位较低,成为负极;而碳化物本身和稍远处不缺铬的固溶体构成正极,所以,晶界的附近遭受腐蚀,即发生晶间腐蚀。

当金属表面有氧化膜或镀铬层时,若氧化膜有孔隙,或镀层有破损,在电解质溶液存在的情况下,也形成微电池。

当金属表面的物理状态不均匀时,也会产生腐蚀。通常变形较大或应力较高处能量较高,电位则较低,构成负极而先腐蚀。

除上述微观的腐蚀电池外,还有宏观腐蚀电池。如汽车电器设备中的铜制接头或螺栓与车身架的紧固处,与水接触就构成腐蚀原电池,使车架本身遭受腐蚀。

在汽车上采用覆盖层保护是防止电化学腐蚀的主要方法。覆盖层有金属性的,如镀铬、镀锡。铬和锡的耐腐蚀性强,可以保护内部金属。非金属覆盖层用得最广泛的是油漆,其次是塑料。有些零件用化学或电化学方法在表面生成一层致密的保护膜,如发蓝是生成一层氧化膜,磷化是生成一层磷化膜。

2.3.2　零件的穴蚀

穴蚀(或称气蚀)多发生在零件与液体接触并有相对运动的条件下。液体与零件接触处的局部压力比其蒸发压低的情况下将产生气泡,同时,溶解在液体中的气体也可能析出。当气泡流到高压区,压力超过气泡压力时使其溃灭,瞬间产生极大的冲击力和高温。气泡的形成和溃灭的反复作用,使零件表面的材料产生疲劳而逐渐脱落,呈麻点状,随后扩展呈泡沫海绵状。严重气蚀时,其扩展速度很快。气蚀是一种比较复杂的破坏现象,它往往不单纯是机械力所造成的破坏,液体的化学及电化学作用、液体中含有磨料等均可加剧这一破坏过程。

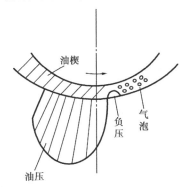

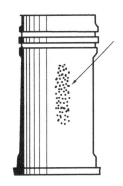

图 2.24　滑动轴承的穴蚀位置示意图　　　　图 2.25　柴油机缸套的穴蚀

滑动轴承在最小油膜之后油膜扩大的部分可能产生穴蚀(图 2.24),柴油机湿式缸套外壁与冷却水接触的表面,往往产生局部聚集的孔穴群(图 2.25)。

（1）穴蚀机理

穴蚀作用的详细机理尚未十分明确，从力学的观点可做如下解释：

以缸套的穴蚀为例，由于汽缸内燃烧压力随曲轴转角而变化，缸套在活塞侧向推力作用下将发生振动，如图 2.26 所示。当缸套壁以加速度 a 向内振动时，与壁接触的一个断面积为 S、长为 l 的水柱，在水压力 p 作用下也以加速度 a 跟随壁面一起向内振动。这时，在距壁面 l 处的水压力将降低到 p_0。

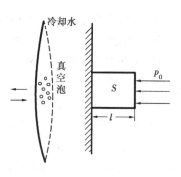

图 2.26　缸套振动产生的空穴及空穴生成原理

因为
$$p_0 S = pS + \frac{lS\gamma}{g}a \qquad (2.2)$$

所以
$$p = p_0 - \frac{l\gamma}{g}a$$

式中：γ——水的密度；

　　　g——重力加速度。

设 p 低于当时水温下的水饱和蒸汽压（实际是可能的），则水中将有真空泡产生。当缸套壁以加速度 a 向外振动时，l 处的水压力又比 p_0 增加了 $\frac{l\gamma}{g}a$，真空泡在这一压力的作用下立刻溃灭。现计算真空泡溃灭时产生的作用力。设在溃灭过程中半径为 R 的球形运动的速度为 v_w，由于液体的连续性，可有：

$$4\pi R^2 v = 4\pi r^2 v_w$$

所以
$$v_w = v\left(\frac{R}{r}\right)^2$$

于是，包围在真空泡外面的全部水的动能为：

$$E_1 = \int_R^\infty \frac{\gamma}{2g}v_w^2 4\pi r^2 \mathrm{d}r = 2\pi\gamma R^3 v^2/g \qquad (2.3)$$

另一方面，如果真空泡周围的水压力为 p_0，泡的初始半径为 R_0，当泡收缩到半径等于 R 时，全部水移动的能量为：

$$E_2 = \int_R^{R_0} 4\pi r^2 p_0 \mathrm{d}r = \frac{4}{3}\pi p_0 (R_0^3 - R^3) \qquad (2.4)$$

因为
$$E_1 = E_2$$

所以
$$v = \sqrt{\frac{2}{3}\frac{gp_0}{\gamma}\left[\left(\frac{R_0}{R}\right)^3 - 1\right]} \qquad (2.5)$$

水的压缩率为 $\beta = \dfrac{\dfrac{\Delta V}{V}}{\Delta p}$，约为 4×10^{-5} cm²/kg，当水以速度 v 发生冲击时，压力的

上升量 Δp 为：

$$\frac{V\gamma}{2g}v^2 = \frac{\Delta V}{2}\Delta p$$

$$\frac{\gamma}{2g}v^2 = \frac{\beta\Delta p^2}{2}$$

所以

$$\Delta p = v\sqrt{\frac{\gamma}{\beta g}} = \sqrt{\frac{2}{3}\frac{p_0}{\beta}\left[\left(\frac{R_0}{R}\right)^3 - 1\right]} \qquad (2.6)$$

当真空泡溃灭时，$R\rightarrow0$，$\frac{R_0}{R}\rightarrow\infty$，$\Delta p\rightarrow\infty$，由于压力的急剧上升，所以，靠近缸套壁的真空泡溃灭时，将对缸套外壁产生很大的冲击，以致发生穴蚀。

（2）影响缸套穴蚀的因素

1）结构的影响

①缸套的结构

缸套的穴蚀是由于缸套的高频振动而产生的，其振动强度和缸套壁厚有关。随着缸套壁厚的增加，由于刚度的提高，振动强度下降。一般地，缸套壁厚增加一倍，缸套振幅几乎降低一半；壁厚大于 $0.08D$（D 为汽缸直径）时，则不易发生穴蚀。

有些柴油机缸套设计成不等厚的，即根据缸套振动及穴蚀情况增加必要处的厚度；同时，为了冷却均匀及减小空泡溃灭的影响，可以保证需要的水套宽度，如图 2.27 所示。此外，通过壁厚的变化，可以改变缸套的固有频率，以避免共振。从要求尺寸小及质量轻的角度考虑，增大缸套厚度达到 $0.08D$ 并不是最好的方案。

缸体结构刚度也影响缸套的振动强度，在保持汽缸中心距不变，通过加大缸径来提高单缸功率的柴油机中，应特别注意缸体的刚度。

②活塞结构

活塞销轴上下两部分的质量分配不同，活塞横摆时绕活塞销翻转的力矩也不同，则使活塞撞击缸壁时的倾斜程度不同。活塞以角边缘冲击时，缸套的振动强度大。

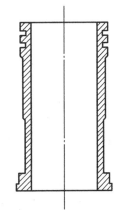

图 2.27 壁厚不等的缸套

活塞长度对缸套振动也有较大影响，长活塞可减小活塞在缸套间隙内的倾斜量，并使活塞与缸套的接触面积增大。

2）修理及装配质量的影响

①缸套倾斜的影响

缸套在缸体内倾斜，使活塞产生附加载荷，会增大活塞对缸套的冲击及缸套的振动。因此,安装缸套要避免倾斜。其倾斜的原因是:下支承橡胶密封槽与缸套轴线不同心;上下支承不同心;缸套端面支承凸肩与机体偏斜;缸体上部凸肩装配时压得不均匀。

②位置偏差的影响

若装配时存在汽缸轴心线与曲轴轴心线的不垂直度,连杆轴颈轴心线与主轴颈轴心线的不平行度,连杆大小头轴心线的不平行度,活塞销孔轴心线与活塞轴心线的不垂直度等位置偏差,则活塞在汽缸内倾斜、偏缸,而使活塞撞击缸壁加剧,从而使缸套穴蚀加剧。

③活塞—缸套装配间隙的影响

活塞与缸套的配合间隙使活塞横摆时带着冲击性。间隙越大,缸套受活塞冲击就越大,越易造成缸套穴蚀。

缩小活塞—缸套的装配间隙是降低缸套振动强度的有效措施之一,但缩小程度要按柴油机具体情况而定。

3)冷却系结构及冷却液特性方面的影响

①冷却水温的影响

由实验结果得知,柴油机均有某一对应的最易产生穴蚀的温度。一般柴油机最易产生穴蚀的冷却水温度范围是 40~60 ℃,在此温度以上或以下穴蚀都较轻。但冷却水在 40 ℃以下工作,发动机因过冷会带来一系列问题,所以,冷却水温范围一般应在 80~85 ℃为好。

②冷却水套宽度的影响

冷却水腔太窄,特别是缸套侧压面的水套夹层太窄时,水的可压性和适应性差,水对缸套振动阻尼作用也弱。因此,在缸套的微小变形下,也会使水套产生较大的拉伸和压缩,水的连续性容易被破坏,而产生空泡。水夹层太窄,缸套易局部过热,加之空泡溃灭产生的冲击波可以在狭窄处反复传递,都会加速缸套的穴蚀。

③冷却水腔总布置的影响

冷却水腔设计不良,使水腔中存在局部的涡流区及死水区;水流的速度过大,水层之间相对流速增加,使水抵抗分离的强度降低,皆有利空泡的形成。此外,缸体进水口截面一定时,若水泵的排量过大,进水处流速过大,水进入冷却水腔时的压力变化大,对缸套的空泡穴蚀起坏的作用。

④冷却水洁净程度的影响

冷却水含杂质多,水容易被分离开,有利于空泡的形成。含有盐类、碱类的硬水与清洁的软水相比,穴蚀速度相差几十倍(腐蚀和穴蚀的综合作用)。

4)柴油机工作粗暴性的影响

柴油机工作过程粗暴,最大爆发压力值高,每单位曲轴转角的爆发压力升高率增加,都将加快穴蚀。

2.4　零件的疲劳

零件在交变应力作用下,经过较长时间的工作而发生断裂的现象称为零件的疲劳。疲劳断裂与静负荷下的断裂不同,其特点是:破坏时的应力远低于材料的抗拉强度,甚至低于屈服极限;塑性材料和脆性材料零件在交变应力作用下的疲劳断裂,都不产生明显的塑性变形,断裂是突然发生的。因此,具有很大的危险性,常造成严重的事故。

2.4.1　疲劳裂纹的产生和发展

(1)疲劳断裂断口的特点
一般来说,疲劳断口从宏观来看由两个区域组成:即疲劳裂纹产生及扩展区、最后断裂区,如图 2.28 所示。

1)疲劳裂纹产生及扩展区

由于材料的质量或加工缺陷或结构设计不当等原因,在零件的局部区域造成应力集中,这些区域会产生疲劳裂纹。疲劳裂纹产生后,在交变应力作用下继续扩展长大。在疲劳裂纹扩展区常留下一条条同心弧线,称为前沿线(或疲劳线)。断口表面因反复挤压、摩擦,有时光亮得像细瓷断口一样。

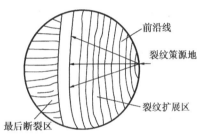

图 2.28　疲劳断裂宏观断口示意图

2)最后断裂区

由于疲劳裂纹不断扩展,使零件的有效承载断面逐渐减小,因此应力不断增加。当应力超过材料的断裂强度时,则发生断裂,形成了最后断裂区。这部分断口与静负荷下带有尖锐缺口形态的断口相似。塑性材料断口为纤维状,呈暗灰色;脆性材料断口为结晶状。

疲劳裂纹扩展区和最后断裂区所占面积的比例随所受应力的大小而变化,当名义应力小而又无大的应力集中时,则疲劳裂纹扩展区大;反之,则小。因此,可根据疲劳断口上两个区域所占的比例,估计所受应力和应力集中程度。

(2)疲劳裂纹的产生
试验研究指出:在交变载荷下,金属零件表面产生的不均匀滑移、金属内的非金属夹杂物和应力集中等均可能产生疲劳裂纹。

1)交变载荷下产生的不均匀滑移

在显微镜下可观察到金属表面的不均匀滑移,如滑移带、驻留滑移带、挤出脊和挤入沟等。

滑移带是指在一定应力循环之后,在部分晶粒的局部地方出现的细滑移,应力循环增多,滑移将变宽加深。滑移带的不均匀性表现在它只产生在零件表面、金属的晶界及非金属夹杂物等处,并在该处形成疲劳裂纹核心。

驻留滑移带是指应力循环增多后产生的较粗大的滑移带,其间距较宽。如果将其抛光再做应力循环试验,新的滑移带仍在原来滑移带位置产生。因为此处的金属较"弱",故将这些滑移带称做驻留滑移带。它也是疲劳裂纹的策源地。

挤出脊和挤入沟是指有些金属和合金在交变负荷下,经若干应力循环之后,在表面产生的凹凸不平的细纹,其凸出部位称为"挤出脊",凹下部分称为"挤入沟"。挤入沟本身就是一种表面缺口。它是形成疲劳裂纹核心的另一种情况。

驻留滑移带、挤出脊、挤入沟等都是金属在交变负荷下表面不均匀滑移所造成的疲劳裂纹核心的策源地。这些裂纹核心在交变应力作用下,逐渐扩展、相互连接,最后发展成宏观的疲劳裂纹。

2)晶界及非金属夹杂处的疲劳裂纹

滑移带穿过晶界时,由于各晶粒的位向不同使滑移带方向改变,滑移带常终止在晶界处,因此,在该处造成了高应力区。在交变应力作用下,滑移带在晶界处不仅引起的变形不断地增加,还会引起内应力也不断地增加,最后在晶界上产生裂纹,形成疲劳裂纹核心。

在交变载荷下,夹杂物附近处产生不均匀滑移,最后也形成疲劳裂纹。

从以上现象看出,强化金属合金表面,控制表面的不均匀滑移(如表面滚压、喷丸、表面热处理、涂层等),就能够抑制或推迟疲劳裂纹的产生。其他如抑制合金的晶粒度(如细化晶粒、定向结晶,或用单晶体等)和控制夹杂物等级等,都是提高疲劳抗力、延长疲劳寿命的有效途径。

3)应力集中处产生裂纹

疲劳裂纹核心常产生在零件应力最集中的部位,如零件上的台阶、尖角、键槽、油孔、螺纹以及连接件的接头等处。因此,应尽量避免应力过于集中的现象。另外,在表面强化层下面,是强度相对较低的部位,有时疲劳裂纹也在该处出现。

(3)疲劳裂纹的扩展

在没有应力集中的情况下,疲劳裂纹的扩展可分以下两个阶段(图2.29):

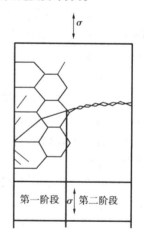

图2.29 疲劳裂纹扩展的两个阶段

第一阶段 通常是从金属表面上的驻留滑移带、挤入沟或非金属夹杂物等处开始,沿最大切应力方向(和主应力方向约成45°角)的晶面向内扩展。由于各晶粒的位向不同以及晶界的阻碍作用,随着裂纹向内的扩展,裂纹的方向逐渐转向与主应力垂直。这一阶段的扩展速率很慢,并在有应力集中的情况下,跳过第一阶段,直接进入第二阶段。

第二阶段　裂纹扩展方向与主应力垂直,这一阶段裂纹的扩展途径是穿晶的,扩展速率较快。在断口分析中看到的疲劳辉纹(疲劳条带)主要是这一阶段形成的。这种辉纹常用来作为判断零件是否疲劳断裂的有力依据。

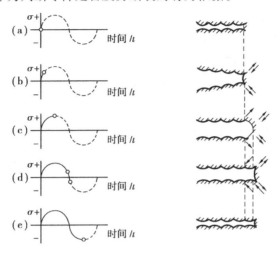

图 2.30　疲劳塑性辉纹形成过程示意图

疲劳辉纹有塑性辉纹、脆性辉纹、微抗辉纹等几种。塑性辉纹形成的过程如图 2.30 所示。图 2.30(a)表面交变应力为零时裂纹闭合。当受拉应力时裂纹张开,裂纹尖端尖角处由于应力集中且沿 45°方向产生滑移,如图 2.30(b)中箭头所示。当拉力达到最大时,滑移区扩大,使裂纹尖端变成近似半圆形。图 2.30(c)中两个同号箭头表示滑移的方向,两箭头之间的距离表示滑移进行的宽度。这样,滑移的结果使裂纹尖端由锐变钝,以致使裂纹尖端的应力集中,最后滑移停止,裂纹停止扩展。这种由于塑性变形使裂纹尖端变钝而使裂纹停止扩展的过程称为"塑性钝化"。当受反向压应力时,滑移沿相反方向进行,原裂纹表面和新产生的裂纹表面被压近,在裂纹顶端处被弯折成一个耳状缺口(图 2.30(d))。当反向应力最大时,裂纹表面被压合,裂纹尖端又由钝变锐,形成一个尖角,裂纹前沿向前扩展一条裂纹,如图 2.30(e)所示。而下一次应力循环又重复上述过程。所以,这一阶段疲劳裂纹的扩展是在裂纹尖端塑性变形(钝锐交替变化)过程中不断向前推进的。疲劳断口上的辉纹(在电子显微镜上可见到)就是每次交变应力下裂纹扩展的痕迹。在一定条件下,可以根据疲劳辉纹之间的宽度来近似的估计疲劳裂纹扩展的速率 da/dN,如图 2.31 所示。

许多多晶体材料,由于内部存在晶界及非金属夹杂物等障碍,疲劳裂纹尖端塑性变形的对称性常被破坏,所以就出现裂纹两侧不对称的现象,如图 2.32 所示。

一般来说,铝合金疲劳断口上的疲劳辉纹较明显,而钢的则不明显。电子显微镜

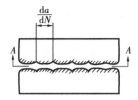
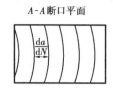
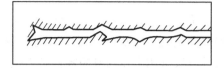

图 2.31　疲劳裂纹和疲劳断口上的辉纹　　　图 2.32　疲劳裂纹不对称扩展时的情况

中看到的疲劳辉纹和宏观断口上的前沿线并不相等,有的疲劳断口上看不到前沿线,但在电子显微镜下却能看到辉纹。

从前述疲劳裂纹扩展过程的分析可以看出,裂纹尖端塑性钝化能力对疲劳裂纹扩展起着重要的作用。

2.4.2　影响疲劳抗力的因素

由于疲劳断裂常从零件最薄弱的部位或内部及外部缺陷所造成的应力集中处开始,因此,疲劳失效对许多因素很敏感。

(1)工作条件

1)应力交变频率

由实验得知,当应力交变频率高于 10^4 次/min 时,疲劳极限随频率的增加而增加。对于通常应力交变频率在 3 000～10 000 次/min 范围内工作的零件,频率对疲劳极限没有显著的影响。但频率低于 60 次/min 时,疲劳极限有所下降。

2)过负荷及次负荷的影响

汽车零件常常短时间在高于疲劳极限情况下工作,如紧急刹车、突然启动、超负荷运行。通常用过负荷损害界来衡量偶然超过疲劳极限运行对疲劳寿命的影响。

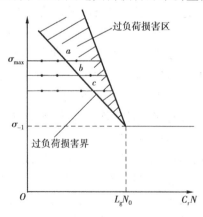

图 2.33　过负荷疲劳损害界的建立

材料的过负荷损害界由实验确定。首先求出完整的疲劳曲线,找出疲劳极限 σ_{-1},然后用试样在任一高于 σ_{-1} 的应力下进行疲劳试验,经一定次数循环之后,再在疲劳极限的应力下运转,看是否影响了疲劳寿命 (N_0),如果不影响寿命,说明负荷没有造成损害。这样在每一过负荷应力下,经过不同 N 次循环寻找开始损伤的周次 a、b、c 点等,连接 a、b、c 点得出疲劳损害界,如图 2.33 所示。图上阴影线表示区即过负荷损害区。过负荷下循环的周次落入此区,将造成疲劳寿命的缩短。因此,该区域越窄,说明材料抵抗过负荷的能力越好。

疲劳曲线上的斜线称为过负荷持久值,它表示在超过疲劳极限的应力下直到断裂所能经受的最大的应力循环次数,此斜线越陡直,说明在相同的过负荷下能经受的应力循环周次越多,即过负荷抗力越高。

过负荷损害界的产生可用金属内部的"非发展裂纹"来解释。金属内部也存在宏观裂纹的,只是这种裂纹不发展,故称为"非发展裂纹"。这种裂纹在疲劳极限应力下有一临界尺寸。过负荷应力下造成的裂纹长度如果小于此临界尺寸,则此裂纹在疲劳极限应力下不会发展,即过负荷没有造成损伤。如果在过负荷应力下造成的裂纹长度大于此临界尺寸,则在以后的疲劳极限应力下,此裂纹将不停地发展,以致断裂,即过负荷造成了损伤。因此在疲劳曲线上存在有过负荷损害界。

实验发现,金属在低于或近于疲劳极限下运转一定次数之后,其疲劳极限会提高,这种现象称为次负荷锻炼。

因此,装好的总成和汽车在空载或不满载条件下跑合一段时间,一方面可使各运动配合部分磨得更好;另一方向,可利用上述规律提高零件的疲劳抗力,延长使用寿命。

3) 使用温度

使用温度升高,材料的疲劳极限下降,这是因为金属的变形抗力下降,使疲劳裂纹容易形成的缘故。相反,温度降低,疲劳极限升高。

由于温度升高使应力集中的影响减小,因此使疲劳缺口应力集中系数 K ($K = \sigma_{-1}/\sigma_{-1k}$)减小。

有些零件使用时温度反复变化,会引起热应力(不是外加的机械应力),这种应力随温度的升降而变化,也会造成裂纹,称为热疲劳。

4) 环境介质

汽车零件所处的环境介质大致可分为腐蚀介质(酸、碱、盐的水溶液,潮湿空气)和活性介质(对表面有吸附作用但没腐蚀作用,如含有少量脂酸的油脂、机油等)两类。零件在腐蚀环境中工作,金属表面的腐蚀产物如同楔子一样嵌入金属,造成应力集中,因此,将使疲劳极限下降。

(2) 零件表面因素及尺寸因素

从疲劳过程的分析可知,交变负荷下金属不均匀滑移主要集中在表面,使疲劳裂纹常产生在表面上,所以构件的表面状态对疲劳极限的影响很大。表面损伤(刀痕、打记号)可以作为表面缺口来看待,都会在这些地方产生应力集中,使疲劳极限下降。零件表面粗糙度甚至机械加工纹道都会影响疲劳极限。

同一材料,光洁度越高,疲劳极限也越高。机械加工越粗糙,疲劳极限越低,而且材料强度越高时,表面加工质量对疲劳极限影响也越大。所以,在交变负荷下工作的、用高强度材料制造的零件,其表面必须仔细加工,不允许碰伤或有大的缺陷。不同表面状态下的疲劳极限相差 7 ~ 8 倍之多。

(3)表面强化处理效应

由于零件表面是疲劳裂纹核心易于产生的地方,而实际大部分零件都承受交变弯曲或交变扭转负荷,表面处应力最大,因此,采用表面强化处理就成为提高疲劳极限的有效途径。常用的表面处理方法有表面冷却变形(喷丸、滚压、滚压抛光等),表面热处理(表面渗碳、渗氮、氰化、表面高频或火焰淬火等)以及表面镀层与涂层等。

表面处理提高疲劳极限的原因在于,表面强化后不仅直接提高了表面层的强度,从而提高其疲劳极限,而且由于强化层的存在,改变了表面内应力的分布,使表层产生残余压应力,这样就降低了交变负荷下表面上的拉应力,使疲劳裂纹不易产生和扩展。这种有利影响对缺口零件更为显著,因为残余压应力可在缺口处应力集中,有效地降低拉应力的集中。

(4)合金组织

1)钢中马氏体含碳量

钢中的碳存在于固溶体中时,如中、高碳钢淬火马氏体或低温回火马氏体,材料的疲劳极限随含碳量的提高而降低。

2)金相组织

①晶粒大小

细化晶粒可以有效地提高疲劳极限。由于晶粒细化之后,在交变应力下可以减少不均匀滑移的程度,从而推迟疲劳裂纹核心所产生的扩展。电子显微镜断口分析指出,由于晶界两侧晶粒的位向不同,当疲劳裂纹扩展到晶界时,便被迫改变方向,并使疲劳辉纹间距改变,故晶界是疲劳裂纹扩展的一种障碍。因此,细化晶粒可延长疲劳寿命。

②组织类型

以 40Cr 钢为例,不同热处理组织的疲劳极限不同,回火屈氏体的疲劳极限 σ_{-1} 最高,淬火马氏体不如屈氏体,高温回火索氏体的 σ_{-1} 比马氏体和屈氏体低。

中碳结构钢淬火成马氏体再回火,σ_{-1} 随马氏体量的增多而提高。

3)夹杂物

钢中的非金属夹杂物是疲劳裂纹易于产生的地方,因而疲劳极限降低。

4)纤维方向

经锻造和切削加工成形的零件,若流线方向和主应力方向平行时,其疲劳极限比流线和主应力垂直的地方高,而且材料强度越高,这种差别越大。疲劳裂纹容易在锻造流线露头的地方产生,如图 2.34 所示。曲轴曲柄臂的纤维方向几乎和圆

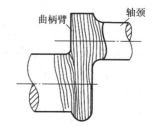

图 2.34　锻造曲轴纤维方向
和产生的疲劳裂纹

角处表面垂直,疲劳裂纹首先在流线露头的地方产生,然后向内扩展。

2.5 零件的变形

由于质点位置的变化,使零件的尺寸和形状改变的现象称为零件的变形。

汽车零件(特别是基础件)的变形对总成和汽车的工作质量与寿命具有重要的影响。对于基础件变形,目前已成为修理质量低和大修里程短的重要原因。

2.5.1 基础件变形对总成使用寿命的影响

(1)汽缸体

汽缸体变形后,可能引起汽缸轴线与曲轴轴线的不垂直度,曲轴轴线与凸轮轴轴线的不平行度,曲轴主轴承座孔的不同轴度,汽缸体上下表面的不平行度,汽缸轴线与汽缸体下平面的不垂直度,汽缸前后端面对曲轴轴线的不垂直度等的改变。

汽缸轴线对曲轴轴线的不垂直度对发动机使用寿命有显著影响,它能引起活塞连杆组在汽缸内的倾斜,不利于活塞连杆组在汽缸内的运动,使活塞环及活塞顶部产生较大的摩擦,从而增大发动机汽缸上部的磨损。试验结果表明:当汽缸轴线对曲轴轴线的不垂直度在 200 mm 长度上为 0.18 mm 时(解放牌发动机汽缸制造技术条件为 0.05 mm),发动机汽缸磨损增加 30%,也就是发动机寿命降低 30%。因为发动机寿命主要取决于汽缸的磨损程度。

主轴承座孔的不同轴度影响曲轴轴颈在座孔中的正确位置,严重时可能使曲轴在座孔中挠曲,不但影响液体润滑的形成,而且增加了曲轴转动的附加负荷,因而加速曲轴及轴承的磨损。

(2)变速器壳

变速器壳体变形后,可能引起上下轴承座孔轴线的不平行度和前后两端面的不平行度等发生变化。前者是影响变速器正常工作和使用寿命的重要因素。变速器壳上下轴承座孔轴线不平行度超过允许范围,使变速器传递的扭矩产生较大的不均匀性。扭矩的不均匀性是表明汽车动力状况好坏的重要特征之一,同时也是产生动载荷的原因之一。试验结果表明:这种不平行度为 0.19 mm 时,其扭矩的不均匀性比新变速器要高一倍。

变速器上下轴承座孔的不平行度能引起较大的轴向力并造成变速器跳挡。因为变速器换挡是借助于定位机构将滑动齿轮定位于轴线方向的。齿轮啮合中的轴向力由换挡叉及定位机构承受,如果一旦出现超过定位机构计算的作用力,则发生自动跳挡现象。产生轴向力是由于这种偏差使轴倾斜(即滑动齿轮相对于它啮合的齿轮的正确位置受到破坏),轮齿的接触线不平行于轮齿的工作面,而是呈某一角度,使齿轮产生轴向分力。

变速器壳变形所引起的故障不仅会导致产生噪声,而且还会加剧滑动齿轮和与其啮合的齿轮的磨损。

2.5.2 零件变形的原因

零件在使用中的变形通常有三方面的原因,即内应力、外载荷和温度。

(1)内应力

有些铸铁件在制造加工时尚能保证配合表面间的正确位置,但在制成后经过一段时间,就产生不符合技术条件的较大变形,其原因主要是由于对铸铁件进行时效处理或时效处理不当所引起的。

铸件从高温冷却下来的过程中,由于零件相连部分体积变化不均匀(厚薄不同),互相牵制,会产生内应力。根据内应力产生的原因可分为热应力和相变应力。

1)热应力

热应力是由于零件上相连的部分厚薄不同、冷却速度不同、收缩时间有先后而引

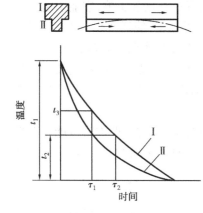

图 2.35　热应力的形成过程

起的。如图 2.35 所示,T 字形铸件断面 I 较厚,而断面 II 较薄,II 比 I 冷却较快。曲线 I 和曲线 II 分别代表这两个断面温度随时间变化的规律。在 τ_1 时刻,较薄的断面 II 先降到温度 t_2(约 620 ℃),已由塑性状态转为弹性状态,而此时断面 I 的平均温度为 t_3,尚处于塑性状态,即断面 II 可以自由收缩。当继续冷却到 τ_2 时刻,断面 I 也转入弹性状态,但在继续冷却的过程中,断面 II 也转入弹性状态,断面 I 因断面 II 阻碍收缩而受拉应力,而断面 II 因为断面 I 收缩力的作用而受压应力。通常厚壁受拉,薄壁受压,这就是热应力的普遍规律。零件的线收缩越大、断面越不均一,热应力就越大。

2)相变应力

由于零件内组织转化,发生体积改变所引起的应力称为相变应力。灰铸铁在奥氏体转化为铁素体和析出石墨时体积膨胀。薄壁部分冷却较快,先达到相变温度而先发生膨胀,因而最后受残余拉应力,厚壁部分受压应力。可以看出,相变应力与热应力方向相反,灰铸铁相变应力一般较小。

铸铁的残余内应力长期作用,会使弹性极限降低,并且产生减小内应力的塑性变形,这种现象称为内应力松弛。壁厚不同而厚薄过渡处断面较多的、形状复杂的零件(汽缸体变速器壳及其他壳体)则为残余内应力的产生造成有利条件。如果在机械加工前不把铸件的残余应力消除掉(如借助自然时效或人工时效处理),则制好的零件就会在残余应力的影响下,由于内应力松弛而变形。

（2）外载荷

零件在使用过程中，由于传递力而承受外载荷，也可能产生引起破坏配合表面正确位置的变形。

汽车在恶劣的道路条件下行驶，外载荷对基础零件的个别部分出现变形的影响最大。在这种条件下，汽车往往是满载或超载行驶的。

有些零件的变形是由于个别紧固件在这些零件上的结构布置不够恰当而引起的。例如，变速器壳后壁的变形，就是手制动器的制动力引起的。这种作用力由制动器支架承受，并通过螺纹连接传递到刚度不够大的变速器壳后壁。变速器前壁也由于刚度不够大而产生变形，这是变速器四点悬臂固定造成的。

后桥减速器壳侧壁的变形，是用做轴承座并且承受被动圆锥齿轮轴向分力的侧盖的紧固结构不够恰当而引起的。变速器壳侧壁变形会破坏表面的相互位置，而首先是导致前后两孔轴线的不平行度超限。

（3）温度

金属的弹性极限随温度的提高而下降，同时，在高温作用下，内应力松弛进行得比较彻底，所以，在温度较高的条件下工作的零件更易变形。汽缸体是在外载荷和高温的共同作用下工作的，往往会产生变形，从而破坏配合表面的正确位置。

（4）零件变形的内因

近年来，国外在研究零件变形机理的文献中提出一些看法，即认为产生变形的内在原因是材料的结晶缺陷，如空位、位错、沿晶粒界限的缺陷、空穴和其他夹杂物等。特别是位错及其扩散是影响变形的主要原因。

1）空位

空位是较广泛的一种结晶缺陷。空位在结晶的热状况变化时可能产生和消失。空位对金属和合金的物理化学性质有重要影响，在很多金属中具有 1% 的空位率，改变屈服极限达 $10 \ kg/mm^2$。

2）位错

位错是结晶的线性缺陷，它能破坏原子间的正确排列。在退火后金属内存在大量的位错现象，即在 $1 \ cm^2$ 上有 $10^6 \sim 10^8$ 个位错，而在冷作硬化的金属中可有 $10^{11} \sim 10^{12}$ 个。具有这些位错缺陷会降低金属的强度和电阻，以及使其他性质变差。位错不可能在结晶或晶粒中终止。它们只能自行结合起来或向其他的位错分支，或者向结晶表面发展。位错的分支和重新汇合将造成面的和空间的位错网，它是内应力的源泉。

具有位错的结晶是不稳定的，所以长久施加外力（特别在高温下），即使是很小的应力也会足够引起位错运动的发展。结晶的塑性变形，即原子的集体移动，可看做是一种位错运动，此时位错可沿滑移面和垂直滑移面移动。

此外，位错在一定程度上与材料中的其他夹杂物有关。金属的强化可解释为位错运动在相交叉时受到阻碍。

3）扩散

从广义上讲，扩散过程是系统内浓度的自行平衡。在汽车零件中引起变形破坏的过程，主要是固体的扩散过程，基本原因是粒子的热运动。

在结晶中扩散的实现是借助于各种过程，如相邻原子的直接交换、与未被占据的结晶空位交换位置等，但是，任何扩散过程的实现必须给粒子一定能量。

通过结晶缺陷在外力和高温作用下的发生和发展的分析，可得到一个结论：即固体材料的破坏不一定只在极限应力作用下才产生，而实际上，材料的破坏是逐渐的热活动过程，且只有在温度接近绝对零度时，才不存在这种热活动过程。

第3章 汽车零件的修复方法

汽车在使用过程中,由于配合零件的自然磨损、变形、破裂或其他损伤,改变了零件原有的几何形状和尺寸,破坏了零件的配合特性和工作能力,从而影响部件、总成或复位的正常工作。汽车零件的修复就是在经济、合理的原则下,恢复零件的配合特性和工作能力。

汽车零件的修复是汽车修理工艺的重要组成部分,也是提高经济效益的重要来源。根据零件的磨损特性,通过合理的修复,可提高其耐磨性,延长总成的使用寿命。

科学技术的发展为汽车零件的修复提供了多种工艺方案,这些修复方法各有其特点和适用范围。在具体确定零件修复的工艺时,必须分析零件的结构特点和使用要求,根据各种修复工艺的实质和特点,通过技术经济的统筹分析予以确定。

3.1 汽车零件修复方法的分类

汽车零件的修复方法可根据零件缺陷的性质进行分类。

(1)磨损零件

磨损零件的修复方法可分为:①对已磨损的零件进行机械加工,使其重新具有正确的几何形状和配合特性,并获得新的几何尺寸;②利用堆焊、喷涂、电镀和化学镀等方法对零件的磨损部位进行增补,或采用胀大(缩小)、镦粗等压力加工方法,增大(缩小)磨损部位的尺寸,然后进行机械加工,恢复其名义尺寸、几何形状和规定的表面平整度。

(2)变形零件

变形零件的修复可采用:①压力校正法;②火焰校正法。

(3)断裂、裂纹、破损零件

断裂、裂纹、破损零件可采用:①焊接;②钎焊;③钳工、机械加工等方法。

汽车零件修复方法的分类如图3.1所示。

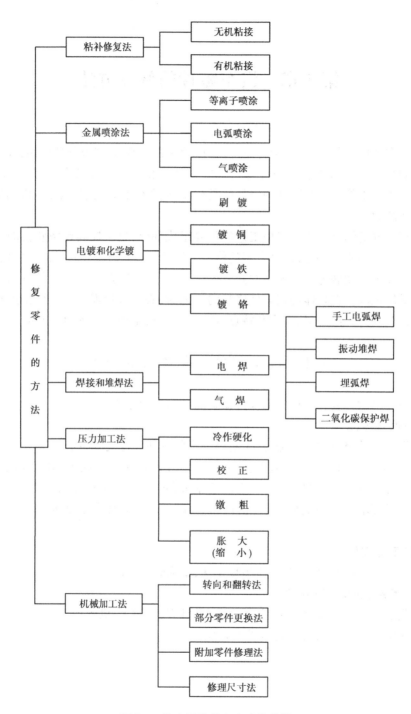

图 3.1 汽车零件修复方法的分类

3.2　汽车零件的修复方法

3.2.1　机械加工修复法

（1）修理尺寸法

修理尺寸是指将零件磨损表面通过机械加工恢复其正确的几何形状,并与相配合零件恢复配合性质的一种加工方法。

修理尺寸法在汽车维修中应用十分广泛。主要用于配合副磨损后修复,根据 JT 3010—81《汽车修理技术标准》中规定,有 35 种主要零件采用这种方法,其中包括:缸筒、缸套、活塞、曲轴与轴承、转向节主销与主销承孔等。

（2）修理尺寸的级差

为了延长主要件和基础件使用寿命,根据实际使用中磨损的情况及材料强度和结构限制,可以将修理尺寸分为若干等级。对于缸套和缸筒,汽油车分为六级修理尺寸,柴油车分八级修理尺寸;对于曲轴主轴颈、连杆轴颈,汽油车分八级修理尺寸,柴油车分十三级修理尺寸;活塞销分四级修理尺寸;凸轮轴轴承孔内径分二级修理尺寸（由于车辆报废里程的限制,修理的等级有所减少,如东风 EQ1090 汽缸一般只推荐 0.50 mm、1.00 mm 两级）。每级级差也不尽相同,但以每级级差为 0.25 mm 的为最多（35 种主要零件中有 22 种完全或基本上采用此级差）。

（3）轴和孔修理尺寸的计算

轴和孔的基本尺寸,磨损后用修理尺寸修复的情况如图 3.2 所示。

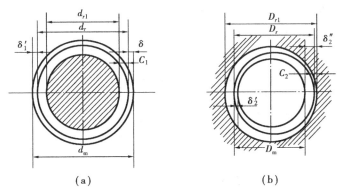

图 3.2　轴和孔的修理尺寸

（a）轴的修理尺寸;（b）孔的修理尺寸

轴、孔各级修理尺寸计算如下:

轴:$d_{r1} = d_m - 2(\rho_1\delta_1 + c_1)$

孔：$D_{r1} = D_{\mathrm{m}} + 2(\rho_2\delta_2 + c_2)$

而　$r_{\mathrm{B}} = 2(\rho_1\delta_1 + c_1)$

$\gamma_0 = 2(P_2\delta_2 + C_2)$

所以，各级修理尺寸为：

$d_{r1} = d_{\mathrm{m}} - r_{\mathrm{B}}$　$D_{r1} = D_{\mathrm{m}} + r_0$

$d_{r2} = d_{\mathrm{m}} - 2r_{\mathrm{B}}$　$D_{r2} = D_{\mathrm{m}} + 2r_0$

$$\vdots$$

$d_{rn} = d_{\mathrm{m}} - nr_{\mathrm{B}}$　$D_{rn} = D_{\mathrm{m}} + nr_0$

图 3.2 和公式中：

d_{m}——轴的基本尺寸	D_{m}——孔的基本尺寸
c_1——轴的加工余量	c_2——孔的加工余量
δ_1,δ_1'——轴的磨损量	δ_2',δ_2''——孔的磨损量
r_{B}——轴的修理尺寸级差	r_0——孔的修理级差
d_r——轴磨损后的尺寸	D_r——孔磨损后的尺寸
d_{r1}——轴的第一级修理尺寸	D_{r1}——孔的第一级修理尺寸
d_{rn}——轴的第 n 级修理尺寸	D_{rn}——孔的第 n 级修理尺寸
ρ_1——轴的不均匀磨损系数	ρ_2——孔的不均匀磨损系数 ρ 值为 0.5 ~ 1

例如，东风 EQ140 汽车发动机，经过测量六个缸后，其中某缸磨损的最大值为 $\phi100.38$ mm，修理等级确定如下。

设汽缸机械加工总余量为 C，则汽缸恢复到正确几何形状的尺寸为：$(100.38 + C)$ mm。

加余量 C 的数值大小取决于设备及工人的技术水平，目前，一般取 0.08 ~ 0.15 mm。如 C 取 0.1 mm，则该汽缸恢复到正确几何形状的尺寸为：$(100.38 + 0.1)$ mm = 100.48 mm，但汽缸必须加工至规定的修理尺寸，考虑到 100.48 mm 与汽缸二级修理尺寸（加大 +0.50 mm）比较接近，而且又大于 100.48 mm。所以，选取第二级修理尺寸（按这个尺寸加工各缸均能恢复正确几何形状）为：

$$D_{r2} = D_{\mathrm{m}} + 2r_0 = (100 + 2 \times 0.25) \text{ mm} = 100.50 \text{ mm}$$

加工余量 C 应考虑"偏磨"因素的大小，有的地区汽缸偏磨严重，C 可取为 0.15 ~ 0.20 mm。

（4）修理尺寸法的特点及应用

修理尺寸法使各级修复尺寸标准化，便于加工和供应配件。但是它要求零件加工后有正确的几何形状和粗糙度，而且要按规定标准加工，这就使加工余量大，使修理次数减少。

修理尺寸法能大大地延长复杂零件和基础件的使用寿命，它简便易行，经济性好，但为了保证零件有足够的强度，尺寸的增大（孔）或缩小（轴）应有一个限度。由于零件强度的限制,采用修理尺寸法到最后一级时,零件就要采用镶套、堆焊、喷涂、电镀等方法才能恢复到基本尺寸。

3.2.2 镶套修复法

镶套修复法是指零件在使用中,只是局部的磨损或损坏,在其结构和强度容许条件下,可将其磨损部分切削小(对轴)或镗大(对孔),然后,再用静配合的方法镶套、加工,使零件恢复到基本尺寸的修复方法。

汽车发动机的汽缸套、气门座圈、气门导管、飞轮齿圈以及各种铜套的镶配都是采用这种修复方法。

(1)镶套修复的注意事项

1)材料

镶套的材料要根据镶套部位的工作条件来选择,如在高温下工作的部位,镶套材料应与基体一致或相近,使它们膨胀相同;除此而外,材料热稳定性要好,以保证零件工作时的稳定。如对于镶气门座圈,就要选择与基体一致或膨胀系数相同的材料,像灰铸铁或耐热钢,而不能用普通钢,以防排气的高温使普通钢氧化、脱皮。为了获得好的耐磨性能,也可镶比基体金属好的耐磨材料。

2)过盈量

镶套过盈量应选择合适,必要时要经过强度计算。因为过盈量太大,易使零件变形或挤裂;过盈量不足,又易松动和脱落。镶套时由于多是薄壁衬套,包容件受拉应力,被包容件受压应力。套不厚时(一般 2 ~ 3 mm),应力大小与相对过盈成正比。所谓相对过盈就是单位直径(为镶套的基本尺寸)上的过盈量。

如轴承孔镶套,套外径基本尺寸为 100 mm,其过盈量为 0.05 mm,即相对过盈为 $\frac{0.05}{100} = 0.0005$,根据相对过盈大小,镶套配合分为四级,分别为轻级、中级、重级及特重级,见表 3.1。

为了保证镶套可靠,对重级和特重级两级别,必须验算结合强度和材料最大应力,并要通过试验。

镶干缸套,一般选用中级静配合即可。镶气门座圈时,由于它承受高温和高频冲击,负荷较大,用重级静配合(修理时宜选用中级静配合)。镶气门导管时,由于尺寸小,受力小,选用中级静配合,过大镶配时会使缸体承孔失圆甚至胀裂。

3)加工精度及表面粗糙度

为了保证准确的过盈量,配合面加工精度要求较高。通常采用 IT6、IT7 级,粗糙度 Ra 值为 2.5 ~ 1.25 μm。如镶缸套外圆表面粗糙度 Ra 值为 1.25 μm,缸套承孔粗糙度 Ra 值为 2.5 μm,气门座圈外表面粗糙度 Ra 值为 2.5 μm,气门座圈承孔粗糙度 Ra 值为 1.25 μm。如表面粗糙度过高,压入时表面凹凸处互相剪切,压入后使实际过盈量减小。同时,由于表面粗糙,缸套与承孔实际贴合面积也减小,散热性能也差。

各零件粗糙度和加工精度,应根据图纸要求选择。

表 3.1　镶套修复中的静配合

级　别	相对平均过盈	配合代号	装配方式	特　点	应　用
轻级	0.000 5 以下	$\frac{H6}{r5}$　$\frac{H7}{r6}$	压力机压入	传递较小扭矩,保持相对位置受力大时,另行紧固	转向节指轴镶后焊牢,变速器中间轴齿圈,镶后焊牢
中级	0.000 5 ~ 0.001	$\frac{H7}{s5}$　$\frac{H7}{r6}$　$\frac{H8}{s7}$	压力机压入	受一定扭矩及冲击,分组选择装配,受力过大时,仍需另行紧固	缸套、气门导管、变速器及后桥壳上孔、主销孔、变速器中间轴齿轮(加键)
重级	>0.01	$\frac{H8}{s7}$	压力机压入	受很大扭矩,动负荷不加固,分组装配加热包容件,冷却被包容件	飞轮齿圈,气门座圈,转向节指轴(不焊)
特重级		$\frac{H7}{u6}$	温差法		

(2)镶套修复的操作及特点

1)镶套修复操作

镶套是谨慎、细致的钳工操作。镶套前应仔细地检查配合件的尺寸及形状误差(圆度、圆柱度)。检查倒角、粗糙度,并做好除锈、除油等清洁工作。

在允许的圆柱度范围内,座孔应大头朝上,镶入件应小头朝下、两配合件椭圆长短轴一致。平稳压入,忌用榔头敲击。在压入过程中,应注意检查压入件是否歪斜、压力是否正常。

对于重级和特重级配合,用温差法加热包容件至 150 ~ 200 ℃,被包容件用干冰冷却收缩,然后压入。取出时,切忌用榔头硬敲,应当用拉器拉出,或者用压床压出。对于气门座圈的拆除,可采用一废气门与座圈焊上几点,然后用压床压出或用软榔头打出。

2)镶套修复的特点

镶套法可以恢复基础件的局部磨损,延长基础件的使用寿命;应用镶套法一次可以使磨损了的零件恢复到基本尺寸,为以后的修理提供了方便;而且镶套工艺简单,没有复杂的操作和加工;不需大型设备,成本低;质量容易保证;不需要高温,零件又不易变形(注意过盈量不要过大)和退火,但它的应用受到零件的结构和强度的限制。

3.2.3　焊接修复法

汽车零件的磨损、破裂、断裂、凹坑、缺损等多种情况下均能采用焊接修复法。由于焊修的零件可得到较高的强度,焊层容易控制,且一般焊接修复使用的设备简单、成本低、易掌握,因此,它已成为一种应用广泛的零件修复方法。

焊接修复法就是用电弧或气体火焰的热量,将焊条(或丝、料)与零件金属熔化(钎焊则不熔化),以填补零件的磨损,使其恢复零件的完整。汽车零件的焊接修复方法很多,且各具特点。以下简单地介绍铸铁的焊接、铝合金的焊接和 CO_2 保护焊等修复方法。

(1)铸铁的焊修

汽车上应用最多的是灰铸铁(HT),其次是球墨铸铁(QT)和可锻铸铁(KT)。在大部分情况下,碳是以游离状态石墨存在于铸铁中。在灰铸铁中,碳是以片状石墨存在;在球墨铸铁中,碳是以球状石墨存在;在可锻铸铁中,碳是以团絮状石墨存在。碳在铁中的另一种存在形式是化合物状态,即 Fe_3C(渗碳体)。这种状态称为白口铁,白口铁硬而脆,难以切削,膨胀和收缩率又较大,除了特殊需要,一般不希望产生白口铁。

1)铸铁焊修的特点

铸铁的塑性差而发脆,焊接时由于冷热不均或冷却过快都会造成应力,当应力超过焊缝处强度时就会产生裂纹。另外,在冷却过程中,由于速度过快,碳在铸铁中来不及析出,以 Fe_3C 化合物状态存在,形成白口。由于白口铁收缩率大于灰铸铁近一倍,焊缝区产生热应力和相变应力就更容易使焊缝处产生裂纹。

由此可见,在铸铁焊接中最容易产生的问题是白口和裂纹。为了防止铸铁在焊接中产生白口和裂纹,可采取如下措施:

①防止白口

a. 将工件预热,以减缓焊缝的冷却速度。

b. 采用专用焊条、石墨化型焊条、镍基焊条等,或焊条中加入促进石墨化元素,防止 Fe_3C 的生成,促使碳以游离状态石墨存在于铁中。

②防止裂纹

a. 减少焊接应力,预热工件,采用加热减应焊法。

b. 采用塑性、延展性均好的金属作焊条(铜铁焊条、镍基焊条等),松弛焊缝的拉应力。

2)铸铁的焊接方法

根据热源铸铁焊可分为气焊、电焊;对焊件是否预热可分为热焊、冷焊。

气焊就是氧-乙炔火焰焊。铸铁气焊熔池冷却速度慢,并且可以适当控制,能做到使焊缝金属与母材相近似;但它生产率低,零件受热变形大。

电焊就是手工电弧焊,铸铁电焊施焊速度快,生产率高、零件受热变形小;但焊缝机械加工性能比气焊差,焊缝硬而脆。

热焊就是将工件预热到 600~700 ℃进行焊接。施焊中的温度应保持不低于400 ℃。它既可以用气焊,也可以用电焊,汽车热焊多采用气焊。它可有效地防止白口和裂纹。但由于长时间在高达 700 ℃温度下加热,变形严重,焊工处于强烈热辐射工作条件下,劳动条件恶劣。因此,热焊只限于对焊接质量要求高,又不便冷焊的场合。

冷焊就是工件在低于 400 ℃温度下预热或不预热焊接。同样,它既可以采用电焊,也可以采用气焊,但它避免了热焊中产生的问题。

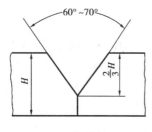

图 3.3　焊缝坡口

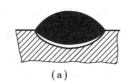 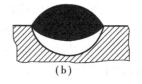

图 3.4　施焊电流对焊缝白口层的影响
(a)小电流;(b)大电流

电弧冷焊多采用专用焊条,执行严格的冷焊工艺,以减少焊件的变形,但焊条成本高。

气焊冷焊目前多采用加热减应措施,不仅焊缝质量高,而且工件焊后变形较小。在汽车零件的铸铁焊中,冷焊采用比热焊多。

3)铸铁零件的焊补工艺

灰铸铁电弧冷焊焊补工艺如下:

①焊前准备

彻底清除零件表面的油污、水垢,用砂纸打磨焊口处。在裂纹两端钻直径为 4~5 mm 的止裂孔,开 60°~70°坡口,如图 3.3 所示。

②施焊

施焊工艺要点是:小电流、分段、分层、锤击,以减少焊接应力和变形,并限制母材金属成分对焊缝的影响。

电流过大、熔化深、杂质向内转移,熔池内会产生较厚的白口层,如图 3.4 所示。若电流过小,电弧则不稳,导致产生焊不透,出现气孔和夹渣等缺陷。

电弧冷焊的施焊电流见表 3.2。从表 3.2 中可见,高钒焊条施焊电流比前两种焊条小,要求也更严格。

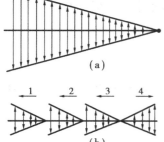

图 3.5　焊接应力的分布
(a)一次长焊;(b)分段焊

电弧冷焊采用分段焊是为了减少焊接的应力和变形,如图 3.5 所示。图 3.5(a)为一次长焊时的应力分布,图 3.5(b)为分段焊时应力分布。焊汽缸时,每段长可取 10~30 mm。每焊完一段后,应趁热从弧坑开始锤击焊缝,直到温度下降到 40~60 ℃为止,然后再焊下一段。锤击的目的是为了消除焊接应力。另外,锤击也是为了砸实气孔,提高焊缝的致密性。

表 3.2　电弧冷焊电流(A)的选择

焊条种类	统一牌号	铸铁焊条直径/mm			
		2.0	2.5	3.0~3.2	4.0
铜铁焊条	铸607(直流反接)		90	90~110	
	铸612(交流)		100	100~120	
镍基焊条	铸308		65~90	80~110	90~125
	铸408		60~80	70~110	100~130
	铸508		65~90	90~120	100~125
高钒焊条	铸116	40~50	50~65	90~95	100~125
	铸117				

工件较厚时,要采用分层焊,分层焊如图 3.6。采用分层焊,一方面可用较细的焊条,从而可使用较小的电流;另一方面后焊的一层对先焊的一层有退火软化的作用。例如,采用镍基焊条时,可先焊两层镍基焊条的焊层,再改用低碳钢焊条填满坡口,以节约贵重的镍合金。

焊缸体、缸盖等形状复杂的零件,在室内避风处预热 200~250 ℃效果更好。如果工件的裂纹是从边缘向中心延伸的,则施焊时从里向外焊,可减少应力和变形。

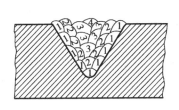

图 3.6　多层焊的顺序

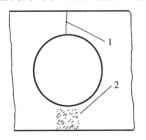

图 3.7　加热减应区的选定
1—裂纹;2—加热减应区

当母材材质差时,为了焊补强度高,可用栽丝法。即在裂纹的两侧钻孔,攻丝拧入钢螺杆,先绕螺杆焊,再焊螺杆间,使螺杆承受部分应力,从而提高了焊补的强度。

4)焊后检查

汽缸体焊后应进行水压试验,若出现漏水,可用环氧树脂粘补,或铲掉重焊。其他零件焊后均应进行必要的检查。检查的内容一般是有无气孔、裂纹、白口,以及焊缝是否致密、牢固。

(2)气焊冷焊—"加热减应"焊

1)加热减应

加热减应焊又称为对称加热法。即焊补时另用焊炬对零件选定的部位(减应区)进行加热,以减少焊补的应力和变形。

对于焊补中间有孔的零件,加热区如图3.7所示。若不采用"加热减应"而直接焊,焊后焊缝很可能被拉断,即使不拉断,零件也会产生很大的变形。如在减应区加热,焊缝与减应区在受热时一起膨胀,冷却时又一起收缩,就会大大减轻焊补应力。

2)加热减应区的选择原则与检验

①减应区应选择在裂纹的延伸方向;

②减应区应选择在零件的棱角处,边缘强度较大处。

加热减应区选择是否得当,可通过加热检验。当减应区加热至500~600℃时,零件上待焊的焊缝如张大1~1.5 mm则合适;如焊缝紧闭,则选择不当。

加热区的温度应小于750℃,以免引起相变;但不得低于400℃,以免降低减应作用。

3)焊接工艺

①焊前准备

焊前准备同铸铁电弧基本一样,但当所焊部分厚度在6 mm以上时,要开90°~120°的"V"形坡口,如图3.8所示。如所焊部位厚度在15 mm以上时,要开"X"形坡口。

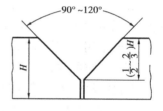

图3.8 用加热减应焊时
所开的坡口尺寸

②施焊要点

根据壁厚选不同的焊炬和焊嘴。焊点火焰应用弱碳化焰或中性焰。加热区加热用氧化焰。焊区应水平放置,防止铁水流失。施焊方向应指向减应区,如果反向焊补,则起不到减应作用。

加热减应焊用的焊条为QHT_1和QHT_2。施焊时,先熔母材,再渗入焊丝,否则熔化不良。并随时用焊丝清除杂质,以防气孔和夹渣。施焊时应一次焊完,避免反复加热,使应力过大。

4)加热减应焊的焊修应用

发动机缸体的裂纹、气门座孔内的裂纹、曲轴箱内的裂纹及汽缸上平面裂纹,均可采用加热减应焊,变速器壳体也可以采用加热减应焊。

5)加热减应焊的特点

加热减应焊具有气焊和电弧冷焊二者的优点:

①焊缝质量高:因为它是气焊,所以强度高,金相组织和机械加工性能与母材

相近。

②零件的变形小：由于加热减应减少了应力，从而使变形受到了一定的控制。

③成本低、工人劳动条件好：由于它不需要复杂的设备，又不需要昂贵的焊条，因而成本低。由于零件只在选定加热区加热，所以工人受到的热辐射也较少。

(3)球墨铸铁和可锻铸铁的焊修

球墨铸铁与可锻铸铁的焊修比灰铸铁更困难。焊补球墨铸铁时，主要问题是：球化剂的烧蚀，得不到球状石墨，使焊缝塑性和韧性均降低，且更容易出现白口，所以应力更大。可锻铸铁的主要问题是：温度超过 950 ℃时，会产生白口。因此，它们都要采用特殊的焊条和特殊的焊接方法。

球墨铸铁用电弧焊和气焊都可以焊补。在采用电弧焊时，应采用钢芯球墨铸铁焊条并预热，预热温度为 500 ~ 700 ℃。也可以采用镍基、高钒及钇基稀土焊条进行电弧冷焊，工件预热 100 ~ 200 ℃，并采用较小的电流。

球墨铸铁用气焊时，先要预热工件，并用含球化剂(如镁)的焊丝进行焊补。

可锻铸铁的焊补，可用纯镍或高钒焊条进行电弧冷焊；还可以用黄铜或高强度铜(含铜 40% ~ 50%、锰 9% ~ 10%、镍 3.5% ~ 4%、锡 0.4% ~ 0.6%，其余为锌)作为焊料进行硬钎焊，并用硼砂作焊补剂，焊补温度为 830 ~ 890 ℃，不超过 900 ℃，以减少白口。

对于用可锻铸铁制造的后桥壳，有的采用结 422 普通低碳钢焊条，在焊缝区补焊一块低碳钢板，并用小电流焊补的方法。

(4)铝合金的焊修

汽车上采用的铝合金零件日益增多，如活塞、缸体、缸盖、飞轮壳、水泵壳体、窗框等都是采用铝合金铸造的。有些小车的桥壳、变速器壳也用铝合金。因此，铝合金焊接在汽车零件的修复中，尤其是铝型材的钎焊，在客车车身的修复中得到了日益广泛的应用。

1)铝合金的焊接

铝合金的焊接具有以下特点：

①铝表面有一层难熔而且强度极大的氧化膜，它阻碍铝熔化和焊接。

铝的熔点在 650 ℃左右，而氧化膜的熔点高达 2 050 ℃，铝的密度为 2.7 t/m^3，而氧化膜密度为 3.85 t/m^3，所以，氧化膜在熔化时阻碍铝的熔化。而当氧化膜熔化后，又阻碍了铝的熔合，因此很易形成夹渣。氧化膜还易吸水，遇高温水会分解，产生氢气，氢气来不及析出时，在焊缝中产生大量气孔。

②铝在受热后，冷却收缩大，高温强度低。

铝的导热率和线膨胀系数比铁大一倍多，由于比热也大一倍，所以焊接时的热量应当多而集中。这就需要能产生大量热，而且能量集中的热源。因为铝的收缩率是钢的两倍，所以在焊接时要进行预热，否则，易产生较大的焊接应力和变形，甚至引起焊缝裂纹。铝在370 ℃时,强度仅为10 MPa左右,不能支持本身的重力,焊时造成坍塌。

③铝与铝合金由固体转为液体无明显的颜色变化,很难判断加热程度和温度,而且铝熔化时会四处流溢,不好控制。

④铝在液态时吸收大量的氢气,固态时又几乎不吸收氢气。在焊缝冷却时,氢气来不及析出,形成大量焊缝气孔。

铝合金既可以用气焊,也可以采用电弧焊,但效果都不够理想,也不易掌握,生产率也较低。为了解决上述问题,最好采用氩弧焊。

2)铝合金的氩弧焊

采用氩弧焊使铝的可焊性变好,并且不用熔剂,焊接质量好,生产率较高,是目前正在推广的一种方法。

氩弧焊是以氩气为保护气体的一种电弧焊接法。焊时氩气从喷嘴流出,在电弧和焊接熔池周围形成连续封闭气流,以保护钨极和焊接熔池不被氧化。

氩弧焊优点是:保护效果好;焊接热量集中,电弧稳定;不用焊药,焊缝美观、平整,防腐蚀性能好;操作容易、质量好,零件变形较小等。

手工钨极氩弧焊规范见表3.3。

表3.3　手工钨极氩弧焊规范

工件厚度 /mm	钨极直径 /mm	焊接电流 /A	焊丝直径 /mm	氩　　气	
				流量/(L·min^{-1})	喷嘴直径/mm
3 ~ 5	3 ~ 4	120 ~ 200	3	8 ~ 10	8 ~ 12
6 ~ 8	4 ~ 5	140 ~ 220	3 ~ 4	10 ~ 14	10 ~ 14
8 ~ 12	4 ~ 5	220 ~ 280	4	12 ~ 16	12 ~ 16
>12	5 ~ 6	260 ~ 350	4 ~ 5	14 ~ 18	14 ~ 16

3)铝型材的钎焊

①铝型材的钎焊特点

A.铝型材钎焊接头　铝型材钎焊的焊缝不需要高出工件表面,所以焊接接头光滑、平整。充填性比气焊和氩弧焊好,因而致密、密封性好。

B.焊接接头抗拉强度高　经过测试,铝型材钎焊接头强度为110 MPa,而铝合金气焊仅为30 MPa;铝合金氩弧焊为35 MPa。可见,钎焊能使强度提高两倍多。

C.经济性好、效率高　与铝合金气焊对比,加工费仅为铝合金气焊的8%左右,为铝合金氩弧焊的5%左右。原因是焊接接头光滑平整,省去了焊后机械加工(铣和钳工修整),这样生产率也得到了提高。

②铝型材钎焊的原理

铝型材火焰钎焊是根据钎焊原理,在保持接头处完整的基础上,利用毛细吸附作用将熔化的钎料吸入接头异形断面的间隙中,以达到整个截面接头一次焊成的目的。

焊接接头的形成有两个过程:一是钎料填满间隙的过程,二是钎料和母材相互作用的过程。液态钎料能否很好填满焊缝,主要取决于它的浸润性(又叫湿润性),它表现了一种液体在一种固体表面上流布开来的能力。浸润性好,毛细作用就强。钎焊时采用钎剂就是为了改善钎料对母材的浸润性。

在钎焊过程中,液态的钎料与钎焊金属或多或少存在原子相互扩散等物理化学现象。这就是它们的相互作用过程。当冷凝后,即形成了钎缝,从而使被焊工件牢固地连接在一起。

③铝型材钎焊的钎料与钎焊剂

A. 钎料 钎料是钎焊用来填满钎缝、冷凝后将钎焊接头连接在一起的材料。

对铝型材钎焊钎料要求如下:

a. 钎料熔点必须低于母材,一般低几十度。

b. 钎料具有良好的浸润性,能够充分填满焊缝。在钎料成分中,加入能与被钎焊金属形成同相的合金元素,可以改善它对钎焊金属的浸润性。

c. 液态钎料与母材的接触面上必须能发生相互的原子扩散。

d. 钎料本身具有一定机械强度,以满足钎焊接头的工作要求,以免钎缝区强度过低。对于有外观要求装饰件,还要求钎缝颜色与母材一致或大致相同。

根据上述要求,可采用含硅 10% ~13% 的铝硅二元合金和含硅 8% ~12%、含铜 3% ~5% 的铝硅铜三元合金钎料,还可采用铝基多元合金,见表3.4。

表 3.4 铝基钎焊料

合金元素/% 配方编号	Si	Cu	Mg	Mn	Zn	Fe	Al	熔点/℃	备注
L02	11.8					0.19	余量	580	流动温度
L04	11.0	1.0	0.4	0.5		0.19	余量		
L08	8 ~12	3 ~5					余量	570	流动温度
L19	4.5 ~5.0	11.3 ~12.3		0.25 ~0.27	20 ~25		余量	460	

B. 钎剂 为了去除氧化铝膜,改善钎料对钎焊金属的浸润作用,在钎焊铝合金时,一般都用腐蚀性很强的钎剂。

对钎剂的要求如下:

a. 钎剂的熔点要比钎料低(一般低 50 ℃),以便在钎料熔化前就把钎缝中氧化膜消除。

b. 钎剂要有良好的热稳定性,要在熔化后 100 ℃ 的范围内保持其作用(因为钎焊温度一般高出其 100 ℃ 左右)。

c. 在钎焊温度范围内,钎料黏度要小,要具有良好的流动性,便于浸润金属表面。

d. 钎剂及其生成物应有比液体钎料小的密度,以便去除和防止夹渣。

④铝型火焰钎焊工艺要点

铝型材钎焊分为三个阶段:焊接前接头准备、施焊和焊后清理。

A. 焊前接头准备

检查铝型材是否歪扭、翘曲、平整,若有变形要校正。接头要平行、均匀,尺寸和角度精确。

用酒精或汽油清洗油污,油污严重可用四氯化碳、三氯乙烷清洗。用砂纸、砂布或用喷砂、喷丸清除氧化膜,或用化学蒸气清洗,清洗后应立即施焊。

为了保证钎焊接头位置和合适的间隙,应有合适的夹具和装配工具。一般铝型材窗框钎焊间隙为 0.3 ~ 0.75 mm,最大不超过 1 mm。

装配工具和夹具要有一定的强度,利于火焰加热,且便于钎焊操作。其设计和使用时要考虑工件的膨胀和收缩,否则,加热时很可能将间隙胀死,钎剂、钎料流不进去。为此,最好设计弹性夹具。对于一框四角形零件的钎焊,最好同时装配,同时焊好,防止最后一角对缝困难。

B. 施焊工艺

a. 手工火焰钎焊加热的焊炬有以下几种:

(a)氧-乙炔多孔莲蓬喷嘴:这种喷嘴(直接拧在三号焊枪上就可使用)是多孔莲蓬状的。

(b)汽油喷灯:灵活方便,可随点随灭。火焰温度高且较柔和,不易与钎剂起反应,焊口较白,易于控温。多用于实验室和零星生产。

(c)石油液化气加压缩空气喇叭形喷嘴:这种喷嘴加热时与钎剂反应小,焊口很白净,火焰较柔和,加热时不易过烧,加热均匀。钎料易一次填满焊缝,能获得较佳接头。

b. 加热方式

火焰钎焊的加热方式与气焊大不相同,不得沿用气焊的操作方法。因为铝及铝合金导热性好,接头热量易散失,所以在较大范围内对接头加热,才能保证接头温度均匀,使各部分同时达到钎焊温度。不能像气焊那样把热量集中于焊缝区,而应当不停移动火焰,或固定火焰移动工件,使工件各部均匀受热。

c. 加热温度

加热温度是钎焊时最关键的一环,操作时一定要严格控制,使温度在母材熔点以下,在钎料熔点以上的范围内。工业纯铝熔点为 658 ~ 660 ℃,铝合金为 620 ~ 640 ℃。钎焊温度应控制在 550 ~ 600 ℃。

因为铝及铝合金在加热熔化时没有明显的颜色变化,简单判断加热温度的方法是:将预热钎棒一端蘸上钎剂放在焊口上,若钎剂立即化为透明的流体,则说明温度合适,可以施焊;若钎剂不能立即熔化、发黏、冒泡,表明温度偏低,应再加热。

操作熟练后,可用加热时间来控制温度。温度合适后,即施加钎剂、钎料。钎剂和钎料的用量是否合适,是获得优质焊接接头的重要因素之一。

钎剂、钎料不可多用,保证焊缝填满即可,用多了不但焊缝高出工件,还会结瘤,既增加了内外部缺陷,又浪费了钎料、钎剂。

C. 焊后清理

a. 水洗:清除钎剂残渣最简单的方法是,在钎料凝固后(撤火后 20 ~ 30 s)将整个接头淬入 50 ~ 70 ℃热水中,将残渣崩落下来,一般在热水中浸泡 10 min,再用刷子刷洗,即可将残渣除净。

b. 机械清洗法:用纤维刷、钢丝刷等刷洗,或用砂布、砂纸、锉刀、抛光轮抛光,也可以用喷砂、蒸气吹。但因铝合金较软,清洗时,既要避免损坏钎焊缝,又要防止砂粒、金属屑嵌入焊缝。

c. 化学清洗法:热水浸泡后,对于难以清除的钎剂残渣,可用 10% 的硫酸浸 2 ~ 5 min,或用 5% ~ 10% 的磷酸溶液浸泡。

经化学处理后,必须彻底冲洗掉任何化学溶液,然后干燥存放。

(5)CO_2 **保护焊**

CO_2 保护焊是一种成本低、生产率高、工件变形小、质量好、抗锈蚀、抗裂、容易掌握的焊接方法,但由于合金焊丝受到冶炼和拔制工艺限制,不便于调整焊丝成分,其耐磨性不够高;用于修复耐磨性要求不高的零件。

CO_2 保护焊既可以用细焊丝代替气焊焊接薄钢板,也可以用粗焊丝代替手工电弧焊焊锅炉、桥梁。它既能堆焊曲轴,又能焊补铸铁,因此得到广泛的应用。

1)CO_2 保护焊基础

①CO_2 的供给

CO_2 的供给如图 3.9 所示。钢瓶装有高压液体(CO_2),经预热干燥器、压力调节器,流量计送出。新充的瓶压为 7 000 ~ 8 000 kPa,当到压力为 1 000 ~ 2 000 kPa 时不能再用,这时 CO_2 气中含水过多,焊缝出现大量气孔。为此,可将瓶倒置 1 ~ 2 h,慢慢打开出气阀,吹掉 CO_2 中的水分。

对于 CO_2 保护焊,它除了具有隔绝空气,防止气孔和裂纹等优点以外,CO_2 还能抑制氢的有害作用,因而对零件表面的水、油、锈不敏感(因为焊缝中大量的气孔是氢气来不及析出造成的,而水、油、锈生成的气孔相对来说较少),焊前对零件的清理要求可降低。同时,由于氢气的减少,焊层的应力小一些,裂纹的倾向小,这样零件的疲劳强度也可提高。

由于 CO_2 液体在气化时吸热,在 CO_2 中的水蒸气会使出气阀结冰,这样就阻塞了通道,所以,在出气阀处装有干燥器,干燥器还会防止 CO_2 中的水分混入焊缝而增加焊缝的气孔。

②CO_2 的副作用及采取的措施

CO_2 在高温下会发生分解：

$$2CO_2 \xrightleftharpoons{\triangle} 2CO + O_2$$

氧化铁水化合生成：

$$O_2 + 2Fe \longrightarrow 2FeO$$

熔池产生的 FeO 与铁水中 C 反应生成：

$$FeO + C \longrightarrow Fe + CO\uparrow$$

这样，从熔池中逸出的 CO 引起飞溅，来不及逸出的成为焊层中的气孔。

为此，焊丝里含碳量要低，而且要有充足的脱氧剂（Mn、Si）。焊丝用 $H08Mn_2SiA$ 钢，其中 Mn、Si 能还原 FeO，而不使 CO 逸出，不致产生飞溅。

$$Mn + FeO \rightleftharpoons Fe + MnO$$

$$Si + 2FeO \rightleftharpoons 2Fe + SiO_2$$

MnO 和 SiO_2 成为熔渣上浮。在进行 CO_2 保护焊时，如果气流不足或管道漏气或进入氮气，以及 CO_2 中水分分解产生氢气，这些都可能在焊缝孔形成气孔。

③CO_2 保护焊的熔滴过渡形式

A. 短路过渡　所谓短路过渡，即焊丝两尖端接触短路时，熔化滴入熔池，在不断地起弧及短路的循环中形成焊缝。它适用于细焊丝，规范为：电压 20 ~ 25 V、电流 160 ~ 170 A。焊缝成型好、飞溅小，用于薄钢板或曲轴轴颈的焊接。

B. 喷射过渡　所谓喷射过渡，即焊丝两尖端互相靠近在电弧作用下熔化并喷向溶池。喷射过渡适用于粗焊丝规范为：电压大于 32 V，电流大于 300 A。喷射过渡也能得到飞溅小的比较整齐的焊缝，用于焊厚钢板。

在两种熔滴过渡之间的规范是不能利用的（即电压为 25 ~ 32 V，电流为 170 ~ 300 A 时），因为焊接时飞溅大，焊缝成型不好并有大量气孔。因此，CO_2 保护焊必须严格控制规范，才能保证焊接的质量。

CO_2 保护焊（如图 3.9）采用直流反极性（反接），若用正极性，则飞溅大。CO_2 保护焊焊丝伸出长度应适当，伸出过小，飞溅的金属会粘焊嘴；伸出过长，CO_2 保护作用减弱，飞溅加大，焊接不稳，焊缝中出现气孔。

电路中电感对焊接稳定性影响很大，一般以 0.3 ~ 0.36 mH 为宜。电感过大，熔滴短路后，电流不能及时增强，焊缝成型性不佳。电路电阻增加，熔滴过渡频率越少。使用长焊接电缆时，应增加电源电压，并适当减小电感。

2）细丝 CO_2 保护焊焊接薄钢板

在 CO_2 保护焊中，直径小于 1.6 mm 的焊丝为细焊丝。细丝 CO_2 保护焊在汽车制造厂和修理厂被广泛地应用。

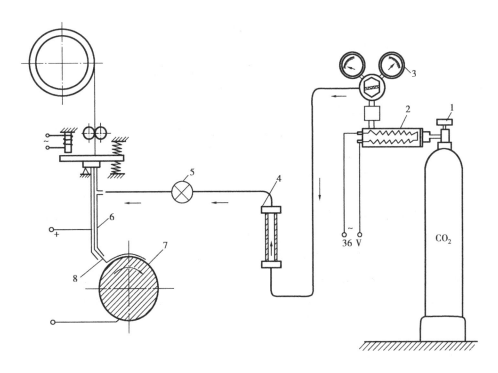

图 3.9 CO_2 保护焊示意图

1—开关；2—干燥器；3—调压表；4—浮子流量计；5—电子气阀；6—焊嘴；7—工件；8—焊丝

对于细丝 CO_2 保护焊，所用细丝为 0.5 ~ 1.2 mm，焊接钢板的厚度是 0.8 ~ 4 mm。使用国产 GD-200 型 CO_2 保护焊半自动焊机的焊接规范见表 3.5。

表 3.5 细丝 CO_2 保护焊焊接薄钢板的规范

板厚/mm	焊丝直径/mm	焊接电压/V	焊接电流/A	电 感	CO_2 压 力 /kPa	流 量 /(L·min^{-1})
0.8	0.5	17 ~ 18	45	小	$(0.5 \sim 1) \times 10^2$	6 ~ 8
1.2	0.8	19	75	中	$(1 \sim 2) \times 10^2$	6 ~ 8
1.5	0.8	19 ~ 20	80	中	$(1 \sim 2) \times 10^2$	6 ~ 8
2.0	0.8	20	100	中	$(1 \sim 2) \times 10^2$	6 ~ 8
3.0	1.0	21	110	大	$(1 \sim 2) \times 10^2$	8 ~ 10
4.0	1.0	21 ~ 22	150	大	$(1 \sim 2) \times 10^2$	8 ~ 10

焊车架纵梁、横梁(厚为 5.5 mm 以上)可采用 GD-300 型二氧化碳半自动焊机及直径 1 ~ 1.6 mm 焊丝。采用此法焊车身骨架及薄钢板时有一个突出的优点，即焊缝

抗裂性好,使用过程中不像手工电弧焊的焊缝那样容易出现疲劳裂缝。

3)细丝 CO_2 保护焊冷焊铸铁件

细丝 CO_2 保护焊冷焊铸铁件是比较成功的。焊缝中含碳量降低为中碳钢或高碳钢,与母材平滑过渡而无明显的白口。焊丝中的 Mn、Si 进行了脱氧、除硫、磷的反应,精炼了焊缝金属,从而提高了焊缝的抗震性和强度。

由于焊第二、三层时对第一层的回火作用,焊层硬度与母材相近,另外,焊接时热量不大、电弧短,邻近焊缝铸铁基体来不及熔化而未经相变,焊缝的加工性能较好。

CO_2 保持冷焊铸铁件的规范:

空载电压　20~21 V	焊丝送丝速度 $v_{丝}$　6~8 m/min
焊接电压　18.5~19.5 V	CO_2 压力　200~300 kPa
焊接电流　75~90 A	CO_2 流量　8~10 L/min
焊丝直径　$\phi0.8H08Mn_2SiA$	焊丝伸出长度　8~12 mm

施焊速度要快,多层焊每层要薄。第一层填补高低不平处,覆盖冷却至室温再焊第二层。填充过程要对称分段施焊。焊道要窄,每焊完一道要停 30 min 再焊另一条焊道,以防由于铸铁与焊缝钢受热膨胀,避免膨胀量不同而拉裂。

3.2.4　电镀修复法

汽车上许多重要的零件是用优质合金钢制造的,加工精度高,在使用过程中,只磨损 0.01~0.05 mm 就不能继续使用了。这种情况用电镀法修复最为方便。为了恢复零件的尺寸,只刷镀上薄薄一层快速镍,比原来淬火表面层还耐磨。汽缸套镀铬,可大大地延长大修间隔里程。各种铜套用缩小内径后外径加大镀铜法修复,可节约大量贵重金属铜。除上述耐磨镀层外,还有装饰性镀层(镀金、银、镍)、防锈镀层(汽车保险杠、门把手以及大灯罩的电镀)、特殊镀层(防渗碳镀铜、防氮化镀锡、提高导电性镀银)等。

总之,用电镀法不仅可以恢复零件的尺寸,而且改善零件的表面性能。同时,因电镀过程中温度不高,不会使零件变形,也不会影响零件原来的热处理结构。

电镀可以采用有槽和无槽电镀(如刷镀)等方式进行。

(1)电镀的基本原理

电镀是电解过程的一种,而电解必须有电解质和电解液。

凡是能在水溶液或在熔化状态下导电的化合物称为电解质。如 H_2SO_4、H_2CO_3、$Ba(OH)_2$、$FeCl_2$、CrO_3、$CuSO_4$ 等都是电解质。而用于电解的电解质水溶液称为电解液。如酸性镀铜的 $CuSO_4$ 水溶液,镀铬的 CrO_3 水溶液,镀铁的 $FeCl_2 \cdot 4H_2O$ 水溶液等。

所谓电解,就是借助于电能使电解质正离子在阴极获得电子后被还原,负离子(或低价正离子)在阳极失去电子被氧化的盐化学过程。

所谓电镀,就是将工件浸入金属的溶液中(刷镀则不浸入,而只是刷镀表面接触),作为阴极通以直流电,在电流作用下,溶液中的金属离子(或阳极溶解的金属离子)析出,沉积到工件表面(阴极)上,形成金属镀层的一种电解过程。

酸性镀铜、镀铬及镀铁时电化学反应如下:

1)酸性镀铜

$$CuSO_4 \rightleftharpoons Cu^{2+} + SO_4^{2-}$$

当阳极放入溶解性铜,阴极放入待镀工件通电后,反应如下:

$$阴极 \begin{cases} Cu^{2+} + 2e \longrightarrow Cu \downarrow \\ 2H^+ + 2e \longrightarrow H_2 \uparrow \end{cases} \quad (还原)$$

$$阳极 \begin{cases} Cu - 2e \longrightarrow Cu^{2+} \\ 4OH^- - 4e \longrightarrow 2H_2O + O_2 \uparrow \\ 2SO_4^{2-} + 2H_2O - 4e \longrightarrow 2H_2SO_4 + O_2 \uparrow \end{cases} \quad (氧化)$$

2)镀铬

$$CrO_3 + H_2O \longrightarrow H_2CrO_4$$

$$2H_2CrO_4 \rightleftharpoons H_2Cr_2O_7 + H_2O$$

当放入不溶性铅作阳极板,待镀工件为阴极板时,通电后反应如下:

$$阴极 \begin{cases} Cr^{6+} + 6e \longrightarrow Cr \downarrow \\ Cr^{6+} + 3e \longrightarrow Cr^{3+} \\ 2H^+ + 2e \longrightarrow H_2 \uparrow \end{cases} \quad (还原)$$

$$阳极 \begin{cases} Cr^{3+} - 3e \longrightarrow Cr^{6+} \\ 4OH^- - 4e \longrightarrow 2H_2O + O_2 \uparrow \end{cases} \quad (氧化)$$

用不溶性铅作极板(如用 Cr 板),溶解过快,Cr^{6+} 过多,而沉积速度又慢,电镀无法进行。

阴极中被还原的 Cr^{3+} 是电镀进行的关键,它在阳极被氧化成为 Cr^{6+},使反应能继续进行。

3)镀铁

电解质为 $FeCl_2 \cdot 4H_2O$。阳极放入低碳钢板,阴极为待镀工件。通电后,反应如下:

$$阴极 \begin{cases} Fe^{2+} + 2e \longrightarrow Fe \downarrow \\ 2H^+ + 2e \longrightarrow H_2 \uparrow \end{cases} \quad (还原)$$

$$阳极 \begin{cases} Fe - 2e \longrightarrow Fe^{2+} \\ 4OH^- - 4e \longrightarrow 2H_2O + O_2 \uparrow \end{cases} \quad (氧化)$$

由于 Cl^- 的析出电位远高于 OH^- 的析出电位,因此不能析出氯气(Cl_2)。

在以上反应中,靠离子在溶液中移动(向阴、阳极靠近)来实现电子的传递和转移。当离子增加时,导电率高,但离子过多,会产生阻碍作用,导电率反而下降。

另外,电解液的温度升高时,导电率升高,温度每升高10 ℃,导电率提高10% ~20%。

搅拌溶液,使离子活动性加强,也会使导电加强。

阳极钝化,会使导电率下降,因此,要经常清除阳极泥和钝化膜。

(2)镀铬

镀铬是在汽车修理中应用较早、范围广泛的一种修复方法。镀铬修复的质量高,最适合修复磨损量不大、而且比较重要的零件。特别是用于修复安装滚动轴承的轴颈及各种小轴颈(如活塞销、水泵轴等)的磨损。镀铬还广泛地应用于汽车保险杠、门把手等装饰物的电镀。镀铬也大量用于量具、刃具制造。

1)镀铬层的特点

①优点

a.具有很高的硬度,可达800 ~1 000 HV,比淬火钢还硬。

b.较低的摩擦系数:镀铬层与巴氏合金为0.13,镀铬层与钢为0.2。

c.有较高的耐热、耐腐蚀性,在480 ℃以下不变色(500 ℃变色,700 ℃硬度显著下降)。

d.导热率比钢铁高,适用于高温工作的零件。

e.在碱、硫化物、碳酸盐中稳定,但怕盐酸和热硫酸。

f.与基体金属的结合强度好(与钢、镍铜都有较好的结合强度)。

②缺点

a.镀铬层的吸油性差。在润滑差的地方,可用多孔性镀铬来解决。

b.由于镀层结晶变形和晶格歪斜,镀层厚度在0.1 ~0.3 mm范围内为宜,当镀层厚度超过0.5 mm时,结合强度和疲劳强度将显著下降。

c.生产过程复杂、要求高、电效率低。

d.对环境污染严重,要求集中生产,解决污染问题。

2)镀铬层的种类和用途

①硬质镀铬

硬质镀铬有三种镀层:灰暗、光亮、乳白镀层,如图3.10所示。

a.灰暗镀层:有细小裂纹,硬而脆(可达1 200 HV),耐磨性高、韧性差,多用于量具、刃具。

灰暗镀层在高流密度$D = 40 \sim 100$ A/dm^{2}和低温35 ~52 ℃下获得。

b.光亮镀层:网状裂纹较多,硬度较高(900 HV),有一定韧性,耐磨性好。图3.10中的A点为一般汽车零件光亮镀铬区域;B点为点状多孔镀铬区域;C点为沟状多孔镀铬区域。

光亮镀层在中等电流密度$D = 25 \sim 55$ A/dm^{2}和中等温度45 ~58 ℃下获得。

c. 乳白镀层:裂纹稀少或无裂纹,硬度低(400~500 HV),韧性高,用于装饰性镀铬和承受较大冲击的零件。但由于电流密度小,效率低。

乳白镀铬在低电流密度 $D = 15 \sim 25$ A/dm^2 和高温 65 ℃ 以上获得。

②多孔镀铬

a. 沟状铬层:储油性好,耐磨性好,因此多用于缸套。

b. 点状铬层:较软、易磨合,多用于要求易磨合和气密性高的活塞压缩环上。

3)电解液的种类(CrO_3)

电解液的种类有三种:150 g/L;250 g/L;350 g/L。

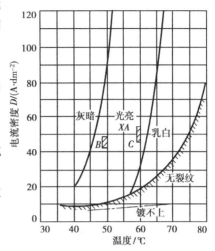

图 3.10　镀铬的 $D\text{-}t$ 曲线对镀层的影响

a. 150 g/L 电解液为稀电解液、效率高、镀得匀、硬度大,适合耐磨性镀铬。

b. 350 g/L 电解液为浓电解液、效率低、深镀能力好,但镀层较软、孔隙小,适用于装饰性镀铬。

c. 250 g/L 电解液为中浓度电解液,具有通用性。

一般修理厂采用浓度为 150~250 g/L 范围的电解液。电解液配制时,CrO_3 要纯度 99% 以上,硫酸要化学纯的。由于 CrO_3 在生产中就混有 H_2SO_4,所以,在加 H_2SO_4 时,要边加边试验,镀几件观察镀层是否合适。H_2SO_4 的含量应控制在 CrO_3 质量的 0.5%~1% 。配制用水为蒸馏水,自来水要煮沸沉淀后方能使用,不能用含碱的井水、河水等。

4)低铬镀铬和复合镀铬

当前,为了减少污染,提高电效率,有些地方推荐低铬镀铬和复合镀铬。

①低铬镀铬

低铬镀铬又称精密或尺寸镀铬,电效率可高达 18% 。

低铬镀铬的配方如下:

铬酐(CrO_3)	50~55 g/L,	电流密度(D)40~50 A/dm^2
硫酸(H_2SO_4)	0.5~0.6 g/L	t（55±2）℃
硼酸(H_2BO_4)	14~16 g/L	

②复合镀铬

复合镀铬是在镀铬电解液中加入氟硅酸(H_2SiF_6),一般电效率可达 26% ,又减少了气孔。

其配方如下:

铬酐(CrO_3)250 g/L   硫酸(H_2SO_4)1.25 g/L

氟硅酸(H_2SiF_6)(9~10) g/L

3.2.5 镀铁

修复汽车零件的镀铁层的质量虽然不如镀铬,但它具有沉积速度快、材料价格低、对环境污染轻微、耗电少、效率高的特点。由于它结合强度和硬度不够理想,设备又比较复杂,它在汽车修复中,经历了一个由盛到衰的过程,目前仍继续应用得很少。

(1)不对称交流镀铁

一般镀铁均采用低温(30~50 ℃)不对称交流镀铁。即用不对称交流镀起镀,逐渐转向直流全波镀。

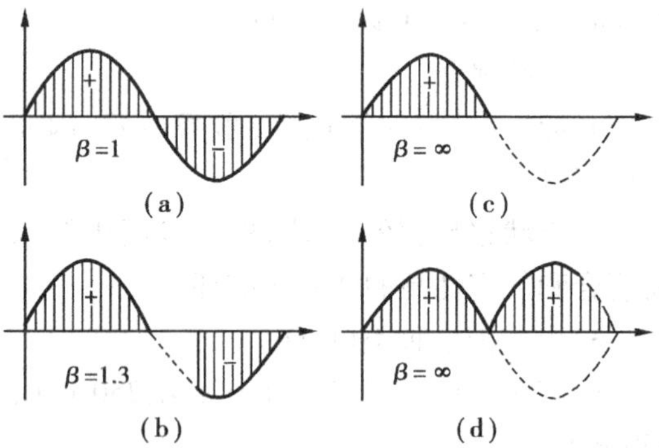

一般交流电是对称正弦曲线,而不对称交流电是正、负半周电流大小不等,如图3.11所示。

图 3.11 不对称交流正、负半周电流的变化

正、负半周电流强度的比值称为不对称比,用 β 表示,即

$$\beta = \frac{I_+}{I_-} = \frac{D_正}{D_负}$$

$\beta = 1$,是对称交流;$\beta = \infty$,是全波直流。

负半周的导通角一般由可控硅二极管经触发电路控制。最简单的不对称交流镀铁电路如图3.12所示。

正半周时,正向电流 I_+ 经硅二极管 2 通向镀槽,由于工件是负极,在工件 6 上镀积铁层;负半周时,反向电流 I_- 经镀槽后由可控硅二极管 3 流回电源,由于工件为正极,镀层又氧化溶解下来一部分,实际有效电流为 $I_效$;$I_效 = I_+ - I_-$,即电流表 A_1、A_2 之差。

图 3.13 所示为小型镀铁槽的实用电源电路。镀铁电流为 200 A。当闸刀 6 向上扳时,与图3.12情况相同,为不对称交流起镀。由触发电路 4 控制 A_2 中反

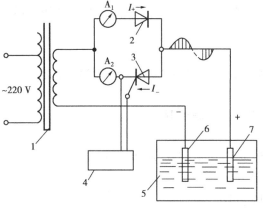

图 3.12 不对称交流镀铁电路
1—变压器;2—硅二极管;3—可控硅二极管;
4—触发电路;5—镀槽;6—工件;7—低碳钢板;
A_1、A_2—电流表

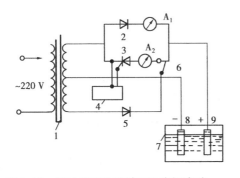

图 3.13　不对称交流镀铁实用电源电路

1—变压器;2—硅二极管;3—可控硅二极管;
4—触发电路;5—硅二极管;6—闸刀;7—镀槽;
8—工件;9—阳极

向电流值。当闸刀 6 向下扳时,硅二极管 2 及 5 组成全波整流,成为直流镀铁。扳动闸刀 6 时,镀槽电流不会中断。直流镀铁时电流表 A_1 为原读数的 2 倍。A_1 可由变压器 1 原边绕组调节。

不对称交流镀铁,在负半周镀件接正极,排斥氢离子(H^+),因此,镀件里溶解的氢大为减少。另外,凸起点在正半周镀得多,在负半周也相应溶解得多,镀层就比较平滑,也减少了由于镀层表面高低不平所引起的应力。因此,不对称交流镀铁能够提高镀层与基体

金属的结合强度。在这个底层上再镀积一般直流镀铁层,也就不容易脱落了。但从不对称交流起镀转换为直流镀铁,必须均匀地改变,更不能断电,否则会造成前后镀层之间的剥落。

可将起镀分为三个阶段:

第一阶段　$\beta = 1.3 : 1$　　　　$D = 20 \sim 40 \ \text{A/dm}^2$

第二阶段　$\beta = 2 : 1$　　　　　$D = 70 \ \text{A/dm}^2$

第三阶段　$\beta = 8 : 1$　　　　　$D = 10 \sim 25 \ \text{A/dm}^2$

然后转为直流镀铁。

(2)镀铁层的结构与机械性能

1)镀铁层的结构特点

镀铁层是含杂质很少的电解铁,在空气中易于氧化而生成一种氧化膜。镀铁层的结构特点是:呈纤维性、多层性和多孔性。

2)镀铁层的内应力与硬度

由于镀铁层结晶形成很快,晶粒缺陷较多,变形也大,使得晶粒之间产生很大的残余应力,这个应力迫使晶粒扭斜,使纤维状结构的镀层变得更硬且脆。比 α 铁硬得多,也脆得多。它的硬度可达 500 HV 左右(50 HRC 左右)。

3)镀铁层与基体金属的结合强度

镀铁层与基体的结合强度一般可达 200 MPa 以上。镀层与基体之间有金属键结合,有较强的结合强度。但在镀层与基体之间有时有一条清晰的或粗或细的黑线。它可能是阳极泥(即钢中残留的碳、油污、氧化膜)氢氧化铁或其他附着物,使得镀铁层与基体的结合强度不如镀铬层高(镀铬为 490 MPa)。

4)镀铁层对零件疲劳强度的影响

镀铁层对零件疲劳强度影响较大,用试棒试验,疲劳强度下降 30% ~ 40%。曲

轴镀铁后疲劳强度下降25%。因此,镀铁修复曲轴最好不要等磨损至极限尺寸,而在第一、二次修复后就可以采用,以免引起曲轴折断。

5)镀铁层的耐磨性

从各地装车使用的情况表明,镀铁层有较好的耐磨性,其原因如下:

镀铁层有较高的硬度,有利于抗磨料磨损;镀铁层垂直于零件表面生长的束状纤维超细晶粒,晶界不易滑动,提高了耐磨能力;镀层表面能迅速地生长成一层牢固的氧化膜,阻碍黏着,提高了零件抗黏着磨损的能力。

镀铁层的最大缺点是性脆,不能承受较大的冲击负荷或较大的接触应力。因此,对于传动轴万向节中的十字轴磨损、变速器第二轴前端轴颈处磨损及变速器齿轮磨损等不宜采用。

3.2.6 镀铜

在汽车修理中,镀铜的应用很广泛,例如,铜套、轴瓦、缸套的外圆加大;装饰性镀铬时,要预先镀铜打底,便于防锈和抛光;零件渗碳处理时,不需要渗碳部分用镀铜作为保护层(如活塞销的内孔)。

镀铜可以分为铜零件镀铜和钢零件镀铜。前者方便简单,只需采用酸性镀铜即可,而钢零件镀铜则较为复杂。因为铁铜置换反应,如采用酸性镀铜会生成一层与基体结合差的疏松的铜层,镀后不能用。以往对这种情况往往采用氰化物预镀(又称为碱性镀铜)打底,再采用酸性镀铜。采用氰化物预镀虽然能使钢零件表面生成细密结合牢固的镀层,不仅有剧毒,造成环境污染,危害工人健康,而且沉积又很慢。所以,现在正大力研究推广无氰镀铜新工艺。

(1)酸性镀铜

酸性镀铜具有简单方便、无毒、沉积速度快的特点,适用于铜和铜合金零件的镀铜。

酸性镀铜成分与规范如下:

硫酸铜($CuSO_4$)	200 g/L	电流密度	D	2~4 A/dm²
硫酸(H_2SO_4)	50 g/L	电流效率	η	98%
温度	40 ℃	槽内电压	U	1.5~2 V

当电流密度 $D = 1$ A/dm² 时,镀厚 $b = 0.013$ mm/h,阳极采用溶解性铜。

(2)碱性镀铜

碱性镀铜即对钢铁零件的氰化物预镀。

它的成分与规范如下:

氰化亚铜(CuCN)	30 g/L	温度(℃)		室温
氰化钠(NaCN)	10 g/L	电流密度	D	0.5~0.7 A/dm²
碳酸钠(Na_2CO_3)	15 g/L	电流效率	η	70%

（3）镀铜设备

镀铜可采用耐酸缸或聚乙烯板作镀槽。因电流、电压均很小，可用蓄电池或小发电机作电源。

氰化物镀铜有剧毒，因此，电镀车间除应有良好的通风设备及防毒措施外，应严格遵守操作规程，并注意药品、镀液的管理及使用。

（4）无氰镀铜新工艺

1）采用丙烯基硫脲作阻滞剂

目前，国内已研究开发了用丙烯基硫脲（$C_3H_5NHCSNH_2$）作阻滞剂，对钢零件进行浸蚀和浸铜，而后在焦磷酸盐电解液中镀铜的新工艺。阻滞剂的作用就是阻滞铁、铜置换反应的速度。

其浸蚀为：100 g/L 硫酸 + 0.15 g/L 丙烯基硫脲，室温浸渍 1 min，其浸铜为：50 g/L 硫酸铜 + 100 g/L 硫酸 + 0.15 g/L 丙烯基硫脲，室温浸渍 30 ~ 45 s，结果使钢铁零件表面获得一层牢固的孔隙少的置换铜。水洗后，即可使钢零件在焦磷酸盐溶液中镀得结合力很好的电镀层。

此电镀铜层，经过机械弯曲、压扁与渗碳、氰化等试验，都没有起泡、脱落、裂纹等任何不良现象。结合强度高达 220 ~ 350 MPa。其工艺过程和电解液配方如下。

整个工艺过程为：

电解除油→热水洗→酸洗（1∶1 盐酸）→水洗→浸蚀→浸铜→水洗→无氰镀铜

电解液配方与规范：

铜	25 g/L	阴极电流密度 D	1 ~ 1.5 A/dm²
焦磷酸钾（总量）	370 g/L	温度	40 ~ 50 ℃
柠檬酸铵	20 ~ 25 g/L	效率	η 95%
pH（以上 KOH 溶液调节）	8.6 ~ 9.0	每小时镀厚	mm/h 0.01 ~ 0.015

用压缩空气搅拌电解液或使阴极在电解液中往复移动，可以加快反应速度。

2）柠檬酸—油石酸盐一步镀铜法

柠檬酸—油石酸盐一步镀铜法省去预镀和预浸，可在钢零件上直接镀铜。镀层的结合力良好、致密光亮、孔隙率小、无脆性，既可以用于装饰性镀铬、镍的底层，又可以用做防渗碳保护层。

一步镀铜法电解液见表 3.6。

表 3.6　一步镀铜法电解液

组　成	含量/(g·L⁻¹)	最佳值/(g·L⁻¹)	作　用
碱性碳酸铜（化学纯）	50 ~ 65	55	主盐，提供 Cu^{2+}
柠檬酸（工业纯）	250 ~ 300	250 ~ 280	主要络合剂
酒石酸钾钠（化学纯）	20 ~ 40	30	辅助络合剂
碳酸氢钠（化学纯）	10 ~ 15	10 ~ 15	缓冲剂，提供 pH 稳定性
二硫化硒	0.008 ~ 0.02	0.01	光亮剂

此电解液性能稳定,分散能力和深镀能力均超过氰化物镀铜电解液。它的沉积速度较快,在 $D = 1.5 \sim 2.0 \ A/dm^2$,温度在 $40 \sim 50 \ ℃$ 时,平均为 $0.024 \ mm/h$。其工艺流程为:

汽油除油→干燥→化学除油→热水洗→冷水洗→强浸蚀(1:1盐酸)→热水洗→电解除油→热水洗→冷水洗→弱浸蚀(10%硫酸)→流水洗→镀铜

以上工艺用于油污严重的零件,若油污少可省去汽油和化学除油,但电解除油不可少。这是为了保证良好结合强度的重要环节。镀铜工艺参数见表3.7。

表3.7　一步镀铜法工艺参数

内　容	范　围	最佳值	内　容	范　围	最佳值
pH 值	8.5 ~ 10.5	9.0 ± 0.2	阴极移动	20 ~ 30 次/min	25 次/min
温度/℃	25 ~ 55	30 ~ 40	阴阳极面积比	1:(1 ~ 2)	1:1.5
电流密度/(A · dm^{-2})	0.5 ~ 2.7	1.0 ~ 2.0	阳极	电解铜	电解铜

操作时可带电入槽,并可适当提高冲击电流。阴极移动可消除浓差极化,有利于提高电流密度,若不移动,电流密度应适当降低。

3.2.7　刷镀

刷镀又称为涂镀,是最新发展起来的零件修复工艺。它的特点是:可以在不解体或半解体的条件下,不用镀槽而进行快速修复,可用于对轴、壳体、孔类、花键槽、轴瓦瓦背、平面类及小孔、盲孔、深孔等各种形状零件的修复。刷镀机动灵活,修复后粗糙度低,又可以准确地控制各种成分和尺寸;修理成本低廉,是目前大力推广的新技术。

(1)刷镀的基本原理

刷镀的基本原理和槽镀基本相同,如图3.14所示。

刷镀时,用外包吸水纤维的石墨镀笔(阳极)吸满镀液,在工件上做相对运动(手动或机动)。一般以 $10 \sim 25 \ m/min$ 的速度运动。这时,镀液中的金属离子在电场力的作用下,沉积在被镀金属表面形成金属镀层。镀笔刷到哪里,哪里就形成镀层。随着刷镀时间的增加,镀层逐渐加厚,直至所需的厚度,达到保护或修复工件和改善零件表面理化性能的目的。

(2)刷镀的特点

刷镀与一般槽镀相比,具有如下特点:

①由于不需要镀槽,所以待镀零件的大小、形状不受限制,可以现场镀覆,对于不镀的表面,只需要用胶带纸粘贴保护,所以绝缘简单。

②在大电流密度及高离子浓度下,仍能获得均匀、致密的镀层;沉积速度快,约为有槽电镀的 1 ~ 20 倍,结合强度高。

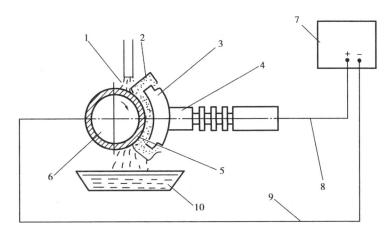

图 3.14 刷镀原理简图

1—刷镀液;2—阳极包套;3—石墨阳极;4—刷镀笔;5—刷镀层;
6—工件;7—电源;8—阳极电缆;9—阴极电缆;10—储液盒

③采用不溶性阳极(刷镀铁及铁合金除外),刷镀时沉积的金属离子全靠电液提供,使用中对配好的电液不必调整和化验。

④一台设备可镀多种金属和合金,同一金属零件又可获得不同性能的镀层(如结合强度高的底层、沉积快的尺寸恢复层、高硬度的工作层),镀层的经济厚度在 0.5 mm 以下。

⑤适用机加工超差零件的补救和磨损零件的修复。特别是机器设备解体后的抢修。

⑥均镀能力强,当镀层薄时,只要操作熟练,镀后不需进行加工。其圆度、圆柱度及尺寸精度可控制在公差范围内。

⑦排氢能力好、孔隙率低。因为间歇式的在阴极析出金属,有利于氢气从镀层中逸出。

⑧耗电、耗水少,成本低、投资少,污染小、见效快。

⑨刷镀只适宜局部修复,一次只能修复一个零件,对大面积和大批量零件的修复不如槽镀。

(3)刷镀溶液

刷镀溶液按其作用不同可分为表面准备溶液、电镀溶液、退镀溶液和钝化溶液四大类。汽车维修中最常用的是前两种。

1)表面准备溶液

表面准备溶液又称为预处理溶液。它包括电净液和活化液(见表 3.8)。它的作用是除去待镀零件的表面油污和氧化物,以获得洁净的表面和基体金属为刷镀作准备。

表 3.8　金属表面准备溶液

名　称	用途及特点
电净液	去除金属表面油污。有轻度去锈能力,对工件表面无腐蚀性作用
活化 1 号(THY-1)	去除金属表面氧化膜,适用于铸铁、钢、镍及不锈钢,作用温和
活化 2 号(THY-2)	去除金属表面氧化膜,适用于钢、铁、铝、镍、铬和不锈钢,作用比较强烈
活化 3 号(THY-3)	去除活化液 1,2 号产生污垢,提高刷镀层与基体的结合强度,导电性能差,一般电压大于 15 V
活化 4 号(THY-4)	去除工件毛刺,或剥蚀镀层,作用强于以上三者,活化时工件接正极

常见金属的刷镀工艺见表 3.9。

表 3.9　常见金属的刷镀工艺

基体金属	电净电压	活化 1 号(THY-1)	活化 2 号(THY-2)	活化 3 号(THY-3)	活化 4 号(THY-4)	过渡层	工作层
低碳钢	12 ~ 15 V (−)	或 10 ~ 18 V (+)	或 8 ~ 12 V (+)	—	—	用特殊镍或碱铜	由需要选镀液
中、高碳淬火钢	12 ~ 15 V (−)(+)	—	8 ~ 12 V (+)	15 ~ 18 V (+)	—	用特殊镍或碱铜	
铸铁、铸钢	12 ~ 15 V (−)	—	8 ~ 12 V (+)	15 ~ 18 V (+)	—	用特殊镍或碱铜	
铝、铝合金	12 ~ 15 V (−)	—	8 ~ 15 V (+)	—	—	用特殊镍或碱铜	
镍、铬不锈钢	12 ~ 15 V (−)	或 10 ~ 15 V (+)	或 8 ~ 12 V (+)	有时采用	12 ~ 15 V (−)	用特殊镍或碱铜	
铜、黄铜	12 ~ 15 V (−)	—	—	—	—	用特殊镍或碱铜	

2)金属刷镀溶液

金属刷镀溶液有近百种,最常用的金属刷镀溶液见表 3.10。

(4)刷镀的工艺要求

刷镀的工艺流程为:

表面准备(预加工、涂油锈绝缘)→电净→水冲→活化→水冲→镀过渡层→水冲→镀工作层→镀后处理

电净终了的标志是水冲后,被镀表面水膜连续。电净时刷镀邻近表面同时进行电净处理,然后用水冲净电净液。

活化是刷镀好坏的关键,必须认真做好,它决定工件与刷镀层是否能结合良好。

活化好的标志是:①低碳钢表面呈银灰色;②中、高碳钢呈深黑灰色;③铸铁表面呈深黑色。

表 3.10　最常用的金属刷镀溶液

名　称	应用及特点
特殊镍	用作各种金属的过渡层、防腐和耐磨层。沉积速度慢,镀层细密,在各种金属上都有良好的结合力
快速镍	主要用于恢复尺寸和提高工作表面的耐磨性。沉积速度快,镀层有一定孔隙率,镀层硬度 50 HRC 左右,耐磨性好
低应力镍	用作防腐涂层和组合涂层的夹心层,降低了刷镀的拉应力,不作耐磨层。沉积速度中等,刷镀层较细密,具有较大的压应力
镍—钨合金	主要用于耐磨层。沉积速度中等,刷镀层细密,硬度 60 HRC 左右
半光亮镍	主要用于表面装饰。沉积速度慢,表面细密光亮
快速铜	主要用于恢复尺寸。沉积速度快,但不能在钢铁上直接刷镀
碱铜	主要用于过渡层和改善工作表面理化性能。例如:钎焊性、防渗碳、防氮化。刷镀层细密,在各种金属上都有良好的结合强度
半光亮铜	主要用于表面装饰。沉积速度慢,表面细密光亮
铁	主要用于恢复尺寸,改善导磁性,使修复后零件仍有钢铁颜色,沉积速度较快,具有一定耐磨性

刷镀时,为了获得良好的结合力,一般采用特殊镍或碱铜作过渡层。工作层则根据不同的需要、用途选活化液和镀液进行刷镀。

(5) 刷镀层的性能

1) 镀层与基体结合强度

结合强度是衡量刷镀质量的主要标志之一。目前国内尚无定量测定的方法,只能进行定性测量。一般看来,镍、铁、铁合金等刷镀层与基体的结合强度大于镀层本身强度,并且远高于喷涂,比槽镀要高。

2) 镀层的硬度

由于刷镀层具有超细晶粒结构,镀层内应力较大,晶格畸变和位错密度大,因此,刷镀镀层的硬度比槽镀镀层的硬度高。

试验表明,快速镍、镍钨合金、快速铁、铁合金等刷镀规范恰当时,其硬度均可达到 50 HRC 以上。

3) 刷镀层的耐磨性

试验表明(摩擦对比),镀镍层、镀铁层镀铁合金层的耐磨性都比 45 钢淬火好。其中镀镍层是 45 钢淬火耐磨性的 1.36 倍,镀铁层是 1.8 倍,镀铁合金层是 1.4 倍。

4)刷镀层对基体金属疲劳强度的影响

据国内外研究资料表明,刷镀由于内应力较大,刷镀层对金属疲劳强度影响较大,一般下降30%～40%,甚至更多些。

镀后进行200～300℃低温回火处理,可减少应力,降低对零件疲劳强度的影响。

3.2.8　胶粘修复法

零件用胶粘修复的特点是:工艺简单、设备投资少、成本低,不会引起变形和金属组织的变化,因此,在汽车零件的修复时得以广泛的应用。

胶粘的基本原理是:依靠胶粘剂渗入物体表面凹凸不平的孔隙中,固化产生的机械镶嵌作用;液体胶作用下分子间互相吸引以及粘件与胶粘剂分子的互相扩散作用;还有化学反应产生的化学键作用把它们连接在一起。因此,胶粘是机械力、分子力和化学键共同作用的结果。

(1)有机黏结剂

在汽车零件修复中,常用的有机黏结剂有:环氧树脂、酚醛树脂、J-19高强黏结剂、Y-150厌氧胶等。

1)有机黏结剂的组成

有机黏结剂由黏料、固化剂、增塑剂、稀释剂、填料和促进剂等组成。其中黏料和固化剂是必不可少的,其余可根据需要添加。

①黏料

黏料是黏结剂的基本成分。它包括合成树脂(酚醛、环氧、有机硅、聚丙烯酸酯、聚酰胺等)或合成橡胶(丁腈橡胶、聚硫橡胶、氯丁橡胶)以及它们的混合体。

环氧树脂是人工合成高分子树脂状化合物,分子量为300～7 000的线性树脂,两端有环氧基(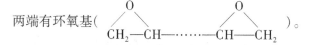)。

它的优点是:有较强的黏结力,固化收缩小,耐油、耐酸、耐腐蚀,电绝缘性好和使用方便,可粘各种金属和多种非金属。但它的缺点是:性脆、韧性差、不耐碱、不耐高温。适合在150℃以下工作。150℃以上易软化,将挥发掉2%。

环氧树脂使用性能指标是环氧值,即每100 g树脂中所含环氧基的当量数。环氧值高的树脂,分子量小,常温下呈黄色油状液体。这类树脂使用方便,黏结强度较高,黏结力受温度影响较小,最适合作黏结剂。环氧值低的树脂,分子量大,常温下呈青铜色固体状胶块,用于浇注和作涂料。环氧树脂的牌号和规格见表3.11。

②固化剂

固化剂也称为硬化剂。它是胶粘剂的主要成分,它与环氧树脂化合,使线性结构变成立体网状结构。固化后,成为热固性的物质,温度升高也不软化和熔化,同时也不溶于有机溶剂。固化后它的化学稳定性特别好,既耐酸又耐油。常用的固化剂配方,性能见表 3.12。

表 3.11　环氧树脂的牌号与规格

产品牌号	国家统一牌号	软化点/℃	环氧值 (当量/100 g)	分子量	特　征
618	E51	液态	≤0.48	350 ~ 400	环氧值高、黏结力强、黏度低、使用方便
6101	E44	14 ~ 22	0.40 ~ 0.47	450	黏度略高,适用于粘一般汽车零件
634	E	20 ~ 28	0.38 ~ 0.45	450	
637	E	30 ~ 38	0.26 ~ 0.40	700	黏度较高,加温固化时不易损失,适用粘缸体
644	F-44	≤44		3 800	耐热、黏结强度及抗冲击强度高

表 3.12　环氧树脂的常用固化剂

固化剂名称		对 6101、634 实际使用量/%	性　能	配制方法	固化条件	
					温度/℃	时间/h
胺类	乙二胺	6 ~ 8	液体,有刺激气味及毒性,放热反应固化快、使用期短	室温下冷却,逐步加入,适当冷却,防止温度过高失效	室温 80	24 3
	间苯二胺	14 ~ 16	淡黄色固体,熔点 63 ℃,受潮变黑色。耐热性和耐化学性较好,机械强度较高	间苯二胺 14 ~ 16 份加入 15 份环氧树脂中,加热到 70 ℃,熔解搅拌,冷却到 30 ℃,加入其余环氧树脂,并混合均匀	室温 80 120 150	24 4 2 2
酸酐类	顺丁烯酸酐	30 ~ 40	白色固体,熔点 53 ℃,使用期长,耐热性好	树脂加热至 60 ~ 70 ℃,加入固化剂搅匀(有升华现象)	160 或 200	4 2
	邻苯二甲酸酐	35 ~ 45	白色固体,熔点 128 ℃,耐热性好	脂加热至 130 ℃,加入固化剂搅匀	150	4
树脂类	650 聚酰胺树脂	40 ~ 100	液体,使用期长,毒性小、韧性好	在室温下与树脂调匀	室温 150	24 4
	酚醛树脂	30 ~ 40	液体,固化速度慢,可加胺类催化剂,耐热性好	在室温下与树脂调匀	160 或 180	4 2

③增塑剂

加入增塑剂的目的是增加环氧树脂胶塑性。增塑剂加入要适量,加入过多不仅会降低黏结强度和绝缘性,还会使配好的胶长时间不易固化。常用的增塑剂用量、形态、注意事项见表3.13。

表3.13　环氧树脂常用增塑剂

名　称	对环氧树脂用量/%	形　态	注意事项
邻苯二甲酸二丁酯	10～20	油状液体、增塑降黏	使用多了降低黏度和电绝缘性,不宜固化
磷酸二苯酯	20～30	白色针状结晶	使用多了降低黏度和电绝缘性,不宜固化
聚酰胺树脂	20～30	棕色黏状液体	本身又是固化剂

④填料

加入填料的目的是为了改善黏结后的机械性能、耐热性、电绝缘性和节约树脂用量。常用的填料见表3.14。

表3.14　填料的作用

名　称	作　用	名　称	作　用
玻璃粉、石棉丝	提高强度和韧性	铝粉、铜粉、铁粉	增加导电性
石英粉、瓷粉、铁粉	提高硬度	石棉粉、二硫化钼	提高润滑性
氧化铝粉、瓷粉	增加黏结力	石英粉、瓷粉、胶木粉	提高绝缘性
石棉粉、瓷粉	提高耐热性	滑石粉	增加黏度

用铸铁粉粘壳体裂纹时,铸铁粉用量为树脂用量的10%～20%,但在填补铸铁件缺陷时,可用到树脂质量的300%。石棉粉、石英粉、氧化铝粉在粘补裂纹时用量约为树脂质量的10%～20%,玻璃丝或玻璃布用做粘补汽缸的填料时,应是无碱的。

⑤稀释剂

稀释剂是用来降低胶粘剂黏度,以便操作时延长胶的使用时间。

常用的稀释剂有丙酮、甲苯、二甲苯等。它们只溶解树脂,不参加与固化剂的化学反应。因此,用量不限,不需多加固化剂。但应注意在固化前应完全挥发。

甘油环氧树脂、环氧丙烷苯基醚是活性溶剂,它们参加与固化剂的化学反应,因此,要多加固化剂,对于这两种稀释剂,前者用量为环氧树脂胶的20%,后者为10%～15%。每100 g这两种稀释剂所需另加的固化剂,相当于150 g环氧树脂所需的固化剂用量。

⑥促进剂

为了加速固化和降低固化温度,可以适当地加入促进剂,如四甲基二氨基甲烷、间苯二酚等。

2)常用的环氧树脂配方

在汽车修理中,常用的环氧树脂配方见表 3.15。

表 3.15　常用的环氧树脂配方

	补蓄电池	补汽缸水套裂纹	补汽缸体气门口与汽缸之间裂纹	修复磨损的孔	镶 套	修复磨损的轴颈
环氧树脂	6101　100	6101　100	637　100	6101　100	6101　100	618　100
邻苯二甲酸二丁酯	15	15	10	—	10	10
固化剂	8	间苯三胺15	顺丁烯二甲酸酐　40	聚酰胺　80	乙二胺　7	间苯二胺　15
填　料	石英粉　15 石棉粉　4 炭　黑　30 电木粉　5	石英粉　5 石棉粉　10 铁　粉　20	石英粉　10 石棉粉　12 铁　粉　50	铁　粉　20 玻璃丝　10		二硫化钼　2 石黑粉　2 玻璃丝
备注	用电烙铁开 V 形槽,滴浓硫酸浸润 10 min 后冲净烘干		加扣键	孔内涂上胶后,将轴涂上黄油装合后固化	配合间隙0.1 mm	轴颈车小1 mm,用玻璃丝蘸环氧树脂胶一层缠上,固化后加工至基本尺寸

3)酚醛树脂胶黏结

酚醛树脂胶可以单独使用,也可以与环氧树脂胶混合使用。

酚醛树脂胶有较高的黏结强度,耐热性好,可在 200 ℃以下长期工作,但性脆、不耐冲击。

酚醛树脂胶与环氧树脂混合使用时,其用量为环氧树脂胶的 30% ~40%,且要加增塑剂和填料。为了加速固化,要加入 5% ~6%的乙二胺。这样,既改善了耐热性,又提高了韧性。

KH506 胶是一种丁腈橡胶—酚醛树脂胶粘剂。它的特点是:韧性好、耐热、耐水、耐油、耐老化,可用于汽车各种轴、轴承与泵壳类的修复,以及离合器摩擦片、制动蹄片的黏结。

4）J-19 黏结剂和 Y-150 厌氧胶

①J-19 黏结剂

它属于高强度结构黏结剂,具有黏结强度高(抗拉强度 70 ~80 MPa)、韧性好、耐热性好、黏结工艺简单等特点。

J-19 黏结剂对于金属和一般非金属材料都有较高的黏结强度,适用于受力大的、较大机件的黏结修复。

②Y-150 厌氧胶

它是一种专用于密封、防漏、防松的黏结剂。具有使用方便、可室温固化、不含有机溶剂、浸润性好、毒性小等特点。

Y-150 厌氧胶在室温下固化 24 h,加促进剂固化 1 h 后即可使用。黏结强度和环氧树脂相似,在不同的温度下剪切强度:在 100 ℃时,为室温的 80%;在 200 ℃时,为室温的 68%。

Y-150 厌氧胶适用于不经常拆卸螺母的紧固防松,或用于管道螺纹连接接头以及平面突缘接合面的耐压、密封、防漏与紧固件的防松。可以省去密封垫;还可用于滚动轴承内外环的固定及填充、堵塞漏隙和裂缝。

（2）无机黏结剂

无机黏结剂多以磷酸、氢氧化铝、氧化铜按一定比例调制而成,又称为氧化铜黏结。它具有耐热好(600 ~900 ℃)、黏结工艺简单、使用方便、操作容易等特点。但黏结脆性大、耐冲击能力差,宜采用槽接套接。适用于缸体上平面、气门室裂纹的黏结,还可以镶螺塞、管接头及防漏,或粘折断的钻头、硬质合金刀头,轴与皮带轮黏结(代替键)等。

1）氧化铜黏结剂的组成

氧化铜黏结剂由氧化铜粉(化学纯的、粒度 320 目)和无水磷酸(密度为 1.7 正磷酸 H_3PO_4,100 g 中加入 6 ~8 g 的 $Al(OH)_3$ 进行无水处理,调匀加热至 120 ~140 ℃,保温烘干 4 h 冷却后密度为 1.9),调匀。

反应如下:

$$3CuO + 2H_3PO_4 \longrightarrow Cu_3(PO_4)_2 + 3H_2O$$

生成磷酸铜,吸收水分后,形成结晶水化物而固化,与硅酸盐水泥类似。

2）氧化铜黏结剂的调制

将化学纯的氧化铜和无水磷酸放在铜片上用竹片调匀,待拉出 7 ~10 mm 的丝时,即可使用。由于它是放热反应,为防止调制量过多发生冒烟固化而无法使用,每次调制量为氧化铜粉 10 g、磷酸 2.5 mL。

（3）胶粘修复工艺

胶粘修复工艺分为胶粘前的表面准备、涂胶、固化三道工序。

对于胶粘修补的零件,应根据其损坏程度、承受的载荷以及工作温度与环境等选择黏结修复方案。例如:确定黏结方法、接头形式、表面处理方法等。

(4)保证胶粘质量

胶粘前的表面处理是保证胶粘质量诸多因素的关键,它决定黏结结合强度的大小。黏结表面要做到无油、无锈,有一定的粗糙度。对于要求较高的重要零件,应进行化学处理,表 3.16 是不同材料黏合表面的化学处理方法。

表 3.16　黏合表面的化学处理

黏结材料	化学处理剂的组成	处理方法
钢	100%的硅酸钠溶液或 100%盐酸溶液	60 ℃　100 min
	每 1 000 g 水中加 30 g 马日夫盐	95 ℃　20 min
不锈钢	浓盐酸 52 g;40%甲醛 10 g;30%过氧化氢 2 g;水 45 g	65 ℃　10 min
铝及玻璃	重铬酸钠 66 g;90%硫酸 666 g;水 1 000 g	70 ℃　10 min
软铁、灰铸铁	硝酸锌 70 g;马日夫盐 30 g;磷酸 7 mL,水 1 000 g	103 ℃　10 min
铝合金	磷酸钠 50 g;铬酸钠 15 g;氢氧化钠 25 g;水 1 000 g	80 ℃　25 ~ 30 min
橡胶	浓硫酸擦洗表面 2 ~ 5 min,水洗烘干	室温　5 ~ 10 min
塑料	酚醛聚酯用砂轮抛光或火焰处理	
木材	削斜面、增大黏合面、木材含水不能太高	

3.3　汽车零件修复方法的选择

汽车零件修复方法的选择直接影响到汽车零件的修复成本及修复质量。选择时应根据零件的结构、材料、损坏情况、使用要求以及企业的工艺装备等,通过对零件的适用性指标、耐用性指标和技术经济性指标进行全面的统筹分析而定。

3.3.1　零件修复方法的选择原则

汽车零件的适用性取决于零件的材料、结构复杂程度、损伤状况及可修性等因素,可用函数式表示为:

$$K_n = f(M_n, \phi_g, D_g, E_g, H_g, \sum_{i=1}^{m} T_i)$$

式中:M_g——修复件的材料;

ϕ_g, D_g——修复件的外形和直径;

E_g——修复件需修复缺陷的数量及其组合;

H_g——修复件承受载荷的性质与数量;

$\sum_{i=1}^{m} T_i$——修复工艺的累积时间或工作量。

耐用性取决于零件修复后的耐磨性系数、疲劳强度影响系数、结合强度影响系数等,它表示了零件修复后的质量指标,可表示为:

(in

$$K_g = f_2(K_E, K_B, K_C)$$

式中:K_E——耐磨性系数;

　　K_B——耐久性系数;

　　K_C——结合强度系数。

技术经济性取决于修复方法的生产率和修复费用,并与相应的经济指标有关,可表示为:

$$K_{nE} = f_3(K_n, E)$$

式中:K_n——修复方法的生产率系数;

　　E——修复方法的经济指标。

所谓零件修复方法的选择,从广义而言,就是研究在给定条件下能得到最好效果的方法。用数学概念来阐述,就是当用数学模型来描述修复零件缺陷所能采用的方法时,修复方法的最佳选择问题可归结为求某个函数的极值问题,即

$$Q = \phi(\xi_1, \xi_2, \cdots, \xi_n, \eta_1, \eta_2, \cdots, \eta_m)$$

式中:$\xi_1, \xi_2, \xi_3, \cdots, \xi_n$——评价变量;

　　$\eta_1, \eta_2, \eta_3, \cdots, \eta_m$——约束条件。

汽车零件修复方法的选择应根据技术上可行、经济上合理的原则来确定,在选择具体零件的修复方法时应考虑:

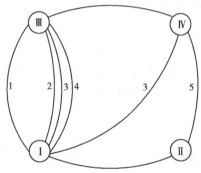

图 3.15　用压力加工修复法修复缺陷时

Ⅰ,Ⅱ,Ⅲ,Ⅳ—表示零件的参数,如尺寸、硬度等

1—变形温度;2—变形阻力;3—变形速度;4—主应力图;5—材料性质

①应掌握每种修复零件方法的特点、影响因素及适用范围。

零件的修复质量是由多种因素综合决定的,这些因素既有能控制的,也有不能控制的。因此,在选用某种方法来消除零件缺陷时,必须首先查明这种方法是以哪些物理过程为基础。用什么规律来控制,以及其控制参数等。例如,当用压力加工修复法修复零件时,其基本原理是利用材料的可塑性,因此,它仅适用于具有可塑性的金属和合金制成的零件,影响修复过程的因素和参数间的关系,如图 3.15 所示。

②应考虑选定的修复方法在技术上的可行性。

选择修复方法时,应充分考虑零件的工作条件(工作温度、润滑条件、载荷及配合特性等)及其对修复部位的技术要求。

当零件磨损严重时,有些修复方法便不能适用。例如,用镀铬法修复磨损零件时,镀层厚度一般不超过 0.30 mm。零件工作条件不同,所要求的修复方法也不一样。例如,用环氧树脂胶黏结修复的零件一般只适用于工作温度不超过 100 ℃的零

件。又如金属喷涂层不能在干摩擦的条件下很好地工作;光滑镀铬层的磨合性不好、适油性差,也不适宜在润滑困难的条件下工作;电脉冲堆焊对零件基体的疲劳强度影响较大、不适用于对疲劳强度十分敏感的工作条件等。

③应考虑零件整体修理工艺方案的合理性。

零件往往具有多种形式的损伤,在选择修复方法时,不仅应考虑修复方法对每一种修理的合理性,还应考虑零件整体修复工艺方案的合理性。

④确定零件修复方法时,应符合经济合理的原则。

⑤确定零件修复方法时,应充分考虑修理企业现有的生产设备,当必须采用新的工艺方案时,应进行经济论证。

通常一项工艺方案的改变都伴随着设备的更换和工艺的变更,需要追加基建投资。经济论证的目的,在于比较不同方案时生产率的增长速度和修理成本。

3.3.2　零件修复层的机械性能

通常评定零件修复层机械性能的指标有:修复层与基体金属的结合强度、修复层的耐磨性、修复层对零件疲劳强度的影响。

(1)修复层的结合强度

结合强度是评价修复层的最重要的指标。结合强度不够的修复层在使用中会出现脱皮、滑圈等现象,因此,即使其他性能再好也没有任何意义。结合强度按受力情况可分为:抗拉、抗剪及抗扭转、抗剥离等。其中抗拉结合强度能较真实地反映修补层与基体金属的结合力。在生产中,检验修补层与基体金属的结合强度的方法有:敲击、车削、磨削及凿削、喷砂等,以脱皮、剥落者为不合格。

实际上,修补层的结合强度是一个很复杂的问题,它不仅与修复工艺规范有关,而且也与零件的形状、刚性、表面状态、工作条件等有密切的关系。脱料层、电镀层的结合强度还与老化腐蚀、温度的反复变化有关,要经过相当长的时间才能体现出来。

几种常用的修补层的抗拉结合强度的试验结果如下:

修补层种类	抗拉结合强度/MPa
手工电弧焊	720
埋弧焊	740
镀铬	490
镀铁	200
铝型材钎焊	110
J-19 强力胶粘	70
等离子喷涂	40
电弧喷涂	20
环氧树脂胶粘	10

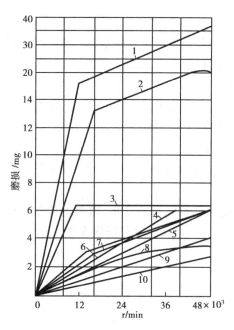

图 3.16　几种修补层的磨损曲线

1—45 号钢、正常化；2—手工电弧焊，普通焊条；3—喷涂；4—手工电弧焊，耐磨焊条；5—氏铁 80 ℃以上；6—埋弧焊；7—埋弧焊后淬硬；8—45 号钢，高频淬火；9—振动堆焊；10—镀铬

镀铁、喷涂及堆焊层承受接触应力的能力都不高，故不宜修复齿轮齿面、滚动轴承滚道与滚珠接触的轴颈等。用压力加工的冷作硬化层，由于有预压应力，也不宜承受接触压应力。

（2）修补层的耐磨性

几种修补层磨合性与耐磨性的磨损曲线如图 3.16 所示。此曲线为各种试件在磨损试验台上试验的结果，它们与装车使用的结果是基本上符合的。

手工电弧焊普通焊条堆焊层很不耐磨，它的抗黏着能力很差；耐磨焊条含有较多的锰，焊层耐磨性显著提高，但尚不及其他修复层。

镀铬层不易磨合，但耐磨性比 45 号钢淬硬层好得多。采用镀铬法修复的零件应注意加工精度，以便使摩擦副易磨合。

振动堆焊层、镀铁层的磨损曲线与 45 号钢淬硬层差不多。镀铁层的抗黏着能力比淬硬层好，因它的表面上能迅速地生成一层抗黏着的氧化膜。

电弧金属喷涂层的颗粒性结构易脱落，但也易磨合，磨合后磨损曲线接近水平，这说明在正常运转下它的磨损率是很低的。对于它要注意加工规范，尽可能地减少磨合期的磨损量。多年来，用喷涂法修复曲轴轴颈的实践表明，喷涂层的耐磨性与新件差不多。

等离子喷涂采用硬质合金粉末，喷涂层的耐磨性大大地提高，据有关单位装车使用的结果表明，其耐磨性可超过新件 5～7 倍。但目前由于粉末材料贵，这种方法难以推广，而且它的涂层也难以加工。

氧-乙炔火焰喷焊兼有"喷"和"焊"的特点，如果采用处熔性合金，涂层的耐磨性很高。

（3）修补层对零件疲劳强度的影响

由于许多零件都是在交变载荷下及冲击载荷下工作的，因此，修补层对零件疲劳强度的影响是一个很重要的性能指标。它不仅影响零件的使用寿命，而且关系到行车的安全。例如，由于振动堆焊对疲劳强度影响较大，一般不允许用这种方法来修复转向节和半轴。

各种材料修补层对 45 钢(正常化)试棒的疲劳强度升降百分数如下:

各种修补层	疲劳强度降低(-)和升高(+)/%
45 钢(正常化)试棒	0
表面强化	+20 以上
喷涂层	- 14
零件一次校正	- 15
电弧焊层	- 21
镀铬层	- 25

虽然喷涂层的疲劳强度下降较少,但由于每次喷涂时曲轴轴颈要磨细 1 ~ 2 mm,曲轴的疲劳强度下降还是比较多的。这与试棒试验还不完全一致,试棒只代表了修补层对疲劳强度降低影响的趋势。若要真实地了解疲劳强度降低情况,只有用零件试验。表 3.17 是镀铁层对吉尔 120 型汽车曲轴疲劳强度的影响。

表 3.17　吉尔 120 发动机曲轴镀铁对疲劳强度的影响

		电镀规范		镀层显微	σ'_{-1}/MPa	σ'_{-1}/σ_{-1}	降低(-)
		温度/℃	$D/(A \cdot dm^{-2})$	硬度/HB			提高(+)%
1	新件				80	1	0
2	超细轴				40	0.5	- 50
3	镀铁曲轴	80	10	340 ~ 355	60	0.75	- 25
4	镀铁曲轴	80	40	490 ~ 510	70	0.87	- 13
5	镀铁曲轴	80	40	500 ~ 520	70	0.87	- 13
6	滚轧强化后镀铁	80	40	500 ~ 520	130	1.62	+ 62

注:σ'_{-1} 为镀铁曲轴的疲劳强度;
　　σ_{-1} 为新曲轴的疲劳强度。

曲轴镀铁后,它的疲劳强度下降最大为 25% ,但仍高于超细曲轴,当电流密度高时,下降仅为 13% ~ 15% 。曲轴圆角处经强化后,疲劳强度不但未下降,反而提高了 62% 。

第4章　汽车维修制度与工作组织

4.1　汽车维修制度

汽车维修制度是指为维持和恢复汽车的技术状况,保持汽车的工作能力所采取的维修工作的总体。它明确地规定了汽车维修工作的性质、作业的内容、技术要求、作业的组合和执行的时机、各类作业的相互协调与分工,以及作业的劳动组织、劳动定额等。突出地反映了维修等级的划分,它是针对维修工作的不同深度、广度而言的。

不同的国家在不同的时期由于汽车性能、使用条件、维修体制和技术水平等方面存在的差异,其维修制度的具体内容、周期和作业组织方式都有所不同。但维修制度中都包括汽车维护和汽车修理两种不同性质的部分。

汽车维护制度的实质在于"防"。正确地执行汽车维护,能使汽车保持在良好的技术状况,并使外观整洁,保证安全行驶和降低运行费用,平衡各总成零部件的寿命,以延长汽车的大修间隙里程。汽车修理的实质在于"恢复"汽车的工作能力和完好状况。汽车维护和汽车修理是两种性质完全不同的技术措施,不能混淆。

4.1.1　建立维修制度的指导思想

(1)以预防为主的指导思想

"预防为主"的维修思想,是根据零部件技术状况变化的规律,在其发生故障之前,进行维修或更换零部件。

"预防为主"的维修思想是建立在零部件失效理论和失效规律的基础上。这种维修思想认为:汽车在使用过程中,由于零部件的磨损、疲劳、老化和松动,其技术状况会不断地恶化,当达到一定程度时,就必然会导致发生故障,为了尽可能地保证每个零部件能安全可靠地工作,要求维修作业能符合客观规律,实施在故障发生之前。因此,广泛地采用预防维修措施,形成了以"预防为主"的维修思想。近几十年来,在这种传统的维修思想指导下,建立起来的各项维修制度、维修技术和规范,对维护汽车的技术状况起到了积极的作用。

汽车在使用过程中,其技术状况的变化是一个与汽车结构、使用条件和维修方式有关的,并以一定强度进行的必然过程,为了保障汽车在整个使用期内能用最少的消耗和费用来维护汽车的工作能力,就必须适时地对汽车进行必要的维护和修理。

(2) 以可靠性为中心的指导思想

以可靠性为中心的维修思想是以最低的耗费充分利用汽车的固有可靠性来组织维修,它是以可靠性理论为基础,通过对影响可靠性因素的具体分析和试验,科学地制订维修作业内容、维修时机,以控制汽车的使用可靠性。

以可靠性为中心的维修思想归纳起来有以下几点:

①汽车的使用可靠性取决于汽车本身的固有可靠性以及汽车的使用维修技术水平,并与汽车的使用条件有关。正确地使用与维护只能保持和恢复固有可靠性水平。不适当地强化维修工作(如增加维修次数、增加维修项目)并不能有效地防止可靠性下降。汽车固有可靠性的提高应基于必要的使用数据的信息反馈,以改进原有的设计和工艺。

②维修的作用在于通过对影响可靠性的诸因素的分析,找出提高可靠性的方法从而控制可靠性下降,以保持汽车的使用可靠性在允许的范围内。可靠性分析就是运用概率论和数理统计等数学工具,对汽车使用中的故障规律进行统计分析和推断,将不同零部件划分为不同的维修类型,采用不同的维修方式,确定合理的维修周期,有针对性地组织维修作业,使维修工作建立在科学分析的基础上,使维修作业既满足适用性准则,又满足有效性准则。

③以可靠性为中心的维修,强调了诊断检测,加强了维修中的"按需维修"的成分,它根据不同零部件不同的可靠性特性及不同的故障后果,选用不同的维修方式,避免了采用单一预防维修方式所造成的预防内容扩大,维修针对性差、维修费用大的缺点。

④以可靠性为中心的维修,要求建立一整套完整的故障采集和分析系统,不断地采集和分析使用数据。为建立科学的、经济的、符合汽车使用实际的维修制度提供依据。

4.1.2　我国的汽车维修制度

我国的汽车维修制度始于1954年,经过若干次的修订与改革,已完成汽车维修工作从事后(故障发生后)到计划、从强制到按需的转化。

(1) 定期维护、计划维修制度

这一制度属计划预防性维修制度,始于1954年,经多次修订,在全国汽车运输的维修行业中推广应用长达30余年,至今仍有着一定的影响,该制度规定:汽车维护和修理均分为四级。维护分为:例行维护、一级维护、二级维护、三级维护;修理分为:汽车大修、总成大修、汽车小修、零件修理。

例行维护主要是维持车辆的车容,使车辆处于完整和完好状况,以保证正常运行。例行维护以清洁和检查为中心,由驾驶员在每日出车前、行驶中和收车后进行,不占用出车时间。

一级维护以紧固、润滑为中心内容,并消除车辆在行驶一定里程后出现的某些薄弱环节,保持车辆的正常运行状况。一级维护的主要内容包括:各总成和连接件的紧固、主要总成和部件的润滑,以及在外部检查时发现的一些必要的调整作业。由于一级维护作业的内容比较简单,通常安排在班间进行,不占用出车时间。

二级维护以检查、调整为中心,对行驶一定里程的车辆进行一次较深入的技术状况检查和调整,其目的是保证车辆在以后的较长运行时间内,能保持良好的运行性能。二级维护的作业项目较多,除执行一级维护的全部作业外,还必须消除一些维护作业中发现的故障和隐患,需要有一定的作业时间。所以,二级维护需占用车辆一定的运行时间。

三级维护是经几次二级维护之后,为了巩固和保持各个总成、组合件的正常使用性能而采取的维护措施,以确保车辆能在两次三级维护间隔里程中正常运行。三级维护是以总成解体、清洗、检查、调整和消除隐患为中心的。

我国对汽车维护周期未做统一规定,一般地,一级维护周期为 1 500 ~ 2 000 km;二级维护周期为 6 000 ~ 8 000 km;三级维护周期为 36 000 ~ 40 000 km。对于不同运输企业,由于车辆的使用条件不同,各级维护周期的差异较大。

此外,对新车或大修后的汽车要进行走合维护。在春秋季末为适应季节的变换,常结合二级维护附加一些必要的作业内容,如更换润滑油,拆装保暖和空调装置等,称为季节性维护(或称换季维护)。

汽车大修是汽车行驶一定里程后,经技术鉴定,需要拆散进行彻底的恢复性修理。按我国维修制度规定,当发动机附离合器及货车车架或客车车身两个总成之一需要大修时,即应结合其他需修总成,组织汽车大修。汽车大修时,需将汽车的全部总成解体,并对全部零件进行清洗、检验分类、更换不可修零件、修复可修零件,按大修技术标准进行装配、试验,以达到恢复汽车技术性能的目的。

总成大修是总成经一定行驶里程后,其基础件或主要零件出现破裂、磨损、变形,需要拆散进行彻底修理,以恢复其技术性能,使各个总成的工作寿命趋于平衡,延长汽车的大修间隔里程。

汽车小修是一种运行性修理,是消除汽车个别零部件或总成在运行中临时出现的故障,或维护作业中发现的隐患所进行的修理工作。对于有规律的损伤,可作为计划性小修,结合各级维护作业进行。零件修理是对已发生损伤、变形、磨损的零件,在符合经济原则的前提下,利用校正、喷镀、电镀、堆焊、机械加工等修复方法进行修复,以恢复零件的配合尺寸、几何形状和表面性能。

(2)强制维护、视情修理制度

几十年来,计划预防维修制度在我国车辆技术管理、确保运输车辆技术性能的完好方面起到了积极的作用。但是,由于汽车的类型繁多,使用条件悬殊,"计划"与

"实际"往往会产生较大的出入,其结果或是修理不及时使车况迅速恶化,或是提前修理导致不必要的浪费。近年来,随着汽车结构的不断更新以及维修市场的技术进步,为建立新的汽车维修制度奠定了市场基础。1990 年 3 月 7 日,经过了长达六年的研究、论证和修改,交通部以第 13 号部令的形式发布了新的《汽车运输业车辆技术管理规定》,明确提出了运输车辆必须执行"强制维护、视情修理"的方针,并于当年 10 月 1 日起开始施行。

与原"定期维护、计划修理"制度相比,新的规定有三个方面的发展和变化:一是强调了原"定期维护"的重要性,在措辞上更为强硬,即"强制维护";二是取消了以解体为手段的三级维护,避免了不必要甚至有害的大拆大卸;三是将原"计划修理"变更为既可防止拖延修理造成车况迅速恶化,又能避免提前修理造成的浪费的"视情修理",从而将我国汽车维修制度推向一个新的高度。

新的汽车维修制度将车辆维护分为:日常维护、一级维护、二级维护;车辆修理分为:车辆大修、总成大修、车辆小修及零件修理。

1)车辆的维护

①日常维护　即日常性作业,由驾驶员负责执行。其作业中心内容是清洁、补给和安全检视。

②一级维护　由专业维修工负责执行。其作业中心内容除日常维护作业外,以清洁、润滑、紧固为主,并检查有关制动、操纵等安全部件。

③二级维护　由专业维修工负责执行。其作业中心内容除一级维护作业外,以检查、调整为主,并拆检轮胎,进行轮胎换位。

季节性维护可结合定期维护进行。

2)车辆的修理

①车辆大修　它是新车或经过大修后的车辆在行驶一定里程(或时间)后,经过检测诊断和技术鉴定,用修理或更换车辆任何零部件的方法,恢复车辆的完好技术状况,完全或接近完全恢复车辆寿命的恢复性修理。

②总成大修　它是车辆的总成经过一定使用里程(或时间)后,用修理或更换总成任何零部件(包括基础件)的方法,恢复其完好技术状况和寿命的恢复性修理。

③车辆小修　它是用修理或更换个别零件的方法,保证或恢复车辆工作能力的运行性修理,主要是消除车辆在运行过程或维护作业过程中发生或发现的故障或隐患。

④零件修理　它是对因磨损、变换、损伤等而不能继续使用的零件进行修理。

必须指出,"强制维护、视情修理"制度是对运输车辆实行从购置到报废的全过程综合性管理的一个组成部分,与"定期检测"有着密不可分的关系。换言之,高质量检测手段是这一新的维修制度、特别是视情修理能否顺利实施的技术保证。

4.1.3　国外的汽车维修制度简介

（1）苏联的汽车维修制度

苏联早期采用的汽车维修制度是三级计划预防维修制度（例行维护、一级维护、二级维护），其内容和方式与我国现行的维修制度大体相同，20世纪80年代以来，由于汽车故障诊断技术的发展，尤其是微型计算机的应用，使汽车检验人员有可能相当准确地掌握汽车和总成的技术状况，并可以大致估算出汽车无故障连续行驶里程，因此，有条件在一级和二级维护（TO-1，TO-2）前加入一级和二级诊断（Д-1和Д-2）。一级诊断又称一般诊断或安全性检查，它是在一级维护之前进行的，其目的是了解汽车整车的技术状况（特别是行驶安全状况），判断其是否适于继续行驶。二级诊断又称深入诊断。它安排在二级维护之前，其目的是为了确定汽车各总成的技术状况，发现隐蔽缺陷，确定故障部位、性质和原因，并估算汽车可继续行驶的里程。这种维修制度称为诊断检测维护制度。

苏联载货汽车的各级维护周期，自1963年以来已调整二次，现将苏联汽车运输部以及苏联国家标准 ЮCT 21624—76 和 ЮCT 21624—81 的有关规定列于表4.1。苏联从1983年开始，又规定维修制度可执行二级维护制（一级维护，二级维护），也可以采用一级综合维护来代替。

表4.1　苏联汽车维护制度的分级和周期　　　　　　　（km）

标准年代 维护级别	苏联汽车运输部维护规范			ЮCT 21624—76	ЮCT 21624—81	用于新型汽车
	1963年	1972年	1983年	1978年	1983年	1985—1990年
一级维护	1 700	2 200	3 000	3 500	4 000	5 000～6 000
二级维护	8 500	1 100	12 000	14 000	16 000	20 000～24 000
综合维护					10 000～12 000	15 000～18 000

由于使用条件不同，维护周期也将变化，苏联将使用地区划分为三类，以ЮCT 21624—81为例，不同地区的维护周期如表4.2所示。

表4.2　按 ЮCT 21624—81 规定不同使用地区的维护周期　　　（km）

地　区	一级维护	二级维护	不同地区维护周期的折减系数
Ⅰ	4 000	16 000	1.00
Ⅱ	3 200	12 800	0.80
Ⅲ	2 400	9 600	0.60

采用这种检测维护制度,其维修工作是根据诊断结果来进行的,可避免维修作业的盲目性,并可及时发现潜在故障,提高维护质量。

（2）美国的汽车维修制度

美国汽车的维护制度的发展经历了四个阶段。

第一阶段（1933 年以前）。由于对汽车损坏的规律和如何保护汽车的完好技术状态缺乏认识,处于研究原理阶段。在维护制度上反映出二种极端的情况:一种是明确规定维护周期和维护内容强制执行,甚至试图采用定期强制修理的制度;另一种是为了减少维护工作量,定期对汽车进行检查,按需要进行修理。执行这种制度的主要原因是,当时汽车的生产水平较低,可靠性较差,而且汽车运输企业的规模不大,设备条件较差,工作人员技术水平低等缘故。第一次世界大战期间,英、法、意等国军队采用的汽车维修制度就是这种方式,通常称为"内部检查法",即每隔 4 ~ 6 月,将汽车的大部分总成和机构拆散,进行检查,更换不宜继续使用的零部件。

第二阶段（1933—1946 年）。它是确立计划预防维护制度的时期,这时取消了强制修理的方法,逐渐增多预防工作的比重。改用这种制度的原因与汽车制造质量的提高和结构的逐步完善有关。1943 年美国汽车工程师学会（SAE）制订了汽车计划预防维修制度（PM）,它将维修工作分为五级,其中维护工作三级（A,B,C）相当于例行、一级、二级维护,修理分为二级（D,E）。美国军队和大型运输企业均采用这种制度。

第三阶段（1946—1960 年）。由于进行了大量研究工作,对汽车损坏规律和使用寿命有了较深入的了解,从而为修订维护级别、周期、维修项目等奠定了理论基础,使维护作业更具有针对性,可以较好地考虑使用条件、延长维修周期,在第三阶段已将原来的二级维护周期（C 级）从 4 800 ~ 9 600 km,延长到 20 000 km 以上。

第四阶段（1960—1985 年）。由于应用可靠性理论,采用诊断技术和电子计算机,可以准确地、有根据地制订出维护周期和维护内容,加之汽车结构的日益完善和诊断技术的发展,在维护作业中逐步地加强了检验环节,利用诊断设备,根据诊断结果来组织维护作业,从而使维护周期延长,维护作业简化,逐步增加了按需成分。随着汽车的结构、材料和监控装置的不断完善,逐步在向"无维护"的目标迈进。

（3）**日本的汽车维修制度**

日本的维修制度大体与美国的维修制度类似,已从事后维修制度转变为以故障诊断、调整和预防维护为主的例行维护和定期维护制度。日本从 1957 年开始,对营运汽车实行定期预防维护制度,并将原来的"汽车维修标准"改为"汽车定期预防维护内容和汽车排气检查的新规定",其中规定汽车出车前必须进行例行维护,营运汽车每间隔 1 个月、3 个月和 12 个月,必须按各个机构和装置的维修部位分别实施内容不同的预防性维护。这种维护制度类似于三级维护制度。对其他自用汽车也规定每间隔 6 个月和 12 个月分别实施内容不同的预防性维护。

4.2 汽车维修的工作组织

4.2.1 汽车修理作业的基本方法

汽车修理作业的基本方法分为:就车修理法和总成互换修理法。

(1)就车修理法

就车修理法是指汽车在修理过程中,从车上拆下的总成、组合件、零件,除换用新零件外,原车的其他总成、组合件、零件经修理后仍装回原车,这种修理方法称为就车修理法。

由于各总成、组合件、零件的损坏程度不同,修理工作量和所需修复的时间也各不相同,因而经常影响修理装配工作的连续性,且修理周期较长。对修理车型复杂、送修单位不一的小型修理厂大多采用这种方法。

(2)总成互换修理法

总成互换修理法是指汽车在修理过程中,除车架或客车车身应原件修复外,其余需修总成(或组合件)都可用周转总成(或组合件)代用。也就是说,只要车架或车身修复后,就可用其他互换总成来装配汽车,换下的总成另行安排修理,修竣后补充到周转总成库,以备下次使用。这种修理方法称为总成互换修理法。这种修理方法由于利用了周转总成(或组合件),可以保证修理工作的连续性,缩短停厂车日,并可对总成组织专业化修理,提高修理质量。它适用于车型单一,送修单位较集中的大型修理厂。

总成修理也可采用两种修理方法:即总成中零部件不互换代用和互换代用。

4.2.2 汽车维修作业的方式

汽车维修作业的方式一般分为:定位作业法和流水作业法。

(1)定位作业法

定位作业法是指汽车的拆散和装配都固定在一定的工作位置上完成,而拆卸后的修理工作可分散至各专业组进行,其优点是:占地面积小,所需设备简单,拆卸和装配工作不受限制。其缺点是:总成及组合件的工艺路线较长,且劳动强度大,一般适用于规模不大的或承修车型较复杂的修理厂。

(2)流水作业

流水作业法是指汽车的拆卸和装配均在流水线上进行。流水线可为连续流水和间歇流水两种,前者是指汽车的拆卸装配是在始终流动着的流水线上进行的,而后者则是每流至某一工位时停歇一段时间,待完成规定的作业后,继续流至下一工位。这种作业方式的优点是专业化程度高,总成和组合件的工艺路线短,但需要完善的设备和较大的投资,因此,只适于大型修理厂。

4.2.3　汽车维修作业的劳动组织

汽车维修作业的劳动组织一般分为:综合作业法和专业分工法。

(1)综合作业法

综合作业法是指在整个汽车的修理作业中,除了个别零件的修配加工由专业工种配合完成外,其余全部由一个工组完成。

对于这种作业法,每个工组的作业范围广,对工人的技术要求较高,不易提高熟练程度,而且拆装的延续时间较长,修理质量不易保证。因此,只适用于设备简单、生产量不大,车型比较复杂的小型修理厂。

(2)专业分工法

专业分工法是将汽车修理作业按工种、部位、总成等划分为若干个作业单位,作业单元分得越细,专业化程度就愈高,就更易于提高工人的技术熟练程度,便于采用专业设备和工具,从而可提高作业效率,保证作业质量。

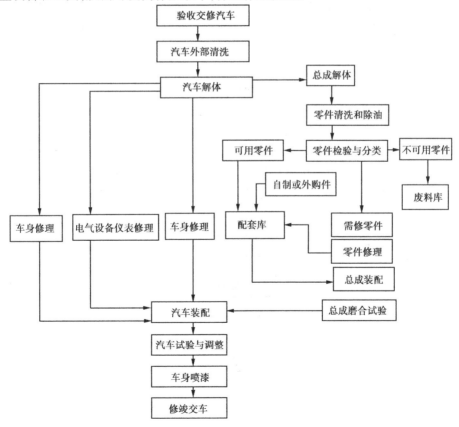

图 4.1

4.2.4 汽车修理工艺过程

汽车修理可分成许多工艺作业,按规定顺序完成这些作业的过程称为工艺过程。由于修理组织的方法不同,其工艺过程也不相同。

(1)就车修理时的大修工艺过程

采用就车修理法时汽车大修工艺过程如图4.1所示,汽车经验收并进行外部清洗后,拆成总成,然后再拆成零件,并加以清洗。零件经检验后区分为可用的、不可用的和需修的三类,可用的零件送去配套库,需修的零件送到零件修理车间,修复后再送到配套库,当一辆车的零部件配套齐全后,送总成装配车间进行总成装配和试验,最后将试验合格的总成,总装成汽车,并以路试调整消除缺陷后,进行外表喷漆等作业后交车。

(2)总成互换修理时的大修工艺过程

采用总成互换修理法时,其大修工艺过程如图4.2所示,汽车大修时将验收并经外部清洗的汽车拆成总成,修理汽车的车架,然后用备用总成库的周转总成、部件和组合件装配成汽车,而拆下的总成经拆、检和分类修理后,进行总成装配和试验,合格的修竣总成交备用总成库,以备其他车辆修理时使用。

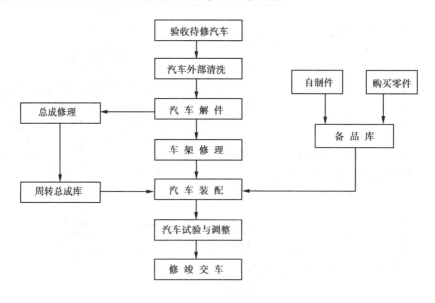

图 4.2

第5章 维修车辆的解体与零件的检验

5.1 车辆的接收

承修的汽车必须经过验收,以便了解承修车型、完整性和它的技术状况,同时也为估算修理工时和修理费用提供必要的依据。送修的汽车一般应符合送修装备的规定,除肇事车外,必须装备齐全。承修车辆的验收由汽车修理厂的专业人员负责进行,汽车验收时,除核对车辆的装备状况外,还应通过对汽车使用情况的调查、外部检视和路试,以了解汽车的技术状况。

1)检查车辆送修的技术鉴定书,若无技术鉴定书的,应补做技术鉴定。

2)了解汽车的使用与损坏情况(尽可能地掌握承修车辆的技术档案)及送修人对车辆的修理要求。

3)了解并掌握承修车型的结构资料和维修资料,其目的是:

①使汽车修理工艺和汽车制造工艺流程保持同一性;

②使汽车大修时零件的加工基准与制造基准保持一致;

③使汽车大修和制造时的尺寸链计算方法保持一致,即保持同一个封闭环,并保持封闭环在同一分布域;

④使大修时主要配合副的配合特性和旋转件的平衡要求与制造时保持一致;

⑤使零件修复后的表面硬度、冲击韧性、耐久性和表面粗糙等要求与原件保持一致或相近。

4)汽车外部检视,检视的内容包括:

①检查车容,查看汽车外部有无碰伤及各种零件是否齐全;

②检查车架和悬挂机构,查看有无明显的断裂和变形,以及铆钉是否松动等;

③检查轮胎,查看轮胎的磨损程度及有无异常磨损现象;

④检查基础件,主要查看各基础件有无漏水、漏油、断裂、变形等损坏;

⑤检查车身(驾驶室、车厢)及其附件、门窗玻璃、座椅、靠背等有无缺漏或损坏;

⑥启动发动机,检查有无异响。

5)路试检测,通过路试以进一步了解发动机和底盘各总成的技术状况。

①汽车起步前查看各仪表的工作是否正常;转动方向盘检查游动间隙;检查离合器踏板和制动踏板的自由行程;检查驻车制动器工作行程和储备行程;检查离合器是

否有异响；

②汽车起步时检查离合器分离情况以及是否有发抖或打滑等现象；检查制动是否卡滞、后桥有无异响；

③让汽车以不同工况行驶，倾听发动机和传动系统有无异响，变速器是否有跳挡、乱挡或变速杆发抖等现象；

④通过加速、减速运行，检查传动轴有无异响；

⑤检查汽车行驶时有无跑偏现象，制动时是否出现制动失灵或跑偏；

⑥检查转弯时转向机构是否灵活轻便，后桥是否有异响。

汽车行驶检验后应再次检查有无漏油、漏水和漏气等现象，并检查各总成温度是否正常。将检查结果记录在检验表中，并确定修理类别和修理项目。

进厂大修的汽车在解体之前应经过外部清洗，以便拆卸工作的顺利进行和维护作业场地的清洁。

5.2　汽车的解体

汽车经外部清洗后，进入拆卸工位，放出所有润滑油与冷却液，将汽车拆成总成，然后再将总成拆成零件。汽车的拆卸工作量比较大，它直接影响到汽车的修理质量与修理成本。

对于汽车的拆卸和总成的解体，并不需要很高的技术，也不需要复杂的设备。但是，往往由于不重视这项工作，在拆卸工作中会造成零件的变形和损伤，甚至无法修复。总成的分解工作质量，将直接影响到汽车和总成的修理质量和修理速度，所以，在拆卸工作中应注意到修理后的装配工艺要求等因素。

汽车和总成的拆卸质量与工作效率，在很大程度上取决于工艺程序的安排、劳动组织的形式、拆卸机具设备的选用、工人的操作技术和对这项作业的重视程度。

5.2.1　拆卸作业的组织方法

汽车和总成的拆卸作业的组织方法有：固定作业法和流水作业法。固定作业法是汽车总成的拆卸工作始终在同一工作地点进行。流水作业法是汽车拆卸工作在流水线上进行（流水线可以是分若干个工作地或在传送设备上进行）。

固定作业法用于生产能力不大的汽车修理厂，而流水作业法用于大型的汽车修理厂。

汽车拆卸采用固定式作业法，其总成的拆散多数是由各专业修理组进行，或是由汽车的拆卸组进行；而采用流水作业法时，其总成的拆散是由汽车的拆卸组同时完成的。

5.2.2　拆卸的工艺程序

汽车的拆卸一般不是按照结构进行分类,而是将汽车划分成若干个拆散单元按工作部位进行分工,以平行交叉作业的方式进行。这样可以使整个工序相互配合,减少工人在拆卸工作中工作位置的变换,减少了辅助工作时间和工具的数量,可以使拆卸作业顺利地进行。

汽车拆散的工艺程序如下:

①先拆去车厢,进行外部清洗,并在热状态时,放掉发动机、变速器及差速器壳内的润滑油,以便放净。

②拆去电气设备及各部分的导线,拆去驾驶室。

③拆去发动机总成、变速器总成及传动轴、后桥等总成。

5.2.3　拆卸的一般原则

①拆卸前,应熟悉被拆总成的结构。必要时,可以查阅一些资料,按拆卸工艺程序进行。严防拆卸工艺程序倒置,造成不应有的零件损伤。

②核对装配记号和做好记号。为了保证一些组合件的装配关系,在拆卸时应按原来的记号拆卸和重新做好记号。有些组合件是经过选配装合的或是在装合后加工的不可互换的组合件。如汽缸体与飞轮壳、主轴承盖、连杆与盖等拆卸后,都应按原位置装好,或做好装配记号。

对于动平衡要求较高的旋转零件,如曲轴与飞轮、离合器压板与离合器盖、传动轴与万向节等在拆卸时,也应注意其装配记号。否则,将破坏它们的静平衡和动平衡。

③合理地使用拆卸工具和设备。正确地使用拆卸工具是保证拆卸质量的重要手段之一。拆卸时,所选用的工具要与被拆卸的零件相适应,如拆卸螺母、螺钉应根据其六方尺寸,选取合适的固定式扳手或套筒扳手,尽可能不用活动扳手。

对于静配合零件(如衬套、齿轮、皮带轮和轴承等)应尽可能地使用专用拉器或压力机。若无专用工具,也可用尺寸合适的铣头,用手锤冲击,但不能直接用手锤敲打零件的工作面。

5.2.4　连接件的拆卸

汽车和总成的拆卸主要是连接件的拆卸,在拆卸过程中,除遵守上述一般原则外,还应按操作规程规定的方法去做。

(1)静配合件的拆卸

静配合副和轴承部件在汽车的拆装中占有相当大的比重。同时,这些零件在拆装过程中要求不破坏它们的配合性质及不碰伤其工作表面。所以,要求其拆卸作业必须保证质量。应尽可能地采用拉器、压力机等专用工具和设备。

静配合件的拆卸方法与配合的过盈量大小有关。当过盈量较小时,如曲轴正时齿轮应尽量地采用拉器进行拆卸,也可用硬木锤和铜锤轻轻敲击,将其拆下。当过盈量较大时,应用压力机进行拆卸,如图5.1、图5.2所示。

在轴承拆卸过程中受力应均匀,压力(或拉力)的合力方向应与轴线方向重合。

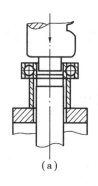 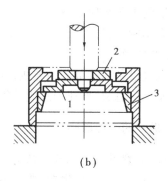

（a） （b）

图5.1 压出轴承

1—对开盘;2—带孔圆盘;3—被压外圈

(2)螺纹连接件的拆卸

在汽车修理拆卸工作中,拆卸螺纹连接的工作量占总拆卸工作量的50% ~60%。为了防止螺纹连接件的损坏,要用正确的拆卸方法。要选用尺寸合适的套筒扳手或梅花扳手,一般不要轻易使用活动扳手。若扳手开口宽度大,易使螺帽棱角损坏;若螺钉锈死或拧得太紧不易拆卸时,不应采用过长的加长杆,否则易折断螺钉。

对于多螺栓紧固的连接件的拆卸,首先应将各螺钉按规定次序拧紧1~2扣(一般是先四周,后中间或按对角线的方法),然后依次均匀拆卸,以免零件损坏和变形,防止最后集中到一个连接件上。

在拆卸螺纹连接件时,应尽量地使用气动扳手,目前在生产中也有采用电动扳手的。但气动扳手结构简单,适应性强,使用安全。采用机械化工具,可以提高工作效率和降低劳动强度,这是拆装作业应普遍采用的工具。

(3)特殊螺纹连接件的拆卸

对于双头螺栓可用偏心扳手进行拆卸,如图5.3所示。当拧动手柄时,偏心轮将螺栓紧死卡住,再继续扳动手

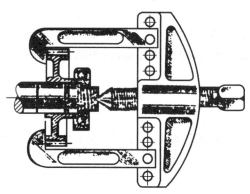

图5.2 拉出轴承

柄,可将螺栓拆下。

双头螺栓也可以用一对螺母,互相锁紧,然后用普通扳手把它连同螺栓一起拆卸下来。

(4)断头螺钉的拆卸

断头螺纹高于机体表面时,可将凸出的螺栓端锉成方形或焊上一螺帽将其拧出,如图 5.4 所示。

如果断头螺钉断在机体内,可在螺柱头部钻一小孔,在孔内攻相反的螺纹,用螺纹攻丝或反扣螺钉拧出断头螺丝。

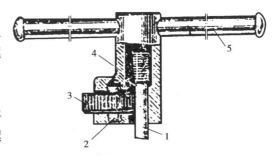

图 5.3　双头螺栓拆装扳手
1—双头螺栓;2—轴销;3—滚花偏心轮;
4—扳手体;5—手柄

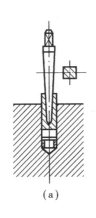 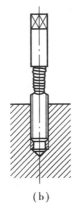 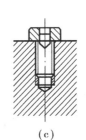

(a)　　　　　　　　(b)　　　　　　　　(c)

图 5.4　断头螺钉的拆除

5.3　零件的清洗

5.3.1　零件清洗与汽车修理质量的关系

(1)汽车零件上的污垢特性

为了保证零件的检验质量、修理质量和装配质量,汽车和总成拆成零件后零件上的污垢包括旧漆、油污、积炭、水垢、磨损物和其他杂物等,在零件检验和装配前都必须进行清洗。由于污垢物的化学成分和特性不同,其清除方法也不一样,表 5.1 所列为汽车零件上的各种污垢的特性,表中列出了各种污垢的物理机械特性,可供选择清洗方法时参考。

表 5.1　汽车零件上各种污垢的特性

特　性　＼　名　称	泥　污	老　漆	锈蚀物	水　垢	老化的机油和润滑油	沥青—焦油沉积物	积　炭
污垢层的厚度/mm	5～30	0.5～1.5	0.1～2	1～5	1～10	0.5～5	0.3～10
拉伸强度极限/MPa	0.01～0.02	10～30	—	—	—	—	—
压缩强度极限/MPa	0.3～2	20～50	1～10	5～100	—	—	—
80 ℃时的运动黏度/($m^2 \cdot s^{-1}$)	—	—	—	—	0.2～3	0.2～1.5	—
对金属表面的附着力/MPa	0.005～0.02	5～10	—	—	0.10～0.15	0.3～1.0	0.5～0.7
污垢密度/($kg \cdot m^{-3}$)	2 500～2 800	1 000～1 400	1 500～2 500	2 300～2 600	900～950	950～1 050	1 050～1 200
污垢的导热性/$[W \cdot (m \cdot h \cdot ℃)^{-1}]$	0.017 4	0.005 8	3.48～11.6	0.116～2.32	0.127 6～0.150 8	0.150 8～0.162 4	0.232～0.348

（2）零件的清洗质量与修理质量的关系

零件的清洗质量直接影响到零件检验分类的质量、零件的修理质量与总成的装配质量。例如，若零件清洗质量不高，零件表面上的裂纹或其他损伤就不易发现，就会导致分类上的错误；在零件修理电镀前，如果表面不干净，而镀层与工件基体间就不能牢固黏结，必然会严重影响修理质量；而总成装配时，零件的清洗质量直接影响大修后总成的清洁度等。

零件的清洗质量通常是以零件单位面积上允许残留的油污量来衡量的，例如：

防锈和涂漆前清洗：　　　　　　0.55～0.10 mg/cm²

电镀前清洗：　　　　　　　　　0.10～0.01 mg/cm²

装配前清洗：　　　　　　　　　0.15～0.05 mg/cm²

零件检验分类前清洗：　　　　　1.25～0.75 mg/cm²

（3）清洗作业的三要素

清洗作业的质量是依靠清洗设备（或工具）、清洗液和清洗方法这三个要素来决定的。即通过清洗液作用于工件表面，用一定的清洗方法除去零件表面黏附的油污和污垢，清洗质量既取决于清洗液的溶解能力、表面活性力和化学反应产生的中和分解，也取决于清洗方法所导致清洗液对零件清洗表面所施加的冲击力、搅拌力或电解作用，而清洗设备则是保证清洗液和清洗方法现实上述各种能力的必要条件。因此，清洗液、清洗方法和清洗设备三者是相互依存、互相促进的三个要素。为了保证清洗质量,必须提高清洗液的各项性能和清洗方法的效率,提高清洗设备的技术经济效益。

5.3.2　汽车零件的清洗

(1)清除油污
清除油污的方法很多,大致可分为碱水除油和有机溶剂除油两类。

1)碱水除油

①除油机理

油污大体可分脂肪(动、植物油)油污和矿物油油污两大类。脂肪与苛性钠经加热将发生皂化反应而生成肥皂和甘油。这些产物都溶解于水,所以用苛性钠清洗脂肪油污效果较好。

汽车零件上的油污多为不可皂化的矿物油,这类物质在碱液中不易溶解,只能形成乳浊液。乳浊液是几种互不溶解液体的混合物,其中一种液体是以微小的滴状散布在另一种液体中(如水中的油滴)。碱离子的活动性很强,使油滴时而形成、时而破裂,对油污起着强烈的机械作用,从而降低了油层表面的张力。但是,油和金属的附着力很大,使油与金属脱开,单靠一种碱的作用是不够的,为此,常加入其他活性物质——乳化剂。

②常用清洗液配方的组成成分

A.乳化剂　乳化剂是一种活性物质。能降低液体表面张力的物质称为活性物质。活性物质的分子一端呈极性,另一端呈非极性。极性一端与水吸引,另一端与油吸引,从而降低了油和水的表面张力,起到乳化作用。

效果比较好的活性物质是软肥皂和合成洗涤剂。软肥皂又称液体肥皂,一般都是钾皂,在碱水中有很好的去污能力,能很好地溶于水中,但在硬水中肥皂会形成钙镁皂浮出,而分散在溶液中。因此,在硬水中改用合成洗涤剂比较合适。

B.碱性物质　常用的碱性除油物质有苛性钠、碳酸钠、硅酸钠等。苛性钠除油须与活性物质共同使用,才能收到良好效果。由于苛性钠溶液对有色金属的腐蚀严重,故对有色金属一般采用易水解的碱盐,如碳酸钠(洗涤苏打)、硅酸钠等。

硅酸钠本身就是活性物质,能较好地去掉矿物油,因为硅酸钠在溶液中成胶状颗粒,它们能吸附小油珠组成乳浊液。

零件在使用硅酸钠除油时,特别是除油后再进行化学除锈时,应特别注意除油后的冲洗,否则,零件上有硅酸钠残留物,碰到酸将发生氧化而生产硅胶,这对以后的清洗和表面喷漆有不良影响。

C.防泡沫剂　清洗液中加入活性物质后易生成泡沫。在清洗机中,离心泵运转时搅动清洗液会因形成大量泡沫而影响泵的正常工作,因此,需采用防泡沫剂。常用的防泡沫物质有植物油、脂肪酸等具有低挥发性和高流散性的不溶于水的物质。其他的防泡沫剂还有表面活性醇、乙基油酸盐、蓖麻油、淀粉和糊精等。

D. 磷酸三钠　磷酸三钠主要起软化水的作用,它可与硬水中的钙镁盐反应而生成不溶解的磷酸钙盐和镁盐,在溶液静置后沉在底部。此外,磷酸三钠能加强去垢溶液的湿润能力,也有一定乳化作用。由于它的碱性较强,用量不宜太多。

E. 重铬酸钾　在溶液中加入少量重铬酸钾亚硝酸钠,可防止金属除油后生锈。

碱水除油的清洗液,一般加热至 $80 \sim 90$ ℃。油膜在高温溶液中黏度下降,由于表面张力和膨胀作用,油膜皱缩而破裂,形成小珠滴,高温能加速溶液的循环流动,可加速除油过程。但温度过高,蒸发量过多,热能消耗过大也不经济。

此外,机械搅拌作用能使溶液增加一些运动能量,冲击油滴,从而加速油污从金属表面上的分离过程,使金属表面不断地与新溶液接触。实践证明,用喷嘴将增压的清洗液喷射到零件上清洗效果最好。

③常用清洗液配方举例(单位为质量单位)

铁制零件清洗液配方如下。

配方一:

苛性钠($NaOH$)	0.75
碳酸钠(Na_2CO_3)	5
磷酸三钠(Na_3PO_4)	1
肥皂	0.15
水	100

配方二:

苛性钠($NaOH$)	2
磷酸三钠(Na_3PO_4)	5
硅酸钠(Na_2SiO_3)	3
水	100

为了防止苛性钠对铝的腐蚀,清洗铝质零件最好用如下配方。

配方一:

碳酸钠(Na_2CO_3)	1
重铬酸钾($K_2Cr_2O_7$)	0.05
水	100

配方二:

磷酸三钠(Na_3PO_4)	0.4
硅酸钠(Na_2SiO_3)	0.15
水	100

2）有机溶剂除油

有机溶剂能很好地溶解零件表面上的各种油污，从而达到清洗的作用。常用的有机溶剂有汽油、煤油和柴油等。其优点是：简便、不需加热，对金属无损伤，但清洗成本太高、易点燃，一般不宜采用。

采用三氯乙烯可清洗油污。三氯乙烯是一种无色透明、易流动、易挥发且在常温下带氯芳香的液体。三氯乙烯清洗的原理是加热使它沸腾（沸点为 86.9 ℃），热的三氯乙烯气体接触到冷的金属零件又冷凝为液体，同时将零件表面的油污溶解带走，而冷凝的液体滴入盛液盘中，又被加热气化。这样反复循环，盘上零件就被清洗干净。三氯乙烯的清洗效果比较好，既迅速又干净。它的缺点是：三氯乙烯气体对人身体有害，在清洗循环中大约有 20% 散失在空气中，即使加强车间的通风，也不可避免要污染环境；其次，三氯乙烯清洗滚动轴承中润滑脂的效果不佳，清洗后会留下大量蜡状物质。

（2）清除积炭

1）积炭的生成及其性质

积炭是燃料及润滑油在高温和氧作用下的产物。在燃烧室中，由于燃烧时氧气供应不足，使燃料和窜入燃烧室的润滑油不能完全燃烧，结果产生油烟和烧焦润滑油的微粒。混合大量燃烧残留物的润滑油，在发动机中被氧化成一种稠的胶状液体——羟基酸。羟基酸进一步氧化就变成一种半流体树脂状的胶质而牢固地黏附在发动机零件上。随后，在高温作用下，胶质又聚合成更复杂的聚合物，形成硬质胶结炭，俗称积炭。

积炭的组成成分内有易挥发的物质（油、羟基酸）和不易挥发的物质（沥青质、油焦质和碳青质、灰分等）。发动机工作温度越高，易挥发物质含量越低，不易挥发物质的含量越高，形成的积炭也越硬越紧密，与金属黏结得越牢固。

2）清除积炭的机理

化学方法除积炭近年来得到广泛的应用。化学方法消除积炭是用退炭剂（化学溶液）将零件上的积炭软化，软化后的积炭很容易被除掉。用化学方法清除积炭的优点是，零件表面不会受到刮伤或擦伤。

用化学方法除积炭的过程就是氧化的聚合物膨胀和溶解的过程。退炭剂与积炭接触后，首先在积炭层表面形成吸附层，而后由于分子之间的运动，以及退炭剂分子与积炭分子极性基的相互作用，就会使退炭剂分子逐渐向积炭层内部扩散，并能在积炭网状分子的极性基间生成键结合，使网状分子之间的极性力减弱，破坏网状聚合物的有序排列，使聚合物的排列逐渐变松。

试验证明，多数退炭剂只能使积炭产生有限的溶解，只能使积炭层膨胀、变松，与金属结合力减小，积炭并不能自动脱离金属表面而溶解在退炭剂中。

3)退炭剂种类及组成成分

按性质退炭剂可分无机退炭剂和有机退炭剂两种。常用的无机退炭剂有苛性钠、磷酸三钠、氢氧化铵等,具有毒性小、来源方便、成本低的特点,但退炭效果差。有机退炭剂是用有机溶剂配成,具有退炭能力强,常温使用对有色金属无腐蚀等特点,但成本高、毒性大,使用中应加强防护。有些退炭剂是有机药品与无机药品混合应用,如在碱溶液中加入肥皂等。

多数退炭剂都由溶剂、稀释剂、活性剂和缓蚀剂四种成分组成。

①积炭溶剂

积炭溶剂有强极性溶剂、碱金属皂类和碱类三种。

A.强极性溶剂 主要包括芳香基氯化衍生物、硝基衍生物和酚类,如二氯化苯、硝基苯、苯酚等。为降低成本,退炭剂中很少使用纯溶剂。国外有采用焦酸作溶剂,不仅成本低,而且效果要比纯酚好。

B.碱金属皂类 包括各种肥皂、油酸钾、油酸胺及碱性洗涤剂等。

C.碱类 包括苯性钠、磷酸三钠、氢氧化铵、碳酸铵等。苛性钠水溶液加入强极性溶剂(硝基苯、酚的混合液)会使退炭能力显著提高。

②稀释剂

加入稀释剂使黏稠的积炭溶剂稀释,可使固体药剂在其中容易溶解,同时也可降低退炭剂成本。无机退炭剂用水稀释,有机退炭剂一般用乙醇、苯、松节油、煤油、汽油等。实际上,许多稀释剂本身也有溶解积炭能力。

③缓蚀剂

缓蚀剂可防止某些退炭剂中的碱性成分对有色金属的腐蚀。通常用硅碱盐、铬酸盐和重铬酸钾。一般用量只占退炭剂的 0.1% ~ 0.5%,过量会降低退炭效果。

④活性剂

活性剂能降低退炭剂本身的表面张力,使退炭剂与积炭很好地结合。活性剂有醇类、胺类、有机酸类和酚类等。

4)退炭剂配方

配方一:

退漆剂	60%
氨水	30%
乙醇	10%

退漆剂的成分是醋酸乙酯(或戊酯)7.5%、丙酮 2.5%、乙醇 20%、苯 68%、石蜡 2%。

配方一对钢、铸铁、铝等材料无任何不良影响,但氨水对铜有腐蚀。本配方可同时除去旧漆。除积炭须在室温下浸泡 2~3 h。

配方二：

煤油	22%
汽油	8%
松节油	17%
氨水(浓度25%)	15%
苯酚	30%
油酸	8%

此配方对钢、铁、铝零件无腐蚀,但不适用于铜零件。退炭须浸泡 2 h。

配方三：

苛性钠(浓度为 20%)	79%
磷酸三钠(浓度为 20%)	15%
水玻璃	5%
软肥皂	1%

此配方对有色金属有腐蚀性,适于除去钢铁零件上的积炭。使用时须加热至 90 ~ 100 ℃,经 2 ~ 3 h 浸泡即可。

(3)清除水垢

发动机冷却系中如果长期加注硬水,将使发动机水套和散热器壁上积有水垢,造成散热不良,影响发动机的正常工作。由于水质不同,有的水垢主要成分是碳酸钙($CaCO_3$),有的水垢主要成分是硫酸钙($CaSO_4$),有的主要成分是二氧化硅(SiO_2),也有的水垢同时含有几种成分。

在汽车修理中,大多数都采用酸洗法或碱洗法清除水垢,因为酸或碱性溶液对水垢均有溶解作用。例如,用盐酸处理水垢其反应如下：

$$CaCO_3(水垢) + 2HCl \longrightarrow CaCl_2(溶于水) + H_2CO_3$$

$$H_2CO_3 \longrightarrow H_2O + CO_2 \uparrow$$

$$CaSO_4(水垢) + 2NaOH \longrightarrow Ca(OH)_2(溶于水) + Na_2SO_4(溶于水)$$

化学除水垢的实质是通过酸或碱的作用,使水垢从不溶于水的物质转化为溶于水的盐类。

对于硫酸盐水垢,在酸洗之前最好用碳酸钠溶液处理,使之先转变成碳酸盐沉淀,然后再用盐酸溶液处理;对于硅酸盐水垢,由于不溶解于盐酸,必须在盐酸溶液中加入适当的氟化钠或氟化铵,使硅酸盐在盐酸及氟化铵的作用下生成能溶解于盐酸的硅胶。但硅胶易附着在水垢表面,必须采用循环酸洗法,才能除去水垢。

盐酸对于金属的腐蚀很强,所以必须在酸中加入缓蚀剂,以减轻酸对金属的腐蚀作用,同时又不减弱酸对水垢的清洗作用。

用盐酸清除水垢,浓度以 8% ~ 10% 为宜,盐酸缓蚀剂优洛托平加入量 3 ~ 4 g/L。溶液加热至 50 ~ 60 ℃,清洗持续时间为 50 ~ 70 min。用盐酸溶液处理之后,应该用加有重铬酸钾的清水冲洗。

采用3%~5%的磷酸三钠溶液能清除任何成分的水垢,其溶液应加热到60~80 ℃,清除水垢后用清水冲洗。

清除铝合金零件的水垢,采用下列配方的溶液:

磷酸(H_3PO_4)	100 g
铬酐(CrO_3)	50 g
水(H_2O)	1 L

配制上述溶液,先在水中注入磷酸,然后加入铬酐,并仔细搅拌,加热到30 ℃,将零件浸泡30~60 min,取出零件后用清水冲洗;最后在温度为80~100 ℃的含有3%重铬酸钾溶液中冲洗。

5.4 零件的检验与分类

汽车零件经过清洗之后即可进行检验分类。零件检验分类是汽车大修工艺过程中的一项重要工序,它不仅直接影响到修理质量,而且也影响到修理成本。零件检验分类的目的是,通过检验确定零件的技术状况,并将零件分为可用的、待修的和报废的三类。

所谓可用的零件,是指符合大修技术标准的零件(即大修容许的)。待修的和报废的零件是指不符合大修技术标准的零件,即这些零件的损伤已超过容许极限。如果零件已无法修复或恢复到符合大修技术标准,或虽可修复,但所需材料和成本不符合经济要求时,这种零件即可报废。

如果通过修理,能使零件恢复到符合大修技术标准,并且经济上也合算的话,这种零件即可作为待修的零件。

5.4.1 零件检验分类技术条件

(1)检验分类技术条件的内容

检验分类过程中,零件的技术状况和可用、待修及报废的确定是以检验分类技术条件为依据的。它包括以下内容:

①零件可能产生的缺陷和检验方法;

②缺陷的特征;

③零件的尺寸、材料、热处理、硬度等;

④零件的极限磨损尺寸、容许磨损尺寸和容许变形的数值;

⑤零件的报废条件;

⑥零件的修理方法(针对不同的缺陷选择相应合理的修理方法)。

汽车修理企业所编制检验分类技术条件,建议采用如表5.2的形式。

表 5.2　检验和修理技术条件

零件草图				零件名称			编　　号		
				材料		硬度	数量		
标　号	缺　陷	检验工具	名义尺寸	容许磨损尺寸	极限磨损尺寸	修理方法	修理尺寸	容许变形	

在上述技术条件中,零件容许磨损尺寸和容许变形值具有重要意义。零件容许磨损尺寸是指零件在达到该数值以前,无须进行修理,至少尚可使用一个修理周期。

(2)检验分类技术条件的制订

检验分类技术条件的制订通常采用经验统计法、试验研究法和数学计算法。在实践中,这三种方法往往是互相补充,并经过反复验证才能正确制订一项可靠的技术条件。

1)经验统计法

经验统计法是根据长期使用汽车所积累的资料来制订检验分类的技术条件。例如:可通过大量车辆行驶详细记录、汽车工作条件、行驶里程、使用中零件磨损量等资料,然后通过整理和分类,用统计法总结出规律性的资料,定出零件的极限磨损、容许磨损和容许变形的数值。

经验统计法是以使用实践为基础,获得的结果有一定实际意义,但由于汽车使用条件和驾驶修理人员的水平不同,得到的数据往往差别较大,只有通过大量的记录并积累丰富的资料之后,才能统计出可靠的数据。

2)试验研究法

这种方法是通过实验室试验和运行试验得到容许磨损和极限磨损尺寸及其他检验分类技术条件的。

用试验研究法确定零件极限磨损尺寸和容许磨损尺寸,是通过试验和测量得到如图 5.5 所示的磨损特性曲线。图中 BB_1 即为零件的极限磨损量,OK 为零件的使用期限。零件名义尺寸加上(孔类)或减去(轴类)极限磨损量 BB_1,即得零件的极限磨损尺寸。

汽车各种零件的使用期限是互不相同的。由于材料和工作条件的不同,零件使用期限和汽车大修周期可能存在三种不同的关系,即使用期限等于、大于或小于汽车修理周期。

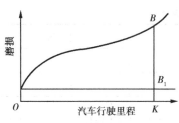

图5.5 零件的磨损特性曲线

① 零件使用期限等于汽车大修周期

两配合件的磨损特性曲线如图5.6所示。这对配合件在初期使用时具有平均名义间隙 MN，随着行驶里程的增加，配合件间的间隙也随着增大，当达到汽车大修周期 OL 公里时，这对配合件恰好达到极限间隙 B'B"，这时，两配合零件中的一个零件的极限磨损等于 M'B'，另一零件为 N'B"。因此，这对配合件在汽车大修时必须进行修理，而且尺寸公差应在新件公差范围内，即大修时应按原厂标准恢复配合件的名义间隙。只有这样才能保证配合件使用一个大修周期。发动机汽缸和活塞环这对配合件就是属于这种情况。

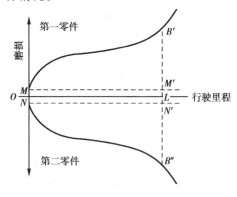

图5.6 配合件磨损特性曲线

（零件使用期限等于汽车大修周期）

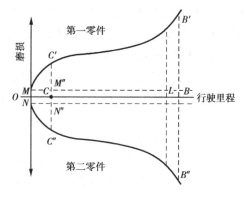

图5.7 配合件磨损特性曲线

（零件使用期限大于汽车大修周期）

② 零件使用期限大于汽车大修周期

配合件的磨损特性曲线如图5.7所示。从图中可以看出，当汽车达到大修周期 OL 时，配合件尚未达到极限间隙 B'B"，即还余 LB 公里，这就有可能在不改变汽车大修周期 OL 的情况下，稍许降低配合件的修理要求。为求得该配合件的容许磨损量，从图中 O 点截线段 OC = LB，如果这一次大修后从 C 点开始使用，则仍能使用一个大修周期，因为 CB = OL。经过这个行驶里程后，这对配合件恰好到达极限间隙 B'B"。通过上述分析可知，检验分类时如果该配合件的磨损量等于或小于 M"C'（零件Ⅰ）和 N"C"（零件Ⅱ），即可认为是可用的零件。磨损量 M"C' 和 N"C" 为配合件的容许磨损量。从名义尺寸中加上（孔类）或减去（轴类）容许磨损量，即为该零件的容许磨损尺寸。

汽车大修使用具有容许磨损的零件，是为了充分地利用零件的后备行驶里程，这样，虽然可能使原始配合变松，但是能保证配合件工作一个大修周期，所以容许磨损值具有很大意义。

③零件的使用期限小于汽车大修周期

这种情况下应根据零件使用期限的长短分别在保养或小修中更换或修理。如果零件使用期限接近汽车大修周期,则应努力提高零件质量,改善润滑条件,使其达到大修周期。

零件几何形状的极限磨损值和容许磨损值可用与上述相似的方法确定。

3)计算分析法

由于零件的工作条件极为复杂,影响磨损的因素很多,现有的计算方法有些尚不能完全反映实际情况。但是数学公式给出各变量的函数关系,对于采用统计方法和试验方法制订检验分类技术条件以及机械加工中的技术要求等都有指导意义。这里介绍汽车上滑动轴承与轴颈极限间隙的计算方法,以供参考。

根据流体动力学的润滑理论,滑动轴承形成理想液体摩擦的关系式为:

$$S = \frac{\eta n d^2}{180Kph} \tag{5.1}$$

式中: S ——轴与轴承的间隙,mm;

$\quad n$ ——轴的转速,r/min;

$\quad \eta$ ——润滑油黏度,$kg \cdot s/m^2$;

$\quad d$ ——轴的直径,mm;

$\quad P$ ——单位载荷,N/m^2,$p = \dfrac{P}{d \cdot l}$;

$\quad P$ ——轴承上的作用力,N;

$\quad l$ ——轴承长度,m;

$\quad h$ ——油膜厚度,mm;

$\quad K$ ——轴承载荷修正系数,$K = \dfrac{l+d}{l}$。

轴和轴承磨损后,间隙 S 不断地增大,油膜厚度也随着减小,当油膜厚度小于轴和轴承表面微观凸起高度 $\delta_{轴} + \delta_{孔}$(形位公差处于理想位置时)时,便会产生表面不平度凸出点金属的互相接触,使零件磨损迅速地增加,若继续使用,将产生破坏性磨损。此时,轴和轴承的间隙达到极限,因此,将 $h = \delta_{轴} + \delta_{孔} = \delta'$ 代入式(5.1),设 $\delta_{\min}$ 为最小极限间隙,则

$$S_{\min} = \frac{\eta n d^2}{180Kp\delta'} \tag{5.2}$$

根据润滑的流体动力学原理,决定润滑条件的最大极限间隙可用下列关系式来表示:

$$S_{\max} = \frac{S_0^2}{4\delta} \tag{5.3}$$

式中: δ ——轴和孔磨合后的不平度总值;

S_0——配合件的平均名义间隙。

5.4.2 零件检验分类方法

汽车零件的检验方法可分为外观检验、几何尺寸测量、零件形状及位置公差测量以及零件内部组织缺陷的检验等。

零件明显的裂纹、严重变形、严重磨损,一般可通过外部检视进行检验。

零件因磨损引起尺寸上的变化,或因变形引起的几何形状或位置偏差,以及长期使用引起的零件材料性能的变化等,则必须采用通用或专用量具,通过测量尺寸或相对位置才能确定零件的技术状况;对于零件的物理机械性能和零件内部隐蔽缺陷,则必须采用磁力探伤、染色X射线、超声探伤等方法进行检查,如图5.8所示。

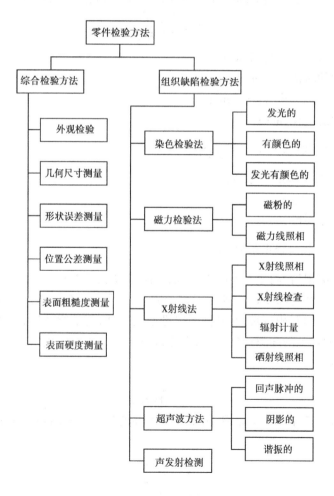

图5.8 零件缺陷检验方法的分类

5.4.3　定位误差的检验方法和检具

（1）平行度误差的检验

平行度误差是指被测表面（直线或轴线）相对于基准线表面（直线或轴线）的平行程度。汽车上某些壳体零件，如汽缸体变形后可能产生曲轴轴线与凸轮轴轴线不平行；变速器壳可能产生上下轴承座孔轴线的不平行等，检验轴线不平行度时（如图5.9所示），可在壳体的座孔内安装定位套2，在定位套中插入两测量轴3，用量具（如外径分厘卡）测出轴两端的距离，其差值便是两座孔中心线在全长的不平行度。

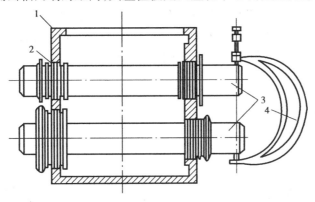

图5.9　轴线平行度测量

由图5.9可见，测量轴与定位套、定位套与座孔间的配合精度会影响测量精度。为了提高配合精度，可采用锥形或阶梯形定位套和采用可胀式心轴等措施。

（2）垂直度误差的检验

汽车零件检验中最常见的是直线对平面的垂直度误差和轴线对轴线的垂直度误差。例如，曲轴主轴承座孔轴线与汽缸体前后端面的垂直度误差，规定应不大于0.18：100 及 0.10：100 等，测量时，可采用通用量具（如直角R，垂直表架等），也可采用专用量具测量。测量轴线对轴线的垂直度误差时（例如，汽缸轴线对曲轴轴线的垂直度误差），应以指定的基准线定位，在基准轴心线上，安装可旋转的心轴及百分表，在被测孔内插入心轴，使百分表的触头与心轴接触，分别测量在180°两位置上的读数差，即为测量长度 L_1 上的垂直度误差 Δ_1，然后按下式计算被测孔的轴心线对基准孔轴心线的垂直度误差 Δ，即

$$\Delta = \frac{L}{L_1}\Delta_1$$

式中：Δ_1——在测量长度 L_1 上的百分表读数（即百分表的触头180°两个测量点间的读数）；

L_1——实际测量长度（即180°两测点间距离）；

L——给定长度。

图 5.10 所示为测量汽缸轴线对曲轴轴线的垂直度所用量具,它由一根安装在两端主轴承座孔衬套内的心轴 6 和可胀式定心轴及测量装置等组成,心轴的允许径向跳动量为 0.005 mm。可胀式心轴由立柱 1 和定心装置组成,立柱内压入能使柱塞 3 对中并使柱塞能够旋转和沿其轴线移动的两个衬套 2。测量时,柱塞上端压向百分表的触针 4,柱塞下端固定触规 5。柱塞轴线至触规与心轴 6 接触点间的距离为 25 mm,这种测量仪是用自动调整的定位器 7 在汽缸两个横截面上对中,每个横截面内用三点定位。心轴 6 插入衬套 8 后,将测量仪插入汽缸,并用止动螺钉 9 使测量仪固定在触规 5 压紧心轴 6 的位置。这时,百分表的指针应压缩在 0.5~1.0 圈,将百分表读数置零。用手柄操纵柱塞使之旋转 180°,与心轴上另一测点相接触,两测点间的距离为 50 mm,此时,百分表上的读数即为汽缸轴线对曲轴轴线在 50 mm 长度上的不垂直度 Δ_1,然后换算成规定长度上的垂直度误差 Δ,即:

$$\Delta = \frac{L}{L_1} \Delta_1$$

式中:L_1——实际测量长度(50 mm);

L——给定长度(例如,100 mm);

Δ_1——在 50 mm 长度上的垂直度误差。

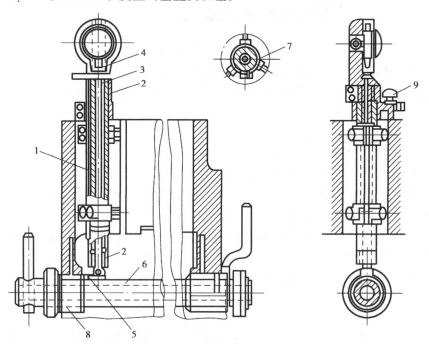

图 5.10　测量汽缸轴线对曲轴轴线垂直度误差的量具

（3）同轴度误差的检验

同轴度有孔对孔的同轴度（如曲轴轴承座孔间的同轴度），轴对轴的同轴度（如凸轮轴各轴颈之间的同轴度），孔与轴的同轴度（如曲轴轴线对飞轮壳承孔的同轴度）三种形式。测量方法有打表法和专用量规检查法。打表法如图 5.11 所示，在基准孔内安装心轴，心轴上装有百分表夹，测量时，将杠杆表伸入被测孔内，转动心轴，观察杠杆表转动一周时，百分表的最大读数差，从一端依次向另一端测量，取最大读数差的一半作为同轴度误差值。

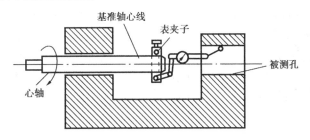

图 5.11　用百分表测量同轴度

（4）径向跳动和端面跳动的检验

径向跳动误差是在旋转表面的某一横剖面内，被测表面各点与基准轴线之间的最大与最小距离之差。径向跳动量通常可用 V 形铁或用顶尖定位测量。

端面跳动是指在给定直径的圆周上，被测端面各点与垂直于基准轴心线的平面间最大与最小距离之差。若未给定直径，则为被测表面的最大直径。测量端面跳动时，不允许有轴向移动，端面跳动误差也可用 V 形铁或顶尖定位测量，也可采用专门量具。

5.4.4　汽车零件隐藏缺陷的检验

（1）磁力探伤

磁力探伤是利用电磁原理来检验金属零件的隐藏缺陷，当磁通量通过被检零件时，若零件内部有裂纹、气孔等缺陷，则在裂纹部位会由于磁力线的外泄形成局部磁极，若在零件表面上撒以磁性铁粉，或将铁粉与油的混合液通过零件表面，铁粉就会被磁化并吸附在有裂纹处。磁力探伤时，必须使磁力线垂直通过裂纹，因为裂纹平行于磁场时，磁力线偏散很小，就难以发现裂纹。

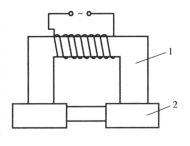

图 5.12　纵向磁化原理
1—线圈绕组；2—被检零件

零件的磁化方法有纵向磁化及周向磁化法。纵向磁化法是将被检零件置于马蹄铁形电磁铁的两极之间，当线圈绕组通入电流时，电磁铁产生磁通,磁力线通过零件形成闭合磁路,称为纵向磁化,可检查横向裂纹,如图 5.12 所示。周向磁化是利用电流通过导线时产生环形磁场的原理,使电流直接通过零件,在零件圆周表面产生环形横向磁场,可检查纵向裂纹。若将纵向磁化和环形磁化同时作用在零件上,则在零件表面形成合成磁场向量 H_0,通过调整纵向磁场向量 H_m 和环形磁场向量 H_n 可获得任意角度的合成磁场向量 H_0,如图 5.13 所示。

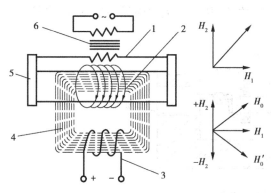

图 5.13　联合磁化原理
1—低压交流环形磁化电路;2—环形磁场;
3—纵向磁化直流电路;4—纵向磁场;
5—被检零件;6—变压器

零件磁化方法的选择与零件的形状、可能发生缺陷的位置等因素有关。一般来说,轴类零件多采用纵向磁化检查;齿轮、圆盘类零件多采用周向磁化检查。对于外形不规则的零件,在磁化时,磁力线的分布是极不均匀的,可采用分段纵向磁化(如曲轴)。使用大电流电源的优点是磁力线稳定,能发现距表面较深(6 ~ 7 mm)的缺陷,但设备较复杂,探伤后必须仔细地退磁。使用交流电源时,设备较简单,由于交流电有集肤作用,探伤深度较浅,一般只能探测 1 ~ 1.5 mm 深度的缺陷。

磁力探伤时,磁化电流的大小要适当,电流过大,磁粉聚集过多,难以鉴别真实的缺陷,电流过小,又不易检查出细微的裂纹。

纵向磁化电流可按下式计算:

$$I = (20 \sim 80) \frac{Sl}{N}$$

式中:S——被检零件的横截面积,cm^2;

　　　l——被检零件的长度,cm;

　　　N——磁化线圈组的匝数。

周向磁化电流按检查方法不同,可分为剩磁检查和带电检查两种,剩磁检查是指按被检零件材料的剩磁强度大于 0.6 T 时,零件被磁化后,切断电源进行检查。此时,磁化电流可按下式计算:

$$I = \frac{Hd}{4} = \frac{(80 \sim 100)d}{4} = (20 \sim 25)d$$

式中:H——圆柱形零件表面的磁场强度,A/m;

　　　d——零件的直径,mm。

所谓带电检查,是指在电源磁场作用下检验零件。这种检查方式主要用于零件

材料的剩磁感应强度较小的场合,磁化电流可按下式计算:

$$I = (6 \sim 8)d$$

采用直流电磁化时,磁化电流一般较上述交流磁化电流小 30% ~ 50% 。

零件经磁化检验后,必须进行退磁,退磁的方法分为交流退磁法和直流退磁法两种。

交流退磁法是将零件从交变磁场中慢慢退出,或是将零件放在交变磁场中,逐渐减少磁场电流至零。

磁力探伤用的磁粉通常采用具有高导磁率的 Fe_3O_4 铁粉,粒度为 $2 \sim 5~\mu m$。磁粉可干用,也可以将磁粉与液体(煤油、变压器油或柴油)混合成悬浮液,一般每升液体中加入 $20 \sim 30~g$ 的 Fe_3O_4。

(2)荧光与着色探伤

荧光探伤是利用渗透到缺陷内的荧光物质,在紫外线激发下发出可见光,使缺陷显示出来,其原理如图 5.14 所示。荧光物质通常采用拜尔荧光黄及渗透性强的煤油、航空油等。当荧光物质受到紫外线照射后,其分子吸收能量,处于不稳定的激发状态,产生荧光现象。

荧光探伤是将被检零件放在荧光渗透液内浸泡 30 min 后,用乳化清洗剂清洗零件表面,并用温水洗净,为使渗透在零件表面缺陷内的荧光液显示缺陷,应在零件表面上均匀地涂上一层显像剂,然后用紫外线照射。显像剂的作用是将缺陷放大。

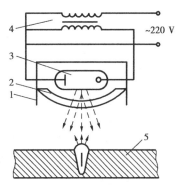

图 5.14　荧光探伤原理
1—反光镜;2—滤色镜;
3—水银石英灯;4—变
压器;5—零件

着色探伤是利用毛细管现象显示零件表面缺陷。将零件表面浸泡在着色剂中,使着色剂渗透到零件表面缺陷内,然后取出擦净,再在零件表面上涂一层显像粉(常用高岭土粉)。因毛细现象,浸入到缺陷内的着色剂将会渗透到显像粉中呈现出缺陷。

着色探伤不需要专门设备,只需配制着色剂。着色剂是用煤油 80%、变压器油 15%、松节油 5%、苏丹红Ⅲ号 10 g/L 混合而成。着色探伤灵敏度较差。

(3)超声波探伤

超声波探伤是利用超声波在两种不同介质的界面上产生折射和反射现象,发现零件隐藏缺陷。

超声探伤常用脉冲反射式结构。如图 5.15 所示,它由高频脉冲发生器、换能器(探头)、接收放大器和指示器四个部分组成,它是根据接收超声波的反射时间来确定物体有无内部缺陷。超声波的发射是间隙的,在一次脉冲过程中,电能由振荡器 2 传到发射探头 1。超声波射入物体 13 时,如遇到缺陷 14,部分能量被反射回来,由接

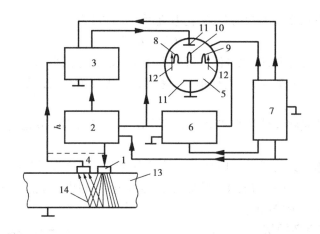

图 5.15　脉冲反射式超声探伤装置的工作原理图

1—发射探头;2—振荡器;3—放大器;4—接收探头;5—阴极射管;6—时基;7—电源;8—发射的脉冲讯号;9—接收的界面脉冲讯号;10—缺陷反射的脉冲讯号;11、12—极板;13—被检查的零件;14—缺陷

收探头 4 经放大器 3 传到示波器,显示出脉冲图像讯号 10。其余达到界面后的反射显示出脉冲 9。当荧光屏上出现缺陷波 10,若缺陷波距脉冲 8 越远,则表明缺陷位置越深,荧光屏上有标距,根据缺陷波所在位置,就可确定缺陷在零件中的位置。

(4)声发射检测

声发射检测的基本原理是:由外部条件(如力、温度等)的作用而使物体发声,根据物体的发声推断物体的状态或内部结构变化。利用外部条件的作用使物体发声的

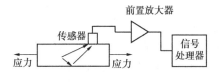

图 5.16　声发射检测原理

现象进行无损检测是一项新的方法,它与超声波检测法和声撞击法不同,这是在检测对象被施加应力的条件下,使检测对象中的缺陷或在缺陷自动发声,根据接收到来自缺陷的应力波推知缺陷的存在和所处的位置,如图 5.16所示。

声发射检测的特点是:

①声发射检测是一种动态无损检测方法,只有当零件材料在受力达到一定应变或零件中缺陷有发展或变化时,才有声发射发生,也只有在这种特定条件下才能进行声发射检测。因此,声发射检测法可以获得关于缺陷的动态信息,从而评价缺陷的严重性和危险性。

②与超声波检测相比,声发射检测法不需要移动传感器,操作简便。

③声发射检测不受材料限制,黑色金属、有色金属、复合材料、塑料等均可检测。

5.5　总成的装配

5.5.1　总成装配的一般问题

总成的装配是以基础零件为基础,按一定的顺序在它上面装入其他零件、部件及辅助总成。

装配工作的效率用工时、成本、装配延续时间、机械化程度等指标来评价,而装配质量是用符合装配技术条件(配合、紧固扭矩、相互位置、平衡、调正、密封等)的程度来评价。对修理企业产品质量的观察和分析可知,装配中不遵照装配技术条件的要求是汽车投入使用后产生故障的根本原因。诸如泄漏液体、异常声响和震动、局部过热、零件和紧固件松动、点火系和化油器调节不当等,均属装配质量不佳所产生的。

装配质量与诸多因素密切相关,其主要因素有:连接件的装配(螺栓、铆钉、键与花键、焊接件等)质量;配合副间隙和过盈以及零件间的相互位置、不平衡度等是否符合技术条件;液体的密封;装配后的调整以及配合表面的清洁等。

(1)固定连接件的装配

汽车上固定连接件的连接方式主要有螺栓连接、静配合连接和铆接三种。连接件装配的工作量在整个装配中所占的比重很大,而连接件的装配质量直接影响到总成的可靠性和耐久性。

1)螺栓连接

汽车上许多部件、总成在使用和维修中需要经常拆卸与安装,因此,螺栓连接用得比较多。螺栓连接的装配质量取决于正确的扭紧力矩,同时,应避免连接件在装配中发生弯曲和歪斜。

①装配螺栓的扭矩

表 5.3 列举了几种国产汽车重要螺栓的扭紧力矩,这类螺栓承受载荷较大,多半是用合金钢制造并经过调质处理的。其他厂牌汽车或进口汽车的这类螺栓也应按照原制造厂所提供的数值扭紧。如果缺乏原厂数据,可对比参照同类型、同构造汽车螺栓的扭矩。

表 5.4 是除表 5.3 中列举的汽缸盖、连杆轴承盖、主轴承盖、飞轮等专用螺栓以外的一般汽车螺栓的扭紧力矩。这类螺栓主要用于安装附件、总成、密封件的连接。在机械化装配中如果有用气动或风动扳手,可按表 5.4 中数值选定扭矩。表 5.4 是按 35 钢的螺栓计算的,对其他钢号螺栓的扭矩可再乘一个材料的修正系数:25 钢 0.92,45 钢 1.2。

表 5.3　汽车重要螺栓扭紧力矩　　　　　　　　　　　（N·m）

种类	解放 CA10B	跃进 NJ130	黄河 JN150	交通 SH142
汽缸盖螺栓	98～117	65～70	215～245	98～117
曲轴轴承螺栓	78～98	122.5～132.3	176～205	137～176
连杆轴承螺栓	107～127	66.6～73	176～196	88～98
飞轮与曲轴凸缘连接螺栓	117～176	74～81	176～225	88～98
变速器第二轴后端螺母	196	176	313～343	196
后桥主动锥齿轮前端螺母	196～245	176	313～343	196～245
差速器轴承盖螺母	166	98	39～49	166
后桥圆柱被动齿轮与差速器壳连接螺栓	88～147	98	156～176	88～176
半轴螺母	98～137	78.4～117	137～147	—
轮胎螺母	313～372	294～254	333～382	441～490
前钢板弹簧骑马螺栓	147～196	245～294	225～264	196～245
后钢板弹簧骑马螺栓	245～294	245～294	225～294	245～294

表 5.4　汽车常用螺栓(35 号钢)的扭紧力矩

螺栓直径/mm	6	8	10	12	14	16	18	20	22	24
扭紧力矩/(N·m)	4～6	9.8～14.7	19.6～29.4	34.3～50	59～78	88～117	117～137	127～196	225～274	313～352

②螺栓扭紧的顺序

为了避免连接件在装配时变形,螺栓应按一定顺序扭紧。原则是从里向外,对称轮流分 2～3 次逐渐扭紧,如图 5.17 所示。

2)铆钉连接

汽车的车架、车身以及后桥从动齿轮等是铆接的。

铆钉连接可分为热铆及冷铆两种。一般说来,冷铆适用直径小的铆钉,但是,近年来铆钉材料的塑性有所改进,直径较大的铆钉也可采用冷铆。

铆接质量取决于铆钉杆在铆钉内充满的程度及铆紧力的大小。

热铆时,铆钉加热到 1 100 ℃,铆钉杆虽然被挤压产生横向胀大而充满了铆钉孔,但在冷却后铆钉杆收缩就会出现径向间隙。这样,铆接件在受到载荷时,特别是冲击及震动时,容易松动。热铆所需的动力小、生产率低,适用于一般保修企业。

冷铆是在常温下挤压的,铆钉杆充满了铆钉孔不易松动,铆接的质量好。冷铆突出优点是便于自动化生产。虽然它所需的动力功率比热铆要大好几倍,还是逐渐得到推广。目前汽车制造厂或大型汽车修理厂铆接汽车车架都采用冷铆。

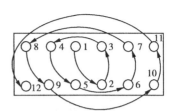

铆接方法按工具可分为风动铆接与液压铆接。风动铆接的生产率低、噪声大,但铆枪能伸到车架拐角其他设备不易达到的位置铆接。液压铆接可以一个人操作,没有噪声,铆接质量也较好。汽车车架工段中,主要用液压铆接车架,但风铆接工具也是必不可少的。

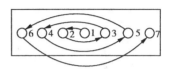

液压铆接时铆接力的计算可采用以下的经验公式:

热铆　　　　　　$F = 10S$　　　　　　（5.4）

冷铆　　　　　　$F = 25S$　　　　　　（5.5）

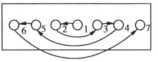

式中:F——铆接力,t;

　　　S——铆钉杆截面积,cm^2。

3）静配合件的计算

汽车上静配合件很多,各种静配合件(包括滚动轴承在内)的拆装工作量约占整个汽车拆装作业的20%。此外,某些重要的壳体、轴、齿轮的修复也常用到静配合镶套。

图 5.17　扭紧螺栓的顺序

静配合件要求有较高的加工精度,以准确地控制过盈量。这样才能保证静配合件在装配后承受载荷、传递扭矩时不松动,同时又不至于应力过大超过材料的屈服极限。

套接如图 5.18 所示。以下是厚壁套接的计算公式:

轴向力　　　　　　　　　　$F = f\pi dL\beta$　　　　　　　　　（5.6）

式中:f——取压入摩擦系数,用来计算装配时的压入力;

　　　f——取压出摩擦系数,用来计算装配后可承受的轴向力或拆卸时压出力。

承受扭矩　　　　　　　　　$M = \frac{1}{2}f\pi d^2 Lp$　　　　　　　　（5.7）

接触面压强　　　　　　　　$p = \dfrac{1}{\dfrac{C_1}{E_1} + \dfrac{C_2}{E_2}} \cdot \dfrac{\delta}{d}$　　　　　　（5.8）

其中:

$$C_1 = \frac{d^2 + d_1^2}{d^2 - d_1^2} - \mu_1$$

$$C_2 = \frac{d_2^2 + d^2}{d_2^2 - d^2} + \mu_2$$

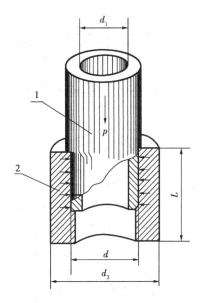

图 5.18　镶套
1—被包容件;2—包容件;d_1—被包容件内径;d_2—包容件外径;d—套合件直径;L—镶套长度;p—压力

外套内壁受到的最大拉应力:

$$\sigma_2 = \frac{d_2^2 + d^2}{d_2^2 - d^2} p \qquad (5.9)$$

里套内壁受到最大压应力:

$$\sigma_1 = -\frac{2d^2}{d^2 - d_1^2} p \qquad (5.10)$$

装配时,包容件与被包容件的温度差:

$$t = \frac{\delta}{\alpha \cdot d} \qquad (5.11)$$

式中: f——摩擦系数,见表5.5;

　　　d, L——套合件名义尺寸(直径及长度),m;

　　　δ——过盈,mm;

　　　E_1, E_2——两套合件材料的弹性模数,见表5.6;

　　　μ_1, μ_2——两套合件材料的泊松比(Poisson's ratio),见表5.6;

　　　d_1——被包容件直径,m;

　　　d_2——包容件直径,m;

　　　α——线膨胀系数。

表 5.5　两套合件的摩擦系数

包容件材料 (被包容件为45钢)	装配方法	摩擦系数	
		压出	压入
45 钢	一般压入	0.06 ~ 0.13	0.06 ~ 0.22
铸铁	一般压入	0.07 ~ 0.12	0.06 ~ 0.14
黄、青铜	一般压入	—	0.05 ~ 0.10
45 钢	包容件加热	0.08 ~ 0.19	—
45 钢	被包容件冷却	0.07 ~ 0.16	—
铸　铁	加热或冷却	0.07 ~ 0.09	—
铝合金	一般压入	—	0.02 ~ 0.08

　　从表5.5可看出,材料之间的摩擦系数变化的范围很大,以上公式计算的结果不很可靠。重要的静配合件可用上式验算结合强度、材料的最大应力,但一定要经过试验才能投入生产。

　　例:某中碳钢轴上装一中碳钢的套合件,需传递扭矩 $M = 896.7$ N·m,已知 $d = 50$ mm, $d_1 = 0$(实心轴), $d_2 = 100$ mm, $l = 80$ mm, $E_1 = E_2 = 206$ GPa,材料的屈服极

限 $\sigma_s = 0.353$ MPa,装配时按零件的公差计算最大过盈为 0.08 mm,用冷却轴的方法装配。试计算最小过盈 δ,套件内孔壁的最大应力 σ_2 及装配时的温差 t。

表 5.6　材料的 E、μ、α

材　料	弹性模数 E/GPa	泊松比 μ	线膨胀系数 α	
			加热(10^{-6})	冷却(10^{-6})
钢及铸钢	202 ~ 206	0.3	11	-8.5
灰铸铁	118 ~ 126	0.25	10	-8
球墨铸铁	90 ~ 150		10	-8
铸铝青铜	85 ~ 103	0.35	17	-15
冷拔黄铜	89 ~ 97	0.35	18	-16

$$C_1 = \frac{d^2 + d_1^2}{d^2 - d_1^2} - \mu_1 = \frac{50^2 + 0^2}{50^2 - 0^2} - 0.3 = 0.7$$

$$C_2 = \frac{d_2^2 + d^2}{d_2^2 - d^2} + \mu_2 = \frac{100^2 + 50^2}{100^2 - 50^2} + 0.3 = 1.97$$

查表 5.5,压出摩擦因数取 0.09,按传递扭矩计算接触面最小压强及最小过盈:

$$p_{\min} = \frac{2M}{f\pi d^2 l} = \frac{2 \times 896.7}{0.09 \times 3.14 \times 50^2 \times 80 \times 10^{-9}} \text{ Pa} = 31.73 \text{ MPa}$$

$$\delta_{\min} = \left(\frac{C_1}{E_1} + \frac{C_2}{E_2}\right) d \cdot p$$

$$= \frac{2.67}{206 \times 10^9} \times 50 \times 10^{-3} \times 31.73 \times 10^6$$

$$= 20.4 \times 10^{-6} \text{ m} = 0.020 \text{ mm}$$

即这对静配合件,在装配时,过盈量要大于 0.020 mm 才能保证承受 896.7 N·m 的扭矩不松动。

计算包容件内壁最大应力:

$$\sigma_{\max} = \frac{1}{\dfrac{C_1}{E_1} + \dfrac{C_2}{E_2}} \cdot \frac{\delta_{\max}}{d}$$

$$= \frac{1}{\dfrac{2.67}{206 \times 10^9}} \times \frac{0.08}{50 \times 10^{-3}} \text{ Pa} \approx 123 \text{ GPa}$$

$$\sigma_2 = \frac{d_2^2 + d^2}{d_2^2 - d^2} p$$

$$= \frac{100^2 + 50^2}{100^2 - 50^2} \times 123 \text{ MPa} \approx 205 \text{ MPa}$$

计算结果,这个应力小于材料的屈服极限$(\sigma_s = 0.353 \text{ MPa})$。

计算装配时的温度差

$$t = \frac{\delta}{\alpha \cdot d} = -\frac{0.08}{8.5 \times 10^{-6} \times 50} \text{ ℃} \approx -188 \text{ ℃}$$

如室温为 20 ℃,需将轴的温度降低到 -168 ℃。

5.5.2　零件和组合件的平衡

对于高速旋转的零件如曲轴、飞轮、离合器压板、传动轴、皮带及轮毂等在装配前应进行平衡试验,检查其静平衡与动平衡。零件不平衡将给零件本身和轴承造成附加载荷,使其在工作中发生振动,从而加速零件的磨损和损伤。所以,零件和组合件在进行总装前要进行平衡试验,以提高修理质量和延长总成的使用寿命。

零件和组合件的平衡分为静平衡和动平衡两种。产生不平衡的原因有:零件的尺寸不精确;制造质量不均匀;由于装配中的误差,使零件的旋转中心或轴线发生偏移。如零件的静不平衡是由于零件的重心离开了零件的旋转轴线而产生的;长形零件弯曲,质量沿长度分布不均匀而导致动不平衡。

(1)静不平衡

零件的静不平衡状态,如图 5.19 所示。O-O 线是圆盘的旋转轴线,圆盘的重心在 B 点。重心与旋转轴线的距离为 r。假如把圆盘按图中所示的方式支承在轴承上,它是不能随时静止的(重心在 B′的位置可以静止)。由于力矩 Q·r 的作用随时都有自行转动的趋势,称这种现象为静不平衡状态。

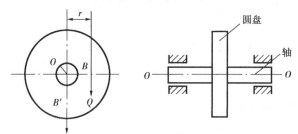

图 5.19　零件的静不平衡示意图

当静不平衡零件旋转时,由于物体的重心离开它的旋转轴线,因而产生离心力。离心力 F 的大小可按下式计算:

$$F = \frac{Q}{g}r\omega^2 = \frac{Q}{g}r\left(\frac{n\pi}{30}\right)^2 \qquad (5.12)$$

式中:Q——旋转圆盘的质量,kg;

　　　r——重心 B 距旋转中心的偏移量,cm;

　　　n——圆盘的转速,r/min;

　　　ω——圆盘的角速度。

即离心力 F 的大小与转速 n^2 成正比。因此,当零件高速旋转时,离心力是很危险的。

零件的静平衡的检验是在一个专门的检验台架上进行的。如图 5.20 所示为平行台式静平衡检验架。在检验前,应先调整调节螺钉 4,使支架 2 的菱形导轨 1 处于水平位置,并调整好宽度,然后将装在被检验零件上的心轴置在两导轨上。如心轴滚动一两圈,且始终停止在一个静止点,则对应于心轴的最下方是重心偏离的位置方向,表示这一零件具有静不平衡。

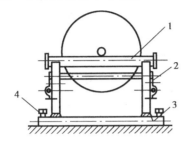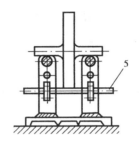

图 5.20　平行台式静平衡检验台架
1—菱形导轨;2—支架;3—支座;4—调整螺钉;5—牵制杆

一般消除不平衡质量的方法有:在不平衡质量相对称的一边附加一质量;另一种方法是在不平衡质量一侧去掉一部分金属。

(2) 动不平衡

经过静平衡检验的零件,还可能是动不平衡的。如处于静平衡状态的旋转运动零件,可能产生动不平衡。如图 5.21 所示为两曲拐在同一轴平面内的曲轴,两曲拐的重心为 S_1 和 S_2,距曲轴轴线距离为 r_1 和 r_2,而且都相等。因此,整个轴的重心一定位于旋转轴线上,这样的轴放在静平衡台架上检查,一定是平衡的。但是,当旋转时,由于离心力 F_1 和 F_2 组成一个力偶,其力偶臂为 L,这个力偶将使

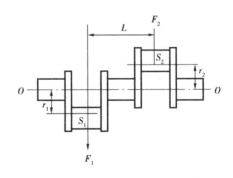

图 5.21　曲轴的动不平衡

该曲轴轴承受附加载荷。在曲轴设计时,应设法利用配重等办法消除这个力偶,获得一定的动平衡。这样,在工作时已不存在扭弯曲轴的力偶了。

如果零件是动平衡的,那么它也一定是静平衡的。反之,如果零件是静平衡的,那么它还可能是动不平衡(参见表 5.7)。

当动不平衡零件旋转时,由于零件沿长度方向上的质量不均匀而产生的离心力,

就是动不平衡零件旋转时所产生的附加力。由于这个附加力的作用,不仅会减弱零件的强度,而且会使轴承负荷增加引起振动。汽车上的曲轴和传动轴等高速的运动零件,在汽车修理时,都应该进行动平衡检验。

(3)汽车零件的平衡

下面介绍几种主要零件在汽车修理中取得平衡的方法:

1)曲轴

曲轴一般都有平衡重,有的发动机曲轴的平衡重与发动机曲轴制成一体。有的发动机曲轴平衡重则用螺栓紧固在曲轴上。进行平衡时,可在曲轴平衡重或轴臂上用钻孔或铣面的方法取得平衡。

在修理和拆装发动机时,不要随便拆下曲轴的平衡重。

表5.7 汽车主要零件及组合件的允许不平衡值

零件或组合件的名称	平衡性质	允许不平衡值/g·cm	
		载重汽车	轻型汽车
曲轴	动平衡	100～150	10～50
飞轮	静平衡	35～90	10～35
离合器片组合件	静平衡	18	10～18
曲轴带飞轮和离合器组合件	动平衡	75～150	15～50
传动轴组合件	动平衡	50～100	5～15
带轮胎的车轮组合件	静平衡	—	250～500
制动鼓与轮毂组合件	静平衡	—	400
离合器总成	静平衡	70～100	10～35

2)飞轮

发动机飞轮一般都进行静平衡。当进行平衡时,可在飞轮平面上或圆柱面上钻孔以取得平衡。

3)离合器压板

离合器压板一般都进行静平衡。平衡时,通常在离合器压板上钻孔以取得平衡。

4)曲轴、飞轮及离合器总成

在曲轴、飞轮及离合器总成分别进行平衡检验后,再将它们装合在一起进行动平衡试验。

当其不平衡度超过一定限度时,应将总成拆散,分别重新进行平衡试验,直到总成的不平衡度在允许的限度以内时,再进行平衡检验。若不平衡,取得平衡的方法是在飞轮上取下金属或在离合器壳上加装平衡片。

一般曲轴、飞轮及离合器上都做有记号表明它们的装配关系。在修理的拆装过程中应注意按记号装配。

5）传动轴总成

在修理过程中,传动轴总成都须进行动平衡试验。取得其平衡的主要方法是,在传动轴轴管两端焊上平衡片,或在十字轴轴承盖上加装平衡片。

6）车轮的平衡

随着道路条件的改善以及车速的不断提高,车轮的平衡显得越来越重要。不平衡的车轮将影响汽车的操纵稳定性和乘坐舒适性,一般在时速达 70 km/h 以上更会明显地反映出来。

车轮的平衡在车轮平衡机上进行。平衡时,车轮随平衡机主轴一同旋转,测量机构测得车轮转动时的不平衡量及方位,并通过显示屏显示出来。取得平衡的方法则是在所示不平衡方位的轮辋边缘加上等量的平衡块来完成。

第 2 篇

汽车发动机的修理

第6章 汽缸体与汽缸盖的修理

汽缸体是发动机的基础零件,发动机的所有零件和部件都是以它为基础进行组装的。所以其技术状况的好坏直接影响到发动机的修理质量和使用寿命。

汽缸体与汽缸盖一般是采用灰铸铁、合金铸铁及铝合金铸造的,它的结构形状复杂,其工作是在高温、高压、热负荷和交变载荷下进行的。汽缸体容易发生变形,从而增大了原有的形位误差,破坏了发动机零件的相互装配关系,加速了发动机的磨损,缩短了发动机的使用寿命。为了恢复发动机的性能,应对汽缸体及汽缸盖进行修理。

6.1 汽缸体与汽缸盖的损伤与修理

汽缸体与汽缸盖的主要耗损有:汽缸体上下平面的翘曲变形、汽缸体的裂纹、汽缸的磨损、汽缸体上螺纹孔的损坏,以及水道孔边缘处的腐蚀等。

6.1.1 汽缸体与汽缸盖的损伤

(1)汽缸体与汽缸盖的变形

汽缸体与汽缸盖在使用过程中发生变形是普遍存在的,也有它的一定规律性。汽缸体的变形破坏了零件的正确几何形状,影响了发动机的装配质量。汽缸体与汽缸盖的结合平面往往产生翘曲变形。汽缸体上下平面在螺纹孔周围产生凸起,大多数是由于装配时汽缸盖螺栓扭紧力过大,或装配时螺纹中的油、水、污物清理不净。扭紧螺栓时,螺纹孔附近在过大的液压下产生凸起,或污物的影响使螺栓拧入的深度不足。螺孔要承受很高的燃烧气体压力的作用而发生变形。

在修理中,由于各主轴承的间隙不均,轴承座孔中心线的误差,轴瓦与座孔的贴紧度不够或轴瓦的变形等原因使汽缸体承受额外的压力,而引起变形。

在使用中,长期在高转速、大负荷条件下工作,润滑不足,烧瓦抱轴等也会引起汽缸体变形,轴承座孔中心线偏移。

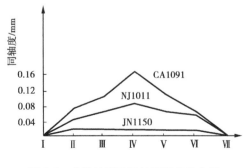

图6.1 曲轴轴承孔同轴度误差分布图

126

汽缸体的变形将使汽缸体上下平面的不平度误差增大,也使曲轴轴承孔的同轴度误差增大,如图6.1所示,最大变形一般发生在中间第三、第四道轴承孔。

此外,由于汽缸体的变形,汽缸体与汽缸盖平面度误差的扩大,将造成汽缸密封不严、漏气、漏水,甚至燃气冲坏汽缸垫。汽缸体的变形严重地影响了发动机的装配质量,还将影响飞轮壳及变速器的装配关系,造成离合器、变速器工作时发响和加剧磨损,发动机的动力性、经济性下降。

(2)汽缸体与汽缸盖的裂纹

汽缸体与汽缸盖容易发生裂纹的部位往往与它们的结构有关,不同类型的发动机易出现裂纹的部位各自有它一定的规律性。

如东风EQ6100型发动机汽缸体裂纹多发生在第四主轴承隔墙上;还有缸筒下沿底板处:一是裂纹在与曲轴中心线约成45°方向处,尤以第五缸最为严重;二是裂纹在分模面处,以第四缸为最多。一般发现裂纹是在使用里程为$(5\sim7)\times10^4$ km时出现。近年来,汽车行驶3×10^4 km以内也发现有裂纹。

汽缸体出现裂纹的原因有:

①汽缸体结构复杂,各处壁厚不均衡,在一些薄弱部位,刚度低易出现裂纹。

②在高转速时,曲轴产生振动,增加了缸体的负荷,在薄弱部位发生裂纹。

③加工部位与未加工部位,壁厚不同部位的过渡处都将产生应力集中。当应力集中与铸造时的残余内应力叠加时,易产生裂纹。

④使用不当,如发动机长时间在超负荷条件下工作,则缸体内应力过大。在山区使用超负荷时间长,造成汽缸体裂纹比率大。

⑤在发动机处于高温状态下突然加入冷水,造成汽缸体热应力过大,使汽缸体产生变形或裂纹。

⑥水套中水垢过厚,减小了冷却水的通过面积,同时由于水垢传热性差,降低了发动机的散热性能,特别是汽缸之间、气门座之间的水道被阻塞后,严重影响它的散热,使局部工作温度升高,热应力过大,易出现裂纹。

⑦在冬季,停车后没有及时放水而发生冻裂。还有人先启动后加冷却水,造成局部热应力过大,或在严冬季节,骤加高温热水而炸裂。

6.1.2　汽缸体与汽缸盖的检验

(1)汽缸体与汽缸盖变形的检验

汽缸体与汽缸盖平面发生变形可用直尺放在平面上,然后用厚薄规测量直尺与平面间的间隙。

检验标准是:侧置气门式发动机汽缸盖下平面的不平度误差,每50 mm×50 mm的范围内均应不大于0.05 mm,在整个平面上汽缸体应不大于0.20 mm。顶置气门式发动机汽缸体平面的不平度,每50 mm×50 mm内应不大于0.025 mm。

若以汽缸体下平面做修理基准,应预先进行检查,其平面度要求与汽缸体上平面相同,汽缸体下平面与曲轴轴承孔轴线的平行度误差应不大于0.10 mm。

汽缸体上平面与曲轴轴承孔轴线间的距离减小量应不大于0.40 mm。这项技术要求可以保证汽缸体修理后的汽缸压缩比的变化范围。

(2)汽缸体与汽缸盖裂纹的检验

对于汽缸体、汽缸盖等零件的裂纹,通常采用水压试验进行检验,如图6.2所示。

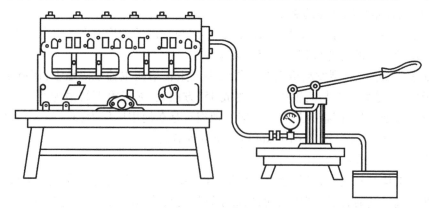

图6.2　水压试验

试验方法是:将汽缸盖及衬垫装在汽缸体上将水压机出水管接头与汽缸前端连接好,并封闭所有水道口,然后将水压入缸体水套中,要求压力为$(3 \sim 4) \times 10$ kPa,保持5 min,如汽缸、汽缸盖由里向外有水珠渗出,即表明该处有裂纹。

镶换汽缸套、气门座圈及气门导管后应再进行一次水压试验。

在没有水压机的情况下,可用自来水及气泵将水注入汽缸体、汽缸盖水套内,然后充入压缩空气。通过液体的渗漏可以确定裂纹的部位。

6.1.3　汽缸体与汽缸盖的修理

(1)汽缸体与汽缸盖变形的修理

1)汽缸体变形的修理

为了保证汽缸轴线的垂直度,汽缸体平面的磨削应选择汽缸体主轴承座孔中心线为基准,如汽缸体底平面变形小,也可以作为定位基准。

平面磨削时,汽缸体垂直地放到磨床平台的两块垫铁上,两块垫铁分别支承在第一道和最后一道轴承盖的结合面上,使其贴合好并装卡牢固;然后进行磨削,总磨削量不宜过大,约0.24 ~ 0.50 mm,否则,将影响汽缸压缩比的变化。如以汽缸体下平面做镗缸定位基准,应对汽缸体下平面进行检验和修整。

为了确保修磨平面的直线度及平面度,磨头砂轮平面相对汽缸体平面微斜30′装置,使接触摩擦面减少,改善磨削条件,有利于排除屑末,改善冷却和散热。

变形量不大时,可以用铲削的方法进行修平。即用铲刀修刮凸出部分,应边检查边铲刮,至平面度达到技术要求为止。

在变形较小的情况下,可以利用研磨膏研磨。

2)汽缸盖平面的修理

当汽缸盖平面在全长上不平度不大于 0.20~0.30 mm 时,采用刮研方法来修整平面。当汽缸盖平面不平度较大时,用局部预热加压,并结合铲刮来修整平面。当汽缸盖平面翘曲度大于 1 mm 时,可把翘曲的汽缸盖放在专用的平板 1 上,如图 6.3 所示。在汽缸盖平面两端与平板间垫有 0.5~0.7 mm 厚的垫铁,使汽缸盖悬空。

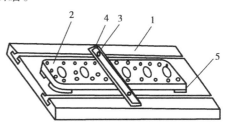

图 6.3　汽缸盖的校正
1—工作台;2—汽缸盖;3—压紧螺钉;
4—压板;5—垫铁

然后紧固压紧螺栓,并用喷灯预热汽缸盖中段,使其温度为 300~400 ℃再继续加压,使中间部位与基准面贴合,用小锤对汽缸盖加强筋逐步进行敲击 2~3 次,停留一段时间后,松开压紧装置,取出汽缸盖检查校正情况。若不符合技术要求,可结合铲刮来修整平面。

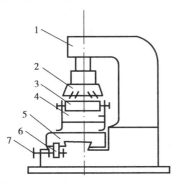

图 6.4　铣削汽缸盖平面
1—机架;2—立铣头;3—汽缸盖;
4—汽缸盖支架;5—工作台;6—传动齿;7—手轮

另一种修整汽缸盖翘曲的方法是平面铣削法,如图 6.4 所示。铣削时,将汽缸盖平面朝上放置在支承架上,校正水平后,紧固好,选定铣削规范进行铣削。端面铣刀盘的直径按铣削宽度来确定,若铣削宽度为 180 mm,铣刀盘直径选为 250 mm 为宜。

汽缸盖变形经过铣削后易出现各燃烧室容积不等现象,其容积变化差值一般不应大于同一发动机各燃烧室平均值的 4%。对于汽油机燃烧室容积,一般不应小于原厂规定的 95%。否则,会出现怠速工作不稳和增加爆燃倾向。所以,汽缸盖修整后,应对燃烧室容积加以测量与调整。

对于燃烧室容积的测量,可以将铣平的汽缸盖放置在工作台上找好水平,塞住火花塞孔,将量好的柴油注入要测的燃烧室内,待液面上升与上盖玻璃板刚接触时停止浇注,再观察量杯减少容积若干,即为被测容积的多少,并与该型燃烧室公称容积比较,若不符合要求,应进行修整。

对于燃烧室容积的修整,如燃烧室容积减小了,应采用铣削办法,去掉燃烧室内金属较厚的部分,调整合适为止;若燃烧室经过修整后容积增大,可以在燃烧室侧壁加焊金属,以减少燃烧室的容积差值。这一方法可适于常见的汽油机。

（2）汽缸体、汽缸盖裂纹的修理

汽缸体、汽缸盖裂纹与破裂的修理方法有黏结、焊接和螺钉填补等。具体采用哪种方法，应根据裂纹的大小、程度和部位来确定。

1）黏结法

对于受力不大、温度不高于 100 ℃部分的裂纹，可以采用黏结法修复。常采用环氧树脂黏结，它具有黏结力强、收缩性小、耐疲劳等优点，同时工艺简单、操作方便、成本低。其主要缺点是不耐高温，不耐冲击等，而且，在下一次修理时经热碱水煮洗后会脱落，需重新进行黏结。所以，除了燃烧室、气门座附近的高温区以外，其余部位均可采用这种方法。

对破洞和裂纹集中的部位，可以采用补板加环氧树脂黏结法修理。用螺钉固定补板，其间涂以环氧树脂，以保持其密封。

对于工作温度较高的部位（如燃烧室、气门座附近、在镶气门座与气门导管前）发现沉孔有局部裂纹，可采用扣合键无机黏结剂法修理，它可以防止漏水，可承受 600 ℃的高温，抗压性能良好。

2）焊接法

焊接可分为冷焊和热焊两种。热焊时，将工件预热到 600～700 ℃进行焊接，焊缝金属冷却缓慢，零件冷却时各处温差小，不易形成较大内应力，防止了零件产生白口和裂纹。但热焊易产生变形、氧化比较严重，工艺复杂，工人劳动条件差。

冷焊一般不预热。目前，随着冷焊质量可靠性的提高，它在汽缸体、汽缸盖裂纹的修理中得到了广泛的应用。

3）堵漏法

堵漏剂是修补汽缸体漏水的一种新材料，它是由水玻璃、无机聚沉剂、有机絮凝剂、无机填充剂和黏结剂等组成的胶状液体，适用于铸铁或铝缸体所出现的裂纹、砂眼等缺陷的堵漏。

采用堵漏剂进行修复裂纹时，应先找出漏水的部位，确定裂纹的长度、宽度或砂眼的孔径。如裂纹长度超过 40～50 mm 时，可在裂纹两端钻 3～4 mm 的限制孔，并点焊或攻丝拧上螺钉，防止裂纹的延伸。同时，每间隔 30～40 mm 钻孔（不钻通）点焊或攻丝拧上螺钉，避免工作中的振动使裂纹扩展。若裂纹宽度、砂眼孔径超过 0.3 mm 时最好不用这种方法修复。堵漏剂堵塞裂纹适于细小裂纹或者微量渗漏时采用。其工艺程序如下：

先用 2%的碳酸钠水溶液清洗循环水路，将水路、特别是裂纹处清洗干净（清洗时应去掉节温器），放掉碱溶液。

从汽缸盖出水口加入冷却水（约占总冷却水量的一半）之后，再加入堵漏剂 1L，装好回水橡胶管，再从散热器加水口加入冷却水，使水箱接近注满为止。

启动发动机，在急速下升温，控制在 10～15 min 内温度升到 80 ℃左右，在 80～

85 ℃下保持 15～20 min。当温度达到 80 ℃以上时,可适当加大油门 10 min 左右。此时,堵漏剂在水压和温度作用下充填、沉积、凝聚和固化在缸体的裂缝中,并与金属紧密地黏结在一起。

当发动机完全冷却后,再从怠速升温到 80～85 ℃保持 10 min。堵漏剂应在汽缸体水套内保留 2～3 天。

6.2　汽缸的磨损与修理

6.2.1　汽缸、活塞环的磨损

汽缸和活塞环的工作条件是在润滑不良、高温、高压、交变载荷和腐蚀性物质的作用下工作的。一般情况下,黏着磨损和腐蚀磨损占主要地位。

(1)汽缸磨损的特点

在正常磨损情况下,汽缸沿工作表面在活塞环运动区域内的磨损是沿高度方向呈上大下小的不规则锥形。磨损的最大部位是活塞环在上止点位置时第一道活塞环相对应的缸壁。而活塞环与缸壁不接触的上口几乎没有发生磨损而形成明显的缸肩,如图 6.5 所示。

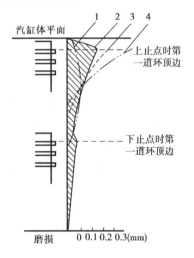

汽缸沿圆周方向的磨损也是不均匀的,形成不规则的椭圆形。其各向的磨损量往往相差 3～5 倍。其最大磨损部位往往随汽缸结构、使用条件的不同而异,一般是前后或左右方向磨损最大。

(2)汽缸锥形磨损的原因

图 6.5　汽缸的锥形磨损

1—金属屑磨料磨损;2—正常磨损;
3—灰尘磨料磨损;4—酸性腐蚀磨损

1)活塞环与汽缸壁之间的压力很高

主要是燃烧的高压气体窜入活塞环背面,增大了活塞环对汽缸壁的压力。如图 6.6 所示为一般汽油机活塞环的背压,而柴油机活塞环的背压可达 7 500 kPa。

由于活塞环对汽缸壁的正压力大、摩擦力也大,汽缸摩擦损失增加,另外,由于这一压力的作用,使活塞环与汽缸壁间的润滑油膜遭到破坏,将润滑油排出,易形成干摩擦和半干摩擦。所以,越靠近汽缸上部,磨损越严重。

2)燃烧气体的高温作用,使活塞、活塞环与汽缸的工作温度很高

润滑油在燃烧气体作用下被烧掉,使未烧掉的润滑油黏度降低,因而汽缸上部处于半干摩擦和边界摩擦条件下工作,润滑条件很差。

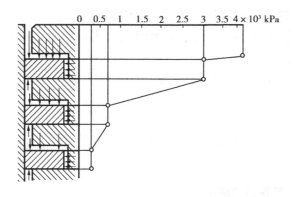

图 6.6　活塞环的背压

3）活塞、活塞环运动速度的变化,在汽缸工作表面不能形成稳定的润滑油膜

活塞工作时,在上下止点的速度为零,而中间速度很大,另外,发动机工作时,速度的变化范围也很大,启动、怠速和高速行车等均将使润滑油膜遭到破坏,加速汽缸工作表面的磨损。而汽缸上部润滑油不易达到,所以磨损更大。

4）腐蚀磨损

汽缸内可燃混合气燃烧后,产生水蒸气和酸性氧化物 CO_2、SO_2、NO_2,它们溶于水而生成矿物酸。此外,燃烧过程中还生成有机酸,醋酸等,它们对汽缸工作表面有腐蚀作用,汽缸表面经腐蚀后形成松散的组织,在摩擦中逐步被活塞环刮掉。汽缸上部因不能完全被润滑油膜覆盖,其腐蚀作用更加严重。

矿物酸的生成及对磨损的影响与其工作温度有直接关系。当冷却水温低于80 ℃时,在汽缸壁表面易形成水珠,酸性氧化物溶于水而生成酸,这一作用随发动机冷却水温的降低而增加。而汽缸上部由于润滑油膜不易形成,这一腐蚀作用也最强,如图6.7 所示。

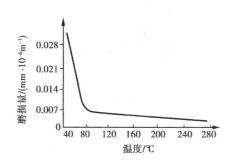

图 6.7　汽缸壁温度与磨损的关系

发动机在冷车启动时,腐蚀磨损大,所以,发动机未达到工作温度时,其工作负荷不要过大。对于多缸发动机,由于各缸磨损不均匀,往往是冷却充分的汽缸磨损大些,主要原因就是腐蚀磨损造成的。

5）磨料磨损

空气中的灰尘、润滑油中的机械杂质和发动机自身的磨屑等,进入活塞与缸壁间造成磨料磨损。汽缸上部的空气带入的磨料多,其棱角也锋利,因而汽缸壁上部受到的磨损最大。

综合上述各原因均使汽缸上部磨损加剧,特别是第一环相对汽缸表面工作条件最差,其磨损也最为严重。

(3)汽缸的椭圆磨损

在汽缸横断面圆周方向的磨损往往是不规则的椭圆形,它与发动机的结构、工作条件等因素有关。

1)在做功行程时侧压力的影响

当活塞在做功行程时,以很大的侧压力压向汽缸壁,它破坏了润滑油膜,增加了汽缸磨损。有些发动机为减少这一磨损,加强了对它的喷溅润滑。

2)曲轴轴向移动和汽缸体变形的影响

由于离合器工作的轴向力作用,使曲轴不断前后移动,导致曲轴的弯曲变形以及汽缸体变形,造成曲轴座孔同轴度误差过大,有时会出现汽缸磨损的椭圆长轴在曲轴轴线方向上。

3)装配质量的影响

在曲柄连杆机构组装时,因装配不符合技术要求,如连杆的弯曲、扭曲过量;连杆轴颈锥形过大;汽缸中心线与曲轴中心线不垂直;汽缸套安装不正等等,都会造成汽缸的偏磨现象。

4)结构因素的影响

对于侧置气门式发动机,因进气时较冷的混合气流吹向进气门对面的汽缸壁上,使其工作温度降低,润滑油膜被冲刷掉而增大了腐蚀磨损的作用,使进气门对面的汽缸壁磨损增加,造成汽缸的椭圆磨损。

一般水冷却发动机第一缸前部和最后一缸的后部冷却强度大,其磨损较大,特别是长期在较低温度条件下工作时,对磨损的影响更大。

6.2.2　汽缸的修理

发动机汽缸的磨损达到一定程度时,发动机的技术性能将明显变差,功率下降,燃料及润滑油的消耗明显增加。所以,一般是以汽缸的磨损程度作为发动机是否需要大修的主要依据,同时,汽缸的修理质量对发动机的动力性、经济性和使用寿命都有很大影响。

(1)汽缸磨损的测量及修理尺寸的确定

1)汽缸磨损的测量

测量发动机汽缸的磨损程度是确定发动机技术状况的重要手段。通过测量,主要是确定汽缸磨损以后的圆度、圆柱度,根据汽缸的磨损程度,确定发动机是否需要进行大修,以及确定修理级别的尺寸。

测量汽缸的磨损,通常使用量缸表,如图 6.8 所示。

汽缸磨损的测量方法如下:

①根据汽缸直径的尺寸,选择合适的接杆,固定在量缸表的下端。接杆固定好

后,活动测杆的总长度应与被测汽缸尺寸相适应。

②校正量缸表的尺寸。将分厘卡尺校准到被测汽缸的标准尺寸,再将量缸表校准到分厘卡尺的尺寸,并使伸缩杆有 2 mm 左右的压缩行程,旋转表盘,使表针对正零位。

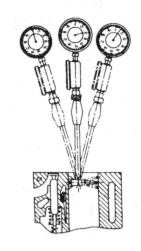

③将量缸表的测杆伸入到汽缸筒上部,根据汽缸磨损规律测量第一道活塞环在上止点位置时所对应的汽缸壁。通常是分别测量平行和垂直于曲轴轴线方向的汽缸磨损。

④将量缸表下移,用同样方法测量汽缸中部和下部的磨损(汽缸中部为上下止点中间的位置,汽缸下部为距离汽缸下边缘 10 mm 左右处)。

当汽缸的圆度和圆柱度超过规定的标准时,如汽缸直径每 100 mm 圆度值超过 0.062 55 mm,圆柱度超过 0.20 mm,则应进行镗缸修理。

图 6.8　量缸表的使用方法

2)汽缸修理尺寸的确定

当汽缸磨损超过允许的限度时,应选择确定汽缸的修理尺寸,并选配与汽缸修理尺寸相对应的活塞、活塞环,以恢复汽缸的正确几何形状和正常的配合间隙。

汽缸直径除标准尺寸外,通常还有六级修理尺寸,每加大 0.25 mm 为一级,递增到 1.5 mm。

汽缸磨损的允许使用限度是最大圆柱度误差为每 100 mm 缸径不大于 0.20 mm(即直径方向允许 0.40 mm),与加大每一级修理尺寸为 0.25 mm 相比较,可以看出,在正常磨损的情况下,每次大修汽缸的磨损程度,都要超过一级修理尺寸,所以,常用的汽车修理尺寸为:

+0.50 mm,+1.00 mm,+1.50 mm。

汽缸的修理尺寸通常用计算方法来确定:磨损最大汽缸的最大直径 + 加工余量,其数量再与修理尺寸对照,以选出合适的修理级别。

加工余量的大小应根据设备的精密度和工人的技术水平来确定,在保证加工精度和粗糙度的前提下,尽可能小些,以直径计算加工余量一般为 0.10 ~ 0.20 mm。

例如:测得解放 CA141 型发动机汽缸最大磨损汽缸的最大直径为 102.35 mm,加工余量取 0.2 mm。则:

汽缸的修理尺寸 = 最大磨损直径 + 加工余量 = (102.35 + 0.20) mm = 102.55 mm

此数值接近于第四级修理尺寸 102.60 mm。所以,最后选定为第四级修理尺寸,再选择同级修理尺寸的活塞。

3)确定汽缸的镗削量及镗削次数

汽缸的修理尺寸确定以后,选择同级修理尺寸的活塞,并依次测定每个活塞裙部的尺寸,结合必要的缸壁间隙和镗磨余量,分别根据各缸的实际尺寸,通过计算确定各缸的镗削量。

镗削量 = 活塞裙部最大直径 - 汽缸最小直径 + 配合间隙 - 磨缸余量

活塞与汽缸壁的配合间隙要根据活塞的结构、类型、膨胀系数和加工时的室温条件,通过试验确定。如东风 EQ140 型为 0.03~0.06 mm;解放 CA141 型原厂装配间隙为 0.00~0.04 mm,推荐的修理配合间隙为 0.015~0.035 mm。

磨削余量是根据磨缸的设备和技术条件来选择的。磨削余量过大,不仅浪费工时,增加成本,还容易出现锥形和失圆,而磨削余量过小,则难以达到粗糙度的要求。通常发动机可留磨削余量 0.03~0.05 mm。在保证磨缸质量的条件下,磨削余量小,可以减少磨削工时,保证尺寸精度。镗缸后,磨缸余量的经验判断方法是:将活塞清洗干净后倒置于汽缸中,活塞能靠自重缓慢下降,但无间隙感觉,此时间隙约为 0.02 mm。对于汽油机活塞,如用手能将活塞轻轻推入汽缸,松手后不能自行下降,这时过盈约为 0.01 mm。

如果前述解放 CA141 型发动机汽缸的最小磨损处的直径为 101.95 mm,并已通过计算确定采用第四级修理尺寸 +1.00 mm,其活塞最大尺寸为 102.60 mm,如汽缸壁配合间隙选为 0.035 mm,磨缸余量为 0.04 mm,则其镗削量为:

镗削量 = (102.60 - 101.95 + 0.035 - 0.04) mm = 0.645 mm。

镗削量确定以后,再根据镗缸机所允许的吃刀量和工艺过程的要求,分别决定镗削次数和每次镗削的吃刀量。对于铸铁的汽缸,第一刀因为汽缸表面的硬化层和磨损不均匀造成镗削时负荷不均衡,吃刀量可选为 0.05 mm,最后一刀为降低加工表面的粗糙度,吃刀量一般也选用 0.05 mm,中间的几次镗削一般不要超过镗缸机所允许的最大吃刀量,否则,镗杆会发生抖动,加工表面质量明显下降。

（2）汽缸的镗削

汽缸的镗削,常使用的是国产 T716 型及其变形产品固定式镗缸机（图 6.9）和国产 T8041 型移动式镗缸机（图 6.10）。在生产量不大的修理企业中使用移动式镗缸机较多。

T716 型镗缸机是以汽缸机底平面作为镗缸的定位基准的,其镗孔直径范围为 76~165 mm,镗孔最大长度为 410 mm。

T8014 型镗缸机是以汽缸体上面作为镗缸的定位基准的,其镗孔直径范围为 66~140 mm,镗孔最大行程为 370 mm。

镗削方法按汽缸中心线位置的确定可分为同心法和不同心法两种。

同心法是利用汽缸磨损最小的部位,如汽缸下部活塞环行程以外的部位,使镗缸机主轴与汽缸原来的中心线重合。这样汽缸在镗缸前后中心线是一致的。这种方法在汽缸体未压入汽缸套前使用,可以保证更换汽缸套时中心位置变化不大。但用这种方法时,必须以汽缸最大磨损部位作为镗削半径的基准,因而磨损小的部位要镗削较多的金属,使镗出的汽缸直径较大（如图 6.11 所示）,将减少汽缸的镗削次数。镶

135

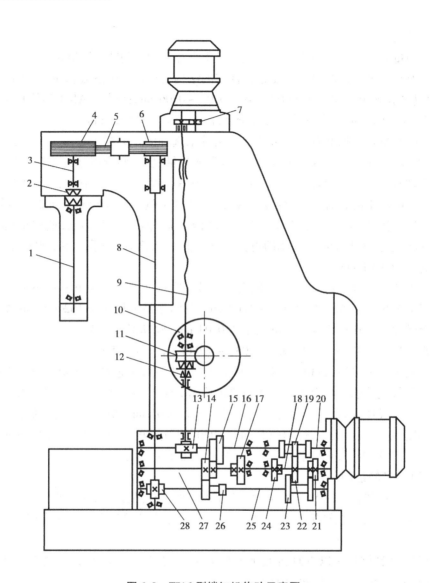

图 6.9 T716 型镗缸机传动示意图

1—主轴;2—离合器;3、8、16、25、27—传动轴;4、6—皮带轮;5—三角皮带;

7、14、15、17、21、22、24—齿轮;9—进给丝杠;10—轴承;11、13、28—蜗轮;

12—双向离合器;18—从动轴;19—三联齿轮;20—主动轴;23、26—二联齿轮

汽缸套以后也可以采用同心法,以保证汽缸中心位置不变。

不同心法是以汽缸磨损最大的部位作为基准来确定汽缸的镗削中心。由于汽缸的磨损沿圆周方向是不均匀的,确定汽缸的镗削中心时,必然向汽缸磨损较大的一方偏移一个距离。如图 6.11 中 OO_1,此时,镗缸的中心移至 O_1 点,偏离了原汽缸中心

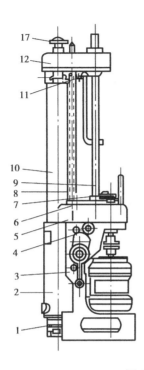
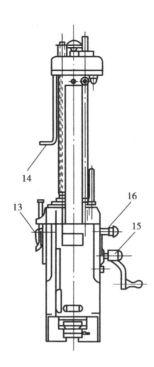

图 6.10 T8014 型镗缸机

1—镗头;2—机体;3—放油孔;4—油标;5—变速器盖;6—注油孔;7—磨刀轮;
8—升降丝杆;9—光杆;10—镗杆;11—张紧轮装置;12—皮带轮箱;13—开关;
14—自动停刀装置;15—升降手柄;16—走刀量变换杆;17—定心爪控制旋钮

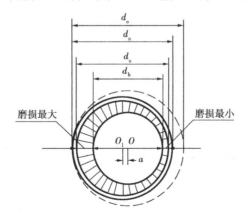

图 6.11 汽缸的两种定心方法

O—汽缸原中心;O_1—偏心镗缸法的中心;d_o—同心镗缸法镗削的汽缸直径;
d_n—偏心镗缸法镗削的汽缸直径;d_u—汽缸磨损后的直径;d_h—汽缸原有直径

137

O,使镗出的汽缸中心与原汽缸中心不重合。但是,由于一般偏心很小,不会影响曲柄连杆机构的运动,且其镗缸半径较同心法为小,可以提高汽缸的使用寿命。不同心法只适用于镶过汽缸套的汽缸。若汽缸的中心发生偏离较大时,会影响活塞连杆组的装配关系,使活塞偏向汽缸的某一侧,增加汽缸的磨损。但在一般情况下,汽缸中心变化不大,对汽缸磨损没有明显影响。

下面以 T8014 型移动式镗缸机为例介绍汽缸的镗削工艺。

1)汽缸镗削工艺

①清洁和修理汽缸体上平面

清洁汽缸体上平面时,如有不平整现象,可用细锉刀或油石轻微修磨。基准面不平或有杂物都将影响镗缸机的定位,使镗杆倾斜,镗出的汽缸轴线与基准面不垂直,影响修理质量。

②固定镗缸机

将镗缸机放置在汽缸体上,使镗杆对正需镗的汽缸孔,利用固定装置将镗缸机初步固定。

③选择和安装定心指

根据汽缸直径选择一套定心指,清洁后将它插入定心指孔内,并用弹簧箍紧。转动定心指钮,使定心指内缩。

④定中心

定中心是镗缸中一项重要的工作,一般用三点定心法。

定中心的操作工艺是:将镗杆对准汽缸中心,摇转升降手柄,降下镗杆,使定心指位于汽缸下部活塞环行程以下(如用不同心法镗缸时,定心指可对准汽缸磨损最大的部位)。转动定心指旋钮,使定心指外伸抵住汽缸壁,借定心指的外伸力,使镗缸机微微移动,镗杆处于汽缸中心。镗杆中心定好后,将镗缸机固定牢靠,防止其移动,最后收起定心指,升起镗杆。

⑤选择刀架和调整镗刀

根据汽缸直径选择镗刀架和镗刀,并装入镗杆头上的刀架孔内。

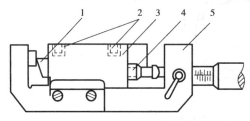

图 6.12　镗缸机测微器
1—镗刀;2—固定螺钉;3—刀架;
4—调整螺钉;5—测微器

调整镗刀,如采用在镗杆上直接测量的专用测微器,先将测微器装在镗杆头上,测量镗刀的实际尺寸,若镗刀尺寸不合适,取出镗刀架转动调整螺钉,直至所需的尺寸为止。在调整中要用测微器反复测量,调整正确后,将镗刀架的固定螺钉扭紧。随后,再用测微器测量一次,方可取下测微器,镗刀调整完毕。

还有一种专用测微器测量镗刀尺寸的方法,如图 6.12 所示,将镗刀置于刀架上,刀架上有调整螺钉,用以调整镗刀的长度。这种测微器的最小测量尺寸是68 mm。

如将 68 mm 长的刀架装入镗头的刀架孔内,如图 6.13 所示,其调整螺钉抵压孔壁上,由孔到镗杆中心线的距离 K 已调好后是固定不变的 24 mm,由中心线到刀尖的距离为镗削半径。因此,刀架长度为 68 mm,则镗削半径为 68 – 24 = 44 mm,镗削汽缸直径为 88 mm。

⑥选择转速、进刀量和吃刀量

镗削规范应根据汽缸材料的硬度、汽缸直径以及刀具性能、镗削性质(粗镗或精镗)和镗缸机的机身刚性等来确定。

汽缸材料硬度高和缸径大时,就应用低转速,吃刀量和进刀量也应较小。对于一般灰铸铁汽缸体粗镗时,可选用低转速,其吃刀量和进刀量也较大;精镗时,可选用高转速慢走刀。一般来说,镗削第一刀为 0.025 ~ 0.05 mm,因为这种汽缸表面有硬化层,同时由于汽缸的失圆磨损,将造成镗削时各方向吃刀不均匀,因此吃刀量要小一些。其他各刀吃刀量可为 0.07 ~ 0.08 mm(T716 镗床可放大到 0.10 ~ 0.15 mm)。在镗削最后一刀时,为了使汽缸表面光洁,吃刀量可减少为0.025 ~ 0.05 mm;当吃刀量过大时,刀杆将发生振动,影响表面加工精度和粗糙度。

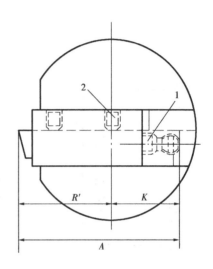

图 6.13　刀架装入刀架孔内
1—调整螺钉;2—固定螺钉

⑦镗削

将镗杆摇至缸口,转动镗头检查吃刀量是否过大,镗刀在各方向是否均匀,进行第一刀的试验性镗削,而后用量缸表测出镗削的实际尺寸,并与镗缸机的测微器进行测量,确定其误差,便于镗削时掌握。

⑧校正自动停刀装置

最后,根据汽缸的长度校正自动停刀控制杆的位置。

汽缸镗削后的质量要求是:圆柱度误差应不大于 0.01 mm,表面粗糙度 Ra 的值应不大于 1.6 μm,并预留 0.03 ~ 0.04 mm 的磨削量。

2)湿式汽缸套的镗削

为了保证汽缸套不漏水,均使汽缸套的上平面高于汽缸体的上平面,这样就不能用汽缸体的上平面作为镗缸的定位基准面,而是采用专用夹具(如图 6.14)。夹具的定位应注意其夹紧方式要与汽缸套的实际装配情况相同,否则,因受力情况不同可能产生变形,造成汽缸套的非正常磨损。

另外,也有采用温式汽缸套在原汽缸体上进行镗削的方法。镗削时应将缸体上的螺柱拆去,而后装入一压板,如图6.15所示。压板厚度应高于汽缸套上口的高度,压紧后垫平镗缸机,找正缸孔中心,其镗削工艺同前所述。

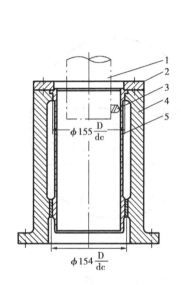

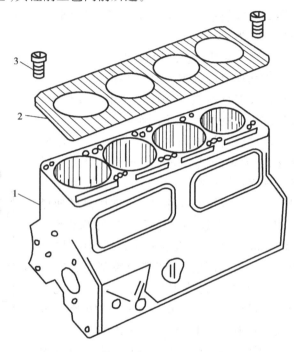

图6.14 湿式缸套镗削夹具
1—镗杆;2—压板;3—刀头;
4—夹具体;5—缸套

图6.15 利用原汽缸体镗削湿式汽缸套的垫片
1—汽缸体;2—垫片;3—固定螺钉

(3)汽缸的珩磨

汽缸经过镗削以后,表面有螺旋形的加工刀痕。为了提高汽缸壁的表面加工质量,达到汽缸加工的最终尺寸要求,延长发动机的使用寿命,必须对汽缸表面进行最后一次精加工。

磨缸是用珩磨的方法加工汽缸表面。珩磨是一种高精度的加工方法,主要加工工具是带有砂条的珩磨头,如图6.16所示。珩磨头由磨缸机主轴带动旋转,并做上下往复运动。珩磨头工作时是以汽缸孔本身进行定位的,它与主轴是挠性连接,因而可以消除磨头与汽缸中心间的误差。经过珩磨的汽缸表面,砂条从汽缸表面磨去一层薄薄的金属,其切削方向在汽缸表面留下相互交叉的网纹,如图6.17所示。

珩磨的工艺程序如下:

①清洁汽缸体。将镗好的汽缸体彻底清洗,清除铁屑,将汽缸体置于磨缸机

座上。

②选择砂条。砂条材料一般为绿色碳化硅,粒度有 240 号、320 号、400 号几种。通常,在粗磨缸时,一般选用 240 号砂条。用砂条粗粒磨去缸壁表面留下的粗刀痕迹,提高光磨速度。精磨时用 320 号以上的粒度,硬度较软的中细砂条。

③调试磨头对汽缸壁的压力。将磨头放入汽缸内,调整到磨头在汽缸中不摆动,靠其重力不能自由落下,用手转动磨头,感到有一定的阻力则为合适。砂条对汽缸的压力在100 ~ 500 kPa。加大磨头对缸壁的压力,可以提高生产率,但表面粗糙度过大。

④选择磨头的圆周速度和往复运动速度。磨头圆周速度一般取 60 ~ 70 m/min;往复运动速度,在粗磨时,可取 15 ~ 20 m/min,精磨时取 20 ~ 25 m/min。

磨头往复运动速度与圆周速度之比称为珩磨速比,它对珩磨质量有较大的影响。经验证明,增大往复运动速度,可加强切削作用,提高生产率;提高圆周速度,能降低表面粗糙度。

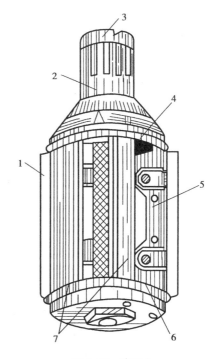

图 6.16　磨缸头

1—磨石;2—调整盘;3—接头座;4—箍簧;
5—磨石导片;6—箍簧;7—连接杆

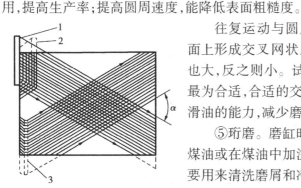

图 6.17　珩磨后的网状磨痕

1—前进行程开始时的砂条位置;
2—返回行程终了时的砂条位置;
3—前进行程终了时的砂条位置;
α—磨痕螺旋线相交的角度

往复运动与圆周运动的同时作用,将在加工表面上形成交叉网状磨痕。珩磨速比大,磨痕交角 α 也大,反之则小。试验证明,切削网纹的交角为 60° 最为合适,合适的交角可以得到光洁的表面,保持润滑油的能力,减少磨合期。

⑤珩磨。磨缸时,要加注冷却液,冷却液一般用煤油或在煤油中加注 15% ~ 20% 的机油。冷却液主要用来清洗磨屑和冷却汽缸体。

磨削时,注意砂条在汽缸内上下运动的位置。如果砂条伸出汽缸长度过大,使汽缸两端的磨削量过大,而呈喇叭口形,如图 6.18 所示。如果磨头行程过短,砂条在汽缸中部重叠区较长,将使汽缸中部磨削机会较多,而磨成腰鼓形。砂条长度一般为100 mm,露出汽缸上下口长度一般为 15 ~ 20 mm 为宜,而在汽缸壁中间砂条接口处约有 4～8 mm 的距离。砂条过长,容易形成腰鼓形;砂条太短,生产率低。

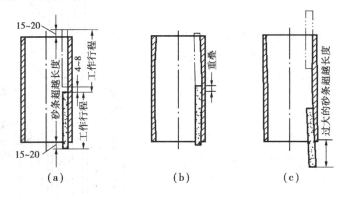

图 6.18 磨头行程对磨后开头的影响

汽缸经珩磨后,表面粗糙度一般应达到 0.32 μm。汽缸的圆度误差不大于 0.005 mm,圆柱度误差不大于 0.007 5 mm,湿式汽缸套的圆柱度误差应不大于 0.012 5 mm。汽缸如有锥形,应上小下大。

为了保证汽缸与活塞之间的配合间隙,在汽缸珩磨过程中,要注意检查汽缸的尺寸,一般用量缸表测量或用活塞试配。测量时,应该注意到珩磨过程中所产生的切削热,将会影响汽缸直径的变化,所以,磨缸后的检验应在汽缸体的温度降低至室温后进行。

用活塞试配时,先将汽缸和活塞擦净,将活塞倒置于汽缸内,在活塞裙部大直径方向、不开膨胀槽的一面夹入厚薄规。用手握住活塞,用弹簧秤拉出厚薄规,拉力应符合表中规定,各缸间的拉力差不超过 9.8 N 为合适,见表 6.1。

表 6.1 用厚薄规检查缸壁间隙时的拉力

车　　型	配合间隙/mm	厚薄规长度 /mm	厚薄规宽度 /mm	厚薄规厚度 /mm	拉力/N
CA1090	0.015～0.035	200	13	0.05	29～34
EQ1090	0.04～0.06	200	13	0.05	20～30
BJ1041	0.05～0.06	200	13	0.05	29～44

(4)汽缸的镶套

汽缸镗削超过最大一级修理尺寸,或汽缸壁上有特殊损伤时,可在汽缸体上镶换新的汽缸套。

汽缸体第一次镶汽缸套时,应选用外径尺寸最小的汽缸套,这样可提高发动机的修理次数。

1)干式汽缸套的镶配

①选择缸套

汽缸套外径的修理尺寸分为四级:标准;+0.50 mm;+1.00 mm;+1.50 mm。第一次镶套应选用标准尺寸的汽缸套。汽缸套外径表面粗糙度不大于 2.5 μm,圆柱度不超过 0.02 mm,如有倒锥形时,其圆柱度不得超过 0.005 mm,圆度不超过 0.05 mm。下口外圆方向有 10×5°的倒角。

②镗削承孔

根据汽缸套的外径尺寸进行镗缸,要保证镗孔表面粗糙度不大于 2.5 μm,并留有适当的压入过盈量,一般带有突缘的汽缸套为 0.05～0.07 mm;无突缘的为 0.07～0.10 mm。选用有突缘的汽缸套时,应在汽缸体上端镗出突缘槽,突缘与槽口每边应有不小于 0.05 mm 的间隙。

③压入汽缸套

在压入汽缸套之前,先将汽缸套外径涂以机油,将汽缸套放正,用压力机徐徐压入,或用其他压器压入,压力约为:$(20～50)×10^3$ N 为宜,如图 6.19、图 6.20 所示。

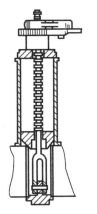 

图 6.19　拉出旧缸套　　　　　　　　图 6.20　压入新缸套

④水压试验

2)湿式汽缸套的换配

①拆去旧缸套,并清除汽缸体内的沉积物

有时这些物质很坚硬,须用砂布打磨,将各个结合面处的铁锈、污物全部除去,直至露出金属光泽为止,特别是与密封圈接触的部位必须光滑,以防止不平面漏水,如图 6.21 所示。如在汽缸套下凸肩有硬质沉积物,由于四周不均匀,造成汽缸套安装倾斜,使上凸肩处出现空隙,压紧汽缸盖后发生一个回正力矩,使汽缸套发生变形,容易发生早期磨损、活塞环折断、活塞偏磨、窜油等故障。汽缸体上下承孔的圆度和圆柱度误差不大于 0.015 mm。

②试装新汽缸套

先将未装入密封圈的汽缸套装入汽缸体内,将汽缸套压紧,检查汽缸套端面高出汽缸体平面的距离,使其符合原厂规定(一般高出平面0.03 ~ 0.10 mm)。

③装入汽缸套

在装入汽缸体之前,先检查各道阻水圈是否装好,防止压入时破损,然后涂肥皂水或机油装入汽缸体内。再次检查各道阻水圈与汽缸体的接触是否平整,在压入汽缸套时,应稍加用力即可装入。如果装不进去,应取出查明原因,不可强行压入。

注意有的柴油机汽缸套有一定方向性,不要错位,以免影响汽缸盖和喷油器的安装。

④水压试验

缸套装入后应进行水压试验,水压试验见本章第一节所述,检查阻水圈的密封性。

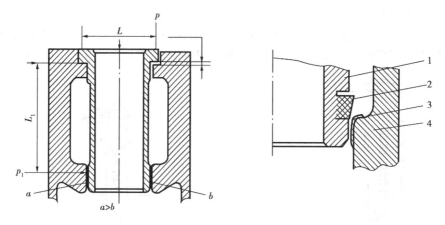

图6.21　缸体凸肩处的污物对缸套安装的影响

1—缸套;2—阻水圈;3—硬质沉积物;4—缸体

第7章 活塞连杆组的修理

活塞连杆组主要由活塞、活塞环、活塞销、连杆、轴瓦等零件组成。

对于活塞连杆组的修理,主要是对活塞与活塞环的选配;对连杆进行检验与校正;更换连杆铜套与活塞销、连杆轴承等。在组装活塞连杆组时,还要对组合件进行检验与校正,装配质量好坏,对汽缸工作时密封性、发动机的性能和使用寿命都有重要的影响。

7.1 活塞的耗损及选配

7.1.1 活塞的耗损

活塞在正常工作中磨损很小。活塞头部在工作中由于活塞环的支承作用很少与汽缸壁接触,其磨损很小;活塞裙部虽与汽缸壁接触,但单位面积压力不大,润滑条件也较好,所以,磨损速度也很小。发动机大修主要取决于活塞与汽缸壁的间隙和汽缸的磨损程度。

活塞的最大磨损部位是活塞环槽的磨损,其中第一道环槽的磨损最严重。主要原因是由于燃气的压力作用,使活塞环对环槽的单位压力很高,同时由于活塞做高速往复运动,使活塞环对于环槽的冲击很大;此外,燃烧气体的高温作用,使活塞头部工作温度偏高,而且越靠近活塞顶部其温度和气体压力越高。所以,第一道环槽的磨损最为严重,以下各环槽的磨损逐渐减轻。环槽磨损后,使活塞环的侧隙增大,造成汽缸窜气和窜机油。

活塞裙部的磨损较小,通常是在承受侧向力的一侧发生磨损和擦伤,当活塞裙部与缸壁间隙过大时,发动机工作易出现敲缸,并出现严重的窜油现象。

活塞产生拉缸现象的主要原因有:活塞与缸壁间隙过小,不能形成足够的油膜;汽缸表面严重不清洁,有较多和较大的机械杂质时,使活塞刮伤;活塞裙部的圆度不符合技术要求,甚至有反椭圆,活塞销与座孔的配合过紧;活塞销卡簧跳出环槽使汽缸壁和活塞刮伤。

活塞顶部发生烧伤,如东风 EQ6100 型发动机烧活塞顶现象非常严重,主要是由于发动机在超负荷条件下长时间工作和在爆燃的条件下较长时间工作造成的。同时,也表明东风 EQ6100 型发动机不适于较长时间在大负荷条件下工作。

当活塞在较长时间的高温条件下工作时,易使润滑油烧结,活塞环在环槽内失去弹性作用、传热和密封作用,使高温燃气窜入活塞侧面和曲轴箱内。

活塞脱顶,即活塞头部与裙部分离。主要原因是活塞环的开口间隙过小,当发动机长期在高温条件下工作时,活塞环开口卡死,与缸壁间发生黏结,而活塞裙部受连杆的拖动,造成活塞头部与裙部分离。此外,发动机长时间在超负荷、高温条件下工作,引起发动机过热也易出现活塞头部脱顶现象。

活塞敲缸和活塞销响而没能及时排除,也可能造成活塞异常的损坏。

如果活塞出现上述几种不正常的损坏,发动机是达不到一般的汽车大修里程的,往往需要提前进行修复。

7.1.2　活塞的选配

在发动机大修时,应根据汽缸的修理尺寸选配同一修理级别的活塞。活塞修理尺寸的加大是指活塞直径较原标准尺寸大一个或几个级差。加大的数值一般是錾刻在活塞顶上,常用符号"＋"表示。

在选用新活塞时,要注意以下几点:

①在同一台发动机上,应选用同一厂牌同一组的活塞,以便使活塞的材料、性能、质量、尺寸一致。同一组活塞直径尺寸差一般不得超过 $0.02 \sim 0.025$ mm。同一组活塞质量差对于解放 CA1091 型等应不大于 8 g,同一组活塞与活塞环质量和相差不大于 ± 4 g。

②活塞裙部的锥形及椭圆必须符合表 7.1 中的要求。

表 7.1　活塞直径及要求的椭圆锥形

项目 \ 车型		解放 CA1091	东风 EQ1090	北京 BJ1041
活塞直径	头部			
	裙部	$101.5^{+0.06}_{+0.04}$	$100^{+0.015}_{-0.045}$	$92^{+0.024}_{-0.012}$
头部 裙部 直径差				
椭圆		0.55	$0.415 \sim 0.485$ 45°处 $0.20 \sim 0.25$	0.40 在45°方向 0.20
锥形 (大端在下)			大径方向 $0.04 \sim 0.07$ 25°处不小于 0.02,不大于 0.06	$0.02 \sim 0.05$

汽油机活塞裙部锥形的圆柱度为 $0.005 \sim 0.015$ mm,最大不得超过 0.025 mm,膨胀槽开到底的活塞应为 $0.015 \sim 0.03$ mm。

铝合金活塞的圆度为 0.10 ~ 0.20 mm,膨胀槽开到底的为 0 ~ 0.075 mm。

在按上述要求检测活塞以后,要将每一个活塞的实际尺寸注明,便于镗缸时选用。

7.2　活塞环的选配

7.2.1　活塞环的耗损

活塞环在工作时,由于受高温作用和润滑条件差的影响,随磨损的加剧,活塞环的弹力逐渐减弱,端隙、侧隙增大,汽缸的密封性变差,容易出现窜油、漏气的现象,使发动机动力性下降,经济性变差。

活塞环除正常的工作磨损外,还有断裂损坏,其主要原因是活塞环的侧隙、端隙太小或安装不当,发动机在大负荷条件下工作时,工作温度过高,端隙抵死,使活塞环压死在汽缸壁上,活塞环在冲击负荷的作用下而产生断裂,以及发动机在保养、小修更换活塞环时没有刮去缸肩而撞断第一道活塞环等。

7.2.2　活塞环的选配

发动机大修时,应按照汽缸的修理尺寸选用与汽缸、活塞同一修理级别的活塞环。

活塞环除标准尺寸外,为了适应发动机修理的要求,活塞环一般还有六级加大的修理尺寸。

为了确保活塞环的工作性能,要求其具有足够的弹性,以保证它与汽缸壁密切贴合和在环槽内有合适的配合间隙。在选配活塞环时,应进行活塞环的弹力检验、漏光检验、环的端面翘曲检验及环与槽配合间隙的检验。

(1)活塞环的弹力检验

活塞环的弹力是保证汽缸密封性的条件之一,弹力过大和过小都不好,必须符合技术性能要求。

活塞环的弹力检验如图 7.1 所示,将环置于滚动轮 3 和底座 6 之间,沿秤杆 4 移动量块 5,使环的开口间隙达到规定间隙值,此时,可由量块读出作用在活塞环上的力的大小。

(2)活塞环的漏光检验

为了保证活塞环的密封作用,要求活塞环的外表面处处与汽缸壁贴合。避免漏光度过大,活塞环局部接触面积小,易造成漏气和机油上窜现象。

检验活塞环漏光的简易方法是:将活塞环平置于镗磨后的汽缸筒内,将活塞环的内圈用盖板盖住,在汽缸下部放置灯光,然后观察活塞环与汽缸壁间的缝隙。

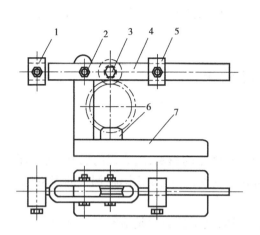

图7.1 活塞环弹力检验仪

1—重锤；2—支承销；3—滚轮；4—秤杆；

5—移动量块；6—底座；7—底板

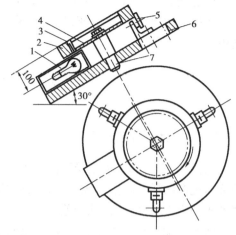

图7.2 活塞环漏光度的检验

1—灯泡；2—环规；3—工件；4—挡盘；

5—滚轮；6—底盘；7—芯轴

图7.2所示为活塞环漏光检验专用设备。被检验的活塞环置入环规内，它以三组滚轮支承。灯光射到被检活塞环的下缘，在上面可以见到活塞环与套筒间的缝隙，边转动活塞环边检验。

漏光检验的技术要求是：在活塞环开口端左右30°范围内，不许有漏光点存在。在同一根活塞环上漏光不应多于两处，每处漏光弧长所对应的圆心角不得超过25°，同一环上漏光弧长所对应的圆心角总和不得超过45°，漏光处的缝隙应不大于0.03 mm。

（3）活塞环的开口间隙、边隙和背隙均应符合规定

①端隙 端隙即为活塞环置入镗好的汽缸筒内，在环的开口处呈现的间隙。它是为了防止活塞环受势膨胀卡死在汽缸内而设置的。端隙的大小与汽缸的直径有关。如东风EQ6100型发动机压缩环开口间隙为0.29～0.49 mm，当活塞与汽缸壁间隙在允许的下限值时，其开口间隙可不小于0.20 mm。实际使用中油环的刮片在0.5～0.7 mm之间，它的最大使用极限为2 mm。活塞环各部位间隙参数见表7.2。

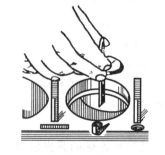

图7.3 检查活塞环的端隙

检验端隙时，将活塞环置于汽缸筒内，并以活塞顶部将环略向汽缸内推入，使活塞环平整，然后用厚薄规测量。如图7.3所示，若端隙大于规定数值，则应另选一组活塞环；端隙小于规定数值时，应对环口一端加以锉修或磨修。锉修时，应注意只能锉修一端且环口应平整;锉修后,应去掉加工部分产生的毛刺,以防止刮伤汽缸,如图 7.4 所示。

表 7.2　活塞环各部位间隙

车 型 项 目		CA1091	EQ1090
开口 间隙	压缩环 1 压缩环 2 压缩环 3	0.4 ~ 0.6 0.3 ~ 0.5	0.29 ~ 0.49
	油环	0.2 ~ 0.4	0.50 ~ 0.70
边隙	压缩环 1 压缩环 2 压缩环 3	0.055 ~ 0.087	0.050 0.03 ~ 0.07
	油环	0.040 ~ 0.080	0.03 ~ 0.07
背隙	压缩环		0 ~ 0.35
	油环		0 ~ 0.35

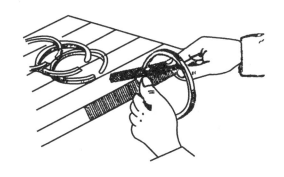

图 7.4　锉活塞环

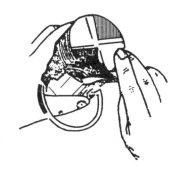

图 7.5　检验活塞环的边隙

②边隙　边隙即活塞环在环槽内的上下间隙。边隙过大,将影响活塞环的密封作用;边隙过小,则可能卡死在环槽内,造成拉缸事故。边隙的检验如图 7.5 所示。将环放入环槽内,用厚薄规进行测量。如边隙过小,可将活塞环放在有平板的砂布上研磨。

③背隙　背隙是将活塞环装入汽缸时活塞环背面与活塞环槽底之间的间隙,为了在测量上的方便,通常以槽深和环宽之差来表示,活塞环一般应低于环岸边 0 ~ 0.35 mm,以免在汽缸中卡死。如背隙过小时,可更换活塞环,或车深活塞环槽。

边隙和背隙的经验检验方法是:将环置入槽中,活塞环应低于环岸,又有转动自如,无明显松放感觉为合适。

7.3 活塞销的选配

7.3.1 活塞销的工作条件与损坏方式

发动机工作时,活塞销要承受燃烧气体的压力和活塞连杆组往复运动惯性力的作用,其负荷的大小和方向在周期性地变化,并有很大的冲击负荷。所以,一般采用直径较大的活塞销,增加承压的面积和增加承受弯曲的刚度,提高活塞销的耐磨性,还要降低活塞销的质量而制成中空的圆柱形零件。活塞销多采用浮式连接方式,其磨损速度低,且磨损均匀。活塞销与销座孔的配合精度要求很高,当在正常工作温度时,它与连杆小头和活塞销座之间只有微量的间隙。因此,活塞销可以在连杆小头内转动,也可以在销座内转动,活塞销沿圆周的磨损是均匀的。

活塞销在工作时,承受较大的冲击负荷,当其配合间隙超过一定数值时,就会由于配合件松动而发出敲击声。

发动机大修时,如活塞销与销座和连杆衬套的工作间隙过大,就会引起额外的冲击负荷而发响;工作间隙过小,不能保证足够的润滑,易引起抱死现象,造成活塞工作时对汽缸壁的撞击。

7.3.2 活塞销的选配

活塞销除标准尺寸外,还有四级加大的修理尺寸,每一级增加 0.04 mm,以适应汽车在两次大修之间修理的要求。

选配活塞销的质量要求是:新活塞销表面粗糙度 Ra 值一般不大于 0.8 μm,表面无锈蚀斑点,圆度、圆柱度不超过 0.002 5 mm。质量差在 10 g 以内,以减小不平衡量。

选用修理尺寸的活塞销,可按照原活塞销尺寸的加大量和连杆衬套与活塞销座孔的磨损程度来决定,并应成组的更换。

7.3.3 活塞销座孔的修配

对于汽油机,全浮式活塞销与销座孔的配合在常温下应有微量的过盈,过盈量一般为 0.002 5 ~ 0.007 5 mm。当活塞处于 75 ~ 80 ℃时,又有微量的间隙,活塞销能在座孔内转动,但无间隙感觉,要求它们之间的接触面积在 75% 以上。对于柴油机,在常温下是过渡配合,允许有轻微间隙。

活塞销与销座孔的上述配合要求一般是通过对销座孔的铰削或镗削来实现的。近年来,许多工厂生产的活塞其销座孔是经过精加工的,它与标准修理尺寸的活塞销相配合,活塞销与座孔的标准尺寸又按直径分组,每组相差 0.002 5 mm,因为,这一微小尺寸差无法测量,经常以不同的颜色加以区别,使用时应选用相同颜色的活塞与活塞销进行装配。这样,可以保证装配的精度要求,也大大地简化了修理作业。

(1)**活塞销座孔的铰削**

铰削是用手工操作进行的。铰削活塞销孔的工艺步骤是:

①选择铰刀　应根据活塞销的实际尺寸选择长刃铰刀,以保证两活塞销座孔能同时进行铰削,从而保证两孔的同轴度。将选好的铰刀夹入虎钳,并与钳口平面垂直。

②调整铰刀　第一刀只做试验性的微量调整,一般调整到刀片上端刚刚露出销座孔即可。以后各刀的调整量也不应过大,一般是旋转调整螺母60°~90°角为宜。如此时铰削量过小,可再旋转调整螺母30°~60°角。

③铰削　铰削时要两手握活塞,施以轻轻的压力,用力要均匀,掌握要平稳,按顺时针方向旋转铰削,如图7.6所示。为了使销孔铰削正直,每调整一次铰刀,要从销座孔两个方向各铰一次。每次铰削当刀片下端面接近活塞下方销座孔时,应压下活塞,使它从铰刀下方脱出,以免铰偏和起棱。

图7.6　销孔的铰削

图7.7　活塞销与座孔的试配

④试配　在铰削过程中,应随时用活塞销试配,防止铰大。当铰削到用手掌力量能将活塞销推入一个销座孔深度的1/3左右时,应停止铰削。然后在活塞销一端垫以软金属冲头,用手锤轻轻将活塞销打入销座孔,视其打压痕迹进行修刮。打压时,活塞销应校正,防止活塞销倾斜损伤座孔工作面。座孔经刮削后,活塞销应能用手掌力量推入销孔的1/2~2/3,且接触面积在75%以上。其接触面积应是星点状均匀分布,轻重一致。注意:在试配时,应始终在座孔较大的一端进行,如图7.7所示。

(2)**活塞销与连杆衬套的修配**

在更换活塞、活塞销的同时,必须更换连杆衬套,以恢复其正常配合。

活塞销与衬套的配合,在常温下应有0.005~0.010 mm的微量间隙,这样高的配合要求是难以测量的,在修理中一般是凭感觉去判断,同时,还要求它们的接触面积在75%以上。

1)连杆衬套的选择

衬套与连杆小头的配合应有0.10~0.20 mm的过盈量,以保证衬套在工作时不

　　发生转动。过盈量过大,会造成压入衬套时的困难,甚至压坏衬套。

　　过盈量的测量可用游标卡尺分别测量连杆小头内径和新衬套的外径,其差值就是衬套的过盈量,通过测量选择新的衬套。

　　经验的判断方法是:在衬套压入连杆小头之前,先与活塞销试配,如能勉强套入活塞销,则为合适;如套不进活塞销,则说明加工余量太大;如套上后感到松旷,则加工余量太小,均应重新选配。

　　新衬套的压入可在虎钳上进行。压入前,应检查连杆小头孔是否有损伤、毛刺等,以免擦伤衬套外径。压入时,衬套倒角应朝向连杆小头倒角的一侧,并将其放正。同时,对整体式衬套应使油孔对正;对于两半截式衬套,应使衬套压至连杆小头油孔的边缘,以保证机油流动畅通。露出连杆小头端面部分可用锉刀修平。

　　2)连杆衬套的修配

　　活塞销与连杆衬套的配合主要是通过镗削和铰削来实现的。

　　①连杆衬套的铰削与销座孔的铰削基本相同,其特点是:

　　A.选择铰刀　根据活塞销实际尺寸选择铰刀,将铰刀正直地夹在虎钳上。

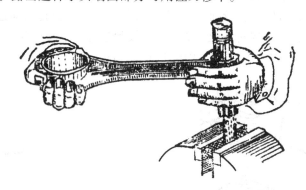

图7.8　铰削连杆衬套

　　B.调整铰刀　将连杆小端套入铰刀内,一手托住连杆大头,一手压下连杆小端,以刀刃露出衬套上面3~5 mm作为第一刀的铰削量。铰削量太大或太小,都会使连杆在铰削中摆动,铰出菱形或喇叭口形。

　　C.铰削　铰削时,一手托住连杆大头,按顺时针方向均匀用力扳转,一手把持连杆小头,略施压力。铰削时,应保持连杆轴线垂直于铰刀轴线,以防铰偏,如图7.8所示。当衬套下面与刀刃下方相平时,应停止铰削,此时,将连杆小端压下,使其脱出铰刀。在铰刀直径不变的条件下,再将连杆小端反面重铰一次。铰刀每次的调整量以旋转螺母60°~90°角为宜。

　　D.试配　在铰削过程中,应不断地用活塞销试配,以防铰大。当铰削到用手掌的力量能将活塞销推入衬套1/3~2/5时,应停止铰削。此时,可将活塞销压入连杆小端衬套内,并夹在虎钳上往复扳转连杆,然后压出活塞销,查看衬套的接触情况。

　　E.修刮　根据衬套接触面和松紧度的情况,用刮刀修刮到能用手掌力量把活塞销推入连杆衬套内为止。

　　②连杆衬套的镗削是为了提高衬套的修理质量和生产效率,因此,可用镗削机进行衬套的镗削加工。

镗削衬套时,以衬套的内孔定中心,然后固定连杆大头,支撑连杆小头,用镗刀按标准销子尺寸进行镗削,并使其配合间隙为 0.005 ~ 0.01 mm。镗削后稍加修整,即可进行装配。如图 7.9 所示为在小型镗削机上镗削定位的情况。

③连杆衬套修理质量的检验

活塞销与连杆衬套的配合是否符合要求,通常是以感觉来判断的。

检验的方法是:

a. 对于手工铰削的衬套,以能用手掌的力量将涂以机油的活塞销推入衬套内为符合配合要求;对于经过镗削加工的衬套,以能用大拇指的力量把涂以机油的活塞销推入衬套内,且没有间隙的感觉为合适,如图 7.10、图 7.11 所示。

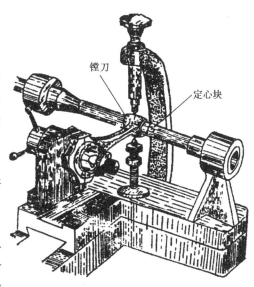

图 7.9　连杆衬套的镗削

图 7.10　检验活塞销与连杆衬套的配合(一)　　图 7.11　检验活塞销与连杆衬套的配合(二)

b. 将活塞销涂以机油,并装入衬套内,然后把活塞销夹在虎钳上,先沿活塞销轴线方向扳动连杆,应无间隙感觉。转动连杆时,连杆应随手圆滑转动。对于手工铰削的衬套,把连杆置于与水平面成 75°时能停住,用手轻轻敲打时,连杆应借自身重力徐徐下降,则配合松紧度符合要求。

对于活塞销与连杆衬套的配合，如有间隙感觉或连杆下降太快，则表明配合太松；如在活塞销与衬套间隙内产生气泡，则表明间隙过大。如有上述现象均不能继续使用，应选用同级修理尺寸中较大的活塞销进行试配，或更换衬套，重新铰配。若配合过紧，应加以修刮。

在检查活塞销与衬套松紧度的同时，还应检查接触面的情况，即接触面应在75%以上，接触点应分布均匀，轻重一致。当配合松紧度和接触面都符合要求时，再进行装配。

7.4　连杆的检修及活塞连杆组的组装

连杆的工作条件很复杂。在工作中，受复杂的交变载荷作用，会发生杆身的弯曲、扭曲和双重弯曲，有时也会出现大小头内孔的磨损、螺栓孔的损坏、大头端接触面的损伤以及连杆的裂纹等。

连杆的弯曲、扭曲和双重弯曲是由于发动机超负荷和爆燃等原因引起的。连杆发生弯曲以后，将对曲柄连杆机构的工作产生很大的影响，使活塞在汽缸中歪斜，造成活塞与汽缸、连杆轴承与连杆轴颈的偏磨。因此，在发动机修理过程中，应对连杆进行弯、扭检验与校正。

连杆大头内孔磨损将产生失圆和锥形，当其圆度和圆柱度超过 0.025 mm 时，可在轴承盖端面加垫调整或堆焊修复。

连杆大头侧面与曲柄臂之间一般应有 0.1 ~ 0.35 mm 的间隙。如超过 0.50 mm 时，应在连杆大头侧面施焊。

连杆螺栓在工作中，由于受很大的交变载荷作用，会发生变形、裂纹和丝扣滑牙等损伤，严重时甚至断裂，造成严重事故。因此，在发动机修理中要认真检验，发现不符合技术要求时，应及时更换螺栓。

7.4.1　连杆弯曲、扭曲变形的检验

连杆变形的检验可在连杆检验器上进行。进行连杆的弯扭检验时，首先将连杆大头的轴承盖装好，不装轴承衬瓦，并按规定扭力拧紧，同时装上已铰配好的活塞销。将连杆大头装在检验器的横轴上，并使心轴的定心块向外扩张，将连杆固定于检验器上。测量工具是一个带有 V 型块的"三点规"。三点规上的三个点共面与 V 型块垂直，下面两点间的距离为 100 mm，上测点与两下测点连线的垂直距离也是 100 mm，如图 7.12 所示。进行测量时，如果三点规的三个测点都与检验器平板接触，说明连杆无弯曲或扭曲。

若上测点与平板接触，下面两测点与平板不接触且与平板的间隙相等，或下面的两点与平板接触，而上测点与平板不接触，则表明连杆发生了弯曲，这时用塞尺测得

的测点与平板间的间隙值为连杆在 100 mm 长度上的弯曲度值。

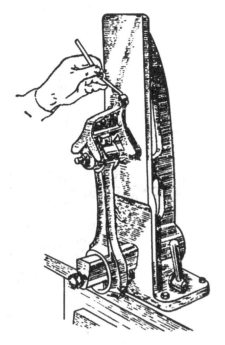

图 7.12　连杆弯曲、扭曲的检验

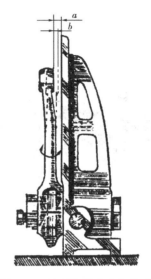

图 7.13　连杆双重弯曲的检验

若只有一个下测点与平板接触,且上测点与平板的间隙等于另一个测点与平板间隙的一半,这时下测点与平板的间隙为连杆在 100 mm 长度上的扭曲度数值。

连杆通常同时存在弯曲度和扭曲度,表现在一个下测点与平板接触,但上测点与平板的间隙不等于另一下测点与平板间隙的一半,这时下测点与平板的间隙为连杆在 100 mm 长度上的扭曲度数值;上测点与平板的间隙和下测点与平板间隙的一半的差值为连杆在 100 mm 长度上的弯曲度数值。

连杆双重弯曲的检测如图 7.13 所示。将连杆大端端面由限位杆定位,测量出连杆小端端面与平板距离 a;将连杆翻转 180° 后,再按同法测得距离 b。若两次测得的距离数值不等,说明连杆有双重弯曲,两次测量数值之差 ($a - b$),即为双重弯曲值。

连杆的扭曲允许值为:连杆上、下承孔轴线应在同一平面内,其平行度误差应不大于 100∶0.03;在与此平面垂直的方向,轴线的平行度误差应不大于 100∶0.06。

7.4.2　连杆弯曲、扭曲的校正

一般是先校正扭曲,后校正弯曲,在校正时,通常利用连杆校正器的附设工具进行。

弯曲的校正方法如图 7.14 所示。将弯曲的连杆置于压器上,使弯曲的部位朝

上。并对正丝杠部位放好垫铁,施加压力,使连杆向已弯的反方向发生变形,并使连杆变形量为已弯曲部位变形量的几倍到几十倍,并停留一定时间,待金属组织稳定后,再去掉外载荷。检查连杆回位量,确认合适后,再对已校正的连杆进行检验。

图 7.14　连杆弯曲的校正曲　　　　　图 7.15　连杆扭曲的校正

　　检验扭曲时,先将连杆大头盖装好,置于检验器的心轴上,然后用扳钳进行校正,直至合格为止,如图 7.15 所示。

　　连杆的弯扭校正经常在常温下进行。卸去负荷后,连杆有恢复原状的趋势。因此,在校正弯扭变形较大的连杆时,校正后最好进行时效处理,方法是:将校正后的连杆加热至 300 ℃ 左右,并保温一段时间。校正弯扭变形小的连杆时,在校正负荷下保持一定时间即可。

7.4.3　活塞连杆组的组装

　　经修复和检测合格后的活塞连杆组各零件,在装配前应彻底清洗,清除油污。

　　活塞、连杆的组装一般都采用热装合方法。因为活塞销与座孔在常温下有微量的过盈,所以在组装时一定要将活塞加热。将活塞置入水中加热到 80~90 ℃ 取出,迅速擦拭干净,在活塞销和座孔上涂以少许机油,用大拇指把活塞销推入座孔,并迅速通过连杆小头,直至另一侧销座孔。装锁环时,锁环与活塞两端应保证各有 0.10~0.25 mm 的间隙,否则,易把锁环顶出,造成拉缸。锁环嵌入环槽中的深度应不少于锁环直径的 2/3。

　　活塞与连杆组装时,应注意是同一缸号的活塞和连杆,以及安装方向。一般活塞和连杆都有安装标志,装入气缸时,标志应朝发动机前方。安装时还应注意活塞、连杆的结构特点,如汽油机活塞裙部的纵槽一般在做功行程受侧压力较大的对面。

　　活塞连杆组装配后,还需在连杆检测器上检查连杆大端孔中心线与活塞中心线的垂直度。其方法是:将连杆大端孔装在检测器的轴上,将活塞裙部靠在检测器的平板上,用厚薄规测量活塞顶部边缘与连杆平板之间的间隙,翻转 180°,再测量一次,两次测量的差值即为它们的垂直度,其值应在 0.05 ~ 0.08 mm 范围内,否则,应找出原因并校正后再组装。

　　最后安装活塞环。安装活塞环时,应注意各道环的结构和安装方向,活塞环安装好后,应能灵活转动。活塞连杆组装配到气缸中时,气环的开口要相互错开 120°,组合油环的上下刮片开口要错开 180°。

第8章　曲轴与轴承的修理

发动机在工作时,曲轴要承受燃烧气体的压力、活塞连杆组的往复运动惯性力和旋转质量的离心力,以及它们形成的力矩。同时,曲轴的扭转振动和弯曲振动产生的交变应力将引起曲轴的疲劳。这些应力超过一定数值时,将造成曲轴的弯曲和扭转变形。另外,由于曲轴本身结构形状复杂,应力集中相当严重。轴颈表面要承受很大的单位压力和很高的滑动摩擦速度,而且轴颈的散热较差,各轴颈表面易遭受磨料磨损。因此,要求曲轴具有很大的刚度和强度,还必须有很高的疲劳强度和耐磨性。发动机在大修中必须对曲轴进行检验,查明曲轴的损伤和磨损,并进行正确的修理。

8.1　曲轴的耗损、检验与校正

8.1.1　曲轴的耗损

(1)轴颈的磨损

轴颈表面的磨损是不均匀的,曲轴颈径向磨成椭圆,轴向磨成锥形,它们的磨损部位都有一定的规律性,如图 8.1 所示。主轴颈与连杆轴颈的径向磨损主要呈椭圆形,且其最大磨损部位相互对应。即各主轴颈的最大磨损是靠近连杆轴颈一侧;而连杆轴颈的最大磨损也是靠近主轴颈一侧。曲轴轴颈沿轴向还有锥形磨损。

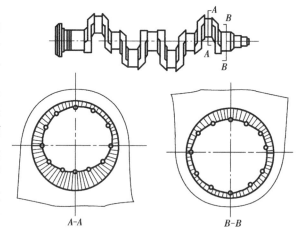

图8.1　轴颈的磨损规律

轴颈的椭圆形磨损是由于在工作中作用于轴颈上的力沿圆周方向分布不均匀而引起的,如图 8.2 所示。发动机在工作中,连杆轴颈承受由连杆传来的周期性变化的气体压力和活塞连杆组往复运动的惯性力及连杆大端回转运动离心力的作用,这些力的合力为 R。由图 8.2 中可以看出,四冲程发动机在一个工作循环中连杆轴颈的受力情况,即综合作用力 R

作用在连杆轴颈的内侧,方向始终沿曲柄半径向外,使连杆大头始终压紧在连杆轴颈的内侧。因此,连杆轴颈的内侧磨损最大,形成椭圆形。

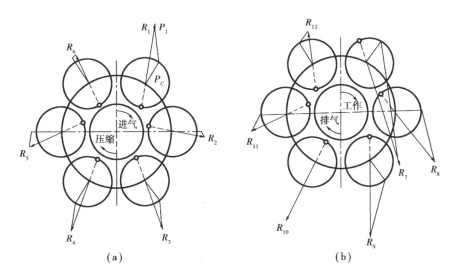

图 8.2　连杆轴颈受力情况

连杆轴颈产生锥形磨损的原因是:由于通向连杆轴颈的油道是倾斜的,当曲轴回转时,在离心力的作用下,润滑油中的机械杂质偏积在连杆轴颈的一侧,因而加速了该侧轴颈的磨损,使连杆轴颈的磨损呈锥形。此外,连杆弯曲、汽缸中心线与曲轴中心线不垂直等都会使轴颈沿轴向受力不均而使磨损偏斜,如图 8.3 所示。

目前发动机用的机油滤清器只能过滤 0.05 mm 以上的机械杂质,而比这更微小的杂质常常会进入轴颈与轴瓦之间,加速了磨损。北京 BJ212 汽车发动机连杆轴颈作成中空的,其油腔与连杆轴线成一角度,发动机工作时,润滑油的机械杂质偏积在油腔上端,靠近螺塞一侧。在修理时,应拆下螺塞,对曲轴中空部分进行清

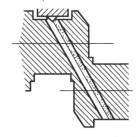

图 8.3　润滑油杂质在连杆轴颈上的偏积

洗,然后按原位装回螺塞。这样可使清洁的机油经油孔送到轴颈工作表面,减少磨损。此外,连杆大头的不对称结构,使连杆轴颈承受负荷不均匀,磨损不均,形成锥形表面。

主轴颈的磨损形成椭圆形,其主要原因是:由于受到连杆、连杆轴颈及曲柄臂离心力的影响,使靠近连杆轴颈一侧轴承发生磨损相对较大。如图 8.1 所示,五个主轴颈,其中二、四道两个主轴颈由于两边都有连杆轴颈,受力较均匀,磨损也较均匀,而

其余三道轴颈的磨损是靠近连杆轴颈的一侧磨损严重。

经验证明,连杆轴颈的磨损比主轴颈的磨损速度快。这主要是连杆轴颈的负荷较大,润滑条件差所造成的。

此外,轴颈表面还可能出现擦伤和烧伤。擦伤主要是机油不清洁,其中较大的、坚硬的机械杂质在零件表面刻画而引起的。轴颈表面的烧伤是由烧瓦引起的,烧瓦主要是润滑不足、机油太稀、油路阻塞等原因造成的。在这种条件下,工作的曲轴与轴瓦发生剧烈摩擦并发生黏附,造成温度上升,使轴颈表面氧化烧成蓝色,有时将轴瓦合金烧熔。

（2）曲轴弯曲和扭曲

曲轴在使用过程中,如果主轴承间隙过大,发动机在爆燃或超负荷等冲击条件下工作,将使曲轴发生过分的振动;少数汽缸不工作或工作不均衡;各道主轴承的松紧度不一,致使曲轴受力不均匀;汽缸体主轴承座孔不同心等都会造成曲轴的弯、扭变形。曲轴的弯曲变形超过一定值后,将加速曲轴和轴承的磨损,严重时会使曲轴出现裂纹甚至折断,还将加速活塞连杆组和汽缸的磨损。

曲轴的扭曲变形,将改变各缸间的曲轴夹角,影响发动机的配气定时和点火正时。经验证明,扭曲变形的产生,往往是个别活塞卡缸造成的。如有个别汽缸壁间隙过小,或活塞受热后膨胀过大,使活塞运动阻力过大,曲轴运转不均,当其发展到活塞卡缸时,将导致曲轴的扭曲。其次,拖带挂车时起步过猛和紧急制动未踏下离合器等原因都会引起曲轴的扭曲变形。

（3）曲轴的裂纹与折断

曲轴的裂纹多发生在曲柄臂与轴颈之间过渡圆角处及油孔处。前者是横向裂纹,危害极大;后者是轴向裂纹,顺着油孔沿轴向发展。

曲轴裂纹的产生主要是应力集中造成的。曲柄臂与轴颈之间的断面处由于形状的急剧变化产生严重的应力集中。曲轴在工作时,要承受燃气压力、往复运动惯性力和回转质量的离心力,以及它们形成的弯矩和扭矩,使过渡部位的应力增加几倍甚至十几倍,所以,在过渡部位首先出现疲劳或出现裂纹。在曲轴断面过渡部位形成一定的过渡圆角就是为了减少应力集中。在曲轴光磨时,如把轴颈与曲柄臂间的圆角磨得过小,就易产生应力集中和裂纹。其次,轴颈表面高频淬火时,由于工艺上的原因,轴颈圆角部位疲劳强度降低,轴颈与曲柄臂的过渡处最易产生疲劳裂纹。为了减少应力集中,要求过渡圆角必须圆滑。

轴颈表面油孔处沿轴向产生裂纹的根本原因是:油道倾斜,造成油孔处的应力更为集中。因此,要求油孔处是圆滑过渡。

曲轴工作中发生振动和扭转振动时,曲轴上的裂纹均增大,其中横向裂纹发展严重,可能导致曲轴折断。

(4) 曲轴的其他损伤

曲轴还有其他损伤,如:曲轴后端突缘盘中间支承孔的磨损;固定飞轮用突缘盘螺孔的磨损或变形;曲轴前端启动爪螺纹孔的损坏;曲轴前后端油封颈的磨损等。

8.1.2　曲轴的检验与校正

(1) 曲轴的检验

曲轴在光磨前,应检查中间主轴颈对两端主轴颈的径向圆跳动。若大于 0.15 mm时,应予校正;若小于0.15 mm时,可以结合光磨轴颈进行校正。

曲轴颈中间主轴颈的径向圆跳动(即原标准中的曲轴中心线的弯曲)的检验如图 8.4 所示,使百分表接触中间主轴颈,使曲轴回转一周,百分表指针的读数差即为最大径向圆跳动。

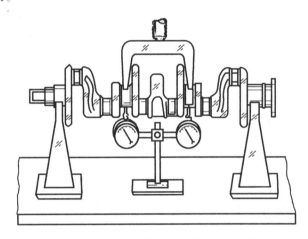

图 8.4　曲轴颈径向圆跳动的检验与弯曲校正

曲轴扭曲变形的检验可在曲轴磨床上进行,将连杆轴颈转到水平位置上,利用 K 型规分别确定同一方位上两个轴颈的高度差,其最大值为扭曲度,如图 8.4 所示。

测量曲轴轴颈的磨损时,利用千分尺测量其圆度和圆柱度,以掌握曲轴的磨损程度,进一步确定需要修磨的修理尺寸。当曲轴主轴颈和连杆轴颈的圆度和圆柱度不大于 0.025 mm 或轴颈表面上纵向的微细裂纹需经光磨消除时,应按修理尺寸进行光磨。

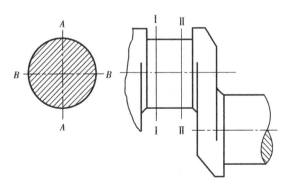

图 8.5　曲轴轴颈的测量位置

161

曲轴轴颈磨损测量的部位如图8.5所示,它是根据轴颈的磨损规律确定的。在每一个轴颈上都要选取两个截面,在每一个截面上取与曲柄平行及垂直的两个方向。轴颈同一横断面上的最大差数值的一半作为圆度误差,轴颈直径在纵断面上的最大差数值的一半作为圆柱度误差。

曲轴清洗后,首先应检查曲轴的裂纹。检查方法有两种:一种是磁力探伤法,另一种是浸油敲击法。浸油敲击法是将曲轴置于煤油中浸一下,取出后擦净表面煤油并撒上白粉,然后分段用小锤轻轻敲击,如有明显的油迹出现,即该处有裂纹。

其他耗损如启动爪螺纹孔的损伤、螺纹滑扣、突缘盘的变形、突缘盘中心孔的磨损和固定飞轮螺栓孔的磨损均应进行检验。

(2)曲轴的校正

曲轴的弯、扭超过一定限度时,应进行校正。通常的校正方法采用冷压校正和冷作校正。

1)冷压校正

将曲轴用V形铁架住两端主轴颈,用油压机沿曲轴弯曲相反方向加压,在压头与主轴颈间应垫以铜块。由于钢质曲轴的弹性作用,压弯量应为曲轴弯曲量的10~15倍,并保持2~4 min后,松掉压力。为了减小弹性变形作用,最好采用人工时效法消除。将校直后的曲轴加热到300~500 ℃保温0.5~1 h,可消除冷压时的内应力。当曲轴弯曲变形量较大时,必须反复多次进行校正,防止一次压校变形量过大而产生应力集中和曲轴折断。

冷压校正法的缺点是:使曲轴的疲劳强度降低,发生应力集中。这是由于曲轴的曲柄分别在不同的平面上,而且曲轴沿长度方向上刚度不同,因此,压校后最大变形不一定发生在所施加作用力的方向上,在轴颈的圆角处易形成新的应力集中。

2)冷作校正

冷作校正有采用球形手锤和采用风动锤两种方法,敲击曲柄臂边缘的非加工表面,使其被敲击表面产生塑性残余变形,使曲轴轴线发生位移,从而达到校正曲轴弯曲的目的。敲击的部位、程度和方向是根据曲轴弯曲量的大小和方向确定的,如图8.6所示。第一次冷作的效果最为明显,敲击力增大时,冷作的深度增加。若重复在一处敲击多次,会使加工硬化程度增加,校直效果不明显。所以,对每一处的敲击次数以3~4次为宜。

冷作校正曲轴的基本原理是:在曲柄臂冷作区表面金属被挤压,体积缩小,因而产生残余压缩压力,与冷作层邻近的金属层则相应产生拉伸应力,在这些应力作用下,曲柄产生变形。曲轴的弯曲就是依靠曲柄臂的冷作变形而产生的总变形来校正的。

用冷作法校正曲轴时,不会在危险断面产生塑性变形和应力集中现象,仅在轴颈根部受到弹性变形,因此,曲轴的疲劳强度不会降低。校后的变形比较稳定,校直的

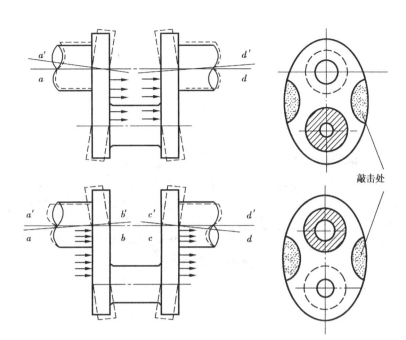

图 8.6　冷作校正校直曲轴

$a'b'$ 与 $c'd'$ 为修正前位置；ab 与 cd 为修正后位置

曲轴精度高。

　　已校正好的曲轴被敲击的表面上不能进行切削加工,在工作中也不能受到磨损,否则可能破坏已建立起来的残余应力的平衡状态。

　　冷作校正只适用于弯曲量不大于 $0.3 \sim 0.5$ mm 的曲轴。

　　3)曲轴的火焰校正

　　用氧乙炔焰对曲柄臂局部加热,使加热部位的屈服点降低,这时,只要有不大的力,就可以产生塑性变形。这种变形在曲轴冷却后是不会复原的,利用曲柄臂的残余变形达到校正曲轴弯曲的目的。

　　4)曲轴扭曲变形的校正

　　对于一般扭曲变形较小的曲轴,可以直接在磨床上结合对连杆轴颈磨修予以校正;对于扭曲变形较大的曲轴,可以利用液压扭力杆扭转校正。加热校正效果更好,但这种方法工艺复杂。

8.2　曲轴的磨削

　　曲轴轴颈的磨削是在曲轴校正的基础上进行的。曲轴的磨削除了轴颈表面尺寸的精度和表面粗糙度符合技术要求外,还必须达到形位公差的要求。磨削曲轴时,必须保证主轴颈和连杆轴颈各轴心线的同轴度以及两轴心线间的平行度,限制曲柄半径误差,并保证连杆轴颈相互位置夹角的精度。

曲轴的磨削通常是在专用曲轴磨床上进行的。MQ8260 型曲轴磨床的外形和传动示意图如图 8.7 和图 8.8 所示。

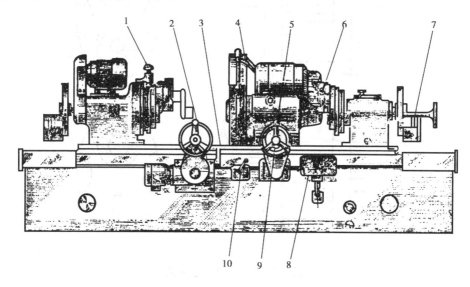

图 8.7 MQ8260 型曲轴磨床

1—左卡盘定位手柄;2—工作台纵向移动手轮;3—工作台机动手动选择手柄;
4—冷却液开关;5—横进给手轮;6—右卡盘定位手柄;7—配重块;
8—按钮台;9—横进给刻度盘调正手把;10—砂轮架快速进退手柄

在图 8.8 中,磨床中心高为 300 mm,中心距为 1 600 mm。磨床主轴 4 由电动机 3 经三角皮带传动副 2、中间轴 22 及齿轮 5 带动旋转,通过改变三角皮带塔轮的速比,主轴可有 25 r/min、50 r/min 及 100 r/min 的转速。主轴上固定有花盘,花盘装有带爪卡盘 7 和旋动丝杠 6,卡盘可以沿花盘径向移动,以磨削不同曲柄半径的曲轴。在主轴的末端装有平衡装置 23,用以平衡工件的不平衡量,可根据曲轴的质量用丝杠 24 使平衡块径向移动,或增减平衡块的质量。尾架的卡盘 12 及平衡装置 16 与主轴相配。

砂轮 8 由电动机 9 通过三角皮带拖动,电动机上备有两个皮带轮,用于新砂轮和磨耗至 ϕ760 mm 的砂轮,以免砂轮线速度过低影响磨削质量。砂轮横向进给由手轮 25 经齿轮机构、轴 26 及丝杠 27 实现。

8.2.1 定位基准的选择

曲轴磨削定位基准的选择与确定对于曲轴磨削的加工质量有很大影响。在选择曲轴磨削定位基准时,应尽可能地选择与制造曲轴的加工定位基准相统一。但是,有

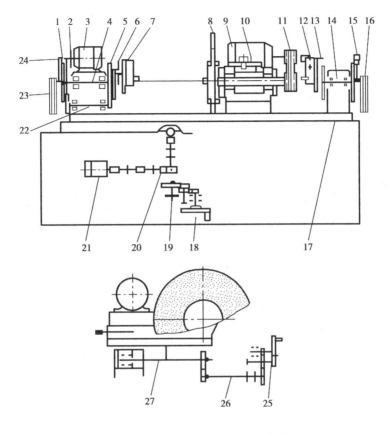

图 8.8 MQ8260 型曲轴磨床的传动

1—花盘;2—三角皮带传动副;3、9、21—电动机;4—主轴;5—齿轮;6、13、15、24、27—丝杠;
7、12—卡盘;8—砂轮;10—砂轮架;11—三角皮带传动副;14—尾架轴;16、23—平衡装置;
17—移动尾架的齿轮;18、25—手轮;19—滑动齿轮;20—蜗轮蜗杆传动副;22—中间轴;26—轴

的曲轴在制造加工过程中,后几道工序改变了加工基准,使在修理过程再次光磨曲轴时,无法重新利用原加工基准。

磨削曲轴主轴颈时,一般采用启动爪螺纹孔倒角和曲轴后端轴承座孔为定位基准。磨削连杆轴颈时,采用曲轴前端正时齿轮轴颈和后端固定飞轮的突缘盘的外圆柱面为定位基准比较合理(应注意避开螺孔变形部位)。启动爪螺纹孔倒角和曲轴后端轴承座孔可以近似工艺基准孔,符合基准统一的要求,与主轴颈的轴心线摆差也小。正时齿轮轴颈与飞轮突缘外圆柱面一般不易磨损,且装卡方便,工作可靠。同时,这两个表面加工精度较高,它们的轴心线相对于曲轴主轴颈轴心线的误差较小,所以,加工后的误差小。但在使用过程中,这些表面往往会遭到破坏,而使曲轴飞轮突缘表面和曲轴主轴颈同心度超过了允许的误差。

由于曲轴磨削时定位基准精度不高,不能保证曲轴的旋转轴线不变,增加了曲轴运转的不平衡性,使发动机工作时发生抖动,增加了零件的磨损,导致正时齿轮工作时发生噪音,并将影响发动机的使用寿命。所以,在曲轴磨削前,应对定位基准进行检查和修正。如果突缘外圆表面磨损或摆差超过技术标准要求,首先要修正突缘,使之符合技术要求,其端面跳动量应符合原厂规定。

曲轴定位基准的合理选择应根据曲轴的结构特点和工艺要求,综合分析确定。

8.2.2 主轴颈的磨削

曲轴轴颈修理尺寸的确定是根据曲轴轴颈前一次的修理尺寸、磨损程度和磨削余量,选择适当的修理级别,同时,选择相应的修理级别的轴瓦,可以减少镗瓦的工序,提高装配质量。

磨削一般选用粒度为40~60,硬度为中软 ZR_1 和 ZR_2,以陶瓷为黏结剂的氧化铝砂轮。选择规范应保证曲轴磨削时轴颈表面淬火层不致因磨削时的温度升高而退火或产生裂纹。

曲轴磨削时的转速、砂轮圆周速度和进给量见表8.1。如轴颈的磨削量较大,可以分为粗磨和精磨两个步骤进行。粗磨最好采用切入法进刀,精磨应采用纵向进刀法。这样,既可以提高生产率,又可以保证光磨质量。在停止磨削时,应使砂轮沿整个轴向空走一两次,以降低表面粗糙度。

表8.1 曲轴磨削规范表

加工方法	砂轮的圆周速度 /$(m \cdot s^{-1})$	轴颈的圆周速度 /$(m \cdot min^{-1})$	横进刀量 /mm	横向进给量 /mm	纵向进给量 砂轮移动速度 /$(mm \cdot s^{-1})$
粗磨	25~30	12~15	0.006~0.015	0.02~0.05	<15
精磨	30~40	15~25	0.005~0.010	—	—

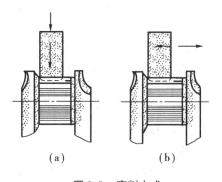

图8.9 磨削方式

(a)切入法;(b)纵向进给法

磨削主轴颈经常以启动爪螺纹孔倒角和后端轴承座孔为定位基准,后端常用锥体滚动心轴支承。将曲轴支承在顶针尖上,不要顶得过松或过紧,避免轴线的摆动和曲轴发生弯曲,为了确定各主轴颈中心线是否正确,可用百分表检验,当其指针摆差超过0.05 mm时,应检查和修正中心孔,然后才能进行磨削,如图8.9所示。

有些工厂采用三爪卡盘夹持正时齿轮轴颈的方法磨削主轴颈。利用这种方法定位时,一定要检查主轴颈中心线与磨床主轴中心线的重合度,防止由于卡盘在使用中的磨损、三爪卡盘的偏移而造成加工时的累积误差过大,不能保证加工精度的要求。

8.2.3　连杆轴颈的磨削

由于连杆轴颈磨损不均匀,可以采用两种磨削方法:偏心磨削法和同心磨削法。

同心磨削法就是磨削后保持连杆轴颈的轴线位置不变,即曲柄半径和分配角不变。柴油机曲轴磨削时,常用同心法,保持曲柄半径不变,柴油机的压缩比不变,但每次磨削量大。目前,在汽车使用期内,大修次数减少,用同心法磨削连杆轴颈,可以确保发动机性能不变。

偏心磨削法是按磨损后的连杆轴颈表面来定位磨削的。一般磨削后曲柄半径大于原曲柄半径,使压缩比增大,而且各缸变化不均匀,同时使整个曲轴的质量中心不处于曲轴主轴颈中心线上,引起曲轴不平衡,造成转动时的附加动载荷。

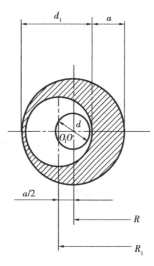

两种方法的比较如图 8.10 所示,列出下述关系式:

$$d_1 - d = a$$

$$R_1 - R = \frac{a}{2}$$

式中:d_1——偏心法磨削后连杆轴颈直径,mm;

R_1——偏心法磨削后曲轴曲柄半径,mm;

d——同心法磨削后连杆轴颈直径,mm;

R——同心法磨削后曲轴曲柄半径,mm;

a——连杆轴颈在靠近主轴颈一边多磨损的偏移量,mm。

图 8.10　偏心法与同心法磨削连杆轴颈的比较

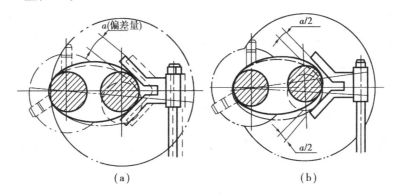

图 8.11　连杆轴颈磨削时的调整

(a)调整前;(b)调整后

从上式可知,偏心法磨削后曲柄半径增大 $a/2$,压缩比也相应地增大了,易引起发动机突爆。

连杆轴颈磨削后,要求连杆轴线与主轴线的平行度误差一般应不大于 0.01 mm。

对于连杆轴颈轴线与主轴颈轴线的距离,原厂规定:解放 CA1091 型汽车为 57.15 ± 0.10 mm,东风 EQ1090 型汽车为 57.5 ± 0.05 mm。修理后其极限偏差应不大于 ± 0.15 mm。

在连杆轴颈磨削时,应尽量地减小曲柄半径的增加量,保证同位连杆轴颈轴心线的同轴度误差不大于 ± 0.10 mm,这样才能保证曲轴运转中的平衡。

对于堆焊的轴颈,必须恢复曲柄半径的公称尺寸。

连杆轴颈磨削时,从工艺上应注意几点:

①连杆轴颈磨削时,应以磨削后的主轴颈作为基准,使连杆轴颈中心线与磨床主轴中心线相重合。

②使曲轴中心线偏离磨床主轴中心线,其偏移量为曲柄半径距离,可用磨床三爪卡盘上的刻度尺读得初调数值。调整配重装置,其平衡质量与偏移质量力求相等。

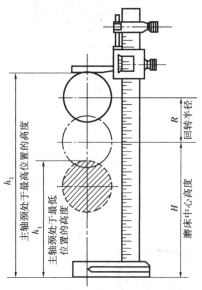

图 8.12　曲轴回转半径的检查

③校正同位连杆轴颈。由于曲轴的扭曲变形或连杆轴颈磨损相差较大,当曲轴经过初步调整位于水平位置后,还要用 K 形规检查两个连杆轴颈的高度,偏差值不应超过 0.15 mm,如图 8.11 所示。

当一个连杆轴颈调整到与主轴中心线重合后,再将 K 形规移到另一连杆轴颈。轴颈应与 K 形规的两个平面靠合。若轴颈与 K 形规的一面靠合,另一面有间隙,则表示曲轴有扭曲。

如曲轴发生扭曲的数值在允许范围内,可微量转动曲轴,使轴颈在 K 形规两侧的间隙相等。这样调整后,此连杆轴颈磨削量将减少,而另一轴颈的磨削量增加。

经过这样调整磨削后,曲柄夹角变化最小,对于活塞到达上止点的时间,配气相位和点火时间影响最小,可以保证发动机的功率。

④复查回转半径。用同心法磨削连杆轴颈时,为了保证曲柄半径的准确,在安装调整连杆轴颈后,应进行曲柄半径的复查。

复查的方法如图 8.12 所示,以床面为基准,用游标高度尺测量轴颈处于最高和最低位置之差值的一半为曲柄半径。当测得的实际曲柄半径与标准曲柄半径有偏差时,应重新进行调整。

经过上述调整后,即可磨削连杆轴颈。一般是先磨削两端连杆轴颈,因为它的扭转变形为最大。当同位的两个连杆轴颈磨完以后,再按曲轴的分配角利用磨床的分度机构旋转曲轴,使另一对连杆轴颈转到机床主轴中心位置,采用同样的方法进行调整和磨削。

8.3　轴承的修理

汽车发动机的曲轴轴承多数采用滑动轴承,而汽油机几乎完全采用薄壁轴承。这种轴承的刚性很小,所以,轴承座孔的精度和尺寸将影响轴承内孔的形状和尺寸。为了保证轴承与座孔的贴合良好,轴承是以一定过盈装入座孔的。瓦背和座孔的表面粗糙度越低,加工精度越高,越可以保证轴承工作可靠性和传热作用,且其过盈可取得小些。其过盈量过大,会使轴承合金材料产生挤压变形,破坏轴承内孔精度。为了保证轴承在座孔内的过盈量,轴承在自由状态下并非正圆,其曲率半径大于座孔的半径,轴承装入座孔内,上下两瓦片均高出轴承座孔平面一定距离,如图 8.13 所示。

轴承合金有巴氏合金、铜铅合金和锡铝合金等。

锡基巴氏合金是汽车发动机轴承中应用最早的一种减磨合金材料。这种合金是软基体硬质点的材料,具有优异的减磨性能,它能很好地与轴颈磨合,易于嵌藏磨料粒子,与瓦背黏合很牢。其最大缺点是疲劳强度较低,当温度超过 100 ℃时,其硬度及强度急剧下降。

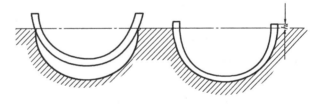

图 8.13　轴瓦装入座孔的要求

铜铅合金是高强度减磨合金,属于硬基体软质点材料,其优点是减磨性好、机械强度高、比压大等。其缺点是合金中的铅易受腐蚀,对润滑油要求有较低的腐蚀性。在铜铅合金表面镀上一层极薄的锡铅合金层,可以起到防腐作用。

锡铝合金主要成分是铝,此外还有锡和铜两种元素。这种合金的疲劳强度和承载能力高,抗蚀性好,轴承与底板的结合性好。它可以代替上述两种轴承,适用于高负荷、高转速的发动机上。这种合金膨胀系数较大,要求配合间隙略大一些,其刮削性能较差。

8.3.1　轴承的损坏及其原因

轴承损坏的主要形式是磨损和疲劳剥落。这种磨损开始阶段较明显,表现为表面粗糙、接触面积小、磨损速度快。特别是连杆轴承的上瓦片和主轴承的下瓦片,由于燃烧气体的压力大,在冲击负荷作用下,使用初期磨损速度快,而后轴承表面出现暗灰色的冷硬层,耐磨性提高,使磨损速度缓慢。使用后期,由于轴承间隙增大,轴颈产生椭圆、锥形又使轴承磨损加剧。轴承合金损坏的另一种形式是疲劳剥落。由于轴承在冲击负荷的作用下,使合金产生疲劳,继而产生微细裂纹,并向纵深发展,使合金出现剥落。还有一种损坏形式是:由于严重缺乏润滑油和在超负荷条件下运转,使轴承拉毛或烧熔。

8.3.2 轴承的选配

在选配轴承前,应先检查轴承座孔是否符合标准要求。要求轴承座孔的圆度和圆柱度都不超过 0.025 mm。检查方法是:将轴承盖装好,按规定扭力拧紧固定螺栓,用量缸表检查座孔的圆度和圆柱度。当轴承座孔圆度相差很小时,可以在轴承盖与座之间加垫片进行调整,但不要压在瓦片上。

选配轴承的要求如下:

(1)根据轴颈选轴承

根据曲轴的修理尺寸选配同一修理级别的轴承。东风 EQ6100 型汽车发动机曲轴主轴颈与连杆轴颈修理尺寸,该厂推荐为两级:-0.25 mm、-0.50 mm。轴颈应按修理尺寸磨削后,配装相应修理尺寸的轴承,即按轴承尺寸磨削轴颈。

(2)轴承长度符合规定

新的轴承装入座孔内,上下两片的每端均应高出轴承座平面 0.03~0.05 mm(称为高出量),最低不小于 0.03 mm。东风 EQ6100 型发动机推荐为:主轴承 0.02~0.045 mm,连杆轴承 0.035~0.06 mm。轴承高出座孔以保证轴承与座孔紧密配合,提高散热效果。检查轴承长度的经验做法是:将轴承安装好,装上轴承盖,按规定扭力拧紧一端螺栓,在另一端轴承座与盖的平面间插入厚度为 0.05 mm 的垫片。当把该端螺栓拧到 10~20 N·m 时,垫片抽不出,说明轴承长度合适;如垫片抽得出,说明轴承长度过长,可以在无定位凸位的一端适当锉低些;如果该端没加扭力扭紧时就抽不出垫片,说明轴承过短,应重新选配。

(3)定位凸点完整,瓦背光滑

轴承背面应光滑无斑点。粗糙度不大于 1.6 μm。为了轴承背面与座孔贴合紧密,增强其散热性,轴承瓦背上镀一层很薄的锡,锡层厚度为 0.001~0.003 mm。如定位凸点过低,可用尖铳冲出理想的高度。

(4)弹性合适

要求新轴承的曲率半径大于座孔的曲率半径,保证轴承压入瓦座后,可借轴承自身的弹力作用与轴承座贴合紧密。

此外,合金表面不应有裂缝和砂眼。

8.3.3 轴承的修配

轴承的修配方法有手工刮削、镗削、拉削等几种。

近年来,一些工厂生产的轴承精度和尺寸完全符合修理级别的要求,使轴承修理部门不需加工,只需按修理尺寸光磨轴颈,而后进行装配即可。

(1) 手工刮削

手工刮削只适用于小型修理单位和小修作业中采用。有些车型发动机不宜用这种方法。按标准要求,用手工刮削的轴承,要求接触均匀,接触面积不少于 75%,且松紧度合适。

1) 连杆轴颈的刮配

先将曲轴安放在支架上,将轴颈表面洗净后,涂上薄薄的一层轴承油,再将装配好轴承的连杆套在相应的轴颈上,均匀地扭紧螺栓,直到转动连杆有阻力时为止,然后按工作方向转动连杆,使轴承与轴颈摩擦,拆下连杆观察轴承接触情况,并进行修刮。开始修刮时,接触部位都是在轴承的两端,且压痕较重,此时,每次可以多刮去一些。经几次刮削后,接触面扩大到轴片,这时可以提高修刮速度,减少合金的修刮量。轴承经反复修刮至松紧度合适,接触面积符合要求为止。

修刮中如轴承松紧度合适,接触面不足时,可适当抽减垫片继续修刮,进一步提高接触面。轴承刮好后须保留 1~2 个垫片,以便小修和保养中拆去垫片,调整轴承紧度。

轴承松紧度的检验方法:通常在轴承上涂一层薄机油,将连杆装在相应的轴颈上,按规定扭力拧紧,然后用手甩动连杆,能转动 $1 \sim 1\frac{1}{2}$ 圈,沿曲轴轴线方向扳动连杆,没有间隙感觉,即符合技术要求。

由前述可知,由于轴承合金成分不同,轴承松紧度的要求也有差别。采用高锡铝合金轴承时,由于膨胀系数大,必须把轴承间隙适当放松些,轴承间隙可取技术标准中的上限或比上限大 0.01 mm 左右。如东风 EQ1090 型汽车发动机连杆轴瓦间隙为 0.04~0.11 mm,用手工刮削时接触面积不小于 85%。

轴承刮削后,还应检查连杆大头与曲柄臂之间的间隙,一般为 0.1~0.35 mm。超过使用限度 0.5 mm 时,应铜焊或浇一层轴承合金,并进行修配。

手工刮削应注意:刮削轴承时,刀要锋利、要放平,避免用刀尖,一次刮削面积要小,要刮重留轻,刮大留小,边刮边试配。刮削方向要交叉进行,以免起棱。

2) 主轴承的刮削

一般是几道主轴承同时支撑着一根曲轴,修刮时,要求各道轴承中心线必须一致。因此,主轴承的修刮必须先校正水平线。

①校正水平线。先将各道轴承放在倒置的汽缸体轴承座内,抬上曲轴,加适当垫片,用瓦盖压紧瓦片,随后转动曲轴数圈后抬下,查看各道轴承的接触位置。如果接触位置是在轴承的两端略靠下位置,则为正常;如果接触位置是在轴承两端边缘或在轴承下部接触,或有的轴承根本不接触,均属不符合要求,应更换一组轴承,重新选配。接触情况不一致,但相差不大时,可以进行修刮,使中心线一致。

②刮配轴承。水平线校正好后,抬上曲轴,在轴承座与盖之间可以加调整垫片,每边总厚度不超过 0.20 mm,并按记号装上轴承盖。交错拧紧各道轴承螺栓,一般是中间轴承先拧紧,然后向前后两端依次进行。在初步拧紧各道轴承时,以曲轴尚能转动为限,先从中间轴承开始以扭力扳手拧紧,扭力大小视情况而定,然后转动数圈曲轴,再依次按交错顺序对下一组轴承进行校核。各道轴承均校核完毕后,取下轴承盖,根据情况修刮轴承合金。要注意保持轴承上瓦片中心线的一致性。接近刮好时,应将全部轴承盖按规定扭力拧紧,转动曲轴研磨接触面,进行选择性刮削,保证接触面不少于75%,第一道和最后一道轴承接触面应不少于85%,以防漏油。经验证明:当轴承两端接触时,可多刮些;当轴承中间已接触时,要少刮些并注意保护两端的接触部位;一片接触好一片接触差,应修刮接触差的一片。

③曲轴主轴承配合松紧度的检验。通常是在各道主轴颈和轴承表面涂以润滑油,装好曲轴,按规定扭矩拧紧。开始转动曲轴时,可以借助于曲轴后凸缘上的板杆,并感到有一定的阻力,然后可用手直接扳转曲柄销,且应转动轻便、均匀,无阻滞现象。

(2)**轴承的镗削**

发动机曲轴轴承的镗削在专用镗床上进行。现以国产 JCS-007 型镗瓦机(图8.14、图8.15)介绍它的使用方法。

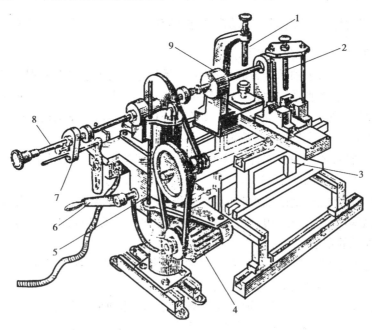

图 8.14　JCS-007 型镗瓦机

1、2—连杆卡压螺栓;3—机架;4—电动机;5—动力头升降螺杆;
6—动力头升降手柄;7—进给箱;8—进给量调整手柄;9—刀杆轴承座

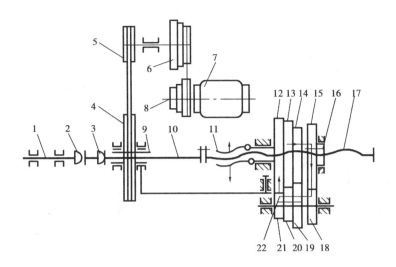

图 8.15　JCS-007 型镗瓦机的传动

1—镗杆;2—浮动接头;3—万向联轴节;4、5、6、8—三角皮带轮;

7—电动机;9、16—导向滑键;10—主轴;11—开合螺母;

12、13、14、15、18、19、20、21—齿轮;17—丝杠;22—拉键

在镗削轴承时,最好采用高转速精镗方法。由于切削速度高,进给量和进刀深度小,切削力小,产生热量少,提高了加工尺寸精度,降低了粗糙度。同时,由于切削力小,刀具的侧压力较小,机床主轴的配合间隙对加工影响小,降低了零件加工的几何形状偏差。

镗削主轴承时,将汽缸体倒放和紧固在镗瓦机机座上,装好各道主轴承盖,将镗杆置入轴承座孔和可调节支架的套内。在汽缸体两端主轴承座孔中装入定心套,镗杆从中穿过,对正中心,固定可调支架,取出定心套,装好各道轴承,即可进行镗削。

调整刀头尺寸时,为了保证对刀精度,可采用带 V 形架的专用对刀百分尺进行测量,如图 8.16 所示。若要求镗削的直径为 D,则在对刀百分尺上的读数 A 应为:

$$A = B + \frac{D - d}{2}$$

式中:B——用对刀百分尺测量刀杆的读数;

　　　D——要求镗削的直径;

　　　d——刀杆的直径。

在镗削主轴承时,可采用图 8.17 所示的活动刀盘。采用这种刀盘时,当镗完一道轴承后,取下刀盘,再装入另一位置,即可进行镗削,不需重新对刀,其对刀准确程度不变。

在镗削连杆轴承时,应先检查轴瓦,符合要求后装入座孔,并按规定扭矩紧固。

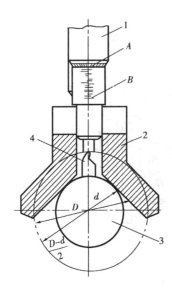

图 8.16　对刀百分尺
1—百分尺刻度套筒;2—V 形架;
3—镗杆;4—刀头

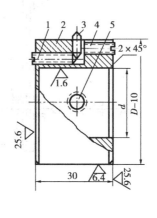

图 8.17　活动刀盘
1—刀头尺寸调整螺丝;2—刀盘;3—刀头;
4—刀头固定螺丝;5—刀盘固定螺丝孔

并以加工好的连杆小头铜套和活塞销为定位基准,将其装卡在镗削机上,仔细找正镗杆与轴瓦的中心,以保证镗削后能得到均匀的合金层厚度。

(3)**轴承的直接选配法**

如果汽缸体主轴承座孔同心度偏差在允许的范围以内,轴颈尺寸按照一定的修理尺寸光磨,则可以选用同一级修理尺寸的轴瓦直接配选。例如,东风 EQ1090 型汽车轴承,该厂推荐轴承有二级修理尺寸 -0.25 mm 和 -0.50 mm,其轴承上合金厚度只有 0.35 mm。合金成分为高锡铝合金,不便于自行加工。由制造厂家生产的瓦片具有精度高和保证粗糙度的标准,在修理时,只需选配即可。在装配时,要求在瓦盖、瓦座间无须加装垫片,不得为加装垫片而对瓦盖和连杆体的结合面进行锉削,以免破坏轴承孔的圆度。

(4)**曲轴轴向间隙的检查**

曲轴工作时的轴向间隙靠止推轴承来保证。在发动机修理过程中,要检查和调整好这一轴向间隙。一般是以撬杠将曲轴移动靠向一侧,然后用厚薄规测量,其允许间隙为 0.05 ~ 0.15 mm。东风 EQ1090 型汽车发动机在第四道主轴承座上,装有止推轴瓦,轴瓦的合金上开有两条油槽,合金层面应与曲轴止推面贴合,一般出厂间隙为 0.07 ~ 0.15 mm,间隙值超过 0.35 mm 时应更换止推轴瓦。

如换用的新止推轴承间隙过小,允许取下进行修刮,但端面跳动量不得超过 0.02 mm,合金的接触面也不应低于 75% 。

第9章 配气机构的修理

发动机在工作过程中,由于配气机构零件的磨损和损伤,降低了配气机构的工作性能,减少了气门的开启时间和最大开度,降低了发动机的充气系数,使发动机功率下降,燃料消耗量增加。配气机构的修理就是修复配气机构零件工作的性能,保证其工作时,配气正时,气门关闭严密,进气充分,排气彻底,工作平稳无异响,提高发动机功率,降低燃油的消耗。

9.1 气门组零件的修理

气门组零件在工作时,要承受高温、燃烧气体的冲刷和零件往复运动的惯性力与冲力的作用,同时润滑条件很差,因此,容易造成气门头部工作面过度磨损、烧伤和腐蚀,使气门与气门座失去密封性;气门杆与导管的磨损使气门杆在导管中上下运动发生摇晃,导致气门落座时不同心,这一配合间隙大时将使机油窜入气门座,在高温下易烧结阻滞气门的正常工作。气门弹簧弹性减弱、长度缩短、弯曲变形甚至折断。

9.1.1 气门的修理

(1)气门的耗损与检验

气门的耗损有:气门杆的磨损、气门工作面的磨损烧蚀、气门端头的磨损、气门杆的弯曲变形等。

气门杆的磨损发生在与气门导管的配合部位,且磨成椭圆形。气门的工作锥形面主要是发生偏磨,工作带出现沟槽,排气门工作面还有烧伤和腐蚀的痕迹,气门杆端头常常出现端面不平现象。

气门杆的弯曲变形常用气门杆圆柱面的素线直线度来表示,其误差值

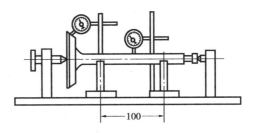

图 9.1 气门的检验

应不大于0.02 mm。另一种常用方法如图9.1所示,将气门杆支承在V形铁上,并用千分表将两端校成等高,然后检测外圆素线的最高点。当素线是中凸或中凹时,各测量部位的读数中最大与最小读数差值之半即为该轴向截面的上素线直线度误差。当

素线不是中凸或中凹时,转动气门杆按上述方法测量若干条素线,取其中的最大误差值之半,即为气门素线的直线度误差。

检测气门杆工作锥形面斜向圆跳动时,将千分表测头垂直于工作面转动一周,由千分表的读数可获得测量面上的斜向圆跳动值。按上述方法测量若干个测量面,取其中最大的跳动值作为气门锥形工作面的斜向圆跳动值。

（2）气门的光磨

气门工作面的光磨是在气门光磨机上进行的,如图9.2所示。

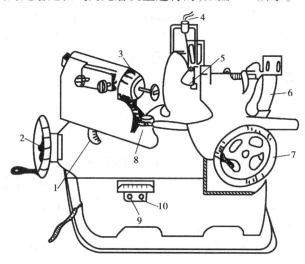

图9.2　气门光磨机

1—刻度盘;2—横向手柄;3—夹架;4—冷却液开关;5、6—砂轮;7—纵向手柄;
8—夹架固定螺丝;9—夹架电机开关;10—砂轮电机开关

气门的光磨工艺如下:

①将校直的气门杆紧固在夹架上,头部伸出长度约40 mm左右,夹紧气门。

②查看并修整砂轮工作面的平整度。

③光磨。先使气门转动,查看气门杆是否有弯曲,夹持是否有偏斜现象,并保持气门锥形工作面斜角比气门座锥形工作面斜角小30′,当气门无摆动时,再开动砂轮电动机。光磨进刀时,要慢慢移动夹紧,使用砂轮的平整部位。要及时冷却,进刀量要小,以保持粗糙度的要求,磨至光整时为止。光磨后气门头部圆柱面的高度不低于0.8 mm。其边缘减薄,工作时容易变形和烧毁。

9.1.2　气门座的修理

气门座的磨损主要是磨料磨损和由于冲击负荷造成的硬化层疲劳脱落,以及排气门受高温燃烧气体的腐蚀和烧蚀。气门磨损后,工作面加宽,气门关闭不严。

(1)气门座的铰削

气门座通常是用手工铰削方法修复的。铰刀的尺寸和形状不同,导杆的尺寸也不同。

气门座的铰削工艺过程如下:

1)选择刀杆

铰削气门座时,是以气门导管作为定位基准。因此,要根据气门导管的内径选择相适应的定心杆,定心杆插入气门导管内,调整定心杆,使它与导管内孔密切接触不活动,保证铰削的气门座与气门导管中心线重合。

2)粗铰

选用与气门工作面角度相同的粗铰刀,置于导杆上进行铰削。铰削时,两手用力要均衡,不要用力过大,直至将表面的凹陷、斑点去掉。

3)试配

粗铰后,应用光磨过的同一组气门进行试配,查看接触面所处的位置。接触面应在气门座的中下部,对于接触面宽度,进气门为 1~2.2 mm,排气门为 1.5~2.5 mm,可以保证进气门的密封性和排气门的散热作用。

若接触位置偏于气门座上部,应用 15°角铰刀铰削上口,尽可能每次少去掉些金属,以保证气门座的使用寿命,使接触面下移;若接触面偏下,可用 75°铰刀铰削,使接触面上移。最好保持接触面的位置在中下部。

4)精铰

最后选用与工作面角度相同的细刃铰刀进行精铰,或在铰刀下面垫以细砂布进行光磨,以保证表面粗糙度的要求。

气门铰削顺序如图 9.3 所示。

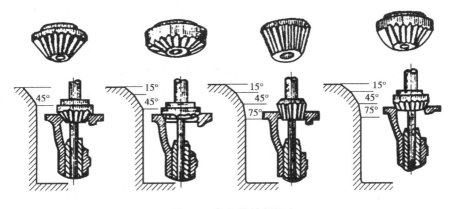

图9.3　气门的铰削顺序

(2) 气门座的磨削

气门座的工作表面也可以用高速砂轮机进行磨削。它主要是利用砂轮工作面固定的角度来代替铰刀，以小型电机作为动力。用光磨机修磨气门座的速度快、质量好。

(3) 气门的研磨

气门与气门还需互相研磨。气门的研磨可用手工操作，或使用气门研磨机，如图9.4所示。

1) 机动研磨法

将汽缸体或汽缸盖清洗干净，置于研磨机工作台上。在已配好的气门工作面上涂一层研磨膏，将气门杆部涂以机油装入导管内，使各气门的座孔对正转轴的垂直位置，连接好研磨手柄，调节气门升程，即可进行研磨。研磨后，将气门和气门座清洗干净，它们的工作面应平滑，并成为无光泽的圆环，不允许有中断和可见的凹槽。

利用机动研磨法能提高工效，减轻劳动强度。

2) 手工研磨法

研磨前，将气门、气门座及气门导管孔进行彻底清洗，避免杂质刮伤气门工作面和气门导管内孔。然后，在气门锥形工作面上涂薄薄一层研磨膏，同时在气门杆上涂以润滑油，插入导管内。

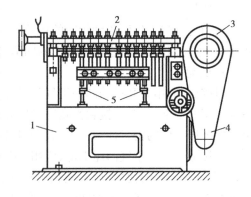

图9.4　气门研磨机
1—床台；2—摆动往复机构；3—减速器；
4—电动机；5—高低调节支柱

利用气门捻子，将气门往复旋转运动，进行研磨。并不时地提起气门进行转动，改变接触部位，保证均匀研磨。研磨时，动作要轻，不要用力敲击，避免工作面上出现砂痕。当气门和气门座的工作面上出现一条整齐无斑痕的接触带时，可洗去研磨膏，再涂细研磨膏继续研磨，待出现一条整齐的灰色的无光泽环带时，再洗去研磨膏，涂上润滑油，继续研磨数分钟。

在研磨过程中，不要使研磨膏进入导管孔中，以免气门杆与导管产生磨损。

试验气门与气门座是否密封的常用方法有两种：一种是，在气门锥形工作面上，用软铅笔画许多素线，然后在气门座上轻轻敲击和转动，如所画线条均被切断，则表明符合要求。如有的线条未断，则表示密封不严，需要重新研磨；另一种是，在气门和气门座的工作面清洗干净后，将气门与相配的气门座轻敲几次，然后查看接触带，如有明亮的连续光环，即达到了密封要求。

（4）气门座圈的镶配

气门座经多次铣削后，直径增大，而气门经多次修磨后直径减小，使气门锥形工作面下降，这将减小压缩比和充气效率。在修理过程中，要检查气门的下陷量，如图 9.5 所示。当气门顶平面低于汽缸盖和汽缸体平面 2 mm，或原座圈有烧伤裂纹、松动时，应重新镶气门座圈。

镶配气门座圈工艺的要点如下：

1）镗削气门座圈座孔

在基体上未镶过气门座圈时，要利用镗床或钻床以气门导管中心线为定位基准进行镗削。其座孔深度和孔径应符合座圈的尺寸要求，加工后座孔的表面粗糙度应符合技术要求，座孔端面与轴心线垂直。如原基体已镶有气门座圈，则应拉出旧座圈。

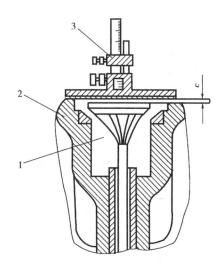

图 9.5　气门下陷量的检查
1—气门；2—汽缸盖；3—深度游标尺

2）配制气门座圈

座圈的材料和硬度对其工作有重要的影响。座圈材料最好与基体材料的性能接近。一般采用合金铸铁与球墨铸铁，也有采用合金钢的座圈。在材料选择上，应考虑其膨胀系数与基体相同，以免因膨胀系数不同而发生座圈在工作中松动。还要考虑到座圈与气门的材料相配合，保证座圈在工作温度条件下塑性变形小，硬度比气门工作面的硬度略低。

座圈外径与座孔需要过盈配合，用冷缩法时过盈量为 0.05 ~ 0.15 mm，热镶法时过盈量为 0.2 ~ 0.25 mm。座圈高度一般为 6 ~ 8 mm，壁厚为 4 ~ 5 mm。其外圈端面要有与座孔相同的粗糙度和几何精度。

座圈压入后，上端面应与基体平面平齐，高出平面部分应予修平。

9.1.3　气门导管的修配

（1）气门杆与导管间隙的检验

对于气门杆与导管配合间隙的检验，通常是在拆散清洗后进行。如图 9.6 所示，将百分表固定在汽缸盖或汽缸体的侧壁上，同时，将气门升高约为 15 mm 左右，使百分表测杆触头与气门头部边缘靠紧，摆动气门，百分表指针摆差即为气门杆与导管的配合间隙。该值超过大修允许标准时，应更换新件。

如东风 EQ1090 型发动机大修时，气门杆与导管的配合间隙：进气门为 0.05 ~ 0.08 mm；排气门为 0.05 ~ 0.10 mm。其使用极限：进气门为 0.12 mm；排气门为0.15 mm。

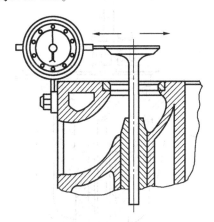
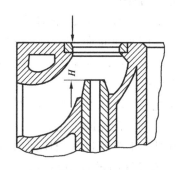

图9.6　气门杆与导管配合间隙的检验　　　　图9.7　气门导管与汽缸体上平面的距离

发动机大修时,一般应更换气门导管,气门导管的更换应在镗缸前进行。

(2)气门导管的镶配

新的气门导管要经过检验确定,要求气门导管内径与气门杆尺寸相配合,保证配合间隙,气门导管外径与导管孔有一定的过盈。在修理过程中,这一过盈量通常用经验方法确定,新气门导管尺寸比旧气门导管尺寸大0.01~0.02 mm为合适。

镶气门导管的方法是:冲出旧气门导管,清洁导管孔,将选用的新导管涂少许润滑油,压入导管孔内,其上端面与基体平面的距离应符合技术要求。距离过小,会增加进、排气阻力,距离过大,会影响散热作用,如图9.7所示。

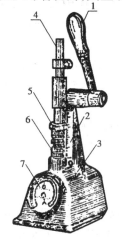

图9.8　弹簧弹力试验器

1—手柄;2—试验器机体;
3—台架;4—压柱齿杆;5—压头;
6—被试弹簧;7—压力表

气门导管镶入以后,应检查气门杆与气门导管的间隙是否符合技术要求。如气门杆在运动中有阻力的感觉,说明间隙过小,在工作中可能发生卡死现象。间隙值的大小与气门的工作温度有关,一般进气门的间隙略低于排气门的间隙。

气门杆与气门导管的间隙过小,可以进行铰孔。铰削时,要根据气门杆直径大小选择铰刀。如使用活动式铰刀,吃刀量不要过大,用力要均匀、平稳,边铰边试配。对其松紧度的经验检验方法是:将气门杆与导管孔清洗干净,在气门杆上涂一层润滑油,放入导管中,往复运动几次;然后,气门能借自身重力徐徐下降,则表明配合间隙合适。

9.1.4　气门弹簧的检测

气门弹簧经长期使用以后,弹性减弱,弹簧发生变形,端面不平,有时还出现疲劳裂纹或折断现象。这些缺陷将使气门关闭不严,影响发动机的正常工作。弹簧弹性的大小可以通过弹簧试验器进行检验,如图 9.8 所示。弹簧的弹性还可以用新旧弹簧对比的经验方法来检验。旧弹簧弹力明显减小时,应更换新件。还要检查气门弹簧的端面与中心轴线的垂直度,其技术要求不超过 2°,各道弹簧圈的外径应在同一平面上,其误差不超过 1 mm,否则应更新。

检测气门弹簧弹性时,要根据不同发动机的技术要求进行。如东风 EQ1090 型汽车发动机气门弹簧的自由长度为 59.5 mm,气门开启时压缩长度为 39.5 mm,相应压力为 529 N;气门关闭时压缩长度为 51 mm,相应压力为 225 N。

9.2　气门传动组零件的修理

9.2.1　凸轮轴的修理

凸轮轴在工作中承受的负荷较小,润滑条件好,所以其轴颈工作表面磨损缓慢。一般是在发动机大修 2 ~ 3 次时,凸轮轴需修一次。

凸轮的外形直接影响气门的开启和关闭规律,影响配气定时和气门开启的时间断面系数。如图 9.9 所示,凸轮顶附近磨损最大。凸轮磨损以后,气门开启时刻由原来的 C 点延后一个角度 φ 转移到 C'。由于气门和凸轮高度方向的磨损,气门升程也随之减小相应的数值。造成气门开启的时间断面积减少,使气体通过时的阻力增大,以致进气不足,排气受阻,残余废气增加,发动机功率下降,燃料消耗增加。

(1)凸轮轴的耗损与检验

1)凸轮轴的耗损

凸轮轴的耗损形式有凸轮工作面的磨损、擦伤和疲劳剥落,还有轴颈、偏心轮、齿轮的磨损以及凸轮轴的弯曲变形等。

凸轮磨损的主要原因是:气门的工作是间歇性的开闭,凸轮表面受到周期性的冲击负荷,同时,由于凸轮表面是在很高的滑动速度下工作,其单位压力很大,造成凸轮表面的不均匀磨损。当磨损严重时,将改变凸轮的外形,影响充气性能和排气效果,发动机性能变坏。

凸轮工作表面的擦伤是沿滑动方向上产生小的擦痕,以致发展成为严重的黏着损伤。它是在较高的接触应力下,由于润滑不良,金属表面发生直接接触,造成金属的黏着和表面材料的转移而形成的。

凸轮轴的弯曲变形,一般是由于气门挺杆运动受到阻滞,凸轮轴受到过大的弯矩

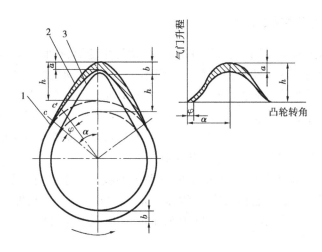

图 9.9 凸轮的磨损特性及影响

1—新凸轮外形;2—磨损后的凸轮外形;3—磨修后的凸轮外形

作用而发生的。此外,轴承松旷了也会增大弯矩作用。凸轮轴的弯曲将影响它的正常工作而发响,造成机油泵齿轮和正时齿轮的加剧磨损。其弯曲严重时,还会影响到配气定时的准确性和气门间隙的调整。

2)凸轮轴的检验

测量凸轮的最大高度与基圆直径的差来衡量凸轮的磨损程度。凸轮磨损后,其升程减小程度超过 0.4 mm 以上时,应重新修磨,也可以用样板法检验凸轮的外形。

凸轮轴的弯曲变形是以凸轮轴的径向圆跳动来衡量的。若其最大值大于 0.10 mm,则应进行校正。凸轮轴校直后,中间各轴颈的径向圆跳动应不大于 0.04 mm。

对于凸轮轴轴颈的磨损检验,当其圆柱度误差超过 0.015 mm,应按分级修理尺寸修磨。

(2)凸轮轴的修理

凸轮的磨修要保证恢复凸轮原有的几何形状。在磨修前,要根据凸轮高度 H_1 及基圆 D_1 的测量结果计算确定凸轮的修理方法。当凸轮的升程减小量超过 0.4 mm,同时,凸轮表面的累积磨损量与修理加工磨削量之和不大于 0.5 mm 时,可直接在凸轮轴磨床上磨削。磨削后基圆应高出轴颈 0.15 mm 以上。当超过上述数值时,可采用堆焊,然后按基本尺寸光磨,如图 9.10 所示。

磨修凸轮时,相当于沿标准凸轮各点法线方向均匀磨去一层金属 Δ_1,以恢复气门升起高度及配气相位。磨修后,凸轮表面剩余渗碳层厚度不应小于 0.6 ~ 0.8 mm。凸轮的磨削应在凸轮轴磨床上进行,如图 9.11 所示。

凸轮轴磨床与一般磨床不同,它的主轴及磨床的尾架可以摆动,使凸轮轴中心线能够随靠模外形不断改变位置,磨出凸轮外形曲线。

靠模板由进气凸轮靠模板和排气凸轮靠模板组成。靠模板的制造精度对凸轮的光磨质量影响很大,所以要求靠模板的精度很高。

凸轮磨修后,硬度应不低于 45HRC,凸轮基圆部分相对轴颈的同轴度应不大于 0.05 ~ 0.08 mm,凸轮工作面与轴颈中心线平行度在凸轮长度上不大于 0.02 ~ 0.03 mm,有锥度的凸轮应符合技术要求。

磨修凸轮时,除保证凸轮形状、尺寸、精度,还要保证各凸轮与正时齿轮键槽的夹角偏

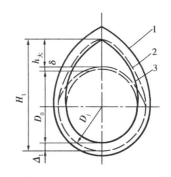

图 9.10 凸轮的磨损及修复
1—新凸轮外形;2—磨损凸轮外形;
3—修复凸轮外形

差,否则,将影响配气相位的变化。凸轮轴磨床上的分度头用键装在主轴的前端。分度头(图 9.11(a))由壳体 1、定位块 2 及分度盘 3 组成。分度盘按圆周四等分或六等分配置有许多槽,以适应四缸或六缸发动机凸轮轴凸轮夹角的要求。卡头(图 9.11(b))以键槽与凸轮轴相连接,并通过它与分度盘相联系,其角度 a 应与凸轮轴正时齿轮键槽的夹角相适应。在磨修凸轮轴时,要保证这个角度的准确性。

凸轮的磨削规范:砂轮选用中软 ZR_1、ZR_2,粒度为 46 ~ 60,转速为 1 034 r/min;工件转速为 16 r/min(或 32 r/min),砂轮最大线速度为 32 m/s,粗磨时,进给速度为 0.01 ~ 0.02 mm/r,精磨时,进给速度为 0.005 ~ 0.007 mm/r。

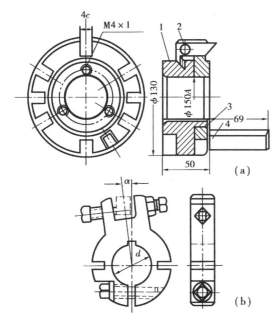

图 9.11 凸轮轴磨床夹具
(a)分度头;(b)夹具
1—壳体;2—定位块;3—分度盘;4—拨杆

当凸轮和轴颈采用电振动堆焊、手工电弧焊、刷镀及镀铬方法修复时,其附加修复层应满足下列要求:

①采用电振动堆焊的凸轮轴,应进行低温回火或表面强化处理。附加层的机械性能表面硬度不低于 50 HRC,与基体结合强度 $\sigma_b \geq 294.2$ MPa。

②采用电镀修复凸轮轴,应进行排氢处理。轴颈镀铁时,修复层强度 $\tau_b \geqslant$ 274.6 MPa,表面硬度不低于42 HRC,与基体结合强度 $\sigma_b \geqslant 166.7$ MPa。

凸轮表面尤其是顶部接触应力大。因此,要求附加修复层与基体的结合强度要大,还要求有较高的硬度,以保证其耐磨性。目前汽车修理企业多采用手工电弧堆焊来修复凸轮。如采用电振动堆焊(加冷却液),选用适当的工艺规范和焊丝,也可以使表面硬度不低于50 HRC。

对于凸轮轴轴颈磨损,其圆柱度误差超过0.015 mm时,应按分级修理尺寸光磨轴颈。磨削后,其轴颈的圆柱度误差应不大于0.005 mm。光磨轴颈的最小尺寸应大于凸轮总高度1~1.5 mm,以便于安装。

按修理尺寸磨削轴颈时,还要按同级修理尺寸选配与镗削轴承。

(3)凸轮轴轴承的修理

发动机大修更换新凸轮轴轴承时,应重新镗削或修刮轴承,以达到标准的配合间隙,一般在0.03~0.07 mm。使用极限尺寸一般不超过0.15 mm,超过这一尺寸限度,则应重新换轴承,并进行刮配。轴承的修配方法有镗削法、铰削法、刮削法等。通常其工艺步骤如下:

①冲下汽缸体上的后端堵孔盖,拆除旧轴承。

②根据凸轮轴颈的尺寸,选配同级修理尺寸的凸轮轴轴承。

③测量轴承与座孔的过盈量。通常用量缸表和游标卡尺进行测量。开缝轴承的过盈量一般为0.07~0.19 mm;整式轴承装到铸铁汽缸体上的过盈量一般为0.05~0.13 mm;装到铝合金汽缸体上的过盈量一般为0.03~0.07 mm。过盈量过大,轴承难以装入,或使汽缸体胀裂,或使轴承起伏不平;过盈量过小,轴承工作时易发生转动,堵住轴承的润滑油通道孔,破坏轴承的正常润滑。

④轴承内径尺寸的计算。如轴承采用刮削法修配或用车床、镗床加工轴承时,其修配加工后轴承内孔尺寸应为:

轴颈尺寸 + 轴颈与轴承配合间隙 + 轴承与座孔的过盈量

刮削(或车削)轴承时,要求加工后的轴承壁厚度均匀,这样才能保证轴承的同心度。在轴承未压入座孔前,应与轴颈试配,其配合应该松旷,其最大间隙应为:

轴承与座孔的过盈量 + 轴承与轴颈的配合间隙

因为当轴承压入座孔后,轴承内孔缩小,一般情况其缩小尺寸近似于轴承与座孔的过盈量。所以,轴承压入后,即可达到所需的配合间隙。

⑤将轴承压入座孔,压入时应对正油孔,并防止将轴承打毛。

⑥将凸轮轴装入轴承内,转动数圈,视接触情况加以修刮,要求接触面积大,又符合松紧度的要求,同时注意各轴承的同心度。

9.2.2　气门挺杆和导孔的修配

由于气门挺杆与导孔磨损间隙扩大,挺杆工作时,将产生撞击噪音和摆动,从而加速磨损。

气门挺杆与凸轮接触的球形工作面在工作中将使球面磨损。球形工作面磨损超过一定限度后,挺杆不能灵活地转动,又进一步加速挺杆球面的磨损,还将增大凸轮顶动挺杆的横向力,并加速了挺杆柱形工作面的磨损及挺杆摆动和噪音。

气门挺杆球形工作面磨损后,可在专用磨床上或利用夹具在车床上进行磨削。图 9.12 所示为在车床上磨削挺杆球面的简图。挺杆装在车床的夹头内,碟形砂轮由电动机 4 驱动,碟形砂轮轴线与车床主轴线在同一水平面上,并相对旋转一个角度 α,当零件和砂轮相对转动时,即磨出球面。

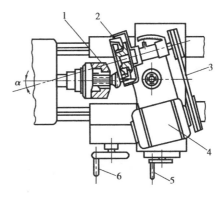

图 9.12　在车床上磨削挺柱球面
1—夹头;2—砂轮;3—皮带;4—电动机;
5—横向移动手轮;6—纵向移动手轮

这种方法的基本原理是:圆球的任一截面总是一个圆,若在球面上贴合一个圆环,当圆球按任意轴线旋转时,圆环按不与圆球旋转轴线相重合的另一轴线做定心旋转,这样球面与圆环的内圆之间就将进行密切贴合的相对运动。如将圆环改换成一个碟形砂轮,圆球用一个圆柱形工件代替,工件与砂轮的相互位置如图 9.13 所示,工件端面将磨成球面。

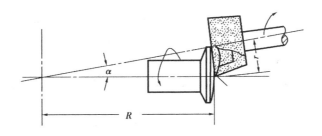

图 9.13　碟形砂轮

从图中可以看出,碟形砂轮端面的外圆(一般用砂轮端面外圆磨削成球面)必须正好在挺杆旋转轴线上,否则,工件会出现一个小的圆平面而未被磨去。要保证这一要求,由几何关系可知,工件轴线和砂轮轴线之间的夹角必须满足下列条件:

$$\sin \alpha = \frac{r}{R}$$

式中:r——碟形砂轮磨削圆半径,mm;

R——工件的球面半径,mm。

砂轮直径应小于挺柱的球面半径,同时砂轮直径应大于托盘直径,否则,会留下局部磨不下去。

气门挺杆与导孔的配合间隙一般为 0.03 ~ 0.07 mm,其使用限度为 0.12 mm。发动机大修时,应恢复到标准配合间隙。如配合间隙超出使用限度时,应通过电镀法增大挺杆直径和铰大导孔的方法修复。当孔径加大到 1.5 mm 以上时,可以用镶套法恢复到标准尺寸。对于镶套的过盈量,青铜套为 0.10 ~ 0.15 mm,铸铁套为 0.015 ~ 0.025 mm。

挺杆导孔的铰削应用长柄铰刀进行。为了保证导孔的中心线与气门导管中心线相重合,铰刀的导杆部分应以气门导管为定位基准。

对于气门挺杆与导孔的配合间隙,经验检查方法是:不加机油,用拇指将挺杆推入导孔时,稍有阻力;挺杆完全推入后,提起少许,用手摇动时没有或稍有轻微间隙的感觉;如加机油时,挺杆上下活动和转动自如,摇动应无间隙感觉。

9.2.3 气门推杆、摇臂及摇臂轴的修理

气门推杆多用空心细钢管制成。在使用过程中,除两端球面磨损外,沿杆身轴线易产生弯曲。

修理时,两端球面磨损可用弹簧钢丝堆焊球面再进行修磨。凹球面端的半径公差应控制在 +0.30 ~ -0.10 mm 之间,推杆直线度误差应不大于 0.30 mm,杆身表面应光滑、平直,不得有锈蚀和裂纹现象。推杆下端凸球面的半径也应符合规定,以免半径减小而加快挺杆内球面的磨损。

摇臂轴弯曲变形应用冷压校直,其直线度误差在 100 mm 长度上应不大于 0.03 mm。摇臂轴弯曲校正后,或磨损过度应在无心磨床上磨削至修理尺寸,或表面镀铬,其外圆柱面的圆柱度误差应不大于 0.01 mm。

在汽车大修时,摇臂轴承孔的青铜衬套应更换,并按摇臂轴的修理尺寸进行铰孔,其配合间隙为 0.03 ~ 0.09 mm,使用极限间隙为 0.20 mm。超过时,在摇臂孔内镶套修复,但衬套油孔与摇臂上的油孔要重合,以免影响润滑。

摇臂上调整螺钉的螺纹孔损坏,一般应更换。

第10章 燃料系、冷却系与润滑系的修理

10.1 汽油机燃料系的修理

汽油发动机燃料系要保证发动机在各种工况下供给不同成分的混合气,使发动机具有良好的动力性及经济性。在发动机修理过程中,要彻底恢复燃料系的技术状况,对燃料系各总成应进行拆散、检验、装复和调试作业。

10.1.1 汽油泵的修理

对汽油泵的技术要求如表 10.1 所示。

表 10.1 汽油泵的泵油压力、泵油量及密封性

汽油泵型号	凸轮轴转速 /(r·min⁻¹)	泵油量 /(L·min⁻¹)	出油口关闭压力/ mmHg	吸油高度 / mm	输油高度 / mm	停止泵油 1 min 后压力下降 / mmHg
262	1 200	>1.5	150~230	500	500	<20
266	1 200	>3.16	150~230	500	500	<40
266A₁	1 800	>0.84	150~230	500	500	<20
268B	1 500	>3.17	200~275	500	500	<20

注:1 mmHg = 133.322 Pa。

汽油泵的性能变坏主要表现为供油压力不足或不供油、密封性差等。其主要原因是:摇臂磨损,进出油阀门关闭不严,各接合面不平,膜片破损,膜片弹簧弹力减弱和油路堵塞等。

(1)汽油泵的拆散、检验和修理

汽油泵应全部拆散、彻底清洗,然后对各零件进行检验。

1)汽油泵摇臂检修

汽油泵摇臂与凸轮接触部位因长期工作使摇臂发生磨损,引起膜片工作行程缩短,泵油量减少。若磨损超过约 0.2 mm 时,应进行堆焊。焊后应修整,并符合原工作面的高度和粗糙度要求。内摇臂的接触端发生磨损也应按规定的尺寸要求进行修

复。经焊修和修磨后应进行淬火处理,以保证它的耐磨性。

汽油泵外摇臂及内摇臂修复后应组装进行检查。当凸轮不处于顶动摇臂位置时,内外摇臂之间应有一定的空隙,并注意内摇臂末端的运动行程。若超过一定的限度,则可能拉破膜片。

2)进、出油阀的检验

进出油阀因磨损和汽油中酸性物质的磨蚀、胶质和其他污垢沉积等影响,使油阀关闭不严,影响泵油量和泵油压力。单片式油阀可将其磨平或翻面使用,组合式油阀可用酒精清洗,除去胶质。经修磨或清洗无效时,应更换新件。

汽油泵进出油阀弹簧的自由长度为 7 mm。当载荷为 0.147 N 时,其长度不少于3 mm。如弹簧弹力减弱,应换用新件。

3)膜片弹簧的检验

膜片破裂、硬化变质应予更换。泵膜弹簧经长期使用后弹力减弱,使泵油压力降低。汽油泵拆散后,应检验弹簧的弹力,弹力不足应更换新件。

汽油泵膜片弹簧自由长度为 84 ± 1.0 mm。当载荷为 39.2 N 时,膜片弹簧的长度增加了 18 ± 1.0 mm。

4)汽油泵壳体的检修

汽油泵上下壳体两部分均由锌合金铸造。拆散后,应检查接合面是否平整。应放在平板上检验,若有轻微的变形,其平面度应不大于 0.1 mm,否则应进行修复。

壳体的裂纹应进行焊补或黏结。

(2)汽油泵的装复及试验

1)汽油泵的装复

汽油泵装配时,摇臂轴与孔的配合间隙一般为 0.03 ~ 0.13 mm,最大不超过0.20 mm。手摇臂半圆轴与孔的配合应有微量的间隙,但不得松旷。安装油杯时,用手力旋紧油杯紧固螺母,不宜用手钳,泵壳下体突缘与缸体结合面间的衬垫厚度要适当,以保证供油量。

2)汽油泵的试验

汽油泵性能试验最好在专门的试验台上进行。试验时,汽油泵安装尺寸应符合实际要求。按表 10.1 规定的规范试验时,其性能应符合技术要求。

汽油泵的经验试验方法是:当用嘴吸进油口时,能吸住舌尖,吹出油口时吹不动,表示进出油阀密封性良好;或将进油口浸入汽油中,按动手摇臂,出油急促而有力,表明汽油泵性能良好。

10.1.2 化油器的检修与调整

化油器是燃料供给系的重要组成部分。它的性能将直接影响发动机的动力性及经济性。化油器的修理作业主要有拆散检验、装复和调整试验等,以保证发动机的工作要求。

(1) 化油器的拆检

化油器拆散后,各零件用汽油或丙酮浸泡,然后仔细清洗,除去各量孔、油道和喷管中的沉积物,并用压缩空气吹净。根据零件损伤情况进行检修。

1) 浮子的检修

若浮子有凹陷,可在凹陷部位上焊以铜丝,借助金属丝将凹陷部位拉平,然后去掉金属丝。检查浮子有无裂纹时,应将浮子浸入到 60～80 ℃的水中保持 1 min,如浮子发生渗漏,应将浮子开一小孔,排除其间的汽油蒸气,然后进行封焊。修理后的浮子质量不应超过原质量的 5%～6%。

2) 浮子室进油阀密封性的检验

浮子室进油阀不密封会使浮子室内油面过高,增加油耗量。针阀的密封性经常用嘴吸试,但最好用专门的仪器试验,如图 10.1 所示。这种仪器包括压头管和工作管,管子 1 可提升 250 mm。在进行试验前,将管 1 提升 250 mm,使其手把的夹子 8 接触,并加水至管 2,使水面升至标志 0 处。将被试的三角针阀 3 和座 4 清洗干净,放在橡皮座 5 中,然后,将压头管 1 下放到底,使管上的销子靠住架子 7。此时,三角针阀便处于真空的作用之下。如针阀密封性良好,在 30 s 内,工作管 2 中水面下降不应超出 12 mm,否则,应研磨针阀或更换新件。

3) 化油器喷管、量孔和油阀的检验

在清洗这些零件时,注意不要用硬质金属丝穿通,以免将量孔刮伤和扩大。量孔可能在使用中因腐蚀而增大,也可能由于胶质物的沉积而减小。一般可通过对量孔的流量试验来确定。

4) 化油器壳体的检验

若化油器的上、中壳体间不平,应在平板上垫好细砂布进行研磨,否则,将影响化油器的密封性。

节气门轴与轴孔的配合间隙不可过于松旷,间隙不应大于 0.10 mm,修复时可加铜套。

关闭节气门时,其边缘与混合室内壁应关闭严密。若关闭不严,将使怠速转速提高,油耗增加。其边缘缝隙超过 0.1 mm 时,应根据节气门的结构,采用不同的修理方法。如 H101 型化油器节气门是低碳钢制作的,可用小锤适当轻击节气门边缘,使其直径适度扩大,再经锉刀修整,使其边缘与混合室内壁密合。

加速泵活塞皮碗不得有松旷和上下移动不灵活的现象,也不得有严重磨损和硬化收缩造成间隙过大的现象,必要时应更换新件。

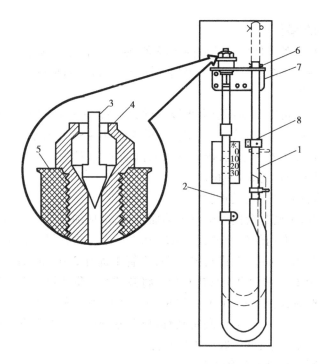

图 10.1　针阀密封性的检验

1—压头管;2—工作管;3—三角针阀;4—阀座;

5—橡皮座;6—销子;7—架子;8—夹子

（2）化油器的调整

化油器各零件经过检修装复后,应进行调整,以保证化油器的工作性能。其调整作业包括:浮子客观存在油面高度的调整、怠速的调整、加浓装置的调整、主供油装置的调整、加速泵的调整等。

对于不同型式的化油器,其调整方法往往也不同。

1）浮子室油平面高度的调整

通过化油器浮子室检视孔查看油面高度。如油面过高或过低,可降低或升高浮子高度进行调整。

油面过高,会使混合气过浓;油面过低,又会使混合气过稀。混合气过浓或过稀都将影响发动机的动力性和经济性。

2）怠速的调整

怠速调整是在发动机的台架试验时进行的。调整时,要求发动机冷却水温度、点火系等工作正常。

调整时,首先通过节气门开度限位螺钉将节气门开度调整到最小位置,使发动机转速尽可能降低,但不熄火,然后调整怠速螺钉,使混合气加浓,提高发动机的转速。

如此反复调整节气门开度和怠速调整螺钉,使发动机的转速最低而又稳定。

怠速调整好后,要求节气门突然开大时,发动机能很快提高转速而无阻滞。节气门突然关闭时,发动机不熄火。

3）主喷油装置的调整

发动机工作时,除怠速外,主喷油装置都在供油,因此,它的供油量对发动机的动力性及经济性都有很大影响。在设计时,主喷油装置供给最经济的混合气成分。有些化油器的主喷油装置是固定的量孔,是不可调的。

对于可调整的主喷油装置,一般是先将主量孔调节针旋到底,然后再退回一定圈数。

4）化油器其他装置的调整

H101 型化油器的真空省油器应在进气管的真空度为 13 332.2 ~ 2 664.4 Pa 时开始工作,真空泵柱塞下落时开始供油,当通过试验出现柱塞下落过早或过晚时,可借柱塞杆下端的环槽调整弹簧的弹力。如用上槽卡弹簧时,弹簧弹力增加,真空省油器工作点提前;反之,则工作开始时间推迟。

机械省油器应在节气门全开前 10° 左右开始工作,它可以通过推杆上方的卡环调节。

加速装置的调整是通过改变加速泵柱塞行程来实现的。柱塞行程大供油量多,柱塞行程短喷油量减少。

10.2　柴油机燃料系的修理

柴油发动机燃料系的主要零件是高精密度偶件,它们是在很高的压力下工作的,要求它们有足够的密封性,以保证油压的形成,同时还要求这些零件有很高的耐磨性。

这些零件多采用优质合金钢制造,并经过珩磨和研磨加工。由于这些零件的磨损或调节失常,将破坏燃料系的正常工作,使柴油发动机功率下降,排气冒黑烟,转速不稳定,启动困难甚至飞车等。而燃料系本身故障主要是供油量、供油时间、喷射质量、喷油规律和调速性能发生了变化。

10.2.1　精密偶件的磨损对柴油机工作的影响

（1）精密偶件的磨损

1）柱塞偶件的磨损

柱塞和套筒是喷油泵最主要的精密偶件。它们的圆度和圆柱度只有 0.001 mm,它们的配合间隙只有 0.001 ~ 0.003 mm。在使用中,燃油中的机械杂质、磨料随同燃油以很高的压力和流速冲刷柱塞的工作表面,并造成磨损。最大磨损部位发生在柱塞套进油孔的上下边缘。当柱塞上行,柱塞顶关闭进油孔后,柴油中等于和大于间隙的杂质被卡在间隙内,随柱塞继续上行,这些杂质会刮伤柱塞与套筒的工作表面。因此,磨损程度上部较大,越往下越小。在柱塞小过梁处有较小的磨损。因为这里的距离最短,在压油和回油时,高压燃料都在阻力最小的部位渗漏。随之其中的机械杂质对零件的冲刷产生了磨损。

在进油、回油孔合一的套筒的柱塞,其最大磨损处多集中在怠速与额定转速之间,柱塞相对于套筒进、回油孔旋转斜面上,并以常用供油量处磨损为最严重。在柱塞外表面可以清楚地观察到磨损的沟槽,并呈白色。

柱塞与套筒的磨损达到一定程度时,由于燃油的漏损,使开始供油时间滞后,供油结束时间提前。由于漏损使供油量减小,造成功率下降。特别是在怠速时,供油量下降更多,造成怠速不稳定,不易启动,易熄火。由于各缸磨损不均,燃油漏损不一样,使各缸供油不等,造成柴油机运转不平稳,特别是在低转速时更为明显,如图10.2所示。

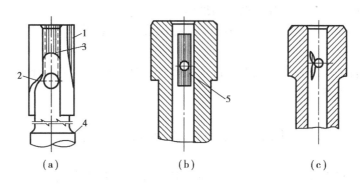

图 10.2　柱塞与套筒的磨损

(a)柱塞的磨损情况;(b)进油孔附近的磨损;(c)回油孔附近的磨损

1—相对进油孔处;2—相对回油孔处;3—小过梁处;

4—柱塞凸件处;5—进油孔或回油孔

2)出油阀偶件的磨损

出油阀偶件也是喷油泵上的精密偶件,经长期使用后,工作面发生磨损。出油阀的磨损主要是在锥形密封面,如图10.3所示。

锥形面的磨损是由于切断供油时,弹簧的作用力和油管中燃油剩余压力引起对阀座的冲击,以及燃料中的机械杂质刮伤的结果。此外,当开始供油时,减压环从阀座中离开的瞬间,高压燃油以很高的速度冲击这一很小的环形缝隙,燃油中的杂质便冲击工作表面特别是减压环的下部,磨损更为严重。出油阀导向尾部的磨损较小。

出油阀座的磨损主要在与出油阀配合的锥形面和座孔的圆周表面。沿座孔长度方向的磨损是不均匀的,愈往下愈小。

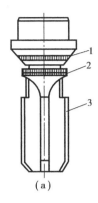
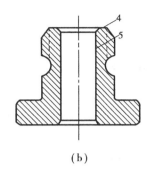

（a）　　　　　　　　　　　　　　　（b）

图 10.3　出油阀偶件的磨损

（a）出油阀磨损情况；（b）出油阀座的磨损

1—锥形面；2—减压带；3—导向尾部；

4—锥形面；5—出油阀内孔

出油阀及阀座磨损的结果将造成其降压作用减少,高压油管中的剩余压力提高；使喷油时间提前,断油不干脆而发生滴油现象；使喷油延续角加大,供油量增加,燃烧变坏,以致冒黑烟和不规则的敲缸等。

3）喷油嘴偶件的磨损

喷油嘴偶件在工作中,因高压燃油的冲刷、机械杂质的磨削和针阀弹簧的冲击,使针磨损。其主要磨损部位有：导向柱面、密封锥面和销针。其中以导向柱面的磨损对供油量的影响为最大。由于燃油通过柱面向上泄漏,喷油量将迅速下降。而且,转速愈低,喷油量愈小。喷油嘴阀体的磨损主要有导向孔和密封座等部位的磨损。

喷孔变大以后,喷油量减少,雾化不良,使燃油不能完全燃烧,造成冒烟和形成积炭。密封锥形面关闭不严,产生燃油后滴现象,造成冒烟和不规则的敲击声。

（2）精密偶件的磨损对喷雾质量的影响

1）喷雾质量的变坏

由于柱塞偶件和喷油嘴偶件磨损,使喷雾质量变坏。

喷油嘴偶件对喷雾质量的影响更为明显。如锥形密封面磨损,工作时出现滴油和渗漏,燃烧不完全,在喷嘴周围形成积炭；销针表面和喷孔壁磨损出现沟纹,燃油喷出时被分成细流,造成雾化不良,或喷雾发生偏集,使喷雾锥形偏移；喷油针销的倒锥体磨损也使喷油锥角扩大,导致与燃烧室形状不配合,影响燃烧效果。

2）喷油量、喷油时间、喷油规律的变化

各精密偶件的磨损对喷油量、喷油提前角和延续角都有影响。当柱塞偶件和喷油嘴偶件同时发生磨损时,供油量明显减少。柱塞偶件磨损对喷油提前角影响最大,它使开始喷油时间滞后。由于有效供油行程的减小,而缩小了喷油延续角。又由于经柱塞副供给喷油嘴的燃料量减少,在喷油嘴处不能形成足够的油压而出现间断供油现象。出油阀磨损使喷油时间提前,喷油延续角增加。一般情况是三组精密偶件都磨损,导致喷油时间滞后和喷油延续角减小,喷油减少。

10.2.2 精密偶件的检验

精密偶件的精度很高,且都是不能互换的,经拆散清洗后的偶件应成副的存放和成副的进行检查。生产中一般用密封性试验或外观目测的方法来判断配合的技术状态。

(1)柱塞偶件的检验

一般是用直观方法决定取舍,柱塞偶件有下列条件之一者零件报废:

①柱塞表面有严重磨损;

②柱塞端面、直槽、斜槽等边缘有剥落和锈蚀;

③柱塞有弯曲或头部变形,柱塞套内孔表面有锈蚀和深的刮痕裂纹等。

利用滑动性试验进行检验时,将在柴油中浸泡过的柱塞偶件,用手指拿住柱塞套,轻轻抽出柱塞约 1/3,然后松开,柱塞应在本身重力作用下自由下滑,落在柱塞套的支承面上。再将柱塞抽出,转动任何角度,其结果应该相同。

采用密封性试验时,可以在试验台上进行。将各缸的出油阀取出,阀座与衬垫保留在孔内,装好出油阀压紧座,放尽空气,将高压管与喷油器试验器连接好。移动齿条使柱塞处于最大供油位置,并转动凸轮轴,使被试柱塞上升至供油行程中间位置。操纵喷油器试验器,使油压达到 20 MPa 时停止泵油,然后测定油压从 20 MPa 下降到 10 MPa 所需时间。这里应排除试验器本身的密封性对试验的影响。新的和大修的Ⅱ号泵柱塞副试验时间少于 12 s 为不合格。同一喷油泵上的柱塞副偶件,其密封性相差应不大于 5%。

在设备缺乏的条件下,也可以用简易办法试验柱塞副的密封性。用手指盖住柱塞套筒顶部和进油、回油孔,使柱塞处于中等或最大供油位置,将柱塞由最上位置往下拉,拉下的距离以柱塞上边缘不露出套筒油孔为限,若能感觉到有真空吸力便迅速松开,柱塞能迅速地回到原来位置则可继续使用。

(2)出油阀偶件的检验

出油阀常用外表检验,根据锥形面密封带的宽度和深度的情况以及减压环带的磨损程度,可以确定出油阀是否报废。出油阀与阀座有裂纹和剥落应报废。

进行滑动性检验时,把经柴油清洗过的出油阀偶件垂直放置,将出油阀从阀座中抽出 1/3,放手后出油阀因自重能缓慢均匀落下。试验时,应转动出油阀在几个角上检查,其结果应相同。

另一种检验方法是密封性试验,它包括锥形密封面和圆形减压环带两部分,如图

10.4 所示。

将出油阀偶件装入专用工具中,并与喷油器试验器连接在一起,放松底部顶杆螺钉,使出油阀落在阀座上,测验锥形面的密封性;拧紧顶杆螺钉,顶起出油阀 0.30 ~ 0.50 mm,测出圆柱减压环带的密封性。

锥形密封面的标准是:油压从 25 MPa 降到 10 MPa 的时间不应小于 60 s。

圆柱形减压环带密封性的标准是:油压从 25 MPa 降到 10 MPa 的时间不少于 20 s。

应注意喷油器试验器自身的密封性。

(3)喷油嘴的检验

喷油嘴偶件的磨损主要应检验密封锥面和导向柱面的密封性。目前采用的检验方法是:在喷油器试验器上进行试验和观察,要求喷雾细而均匀,喷雾时应带有爆裂声,不允许有滴油和渗漏现象。通过压力表观察压力自 20 MPa 下降到 18 MPa 的时间,不少于 5 ~ 8 s。

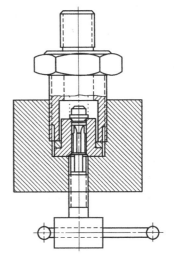

图 10.4　出油阀密封试验

10.2.3　精密偶件的修理

(1)柱塞偶件的修理

柱塞偶件的修理方法有两种:一种是选配法,另一种是镀覆法。

选配法是将磨损的零件清洗后,把选配的柱塞与柱塞套分别进行研磨,除去表面的磨损痕迹,并恢复零件的正确几何形状。然后,经过选配,成对地进行研磨,直到恢复足够的配合精度和粗糙度的要求。

研磨可在图 10.5 所示的横研机上进行。将柱塞同心地固定在研磨机上,在柱塞表面涂一层薄而均匀的研磨膏,用手持导向套和研磨工具往复研磨,这样在零件表面可得到往复交叉的螺旋网纹,达到很高的加工精度和较低的粗糙度。

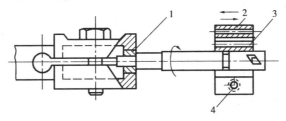

图 10.5　在横研机上研磨柱塞
1—夹紧环;2—夹紧套;3—磨具;4—调节螺钉

磨具材料一般都采用细晶粒的灰铸铁或合金铸铁,并经退火处理制成。研磨膏的材料用氧化铝或氧化铬,分为粗研磨膏、细研磨膏、精研磨膏和互研膏4种。

研磨时,要求对零件运动转速适当控制,研磨速度一般在 30 m/min 之内。粗研时,转速可高些;精研时,转速应低些。磨具沿零件的往复移动速度约为 30 ~ 40 次/min。研磨时,磨具端部超出零件顶端的长度应不大于磨具全长的 1/4,以避免在研磨外圆时零件出现鼓形,而研磨内孔时出现喇叭口。

内孔的研磨可在横研机上进行。其磨削规范要求与柱塞的磨削相同。

经过研磨的零件应在柴油中彻底清洗,并按尺寸进行分组,一般可每隔 0.001 mm 分为一组,以便选配。

经过研磨合格的零件即可分组选配,如柱塞以能插入柱塞套长度的 1/3 为宜,将柱塞夹于横研机上,以配对的内孔零件作为磨具,在转速为 200 ~ 250 r/min、往复速度为 30 ~ 40 次/min 下进行互研。注意:互研时,当柱塞能整个进入柱塞套中时即应停止,以避免过分研磨增大了配合间隙。

经过研磨选配的零件只占很少一部分,大部分零件需要表面镀覆,以增加尺寸,或更换其中一个零件。

镀覆一般是对柱塞工作表面的镀覆。方法是镀铬和化学镀镍。镀覆层的硬度很高,镀后的研磨费工时,镀覆时应严格控制它的均匀性和厚度。

经镀后的零件应重新进行尺寸分组和选配。

(2)出油阀偶件的修理

出油阀座端平面不应有擦伤和损伤,若有擦伤,应在平板上先进行粗研,然后再在平板另一部位进行细研。研磨时,应保持磨痕网纹是交叉的形状。进行端面质量检查时,可将两个研磨好的出油阀座平面对置,用手拿住一个出油阀座,另一个在自重作用下应不掉下来。

出油阀密封锥面的修复是采用互相研磨的方法。研磨时,可将出油阀装在横研机上,如图 10.5 所示。将阀座放在专用的轴套中,用细研磨膏进行研磨。研磨膏在锥面上应涂得很薄,避免减压环带磨损。

(3)喷油嘴偶件的修理

喷油嘴密封锥面磨损较大时,可用手工研磨法修复。研磨时,先除去喷嘴上的积炭,清洗干净后在锥形面上涂薄薄一层细研磨膏,然后与喷油嘴阀体座锥面互相研磨。应注意,不要使研磨膏落到导向圆柱面上。

若喷油嘴磨损较大时,应分别研磨针阀及针阀座,然后进行选配互研。

10.2.4 喷油泵的试验与调整

为了保证柴油机的工作性能,喷油泵必须严格按照相应的供油特性进行试验与调整。喷油泵工作时,在调速器的配合下,能随柴油机负荷及转速的变化,按规定的时间供给相应数量的燃油。

喷油泵试验调整的内容基本包括三个方面:供油时刻、不同工况下的供油量、调速器的调整。供油角度的变化要影响供油量,应先调整供油角度,各种转速条件下的供油量又与调速器的工作有关,应先调整好调速器,因此,又需重新调整调速器。喷油泵的调整需要反复进行,最后才能取得比较准确的试验结果。

(1)供油时刻的试验与调整

喷油泵性能的技术要求中规定,各组柱塞供油时间间隔偏差角度不应超过0.5°,否则,会使发动机怠速不稳定,启动困难,工作粗暴,功率下降,耗油量增加等。因此,应当校准供油时刻。

1)供油时刻的检验

在高压泵试验台上,可用溢油法检验供油时刻。检验时,利用试验台供给的高压油(压力在4.5 MPa以上),通过连接管输入喷油泵腔中,当柱塞处于未封闭进油孔位置时,高压燃油可顶开出油阀,从标准喷油器的放气管流出。拨转喷油泵凸轮轴,使柱塞逐渐上行,当柱塞刚遮住套筒进油孔时,高压油被隔断,回油管立即停止流油,这就是柱塞的开始供油时刻,数值用指针在刻度盘上指出。

2)供油时刻的调整

对供油时刻的规定包括第一缸供油时刻和各缸供油时刻间隔。

第一缸供油时,泵轴上的刻线与泵体上的刻线标记应对正。未对正时,应调整第一缸挺柱的高度。国产Ⅱ号泵是通过调整垫块的高度实现的,如图10.6所示。可改变垫块1的高度,分别调整各分泵的供油提前角。垫块高度变化0.2 mm,凸轮转角变化约1°。

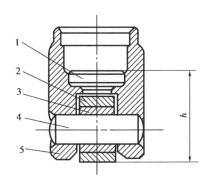

图10.6　用调整垫块调整供油时刻
1—调整垫块;2—滚轮;3—衬套;
4—滚轮轴;5—滚轮架

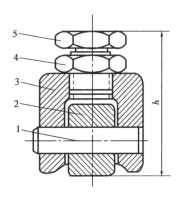

图10.7　用调整螺钉调整供油时刻
1—滚轮轴;2—滚轮;3—滚轮架;
4—锁紧螺母;5—调整螺钉

另一种是通过螺钉调整(图 10.7),将螺钉拧出,增加了滚轮传动部件的高度,柱塞封闭进油孔的时刻提前,则供油提前角增大。

调整时,不能将正时调整螺钉退出过多。应使柱塞在上止点时,柱塞顶部与出油阀体下平面之间保持 0.3~0.5 mm 的间隙,以避免柱塞顶坏出油阀。

(2)调整器的试验与调整

调速器的主要试验项目是调速和怠速时起作用的转速。另外,还有全程调节,启动加浓,校正加浓及齿条各位置的检查与调查。

1)调速起作用转速的试验和调整

试验前,喷油泵应从低转速到高转速进行试运转和磨合,各部运行正常,无阻滞现象。

试验时,使喷油泵转速由低向高逐渐增加,以至接近额定转速。将喷油泵操纵臂向供油方向推到底。然后再慢慢增加喷油泵转速,注意观察调节拉杆(或齿杆)的变化。当转速超过额定转速,飞球(或飞锤)离心力大于调速弹簧的弹力时,推动调节拉杆(或齿杆)开始向减小供油的方向移动,这时的转速就是调速器高速起作用的转速。这个转速应符合各机型的规定,若转速低于或高于额定转速时,可通过增强或降低高速弹簧的弹力来加以调整。应当注意,为确保发动机的额定转速,而不过多地超速,一般情况下,可以将高速起作用的转速比额定转速调高 10 r/min 左右(指凸轮轴转速)。

2)怠速起作用转速的试验与调整

试验时,使喷油泵在低于怠速转速下运转,缓慢转动操纵臂,当喷油泵刚刚开始供油时,固定住操纵臂,逐渐增加喷油泵转速。同时观察齿杆的变化,当齿杆开始向减少供油方向移动时,这时的转速就是调整器怠速起作用的转速。此转速应符合各机型规定的怠速转速。

可调节怠速弹簧的张力来调节怠速转速的高低。怠速弹簧的张力大,怠速高;弹簧张力小,怠速低。

(3)供油量的试验与调整

供油量的调整,包括额定转速供油、怠速转速供油、启动供油、校正供油及停止供油等项目。各种供油量随各种机型而不同。

额定供油量是保证发动机在额定负荷时需要的油量。怠速供油量是为了维持发动机无负荷运转时克服内部阻力所需的油量。启动供油量是在发动机启动时额外多供给的油量,一般为额定转速、额定负荷供油量的 150% 以上。校正供油量是指发动机短时间超负荷时,所需要的加浓油量。

多缸发动机供油量的不均匀度应在要求的范围内。供油量的不均匀度以额定转速的供油量为最重要,一般要求不大于 3%;其次是怠速转速的不均匀度也不能太大,一般规定为不大于 30%。各缸不均匀度应在上述范围内才能保证柴油机运转平稳。

各缸供油量的不均匀度可按下式计算：

$$各缸供油量不均匀度 = \frac{2 \times (最大供油量 - 最小供油量)}{最大供油量 + 最小供油量} \times 100\%$$

供油量的调整方法是：

①调整额定转速供油量时，应使喷油泵以额定转速运转，转动操纵臂在最大供油位置，喷油 100 次时观察各缸供油量，如不符合技术要求时，松开调节齿圈或柱塞拨叉的夹紧螺钉。将柱塞控制套相对于调节齿圈，或将柱塞拨叉相对于调节拉杆移动一个距离，再固定螺钉，即可改变供油量。

②调整怠速供油量时，应使喷油泵在怠速条件下运转，缓慢向增加供油量方向转动操纵臂，在喷油器尖端开始滴油时，固定好操纵臂，喷油 100 ~ 200 次时观察喷油量，如不符合规定技术要求，须仍按上述方法进行调整。

③调整常用转速供油量时，通常因发动机在工作中以中速满负荷运转最多，所以供油量规范是喷油泵在 600 ~ 800 r/min 满负荷的供油量。调整时，使喷油泵在 600 r/min 下运转，将操纵臂向供油量最大方向转到底，喷油 100 次时观察供油量。以多数缸的供油量与标准供油量相比较，不符合要求时，调整满负荷供油量调整螺钉，供油量达到要求后，再分别调整每一分泵的供油量，使其达到均匀度的要求。

10.3　冷却系的修理

10.3.1　冷却系的技术状况及对发动机工作的影响

发动机冷却系的作用是保证发动机在正常的工作温度(90 ℃左右)条件下工作。发动机工作时，由于燃烧气体的作用和摩擦产生大量的热，使机件的工作温度提高，如不及时散去热量，将影响发动机的正常工作。当发动机工作温度过高时，将使发动机的充气系数减小，发动机功率下降，也可能由于发动机工作温度过高而出现早燃或爆燃。它不仅使发动机功率降低，油耗增加，还将使润滑油黏度下降，并大量被烧损和氧化，从而加剧发动机零件的磨损。若发动机过冷时，汽油发动机混合气雾化不良；柴油发动机由于工作温度过低，而使燃料雾化不良，发动机出现工作粗暴、冒黑烟等现象。热量大量被冷却水或冷却介质带走，热量损失和机械损失增大，零件磨损明显增大，发动机动力性、经济性变坏。

试验表明，当发动机工作温度降低到 65 ~ 70 ℃以下时，会使汽缸磨损明显增加。试验还表明，当发动机其他工作条件相同，冷却水温度降低到 30 ℃时的汽缸磨损量要比温度为 80 ℃时约大 4 ~ 5 倍。这时，由于发动机汽缸壁受液态燃油的冲刷，破坏了润滑油膜而使金属直接接触，磨损加剧；由于燃气的腐蚀作用，将造成零件的腐蚀磨损增加;由于润滑油变稀,将加剧所有发动机零件的磨损,缩短发动机的寿命。

发动机冷却水的温度与发动机功率及耗油量变化的关系曲线如图 10.8 所示。由图可知,当发动机工作温度在 80~90 ℃之间时最为有利。

冷却系的修理应着重恢复冷却系的工作性能,如清洗散热器、汽缸体水套中的水垢,同时要修理水泵等。

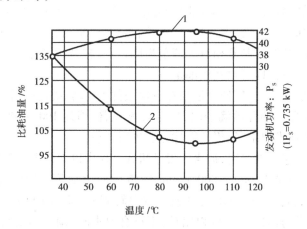

图 10.8　发动机冷却水温度与发动机功率、耗油量的关系
1—发动机功率曲线;2—比耗油量曲线

10.3.2　散热器的修理

(1)散热器的清洗

散热器的主要缺陷是内部沉积水垢,在修理时应除去。其方法是:先用压缩空气和清水清洗外部,然后放到洗涤池内,脱除水垢。

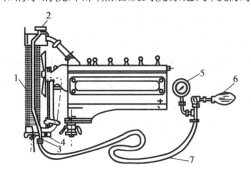

图 10.9　散热器密封检验
1—散热器;2—水箱盖;3—蒸汽引出管;
4—放水开关;5—压力表;6—橡皮球;7—水管

(2)散热器渗漏的检验

散热器渗漏可用气压表来检验,如图 10.9 所示。首先将散热器内注满水,盖上散热器盖,将试验器水管接至放水开关 4,并打开放水开关,捏动橡皮球,使散热器中的水加压,当散热器泄气管放出空气时,压力表上的读数应在 27~37 kPa 范围内变动。然后关闭放水开关,将试验器皮管接在泄气管上,加压至 50 kPa 检查散热器有无渗漏。如压力表读数不能稳定保持在 50 kPa 的压力而下降时,则应检查散

热器的漏水部位,而后进行修补。

对于清除水垢后的散热器的漏水检验,可以将散热器的进出水管堵塞,然后放入清水池内,再向散热器注入压缩空气。如散热器有气泡,则说明散热器有渗漏,做好记号准备修复。

（3）散热器的修复

散热器的渗漏大多出现在散热管与上下水室间的接触部位。渗漏不严重时,一般可用镀锡法修复。

当上下水室有孔洞和裂缝时,可用补板法进行修复。其方法是:将补板盖在裂缝上,其间涂以氯化锌溶剂,然后在补板周围用锡焊焊牢固。

散热器冷却管的修复可根据冷却水管的损坏情况确定。当散热器外层冷却管有少数损坏,且长度较短时,可以用接管法进行修复。修复时,先将损坏的冷却管断口修整平齐,再取一段旧管,其长度为镶接部分长度加 10 mm,并将其端口处略扩大,使其套装在原冷却水管的两断口处。将通条插入冷却水管,将端口整理平整,然后用氧气—乙炔焰加热,用锡焊焊牢。将散热片尽可能地予以恢复和焊合,以避免更多地影响散热效果。

当冷却水管损坏的长度较长时,可以采用换管法修复。这时需要将损坏的冷却水管抽出,然后装入新冷却管并焊合。在抽出旧管和更换新管时工艺比较困难。

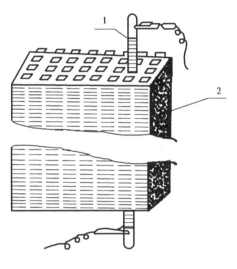

图 10.10　电阻加热器
1—电阻加热丝;2—散热器

采用换管法,需要电阻加热器和乙炔加热器。

电阻加热器是用电炉电阻丝砸成的扁平体,其厚度约 1 mm,长度较冷却管长 50 mm,电阻丝表面用云母绝缘并包扎好,使其不松脱,最后用紫铜皮包好并扎牢固。使用时,将 220 V电压降低为 24 V,使加热器两端与电源接通,即可进行加热,如图10.10所示。

乙炔加热器的构造如图 10.11 所示。全部零件用黄铜制作,喷口 4 为乙炔气喷口,其直径为0.1 mm。喷嘴体上有直径3 mm 的气孔4个,相隔角度各为90°,使用时,乙炔气的压力为 2×10^2 kPa,

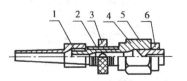

图 10.11　乙炔加热器
1—外壳;2—空气孔;3—调节螺母;
4—乙炔气喷口;5—喷嘴体;
6—锁紧螺母

当其通过 0.1 mm 的小孔后与空气混合,经外壳喷到喷口燃烧。火焰的强弱可以通过转动调节螺母以改变空气的流量,达到需要的温度。

散热器冷却管的更换工艺如下:

将散热器固定好,用一根与冷却管内孔尺寸相适应的扁平铜条置于冷却管内,抽拉几次以清除水垢;然后将电阻加热器插入准备更换的冷却管内,接通 24 V 的电源,约 1 min 左右即可使冷却管外面的焊锡熔化;最后连同电阻加热器和冷却管同时抽出,并立即切断电源,待冷却管冷却后取出电阻加热器。

将表面挂有焊锡的新的冷却管插入孔内,再将散热片整理好,然后将电阻加热器插入冷却管,并接通电源,待冷却管表面的焊锡熔化后,即可切断电源。当温度逐渐降低,散热片与冷却管已焊牢固,即可取出电阻加热器。

最后焊合散热器上下底板。

10.3.3　水泵的修理

水泵常见的损伤表现为:水泵壳体的渗漏、破裂,水泵轴的弯曲、磨损,水泵叶轮叶片的破裂,水封垫圈与橡木垫圈的磨损,水泵轴与轴承的磨损,轴承与轴承座孔的磨损等。

(1)水泵壳的修理

水泵壳体破裂的修理。可在裂纹两端各钻直径为 2.5 mm 的孔,沿裂纹开 V 型口,采用铸铁焊条乙炔焊时,须在焊前对壳体件预热;也可以用铸铁焊条采用电焊。

轴承座孔的修理。由于轴承座孔经常压入、压出轴承,使座孔产生磨损。修理时,通常用压配台镶入衬套的方法,然后镗出座孔。

水泵壳体平面发生挠曲变形、沟槽或不平,应予以修复,但其裕量很小,不易于修理。其车削总厚度不应超过 0.50 mm,以保证叶轮与泵盖之间的间隙。

(2)水泵叶轮的修理

水泵叶轮片破裂,通常用堆焊法进行修理。检查水泵轴是否发生弯曲、轴颈是否过度磨损以及轴端螺纹有无损坏。

(3)水泵轴的修理

水泵轴常用中碳钢制造,轴颈工作时经常发生磨损,轴颈磨损用镀铬、镀铁法进行修理。水泵轴弯曲时应进行校正。

(4)水泵装合后的试验

水泵装合后应进行检验。首先用手转动皮带轮,泵轴应无阻滞现象,叶轮与泵壳应无碰击

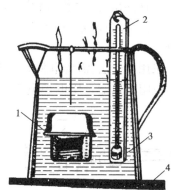

图 10.12　节温器的检验
1—节温器;2—温度计;
3—水;4—电热炉

202

感觉,然后装于水泵试验台上进行试验。当水泵轴以 1 000 r/min 的速度运转时,每分钟的排水量不应低于规定的数值,在 10 min 的试验中,不应出现有金属摩擦声音和漏水现象。

10.3.4　节温器的检验与更换

节温器的检验,如图 10.12 所示。将节温器卸下放在装有热水的容器中(不要把节温器放在底部),逐渐提高水温,用温度计测量在阀门开始开启时的温度,再继续加热,检查节温器完全开启时的温度。一般良好的节温器阀门在 68~72 ℃时开始开启,在 80~85 ℃时完全开启。若初开和完全开启的温度高于上述值时,水套水温就会过高。在寒冷地区和寒冷季节,当节温器失调时,发动机冷却水温度不能迅速升温。

节温器损坏时,一般应进行更换。

10.4　润滑系的修理

润滑系技术状况的好坏经常用机油压力的高低和润滑油的品质来确定。

机油压力过高或过低都将影响运动零件的润滑。机油压力过低,将使摩擦零件表面得不到足够的润滑油,导致冷却不良、工作条件恶化,造成零件的早期磨损。严重时,零件得不到润滑而造成严重的烧瓦事故等。

另外,机油压力过低,将使润滑油的循环困难,机油不易达到间隙小的部位,降低润滑效果,如轴颈和轴承间隙过小,可能造成零件在高温下工作。机油压力过高,往往是由于零件工作温度低、机油黏度大、轴颈轴承的间隙过小以及限压阀调整不当及油道堵塞所致。

润滑油的变质。发动机中的润滑油在高温、高压下工作的同时,还与燃料的不完全燃烧产物、水蒸气和随空气进入发动机中的灰尘相混合,使润滑油的性质改变,破坏了正常的润滑作用,造成零件的早期磨损。

从上述分析可知,润滑系工作的好坏,直接影响到发动机零件的磨损,即影响发动机的工作寿命。

10.4.1　机油泵的修理

目前常见的机油泵有外啮合齿轮式和内啮合转子式两种,都是属于容积式机油泵。其主要故障是:由机油泵零件的磨损造成机油泵渗漏而供油压力过低,机油泵的端面间隙、齿顶间隙、齿轮啮合间隙、轴与轴承间隙的增大,各处密合面和阀座的密封性以及阀门的调整都将影响泵油量和泵油压力。一般来说,机油泵的密封性对机油泵的工作性能的影响最大。由于机油泵工作时润滑条件好,零件磨损速度慢,使用寿命长。在修理时,可以根据它的工作性能确定是否需要拆检和修理,如图 10.13 所示。

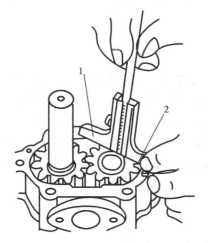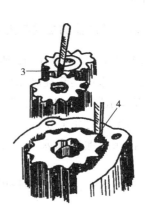

图 10.13　外啮齿轮式机油泵的检查

1—端面间隙;2—不平度;3—齿侧间隙;4—齿顶间隙

(1)机油泵的拆检

评定机油泵的工作性能指标主要是泵油压力和泵油量。它应在专门的试验台上进行。

机油泵拆散后应进行下列检验:

①用直尺和厚薄规检查齿轮端面到泵盖端面的距离,即检验端面间隙;

②用厚薄规测量齿轮的啮合间隙,同时在相邻 120°的三点上进行测量,其齿隙相差不应超过 0.1 mm,测量齿顶与泵壳间的齿顶间隙;

③利用百分表检查机油泵轴与轴承间的间隙。

对于转子式机油泵要检查端面间隙、啮合间隙和外转子与泵壳内圆之间的间隙,如图 10.14 所示。

(2)机油泵壳体的修理

机油泵壳体的主要缺陷是机油泵主动轴轴承孔磨损、被动齿轮轴孔磨损、螺纹孔损坏及壳体裂纹等。如果机油泵壳体主轴承孔磨损过大,可以按修理尺寸将孔铰大,然后相应加大泵轴轴颈尺寸,或采用轴孔镶套法来恢复至公称尺寸,如图 10.15 所示。

被动轴承孔的修复方法也可采用上述方法修复。机油泵壳体裂纹应用焊接方法修复,壳体上螺纹孔损坏应进行堆焊修复,然后钻孔和攻丝。

机油泵齿轮端部与泵盖磨损后,间隙增大,漏油损失增加,泵油量及泵油压力下降。这个间隙值的大小对机油泵的工作性能影响比较大,端面间隙经检查后,如超出标准,可根据具体情况加以修复。如是泵壳底部磨损,应光磨磨损面;如是泵盖及其与齿轮端面配合部位磨损,若较轻者可用研磨法修复。研磨时,应用力均匀,研磨后平面要平整,不应偏斜;若端面间隙过大,可先车削,后研磨各个端面;也可以更换一组齿轮。

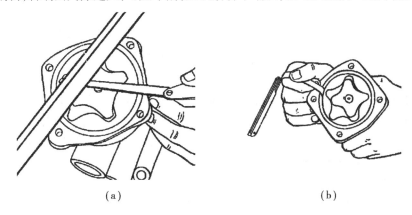

(a)　　　　　　　　　　　　　　　　　(b)

图 10.14　转子式机油泵的检查

(a)端面间隙的检查;(b)外转子与泵壳内圆间隙的检查

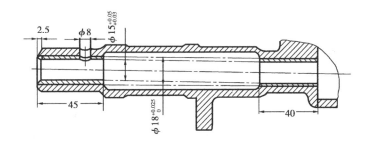

图 10.15　机油泵泵壳轴孔镶套法修复

机油泵壳体修复后,主动齿轮轴承孔轴线与被动齿轮轴承孔轴线的平行度误差一般不应大于 100∶0.14;泵壳端面与轴线的垂直度误差一般应不大于 100∶0.10;接合面的平面度误差一般应不大于 0.05 mm。

(3)机油泵的装配及性能试验

机油泵装配时,要检查各部配合情况。主要应检查主动齿轮与被动齿轮以及齿轮与泵盖之间的端面间隙。常用的简易方法是:在主动齿轮端面与泵盖之间加入一小段铅丝,装好泵盖,拧紧螺丝,然后拆下泵盖,测量被压缩后的铅丝厚度,即为端面间隙。这一端隙值应在 0.05~0.20 mm 范围内。若间隙不合适,可以通过增减泵盖与泵壳之间的衬垫加以调整。

装配时,还应检查与调整传动齿轮和泵壳尾端之间的间隙。并要求这一间隙不大于油泵的端面间隙,一般为 0.03~0.08 mm。这样,可以避免油泵齿轮端面与泵盖接触。此间隙超过允许值时,可以在尾端加垫圈调整。

机油泵装配后,应进行总成试验,确定其工作性能。机油泵试验时,应使主要试验条件接近发动机正常的工作条件,这样可以比较客观地反映出机油泵的技术状态。

1)机油泵转速

转速对机油泵的泵油量的影响比较大。试验证明,当压力不变时,转速与泵油量的变化成近似的直线关系。对于不同车型的机油泵,应按其所要求的转速进行试验。

2)试验压力

润滑油在润滑系内循环时,受有一定阻力,试验时,应以人为的方法造成一定的阻力,使其与在发动机内流动时的阻力一样或很接近。试验压力一般与正常工作压力相同。但也有的发动机机油泵的试验压力与工作时压力不相同的,试验压力应根据不同发动机的要求进行调整。

3)机油黏度

当发动机工作时,摩擦表面的工作温度很高,润滑油的工作温度在80～90 ℃,这时机油的黏度很低。为了使试验条件接近实际工作条件,在试验机油中加入一定比例的煤油。

4)室内温度

试验条件规定要求试验室内温度为20 ℃。一般来说,在试验时,其温度上下偏差几度时,对试验结果影响不大。

如东风EQ140型机油泵修理后可按下列参数进行试验:机油黏度在常温为(12 ± 2)cst(厘斯托克斯,$1 \text{ cst} = 10^{-6} \text{ m}^2/\text{s}$)在机油中加入煤油。试验转速可以是:1 500 r/min和700 r/min。此时,流量无背压时不低于62 L/min和28 L/min。限压阀特性:油泵当量出油孔($D \times L$)为2.5×10 mm时,出油口处压力为350～450 kPa,应通过限压阀调整压力的变化。

在修理过程中,也可以用最大油压检验代替流量检验。限压阀堵死后,油泵转速为700 r/min,最大油压不低于700 kPa。

上述介绍的是机油泵台式试验条件与要求。对于中、小型汽车修理厂,通常用经验方法检验。试验时,将机油泵灌满机油,然后用拇指堵住其出油口,一手转动机油泵轴,如感到有一定的出油压力,即认为是合格。虽然这种方法不能准确地反映机油泵的性能,但它简便易行,可以判定机油泵的技术状况。

10.4.2 机油滤清器的修理

(1)集滤器的修理

常见的集滤器是浮式集滤器,其损坏形式多为浮子有凹陷、裂纹与渗漏、浮子下沉等,均应拆开焊修。滤网损坏、弹性不足,均应更换。装复时,应注意盖的夹角要压牢固,以免工作中由于振动而脱落。注意活动管接头的活动能力,要求配合密封活动自如。

(2) 滤清器的修理

对于铸铁的滤清器外壳裂纹,可用铜焊及铸铁焊条焊修,在裂纹两端各钻直径3 mm的止裂孔,沿裂纹开 V 形槽,分段焊,以免应力集中而引起变形。对于滤清器壳体和滤清器盖,如发生变形,应进行修整。

将粗滤芯彻底清洗后装复,粗滤器手柄应转动灵活,且没有轴向间隙的感觉。还应调整好旁通阀的压力,使其性能良好,在滤清器堵塞的情况下,保证机油的供应,以保证发动机的正常润滑。

机油粗滤器的调压阀,应在试验台上进行调整开启压力。一般粗滤器旁通阀的开启压力为 100 ~ 150 kPa。

对于 CQ6102 型发动机上采用的是离心式机油细滤器,其主要缺陷是转子组合件支承套的磨损,套与轴配合间隙增大。当间隙达到 0.20 mm 时,可用铰刀铰削转子组合件的衬套承孔,要求圆度及圆柱度均不大于 0.01 mm,两孔同轴度不大于0.01 mm,然后换用加大的轴配合使用,或配制新的衬套压入,配合原轴使用。

离心式转子滤清器进油阀应在试验台上调试压力。在 300 kPa 压力时,转速应不低于 5 000 r/min。

(3) 曲轴前后油封的修理

发动机前油封漏油,说明正时齿轮盖上的油封与其相配合的皮带轮轴颈部位均遭受严重磨损或装配不当。若皮带轮颈部表面磨损严重,可以采用镶套法修复,并恢复至标准尺寸。如属装配不当,可拆下重新装配。

正时齿轮盖油封座孔的变形容易引起前端漏油,修理时,应检查和修理。曲轴皮带轮轴颈与皮带轮内孔配合间隙不符合要求,也易发生漏油现象,这时应恢复到标准要求。

曲轴后端漏油的分析。造成曲轴后端漏油的原因大致为:后油封装配不当;后轴颈与轴承间隙过大;回油螺纹被脏物填塞。

在发动机大修时,应采取相应的技术措施以防止漏油现象。

如东风 EQ6100 型发动机曲轴后端,当汽车爬坡时,易出现漏油现象。这主要是由于东风 EQ6100 型发动机油底壳的油池集中于发动机前部,当汽车爬坡时,由于车身倾斜,使曲轴后轴承浸于机油中工作,造成易于漏油的条件,如图 10.16 所示;此外,东风 EQ6100 型发动机曲轴后油封用木质压条,由于装配时盘根长度不够或在装配时木条断裂等,而且这种结构的密封性差,所以易出现漏油现象。因此,在修理过程中,要特别注意后油封的装配准确、可靠,严格控制最后一道曲轴轴承的配合间隙和承载面积;此外,还要保证曲轴轴颈的磨削和轴承镗削的尺寸精度与表面粗糙度,清除回油螺纹内积垢,这样可以防止曲轴后端漏油。

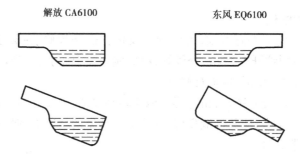

图 10.16   两种类型油底壳

第 11 章　发动机的装合与试验

发动机的装合是把已修好的零件(或新件)、组合件和辅助总成按一定的工艺顺序和技术要求装合成一台完整的发动机。发动机的装合质量对发动机的修理质量有重要影响。所以,要求在装合过程中对各种零件和组合件进行一次最后的检验。

11.1　发动机的装合

11.1.1　发动机装合的要求

①准备装合的零部件、总成都要经过检验或试验,必须保证质量合格。

②装合前,要认真清洗零件、工具和工作台,特别是汽缸体的润滑油路需彻底清洗,然后要用压缩空气吹干。

③准备好全部螺母、螺栓。对于所用汽缸及其余全部衬垫、开口销、保险垫片、金属锁线、垫圈在大修时应全部换新。

④不可互换的机件(如汽缸与飞轮壳,各活塞连杆组,各轴承与瓦垫以及进、排气门等)应对好位置和记号,不得错乱安装。

⑤发动机上重要螺栓、螺母(如连杆螺栓、主轴承盖螺栓、汽缸盖螺栓)必须按规定扭矩依次拧紧。

汽缸盖螺栓、螺母的拧紧,必须从汽缸盖中央起,按顺序彼此交叉,逐渐向外,分次进行,最后一次的拧紧力矩应符合标准规定。

⑥关键部位的重要间隙必须符合标准规定。如活塞与缸壁间隙,轴与轴承间隙,曲轴、凸轮轴的轴向间隙,气门间隙等。

⑦对于各相对运动零件的工作表面,装合时应涂以清洁的润滑油,以保证零件开始运动时的润滑,如轴承与轴颈、活塞环与汽缸壁间的润滑。

⑧保证各密封部位的密封性。不应有漏水、漏油和漏气现象。

发动机的装合是一项非常重要的工作,必须严格按照工艺规程的技术要求进行。

11.1.2　发动机装合的程序

发动机的装合以提高工作效率、保证装合质量和减轻工人劳动强度为主要出发点,考虑采用专用工具和机械化设施,从而达到保证装配质量,降低修理成本,延长发动机使用寿命的目的。发动机的装合工艺程序与发动机结构有关。

(1)安装曲轴和轴瓦

将汽缸体倒放在工作台上,或装合架上,并对汽缸体的清洁进行一次检视。如止推垫片在第一道主轴颈者,安装曲轴之前,先将正时齿轮及止推垫圈装于轴颈上,并注意止推垫圈的工作面背向。

检查和安装各道轴瓦片,并在轴承上涂以机油,将曲轴擦拭清洁后抬上,放置好轴承垫片。但对于某些发动机,如东风 EQ6100 型发动机的主轴承盖和座之间无须加垫片,其轴颈与轴瓦的配合是由座孔和轴瓦的精加工来保证的。将各主轴承盖按记号装合,按规定扭力均匀地由中间向两端拧紧。然后每紧固一道轴承,转动一下曲轴。有阻滞现象可以及时找出原因,加以排除。待全部轴承上紧后,先借助撬杠转动曲轴,然后用手转动曲柄臂,这时曲轴应转动轻松,特别是对于东风 EQ6100 型发动机曲轴,因其配合间隙较大(0.07 ~ 0.11 mm),所以转动时应更觉得轻松。

安装轴瓦时,应注意上下片不要装错,以免油孔堵塞,导致轴瓦产生变形。

待全部轴瓦装好后,再复查一次轴向间隙。

装油封时,应注意其松紧度适中,防止过紧或过松,注意圆周各向的接触不应发生偏心。如油封过紧,则轴颈发生磨损,摩擦损失功率大;油封过松,则会漏油。皮质油封应事先浸泡好,以保证装合后的密封性能。

(2)安装凸轮轴

安装凸轮轴之前,先将正时齿轮、隔圈、止推突缘装配在凸轮轴上。

安装凸轮轴时,应将各道轴承涂上机油。凸轮轴正时齿轮与曲轴正时齿轮进入啮合时,应对正记号,然后拧紧凸轮轴止推突缘的固定螺钉。

发动机凸轮轴用止推突缘与隔圈的厚度差是限制凸轮轴轴向移动的间隙,应符合技术要求。如东风 EQ6100 型发动机轴向间隙为:0.08 ~ 0.208 mm,最大使用限度0.30 mm。

安装凸轮轴时,应检查正时齿轮的啮合间隙,检查时,用厚薄规在齿轮圆周方向相隔 120° 的三点进行测量。其间隙值一般应在 0.04 ~ 0.30 mm,使用限度为0.40 mm,相隔 120° 的三点齿隙相差应不超过 0.10 mm。

(3)安装活塞连杆组

活塞连杆组的装合质量对发动机的修理质量有着重要影响。活塞连杆组在装合时,应重点检查活塞在汽缸中的歪斜量,它可以综合地反映出活塞连杆组装合的质量。

1)检查活塞是否偏缸

将没有装活塞环的活塞连杆组装入汽缸,并按规定扭矩拧紧各道螺栓。

首先检查连杆小头与活塞座端之间的距离不应小于 1 mm。如果小于 1 mm,多为汽缸中心线偏移所致。然后,转动曲轴,检查活塞在上下止点和中间位置时,用厚薄规测量活塞顶在汽缸前后两方向的间隙,其间隙差不应大于 0.1 mm,否则,应查明偏缸原因,予以排除。

2)偏缸的主要原因

①连杆弯曲等原因引起的偏缸。如活塞在汽缸内运动时,活塞始终偏向一个方向。这是由于连杆弯曲、活塞销座孔以及衬套铰偏、曲轴轴向位移和汽缸镗偏等原因引起。偏缸不严重时,一般采用压校连杆的方法进行校正。

②连杆扭曲及类似原因引起的偏缸。连杆无扭曲故障时,无论连杆运动到任何位置,活塞销中心线都平行于曲轴中心线,所以,活塞不会发生偏缸。若连杆发生扭曲时,活塞在上下止点位置时,不发生偏缸;当连杆发生扭曲或连杆轴颈和主轴中心线不平行等,这时活塞处于上下止点的中间位置,偏缸为最大。因为这时活塞销中心与曲轴中心线不平行,将造成活塞向前或向后偏缸。

发现连杆扭曲造成活塞偏缸时,可将连杆从曲轴上拆下,置于连杆校正器上复查扭曲的方向,并进行校正,至无偏缸现象为止。

3)活塞环的安装

在安装活塞环时,应注意各道环切槽的位置和方向,不同型号的发动机要按不同的技术要求组装。首先要检查活塞环的端隙、侧隙和背隙是否符合规定。如有镀铬环,应装在第一道环槽内。

安装活塞环时,要注意环的切槽方向。活塞环的内边缘切槽的一面应向上,装在第一环槽内,活塞环的外边缘切槽的一面应向下,装在第二、三道环槽内。对于东风EQ140 型发动机,各道气环都是内边缘切槽,安装时都应面朝上。

活塞环装好后应彻底清洗,并在环槽内和活塞环上涂上薄薄的一层机油。活塞环端口位置是:一、二道及三、四道活塞环之间相隔 180° 角;而二、三道活塞环之间相隔 90° 角;第一道活塞环端口位置应与活塞销座方向成 45° 角,防止活塞环端口的重叠。

4)将活塞连杆组装入汽缸

将活塞连杆装入汽缸,应注意活塞的安装方向,通常在活塞和连杆上都标明安装方向。无记号时,气门倒置式发动机的连杆头喷油孔应朝向配气机构一侧;活塞膨胀槽应在膨胀行程受侧向力小的一侧。活塞方向对好以后,用活塞环箍箍紧活塞环,再用手锤木柄将活塞推入,使连杆大头落入连杆轴颈上;然后按规定扭力拧紧螺母,调整开口销孔,便于穿连杆销钉。

每装好一道活塞连杆后,应转动曲轴,如其阻力显著增加,应查明原因,排除后再继续安装。

检查轴瓦的松紧度,可用手锤轻轻敲击轴承盖,能观察到它有轻微的移动,转动曲轴时有阻力为合适。

(4)安装配气机构零件并调整气门间隙

1)气门组零件的安装

将挺杆涂以机油,放入挺杆导孔内,然后将挺杆架装在汽缸体上,挺杆架中间两固定螺栓的旋紧力为70~80 N·m。两端的固定螺栓旋紧力为50~60 N·m。然后,安装气门弹簧及弹簧座。如是不等螺距弹簧,应将螺距小的一端朝向气门座。再将气门杆涂以机油,按原次序插入气门导管,用弹簧钳压紧气门弹簧,装入锁销或锁片。

对于顶置式气门,先装好汽缸盖后,再装挺杆和推杆,以及进行摇臂轴总成的组装。按顺序在摇臂轴上装上摇臂、摇臂支座、摇臂定位弹簧等全部零件,注意各零件的安装位置,不要错乱。最后装上片形弹簧、摇臂轴垫圈和钢丝圈,转动摇臂轴使其定位孔对准摇臂轴中间支座中部定位孔,旋入摇臂轴定位紧固螺钉。

调整气门间隙。气门与挺杆(或摇臂)之间,应留有一定间隙,以适应气门机构各零件的热膨胀量,并保证气门关闭严密,如图11.1所示。调整气门间隙时,对一般四缸和六缸发动机,均可用两次摇转曲轴分两次调整的方法。根据发动机工作顺序及气门的开闭规律进行调整。其具体方法是:转动曲轴,使飞轮上的正时记号正好对准飞轮壳检查孔的正时刻线。此时,1、6缸活塞位于上止点。查看气门升降情况,当第3缸进气挺杆、第2缸排气挺杆同时升至约最高位置时,说明第1缸为做功行程始点。

可调整下列气门:

1、3、5缸的排气门;1、2、4缸的进气门。

摇转曲轴360°,这时第4缸进气挺杆和第5缸排气挺杆同时升至最高,6缸为做功行程始点,可调整下列气门:

2、4、6汽缸的排气门;3、5、6汽缸的进气门。

2)配气相位的检查

在修理过程中,可能造成配气相位角发生变化。

①在磨修凸轮时,凸轮之间的夹角或凸轮与凸轮轴键槽之间的夹角产生偏差;

②磨修曲轴时,曲柄臂之间的夹角、曲柄与曲轴正时齿轮键槽的夹角产生偏差;

③正时齿轮磨损,或新正时齿轮键槽与正时齿轮标志相对位置偏差;

④装配时,曲轴与凸轮轴的轴向位移,

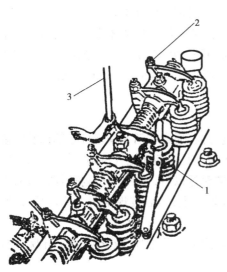

图11.1 气门间隙的调整
1—厚薄规;2—调整螺母;3—螺丝刀

影响正时齿轮的轴向位置。

上述误差的积累结果,使配气相位角发生变化。所以,在配气机构装配和调整好以后,应检查配气相位角。如解放 CA10B 型发动机,在检查配气相位时,先找出各气门控制点相对应的曲轴转角与标准配气相位角进行比较,判断配气相位角是否正确。检验时,摇转曲轴使气门离座 0.20 mm,即控制点位置,查看相应气门的曲轴转角是多少,再与标准控制点转角进行比较:进气门开启在上止点前 $4°30'$,进气门关闭在下止点后 $53°30'$;排气门开启在上止点前 $57°30'$,排气门关闭在上止点后 $6°30'$,以确定配气相位角的变化。

如配气相位角的变化超出标准要求时,可以进行调整。一般是以检查所得数据取多数的偏差值中较一致的数值作为调节的依据。

(5)安装汽缸盖

在汽缸盖装合时,注意汽缸衬垫要均匀地展开。对于铸铁汽缸盖光滑的一面朝向汽缸体;对于铸铝汽缸盖,汽缸垫卷边的一面朝向汽缸体。这样可以防止基体平面的损坏。装上汽缸盖和缸盖螺栓,紧固时,要从中间向两端按规定的顺序分次均匀地扭紧。

(6)安装分电器传动轴及分电器

安装分电器传动轴时,应使第 1 缸活塞在压缩行程上止点位置。分电器传动轴装入后,轴端槽口应与曲轴轴线平行,为了保证按一缸点火位置装配,一缸点火高压线插入分电器的左下方,应使轴端槽口两面之一的宽面朝下,如图 11.2 所示。

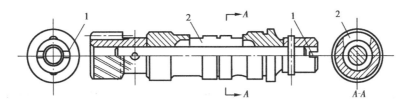

图 11.2　分电器传动轴

1—分电器传动轴轴端槽口;2—分电器传动轴

分电器的传动轴外壳切口应朝上,分电器装入后,应装上固定螺栓和螺帽,先将螺栓拧到底,再退回少许,最后用固定螺帽固紧。

安装分电器时,先调整好触点间隙在 0.35 ~ 0.45 mm,插入分电器,旋松分电器外壳的固定螺丝,按分火头转向相反的方向转动分电器外壳,直到使触点张开时为止,再将外壳固定螺栓拧紧。

(7)安装定时齿轮组及喷油泵

各组定时齿轮安装时,应按记号装配,以保证正确的配气相位及供油时间。对于安装记号,一种是打在齿轮和定时齿轮壳体上,另一种是全部记号打在齿轮上。安装时,必须对准所有记号。

在发动机上安装喷油泵,必须先在试验台上调整、检验,技术性能符合要求才能安装。安装喷油泵时,应保证初步喷油正时,在发动机冷磨后,开始热磨时还要进行检查和调整。

(8) 安装飞轮壳

先将飞轮安装在曲轴上(也有的发动机先装飞轮壳更为方便),注意检查飞轮端面对曲轴中心线的垂直度及端面跳动量,它对离合器的正常工作有很大影响。安装飞轮时,应按标准扭矩扭紧并穿好开口销。

在安装飞轮壳之前,应将主油道堵头的油堵螺钉扭紧。

(9) 安装进、排气歧管

清除管内的积炭和污物,用压缩空气吹净。将螺柱旋紧在汽缸体上,放上衬垫,注意衬垫一般是将卷边的一面贴向汽缸体套在螺栓上,然后装上进、排气歧管,放上平垫圈,旋紧螺母,并注意紧固次序。

(10) 发动机附件的安装

发动机附件包括机油粗、细滤清器、机油管、曲轴箱、通风箱、水泵、发动机、启动机等。

上述介绍的发动机装配工艺顺序是常见车型的基本装配过程。对于汽油机、柴油机和顶置气门式、侧置气门式都应根据它的结构特点确定其最合理的装配工艺过程。

11.2 发动机的磨合与试验

发动机装合后,要进行磨合与试验。磨合的目的是以最小的磨损量和最短的磨合时间,自然建立起适合于工作条件要求的配合表面,防止破坏性磨损。在磨合过程中,还可以检验发动机修理和装合的质量,以延长发动机的使用寿命。

发动机的主要零件(汽缸套与活塞环、曲轴与轴承)都具有较高的精度和较低的粗糙度,但是,零件表面仍留有微观的不平和加工痕迹,表面形状和相互位置也必然有误差。因此,实际接触面只发生在局部,单位面积上的压力将很大。如果直接投入有负荷使用,表面接触点在巨大的载荷作用下,将产生剧烈的磨损,有些接触点会发生黏着磨损,使整个工作表面产生高温,导致零件表面烧伤或拉缸等。

发动机的磨合就是使主要运动零件的摩擦表面在一定的润滑条件下,先在低转速、无负荷条件下运转,然后逐渐地提高转速与负荷,直到额定转速为止。在磨合过程中,最初先接触的表面凸峰在开始压力不太大、相对速度和负荷逐渐增加的条件下,使零件表面的凸峰逐渐磨平,接触面积和承载能力增大,从而可以提高转速和负荷,直到能承受满负荷为止。在磨合过程中,选择合适的润滑剂,可以加速磨合过程和提高磨合质量。

11.2.1　磨合的机理

磨合是使两摩擦表面在开始工作时进行一次受控性的磨损,使两摩擦表面相互适应,以得到最好的承载关系。在这样的配合表面下工作时,其摩擦损失的机械功应最小。磨合好以后的发动机性能应最佳,燃料、润滑油的消耗最少,其磨损速度最低。

(1)磨合初期的零件表面状态

经过机械加工或新零件的工作表面易产生以下的缺陷:

①表面的微观粗糙度　它是由于加工过程中产生的、不规则的微观几何缺陷;

②表面波纹　零件表面波纹的产生是由于加工中机床振动、零件变形及热处理的变形和内应力的原因;

③形状位置误差　它是在加工过程中产生的宏观几何偏差,它的产生是由机床自身的精度、刀具的几何形状缺陷、机械应力和热应力产生的大幅度的变形引起的。如轴线的同心度、平面的垂直度、汽缸的圆度和圆柱度等,这些形状位置误差致使零件摩擦表面的相互干涉和互不相容,也是造成发动机的密封性差的主要原因。

(2)磨合过程与要求

由上述分析知,摩擦运动的零件表面有三种形式的误差,它们将使摩擦表面面积大大地减小,其减小程度除三种形式的误差所决定以外,还主要与工作表面的负荷有关。所以,实际接触面积只是名义面积的 $10^{-3} \sim 10^{-4}$。要增大实际接触面积应分两个阶段进行磨合。

第一阶段,早期磨合是微观几何磨合阶段。这时接触的尖点逐渐被磨掉,接触面积逐渐增加。在这一阶段内,容易出现微观熔焊现象,发动机这时承受大负荷是非常危险的。为了缩短这一磨合的时间和提高磨合质量,应选用黏度较小的润滑油,它可以使摩擦表面及时进行清洗,带走磨屑和进行冷却作用。防止过度磨损和烧伤事故,加速磨合过程,提高磨合质量。

第二阶段,次期磨合主要是宏观几何磨合阶段。主要是通过磨合修正宏观几何形状误差和波度。在这一阶段中,要磨合掉大量的金属屑,因此,这一过程需要相当长的时间。

磨合终了时的标准要求如下:

当承载表面积达到最大时,磨合工作就完成了,即标志宏观几何形状磨合结束。这时的摩擦工作表面在工作负荷条件下,其磨损速度应是最小。宏观几何形状误差在磨合中得到修正以后,在活塞环运动区域内获得最好的密封性,从而使燃料润滑油的消耗最低,漏气量最少,从而获得最大的热效率。

微观几何形状的磨合关系到摩擦表面的改善,磨合良好可使摩擦损失急剧降低,因而可以提高机械效率,减少黏着和烧伤的危险,并使磨损速度降低而稳定。通常是用发动机的一系列工作特性曲线来评价磨合阶段进行的情况。

11.2.2 影响磨合的因素

通过大量的试验确定了影响磨合的主要因素有:零件的表面粗糙度、采用的工艺措施、零件的表面性质以及采用的润滑剂。

(1)零件表面粗糙度

对磨合质量起重要作用的是零件表面的原始粗糙度。如零件表面是经过精加工形成的很光滑的表面,它对于磨合是极为不利的。此时,表面磨合时根本不发生磨损,而且磨合时间特别长,或者可能发生黏着。所以,表面要有一定的原始粗糙度,但表面波度和其他形状误差幅度应小于表面粗糙度幅度,通常认为表面粗糙度的最佳值是形状误差值的 2 倍。如表面粗糙度为 $0.5 \sim 1.25 \mu m$ 时,波度值应小于 $0.5 \mu m$。

当零件表面的粗糙度足够大时,其微观表面的凸点较脆弱,很快就被磨掉,而产生的磨粒就成了第二磨合阶段中的磨料。此外,较高的原始粗糙度的另一个优点是,可使磨合后的表面成为有迁回痕迹的表面,有助于保持油膜,从而改善润滑。

通过实践知道,铸铁的活塞环与铸铁的汽缸表面如其原始粗糙度在 $1 \sim 1.5 \mu m$ 时,其磨合的效果比表面原始粗糙度为 $0.1 \sim 0.2 \mu m$ 时更好,其磨合时间短,且润滑油消耗少。

如采用表面进行光滑镀铬的第一压缩环汽缸表面进行抛光,这时由于镀铬环有很高的抗磨蚀能力,它们之间的适油性很差,其磨合速度很慢,且润滑油消耗大。

一般用珩磨法得到的网纹状表面最为合适。

(2)工艺措施

由于活塞环存在侧隙,所以在往复运动中要发生倾斜。如环的断面是矩形,在压缩行程期间,其上棱边会紧地压在缸壁上,不能有效地刮下润滑油,所以,发动机在磨合和使用期间的润滑油消耗最大。锥面环或扭曲环可以迅速地磨合,使以后的走合期缩短,润滑油消耗减少。

(3)零件表面的性质

磨合是一种包括磨损在内的机械加工的延续过程,它与发动机正常运行时的磨损是不同的,所以,在发动机设计和制造时,采取了许多措施加速这一磨合过程。

常用多孔镀铬代替光滑镀铬,这样既改善了磨合过程,又延长了活塞环的使用寿命。

为了改善活塞环的磨合过程,减小黏着作用,应对活塞环的表面进行处理。磷化处理就是其中主要方法之一,在活塞环的表面形成磷酸铁、磷酸镍、磷酸锰的涂层。其厚度约 $2 \sim 5 \mu m$,是多孔性的,很适于表面磨合的要求。一般铸铁环可进行磷化处理。也可以在活塞环表面采用涂层。涂层由很细的一种磨料与黏结剂混合而成。这种涂层不同于固体润滑剂,厚度约 $25 \mu m$,其作用仅限于磨合初期的几分钟内,可以加速磨合过程,提高磨合的表面质量。

(4) 润滑剂

磨合时采用的润滑油对摩擦表面的质量和发动机的使用寿命都有重要的影响。一般在磨合时都采用低黏度的润滑油。低黏度的润滑油导热性好,可以降低摩擦零件表面的工作温度,避免由于工作温度过高而使油膜破坏。黏度低的润滑油流动性好,加强了摩擦零件表面的冷却作用和清洗作用。在润滑油膜破坏时,又很容易恢复和补充,也易于补充到间隙小的部位。但润滑油黏度也不能过低,否则,不易形成可靠的润滑油膜,使金属直接接触。

目前发动机磨合时常用的润滑油是 2 号或 3 号锭子油,6 号或 10 号车用机油中加入 15% ~ 20% 的煤油或轻柴油。它们基本可以满足上述所要求的润滑油性能。

采用什么样的润滑油还决定于发动机的类型。如汽油机磨合时,可用纯矿物油或混合油磨合,因为这些润滑油中含有脂肪族化合物,磨合时,润滑油耗量少。而柴油机的磨合采用净化油的效果好,如采用纯矿物油磨合,在柴油机的高温和燃烧副产物的作用下,会使机油迅速地变质,造成环槽积炭和环黏住,给柴油机的磨合带来困难和危害。采用净化机油可以防止氧化作用,但其成本太高。所以,在磨合中经常采用带有添加剂的润滑油。

极限压力添加剂(例如硫、氯和含磷的添加剂)显著的性能是抗黏着能力高。如在润滑油中加入 0.8% ~ 1% 的硫,对于改善磨合质量,缩短磨合时间,有显著的效果。主要原因是:润滑油中的硫分子活性很大,它渗入摩擦表面的微观裂缝中,形成较松软的组织,使金属表面强度降低,加速了表面的磨合;其次是在微观凸起部位,由于摩擦时的高温使硫与金属发生化学作用而形成 FeS 和 FeS_2 等硫化物,这些硫化物的塑性较金属大,这就易使微观表面凸起发生变形或被磨掉,从而可以缩短磨合时间。

此外,零件表面形成的硫化物对于润滑油膜的吸附作用,比金属对润滑油膜的吸附作用大,因此,润滑油膜破坏的可能性小,减少了摩擦,避免了划痕与擦伤,这就使磨合过程中产生的金属屑数量少。但是,加入硫的润滑油对于轴承合金中的一些成分有腐蚀作用,它也不能与碱性添加剂共同使用。

另一种添加剂是负荷承载能力添加剂如石墨、二硫化铝之类的固体物质。这样的物质可以在装配时作为涂料,将其涂在零件的摩擦表面上,或作为机油中的悬浮体,可以防止微凸体的熔焊现象,但不能促进磨合过程。

11.2.3　发动机磨合及试验规范的选择

发动机的磨合及试验规范是磨合时发动机的负荷大小、转速高低和各阶段的磨合时间。这一磨合规范的选择是否合适将影响发动机的修理质量和使用寿命。它的主要标志是:①磨合过程中零件磨损量为最小;②磨合时间少,燃、润料消耗少;③零件的使用寿命长;④发动机动力性和经济性好。

（1）**磨合规范**

1）磨合时的负荷

磨合时的负荷应该是从无到有、从小到大逐渐地增加。这样可以避免由于负荷不当发生过度磨损，从而使零件表面逐渐地得到改善。所以，磨合过程分为无负荷的冷磨合、有压缩的冷磨合、无负荷的热磨合和有负荷的热磨合等几个阶段。

2）磨合时的转速

在一定的负荷条件下，增加磨合转速，即增加了摩擦表面的滑动速度。摩擦时的发热量提高，微观表面的突峰间产生冲击力提高，增加了表面间的微观黏着磨损，可以提高磨合速度。但过高的转速会发生剧烈的磨损。所以，在磨合过程中，对于转速的选择，开始时转速很低，随表面被磨平，再逐渐提高转速。

3）磨合时间

在一定负荷和转速条件下发动机磨合一定时间后，零件的磨损速度变为缓慢，则表示已达到正常磨损阶段，这时如果继续磨合，就不能在短时间内达到磨合的目的，这就要求增加负荷和提高转速，在另一级磨合条件下工作，最后达到在接近额定转速条件下工作，而磨损速度稳定。

（2）**冷磨合过程**

发动机的冷磨开始时，顶置气门发动机不装火花塞或喷油器;侧置式气门不装汽缸盖，将发动机装在磨合架上，加足润滑油，用可以改变转速和负荷的拖磨装置连接起来。

冷磨合是对关键的配合表面进行磨合过程。如汽缸与活塞环、曲轴颈与轴承等。经过冷磨以后，要求零件表面光滑平整，在一定的负荷下不致发生黏着损伤。

影响冷磨合的重要因素是开始磨合时的转速。开始转速主要应当保证主要摩擦表面的润滑条件。对于汽车发动机冷磨合的开始转速，通过大量的使用资料证明以 600 r/min 为宜。这时它可以保证主要摩擦表面工作时供给可靠的润滑油。然后，在此基础上逐步增加每一级的发动机磨合转速，一般每一级转速为 100 ~ 200 r/min 递增。

磨合规范初步确定以后，应通过试验最后确定。常用的方法是制取各个规范的磨损曲线来评定。按各级磨合规范进行工作，制取其磨损曲线。在磨合中每经过一定时间取一定数量的润滑油分析其中含有铁的数量，绘制其磨损曲线，即可选定一个最佳磨合方案。

通过图 11.3 所示的一组磨合曲线可以确定冷磨合时间。其冷磨合的转速为 n_1、n_2、n_3、n_4，从各个转速的磨合曲线可以看到，开始时，磨损速度较快，如图中之 OA、BC 等，此后，磨合速度趋于平稳，即表示如在该转速条件下继续磨合，其磨合作用已减少或不起作用。所以，其磨合时间应为: OA、BC、DE、FG 之和，这样可以节省工时和消耗。

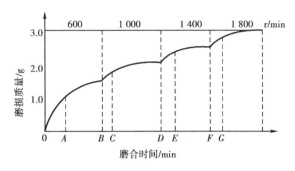

图 11.3　发动机的冷磨合曲线

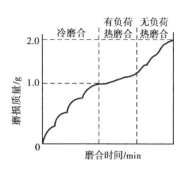

图 11.4　发动机的磨合曲线

在冷磨阶段,摩擦表面完成了承受载荷的准备。冷磨合时间一般在 2 h 以上。

冷磨以后应放出全部润滑油,加入清洗油,再转动 5 min,使各零件表面和润滑油道进行一次彻底清洗,放出清洗油。必要时,也可以拆下其主要零件进行检验。

发动机冷磨合后,装上发动机全部附件,开始时,先进行无负荷的热磨。它是在冷磨的基础上进行的,所以,热磨的开始转速可以选为 1 000 ~ 1 200 r/min,对原零件表面提高了工作温度和增加了少量负荷。这一阶段的目的除进一步磨合外,主要是进行发动机油路、电路的调整,检查和排除发动机的故障。在磨合过程中,应注意各部摩擦件的发热情况,观察油温、水温的变化,观察发动机有无异常运转和声响。

经过无负荷热试后,可以增加载荷约为额定负荷的 10% ~ 15%(一般可以通过水力测功器加负荷)。并测定发动机的功率、油耗。每次可以 200 r/min 和 3.68 kW 的递增测试 5 个点,绘制发动机的功率和油耗曲线,并与标准状态下的曲线进行对比,确定发动机的性能指标。但在一般情况下,试验的转速和负荷仅为额定数值的一半,应减少发动机在较大负荷条件下的工作时间。

发动机经冷磨合、无负荷热磨合和有负荷热磨合三个阶段的磨合曲线如图 11.4 所示。由图中可知,发动机的无负荷热磨合速度很低,对于磨合作用不大。所以,对于磨合的作用,可以取消无负荷热磨合,在实际工作中,主要利用这一阶段检查发动机的运转情况和消除故障,为有负荷的热磨合做好准备。发动机的有负荷热磨合,可以使发动机在一定负荷条件下磨合,还可以检查发动机修理中的故障,而有些故障在无负荷条件下是难以发现的,最后还可以测定发动机修理后的性能。

第3篇

汽车底盘的修理

第 12 章　汽车传动系的修理

12.1　离合器的修理

由于离合器的工作频繁,有时还会出现超载等情况,使离合器摩擦片和压盘会出现磨损、破裂、变形等耗损,造成离合器技术状况变坏,导致离合器打滑、分离不彻底、抖动和发响等故障,为此应认真地检验和修理。

12.1.1　离合器主要零件的修理

(1)从动盘的检验和修理

1)从动盘的耗损

从动盘是离合器的主要易损零件,其主要耗损如下:

①摩擦片磨损、烧灼、破裂、沾有油污、铆钉松动等;

②从动盘钢片翘曲、破裂;

③从动盘钢片与花键轴套铆钉松动;

④花键轴套的花键磨损;

⑤钢片与接合盘之间减振弹簧过软或折断(装有减震弹簧的从动片)。

离合器衬片磨损是因为衬片与压盘间在离合器结合、分离及超载打滑时有摩擦存在。正常使用时,摩擦衬片磨损较慢,打滑或调整不当时,则磨损加剧,甚至造成摩擦片烧灼。

2)离合器从动盘的检修

离合器摩擦衬片的磨损不太严重,铆钉头部埋入深度大小 0.5 mm 时,可不必更换衬片。若摩擦衬片有轻微油污,可用汽油清洗,或用喷灯火焰烧去。表面轻微烧焦,可用砂纸打磨。

当衬片磨损严重,超过使用限度,或有裂纹、脱落、大而深的烧焦面积或严重油污时,则需更换新衬片。

更换新衬片的工艺:

①用钻头钻去铆钉的尾部,然后用冲子将已钻掉尾部的旧铆钉冲掉,拆除旧衬片;

②拆除旧衬片后,应检查从动钢片上花键轴套内花键齿的磨损程度和从动钢片

与花键轴套是否铆合紧密,如不符合规定,要进行更换或重新铆合;

③检验从动钢片是否翘曲,按图 12.1 的方法进行,一般在半径 120～150 mm 处摆差应不大于 0.80 mm,如超过规定应进行冷压校正。

对带有减振弹簧的从动盘(如东风 EQ1090、北京 BJ2020)如弹簧弹力减弱或折断,弹簧支承座磨出沟槽或从动盘毂与波形弹簧之间铆钉松动等,均应钻去减振盘上的三个支承销,拆开检修更换;

④更换新衬片的厚度与直径符合原厂规定(例如,东风 EQ1090 的新衬片厚为 3.6 mm),衬片质量应一致,厚度差不能超过 0.5 mm。

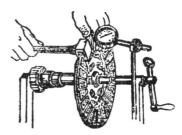

图 12.1　钢片端面跳动检查

衬片可用铆接和胶粘法与从动钢片固定(胶粘法只适用于无波形弹簧的从动片)。

采用铆接时,要选用与原车相符的铆钉。铆钉用软金属材料(铝、铜)制成,规格为:直径×长度。如东风 EQ1090 型用 $\phi 4 \times 8$ mm 的铆钉;北京 BJ2020 型用 $\phi 4 \times 7$ mm 的铆钉;解放 CA1091 型用 $\phi 4 \times 8$ mm 的铆钉。

钻铆钉孔时,将两片衬片同放在钢片一边,按钢片上铆钉孔的大小,选择合适的钻头,对于钻通孔(比钢片孔销小,比铆钉直径稍大),钻时应将两片对正用夹具夹紧;接着,用比铆钉头稍大的特制钻头钻埋头坑,孔深视衬片材料而定,含铜丝者埋头坑深占片厚的 2/3,不含铜者占片厚的 1/2。

对于衬片与钢片的铆合,可采用手工或专用的铆钉机铆合。为了使衬片可靠地铆在钢片上,最好采用单铆,即一颗铆钉只铆一片摩擦片。这样铆的紧,而且不易产生龟裂。

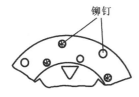

图 12.2　铆钉的排列

铆钉头应交错排列,如图 12.2 所示。铆或粘后,衬片应该进行修磨,以便使工作面平整。

铆合后从动盘总厚度及铆钉深度应符合规定,如东风 EQ1090 型的从动盘铆合后总厚度为 $10.2_{-0.2}^{+0.5}$ mm,铆钉头至摩擦衬片表面距离为 1.3 mm,当铆钉头距离衬片表面于 0.3 mm 时,必须更换新衬片。

(2)压盘的修理

1)压盘的主要耗损

压盘的主要耗损有:压盘表面擦伤,压盘磨损、变形和裂纹。

2)压盘的检修

压盘工作表面损坏不严重,可用砂纸或油石打磨光。擦伤的沟槽深超过0.05 mm,翘曲超过 0.20 mm 时,应车光或磨光。压盘光磨后,其厚度应不小于极限尺寸。

压盘翘曲不超过规定,超过时可磨平,但厚度应不小于极限尺寸。如东风

EQ1090 压盘平面度超过 0.12 mm 时,允许磨削平面,但磨削总量不应超过 1 mm,磨削后的离合器总成与曲轴组合后,应重新进行动平衡。

(3)分离杠杆及其他零件的检修

1)分离杠杆的耗损

分离杠杆的耗损有:分离杆(爪)端面的磨损、分离轴承耗损、踏板轴和分离轴衬套磨损。

由于分离杆(爪)端面在离合器分离和结合时轴承接触摩擦,是造成磨损的主要原因。

2)分离杠杆的检修

东风 EQ1090 型分离杠杆端面磨损超过 0.20 ~ 0.25 mm 时,应焊修或更换。

分离轴承应转动灵活,无尖锐的响声或卡滞,轴向和径向间隙应符合规定(轴向不超过 0.60 mm,径向不超过 0.30 mm)。否则,应更换新件。

如东风 EQ1090 用的密封式轴承应放在熔化的润滑油中浸煮,待冷却后装用。

踏板轴和分离叉轴与衬套的配合间隙过大,一般要更换新套,并经绞削后配合。但在托架上的两只衬套必须用长刃铰刀或带导向装置的绞刀铰削,以保证同轴度。

(4)飞轮和离合器壳的检修

1)曲轴与变速器第一轴的同轴度

如何保证曲轴与变速器第一轴的同轴度,是飞轮和离合器壳装修的一个重要问题。为了保证曲轴和飞轮的同轴度,曲轴后端突缘和飞轮孔用过渡配合。在修理中,曲轴和飞轮不可互换,并按原位装复。在使用中,由于螺丝紧固,曲轴突缘可能有凸起,修理时,应正确加工至标准尺寸。如果加工过大,突缘直径变小,就会破坏两者的同轴度,偏差如为 0.1 mm,不平衡就可达 300 ~ 400 g·cm,大大超过了 70 ~ 100 g·cm 的允许值。

为了保证变速器第一轴与曲轴的同轴度,离合器壳上的座孔通常用主轴承座孔为基准加工,一般是壳与发动机缸体装好后加工的。

另外,由于变速器第一轴轴承盖外径(为定位面)磨损过大,曲轴后端装变速器第一轴轴承孔磨偏,都会造成同轴度的破坏。

2)飞轮的检修

飞轮不应有裂纹,工作表面应平整光洁,当飞轮表面平面度误差超过 0.12 mm,飞轮表面沟槽深超过 0.5 mm 时,允许磨削平面,但磨削总限度不超过 1 mm。飞轮齿圈牙齿磨损可焊补或翻面使用,磨损严重应予以更换。

修复后的飞轮应进行静平衡试验,允许的不平衡值应符合规定(东风 EQ1090 不大于 100 g·cm)。

飞轮与曲轴装合后,飞轮平面对曲轴轴心线的跳动应符合规定(东风 EQ1090 在 170 mm 处为不大于 0.1 mm)。

3)离合器壳的检修

离合器壳上的裂纹长度大于 150 mm 时,应该报废,小于 150 mm 时,可以焊修。

离合器壳上的座孔磨损,一般不应超过 0.30 mm,否则,可镶套后镗孔。镗孔时,以曲轴主轴承座孔为基准,以保证同轴度。

离合器壳上的分离叉衬套内径磨损超过 0.15 mm 时应更换。

离合器壳上的螺纹孔螺纹损坏,应修整或镶套修复。

12.1.2 离合器的装配与调整

(1)离合器的装配

离合器的装配是在各机件修复后进行的。

东风 EQ1090E 离合器的装配顺序是,先将 8 片传动片分四组铆在离合器盖上;接着将离合器压盘分离杆、分离杆调整螺钉、分离杆浮销、分离杆摆动块装在离合器压盘的相应位置上;再将压盘放平,放好 16 只弹簧,扣好离合器盖,用压具压好,然后装上分离杠杆的调整螺钉和固定传动片;最后进行总成的静平衡,不平衡的允许值 50 g·m,进行平衡时,允许在压盘的 16 个凸台上钻直径为 φ14 mm,深度不大于 15 mm 的平衡孔,如图 12.3 所示。

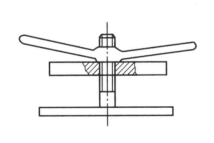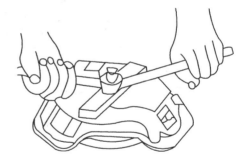

图 12.3　拆装离合器的专用工具

1)离合器装配时应注意的事项

①为了装合方便、安全,最好采用专用压具;

②将弹力较弱的几只压紧弹簧均匀排列;

③分离杠杆及各活动部分涂以少许润滑脂;

④装配时,应注意装配记号,如压盘和离合器盖、平衡块与离合器以及离合器盖与飞轮的相对位置记号。

2)离合器装配时注意事项

①东风 EQ1090E、北京 BJ2020,离合器从动盘毂较长的一面应朝向变速器(图 12.4)。若装反,使花键啮合减少,受力增大,磨损增加。双衬片离合器在安装时,应符合原厂规定,解放 CA1091 应短毂相对(图 12.5)。如装反,工作中从动盘变形,离

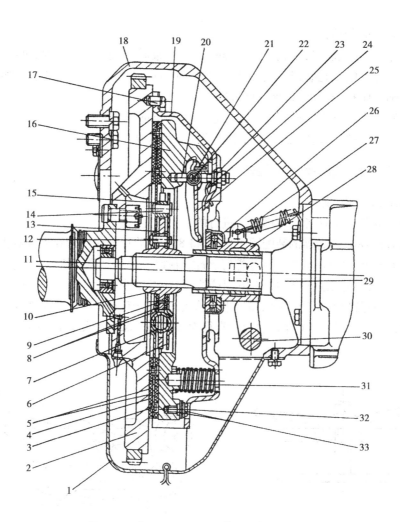

图 12.4　东风 EQ1090E 型载货汽车单片离合器

1—离合器壳底盖;2—发动机飞轮;3—摩擦片铆钉;4—从动盘本体;5—摩擦片;6—减振器盘;
7—减振器弹簧;8—减振器阻尼片;9—阻尼片铆钉;10—从动盘毂;11—变速器第一轴
(离合器从动轴);12—阻尼弹簧铆钉;13—减振器阻尼弹簧;14—从动盘铆钉;
15—从动盘铆钉隔套;16—压盘;17—离合器盖定位销;18—飞轮壳;19—离合器盖;
20—分离杠杆支承柱;21—摆动支片;22—浮动销;23—分离杠杆调整螺母;24—分离杠杆弹簧;
25—分离杠杆;26—分离轴承;27—分离套筒回位弹簧;28—分离套筒;
29—变速器第一轴轴承盖;30—分离叉;31—压紧弹簧;32—传动片铆钉;33—传动片

合器分离不开。

②为了保证曲轴与从动盘的同轴度,以便安装变速器第一轴。一般方法是另取一个变速器第一轴插入从动盘毂与曲轴后端中心孔内作导向,待离合器装调好后,再

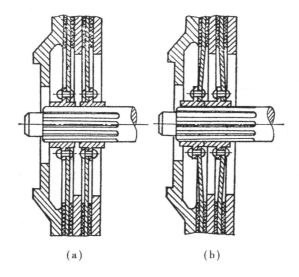

图 12.5　解放 CA1091 从动毂的安装方向

(a)正确;(b)不正确

取出该第一轴。

③分离轴承应按规定加注润滑油,切勿过多,以免甩油后使离合器衬片沾油打滑。

④对于双片离合器中压盘上锥形分离弹簧,其小锥面应朝飞轮。

⑤使飞轮与离合盖上的记号对正,且装回原位,并使压盘与离合器间的记号对正,如装有特殊形状的平衡块,应按原位装回,以保证离合器的平衡。

(2)离合器的调整

以东风 EQ1090E 型离合器为例,其要求见表 12.1。

表 12.1　东风 EQ1090E 离合器的调整

项　　目	参　　数
分离杆端部至从动盘表面距离/mm	35.4*
分离杆端至飞轮表面距离/mm	56±0.2*
四个分离杆端部位于同一平面相差	不大于 0.2 mm

注:带"*"的两项中任调一项即可。

1)检查调整离合器的分离是否彻底

移动分离杠杆顶端至飞轮工作表面距离为 44 mm 时,应保证离合器完全分离,没有拖滞现象。

2)检查调整踏板自由行程

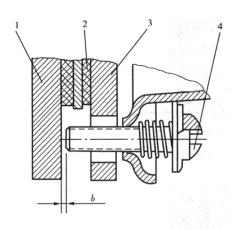

图 12.6　中间压盘限位螺钉的调整
1—中压盘;2—从动盘;3—后压盘;
4—限位螺钉(b 为间隙)

离合器踏板的自由行程为 30 ~ 40 mm,如不合适,调整分离杠杆的球形螺母。调整时,将该螺母旋入,则自由行程减小;该螺母旋出,则自由行程增加。调整合适后,锁紧螺母。

3)检查调整中间压盘的限位装置

对于双片压盘,还应调整中间压盘限位装置(如解放 CA1091 为限位调整螺钉),以保证离合器分离彻底。调整后,应使中压盘与中压盘限位螺钉之间保持适当的间隙。否则,在工作中,会因间隙过大或过小造成分离不彻底。此间隙过小,中压盘后移不够和前摩擦片联动;此间隙过大,中压盘后移太大又压紧了后摩擦衬片。

当螺丝螺距为 1.5 mm,所留间隙为 1 ~ 1.25 mm 时,其调整方法是:在离合器完全接合状态时,将三只限位螺钉拧至抵住中压盘,再逐次将螺钉退回 4/6 ~ 5/6 转,一般听六角锁片响 4 ~ 5 次为宜,如图 12.6 所示。

12.2　变速器的修理

在汽车行驶过程中,变速器担负着变速增扭,以适应汽车前进、倒退、空挡等各种情况的工作需要。变速器经常在高转速、高负荷下工作,同时,由于行驶道路条件的变化,换挡十分频繁,使得变速器内各齿轮之间、齿轮与轴之间、轴承与轴之间受力不断地变化;又由于装修质量、调整及驾驶不当等原因,均会造成变速器各机件加剧磨损,甚至损坏。以上原因都会影响变速器的正常工作,如出现跳挡、异响、漏油等故障。因此,必须对变速器故障及时进行正确的判断和排除。同时,又要保证变速器零件的检修质量、总成装配质量与调整合格。

12.2.1　变速器主要零件的修理

(1)变速器壳的检修

变速器壳大都是由灰铸铁铸造的,它是用来支承各齿轮、轴及各轴承的。因此,壳体的质量对变速器技术状况的影响很大。

1)变速器壳的主要耗损

变速器壳的主要耗损是:变速器壳的变形和裂纹;轴承座孔的磨损;螺纹孔的磨损。

2) 变速器壳的检修

轴承座孔磨损将破坏轴承的正确配合,从而影响轴和齿轮正确的工作位置,造成一系列不良后果。轴承与孔的间隙一般为 0 ~ 0.05 mm,大修允许为 0 ~ 0.075 mm,使用限度为 0.10 mm。当超过此值时,应予以修理。一般采用镶套法和镶表发条的办法修理。两法均需镗孔,并需留一定凸肩(一般 2 ~ 3 mm),以便使套或表发条固定。镶表发条时,按轻型静配合选取过盈量后,计算其周长(一般中型车为孔的周长加上 0.05 mm)截取表发条,对口镶入。镗孔时,既要注意孔的尺寸精度,又要注意孔的位置精度。

对于壳体不重要处的裂纹,可用黏结法修复(采用环氧树脂),重要处可以用焊修,但当出现与轴承孔相通的裂纹及安装固定孔处有裂纹时,应予以报废。

壳体变形主要是壳和盖结合面翘曲变形,可以用平台、厚薄规检查。一般平面度误差不大于 0.15/100 mm,如超限达 0.30/100 mm 时,应采用刨、铲、锉、铣等方法修复。刨和铣时,应注意加工基准的选择。

对于螺纹孔的损坏,可采用扩孔攻丝或焊补后重新钻孔攻丝的方法修复。

(2) 齿轮和轴的修理

1) 齿轮的检修

①齿轮的主要耗损　即齿牙的断损及裂纹;齿面的斑点和剥落。一般规律是直齿齿轮损坏多于斜齿轮,滑动齿轮多于常啮合齿轮。轮齿的断裂、齿面的磨损、齿面磨成锥形等多发生于啮合套或套合齿。对于齿轮的耗损,多采用外表检视法,或用样板及测齿卡尺测量,也可用新齿轮对比检查。

②齿轮的修复　齿面有轻微的斑点、剥落或边缘略有破损时,均可用油石或风动砂轮修磨后继续使用;齿轮磨损超过规定标准,不能继续使用。即齿长磨损超过原齿长 0.30%(在齿高 2/3 处测量);齿厚最大磨损超过 0.40 mm,两齿轮啮合间隙已超过 0.80 mm 时;啮合套和套合齿的配合间隙,一般已超过 0.60 mm(北京 BJ212 不得超过 0.50 mm)时;齿面有较严重的剥落,其剥落面积超过齿面的 1/4(单齿面积);齿轮出现裂纹。遇到这类情况可采用局部更换或堆焊方法予以修复或更换新件。

2) 变速器轴的检修

①变速器轴的主要耗损　键齿的磨损;轴颈的磨损;轴的弯曲。

②变速器键齿或轴颈的磨损　可以采用堆焊后修磨或者镀铬等方法进行修复。对于轴的弯曲,可以用压力或火焰校正法校正。

(3) 操纵机构零件的检修

操纵机构零件的检修主要是变速杆、变速叉、变速叉轴及变速器盖。由于工作条件和零件结构所决定,其主要耗损是磨损和弯曲变形。

1) 变速杆的检修

变速杆的主要耗损是上球节、定位槽、下端头易磨损,严重时可造成乱挡和脱挡。

一般用新件进行对照检查或互相配合的方法检查。当球节直径或定位槽磨损超过0.50 mm,杆下端面磨损超过0.40 mm时,均应进行焊修。

2)变速叉的检修

变速叉的主要耗损是:变速叉的弯曲和扭曲;变速叉下端面磨损(不应超过0.4 mm);变速叉上端导动块凹槽磨损(不应超过0.6 mm);变速义义轴孔径磨损(与叉轴配合间隙为0.02~0.08 mm,不得超过0.12 mm)。

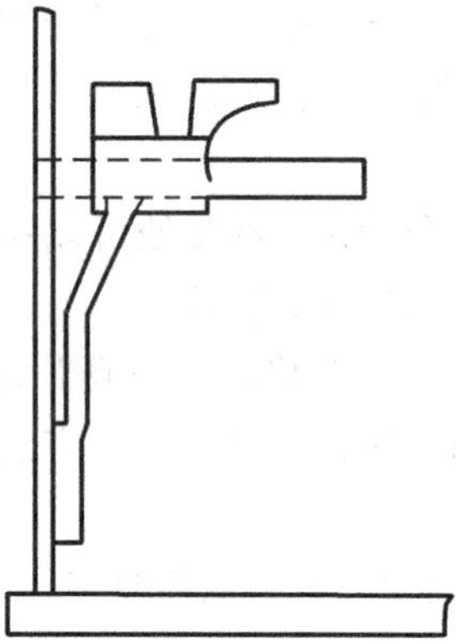

对于变速叉弯扭,可用专用量具检验,如图12.7所示,用敲击法或冷压校正。其他磨损超过以上数值者,应进行焊补后修整或更换新件。

3)变速叉轴的检修

变速叉轴的主要耗损是:叉轴弯曲、磨损,定位凹槽和互锁销凹槽磨损及定位球、互锁销磨损,定位弹簧弯软或折断。变速叉轴的耗损会使变速器"跳挡"、"乱挡"的可能性增大。变速叉轴的变曲应不超过0.1 mm,磨损应不超过0.15 mm。当配合间隙大于0.25 mm时,可更换或镀铬修复。

图12.7 变速叉弯扭检验

定位槽轴向磨损超过0.50 mm,深度超过0.70 mm时,可堆焊后修磨。定位球、互锁销磨损严重,定位弹簧变软,均应更换。如暂无新件,可用加粗弹簧或在弹簧下加垫片的办法修复。但此法使压紧力增大,易造成磨损增加,只能作为临时救急之用。弹簧放入定位孔时,其高度应与孔上缘平齐为合适。

4)变速器盖

变速器盖的耗损有:平面翘曲变形(前面已叙及),变速杆球节座及变速叉轴孔的磨损。

球节的磨损一般是把球节装入原孔后配合检验,如图12.8所示。

当磨损超过尺寸时,可堆焊后重新加工修复。

变速叉轴孔磨损轻微可采用刷镀,严重时镶套或更换变速器盖。

(4)同步器的检验与修理

以北京BJ2020采用惯性锁环式同步器和东风EQ1090采用惯性锁销式同步器为例,现分别将它们的检修介绍如下:

1)北京BJ2020同步器

①北京BJ2020同步器的主要耗损 锁环内锥面螺纹槽磨损;锁环花键齿圈磨损或损坏;锁环花键毂的三个轴向槽磨损;滑块磨损。

锁环内锥面螺纹槽磨损严重时可能磨光,使摩擦作用减弱以至消失。

②同步器主要零件的检修 要求同步锁环与接触齿端面之间距离 C 不小于0.8 mm(标准为0.8~1.25 mm),如图12.9所示。当锁环磨损严重时,应更换新件。

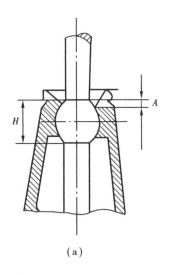

（a）

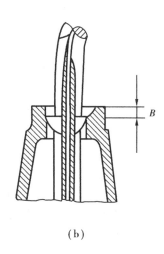

（b）

图 12.8　座孔球节的检验

锁环花键齿的磨损一般发生在齿的端部。修理时,磨损不严重的可通过钳工作业修复,保证键齿倒角(每个齿牙两侧为 45°),可继续使用,损坏严重的,应更换新件。

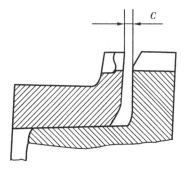

图 12.9　同步锁环与接合齿端面距离

锁环花键毂的三个轴向槽磨损后,可进行铜焊修补,焊后修整到标准尺寸[槽的标准尺寸为:宽 $16_0^{+0.24}$ mm,深 (5.38 ± 0.2) mm]。磨损严重时,更换新件。

滑块磨损后,更换新件。也可用中碳钢锻造,再修整至标准尺寸,经热处理后使用。

2)东风 EQ1090 为锁销式同步器

①东风 EQ1090 锁销式同步器的常见耗损　锁环螺纹槽磨损;同步器烧损或失效;同步器锁销松动或散架。

锁环内锥面螺纹槽因使用不当(换挡不同步,长期熄火滑行,缺乏润滑)很快会磨光,使同步啮合失效。

②主要零件的检修　如果同步器锥环端面已与锥盘接触,且有擦痕,而螺纹槽磨损不严重,允许车削锥环端面,但最大不超过 1 mm。如锥环的螺纹槽原 0.4 mm 深的槽已磨损至 0.1 mm,但锥环端面尚没有与锥盘接触,可以换新的同步器总成,而保留原来的锥盘,但新锥环端面与锥盘距离应为 3 mm。

锥盘与锥环斜面因润滑不良而烧损,应更换新件。如因缺油或过热,使机油结焦而堵塞螺纹槽,则应清理。

同步器锁销松动或散架,应重新铆好,无法修复时,应更换新件。

12.2.2　变速器的装配与调整

变速器的零件修理后,如不注意装配和调整,修理质量仍无保证,因此,应当重视这项工作。

变速器在装配时,应注意以下几点:

①所有零件应彻底清洗,并用压缩空气吹净和擦干;

②各部轴承及键槽应涂以齿轮油或机油;

③壳体上的螺丝纹孔和轴承孔在安装螺栓与轴承时,应涂以密封膏,以防漏油;

④不要用金属榔头在零件上表面上直接敲打,以防打毛或断裂。

现以东风 EQ1090E 变速器(图 12.10)的装配与调整为例介绍如下:

(1)装中间轴

先将常啮、四挡、三挡、二挡齿轮装于中间轴上,三挡、二挡之间装有隔环。装配时,注意各齿轮长毂的方向,常啮和三挡齿轮长毂向后,四挡、二挡齿轮长毂向前。四挡齿轮前装有弹性挡圈。

用铜棒将前端中间轴承打入外壳内,轴承外圈不得高出外壳。把装好的中间轴承放入壳内,前端放入前轴承孔内,再把后轴承装上弹性挡圈后套在后轴颈上,用手锤及空心轴套将轴承打入壳体内,直至轴承抵住中间轴相应轴颈端面,弹性挡圈抵住外壳后端面为止,装上锁片和锁紧螺母,最后装上轴承盖。

(2)装倒挡轴

将倒挡齿轮及其内部两滚针轴承和隔套从倒挡轴检查孔处放入,再从外壳轴承孔处将倒挡轴装入,上好锁片,拧紧螺丝。

(3)装第一轴

将第一轴及轴承装入变速器壳内(相应的孔中)。

(4)装第二轴

将第二轴依次装上一倒挡齿轮,二挡齿轮,二、三挡同步器总成和三挡齿轮,四挡齿轮,四、五挡固定齿座,上好止推环和锁环。将第二轴总成放入壳内,再装上四、五挡同步器总成,使第二轴前端连同滚针放入第一轴内孔中。再将第二轴后轴承装上弹性挡圈后套在第二轴后颈上,如同中间轴方法一样,将轴承装入壳体。用手锤和铜棒将里程表驱动齿轮轻轻打入,使端面与轴承抵住,装好轴承盖。

变速器装配后,应检查轴向间隙和齿轮的端隙,并加以调整。

各齿轮的啮合间隙应为 0.15～0.26 mm,使用限度为 0.80 mm;第二轴二挡齿轮端隙为 0.05～0.34 mm,二轴四挡齿轮端隙为 0.1～0.3 mm,使用限度为 0.4 mm。各轴轴向间隙一般不超过 0.30 mm,超过时,用轴承盖下垫片来调整,并按前述方法检查啮合印痕,间隙应符合大修规定。滚针轴承与轴颈的间隙为 0.1 mm,使用限度为 0.3 mm,大修时,均应更换新件。

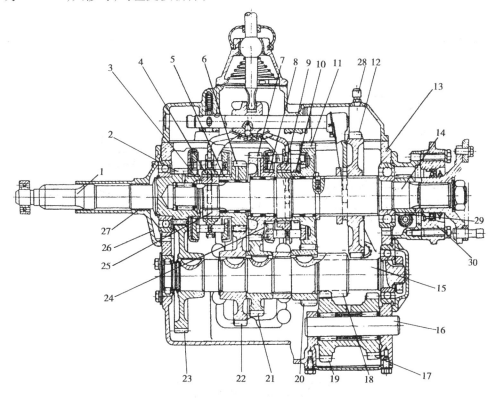

图 12.10　东风 EQ1090E 变速器

1—第一轴;2—第一轴常啮合齿轮;3—第一轴接合齿圈;4、9—接合套;5—四挡齿轮接合齿圈;
6—第二轴四挡齿轮;7—第二轴三挡齿轮;8—三挡齿轮接合齿圈;10—二挡齿轮接合齿圈;
11—第二轴二挡齿轮;12—第二轴一、倒挡滑动齿轮;13—变速器壳体;14—第二轴;
15—中间轴;16—倒挡轴;17、19—倒挡中间齿轮;18—中间轴一、倒挡齿轮;
20—中间轴二挡齿轮;21—中间轴三挡齿轮;22—中间轴四挡齿轮;
23—中间轴常啮合传动齿轮;24、25—花键毂;26—第一轴轴承盖;27—轴承盖回油螺纹;
28—通气塞;29—车速里程表传动齿轮;30—中央制动器底座

（5）装变速器盖

变速器操纵机构由变速器盖、三个叉轴、导块、拨叉、变速杆及锁止机构组成。它们以变速器盖为基础件进行安装,然后与变速器扣合。

安装叉轴自锁装置时,可采用导向轴压下自锁钢球,同时注意互锁装置钢球及锁销不要漏装,如图 12.11 所示。

将变速叉上的导块装好,并用螺钉紧固,然后用钢丝线锁牢。在叉轴上装好拨叉,并固紧锁牢。

装配倒挡锁销时,应转动调整螺母,使锁销顶端与倒挡导块的缺口平齐为合适,如图 12.12 所示。

当变速器盖与变速器扣合时,必须使各挡拨叉在空挡位置,齿轮也在空挡位置,拨叉应能卡入齿轮拨叉槽为合适。

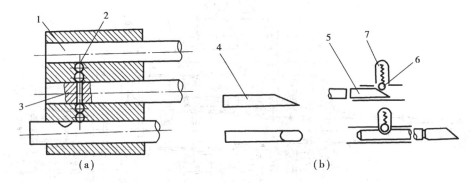

(a)　　　　　　　　　　　　　　　　(b)

图 12.11　自锁装置及其安装

(a)自锁装置;(b)安装导向块

1—拨叉轴;2—钢球;3—顶销;4、5—导向块;6—钢球;7—自锁弹簧

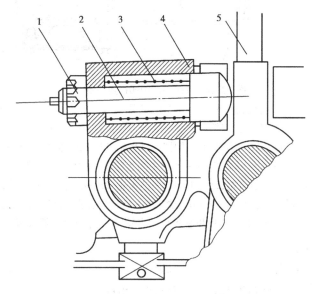

图 12.12　倒挡锁销的调整

1—调整螺母;2—锁销;3—弹簧;4—倒挡拨块;5—变速杆

12.2.3   变速器的磨合与试验

(1)磨合的目的与规范

变速器磨合与试验的目的是:改善各运动配合副的工作表面状况,检查变速器修理与装配的质量。

磨合能使工作表面微观和宏观的几何误差在适当负荷下运转一段时间,将工作表面上的凸起磨掉一些,增大实际接触面积,减少单位面积上的载荷,以避免变速器直接装车使用各配合副的剧烈磨损。

变速器的磨合分为有负荷和无负荷两个阶段。因为有些修理中的隐患只有通过有负荷试验才能发现,只有无负荷试验是不够的。

磨合试验时,各车型变速器第一轴的转速都有规定。如东风 EQ1090 型为 1 450 r/min。

各挡试验时间主要取决于试验时能发现装配质量问题所需的时间。各挡运转时间一般不少于 15 min。

磨合试验所用机油温度一般不低于 15 ℃,磨合中温升应不超过 40 ℃,磨合后放掉机油,用煤油、柴油各占 50% 的混合液清洗。

(2)磨合的设备

磨合的驱动装置可采用同步转速为 1 500 r/min 的鼠笼式异步电动机,也可用汽车发动机驱动。

磨合加载的形式很多,按产生制动力矩的方式不同,可分为:液力制动器、电磁涡流制动器、封闭式加载装置、交流发电机及直流发电机制动器、机械制动器等。其中电涡流制动器由于低速下有较大的制动力矩,且制动力矩随速度变化较小,改变激磁强度又可以使制动力矩在很大范围内变化。它的结构简单,工作可靠,适用于一般修理厂使用。

虽然封闭式加载装置能节约功率,但它要有相同的两个变速器,而且工作时要挂同一挡位,修理厂一般不采用。直流发电机制动器需要整流设备,成本较高,一般修理厂也不采用。机械式制动器结构简单,容易制造,但性能不稳定,限制了它的发展。

(3)磨合后的要求及检查项目

经磨合的变速器,应符合下列技术要求:

齿轮在任何挡位不允许有跳挡、乱挡现象;换挡时,应轻便自如,灵活可靠;各挡齿轮运转换挡时,应无异响;所有密封装置不得漏油。

运转后应检查各齿轮齿面,啮合印痕在齿中部,新齿啮合面积应不小于工作面的 1/2,原有齿不小于 2/3。不符合要求时,用油石或手砂轮修磨后重新磨合,还不行,应成对更换齿轮。

(4)电脉冲磨合

有的汽车修理厂采用电脉冲齿轮磨合机。磨合时间只有 30 min,磨合面的硬度高,耐磨性好,不需要用手砂轮修磨齿面。

电脉冲磨合的原理是:利用 15 000 Hz 脉冲电流通过两上齿轮之间产生电火花。电火花放电区有很强的磁场,使该区间的介质电离和金属气化,在能量高度集中的细微质点上,产生高达 10 000 ℃的高温,因此,齿轮表面突出点逐渐被脉冲放电形成了金属气体、离子和熔态金属微粒。金属的气体和离子被润滑油吸收,而熔态金属微粒被挤移到齿轮的不平表面,同时受到润滑油冷却而淬火。

电脉冲磨合机是在一般专用磨合台上加装一套脉冲发生器,导通的脉冲电流是通过变速器第二轴上的接触器(相当于电刷),使磨合的两齿轮之间形成正、负电极。为了防止从外壳处短路,应在中间轴上进行绝缘(可用尼龙或胶木套),如图 12.13 所示。

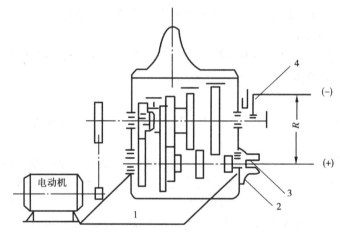

图 12.13　变速器电脉冲磨合机示意图
1—绝缘套;2—电极支架;3、4—(+)(−)电极接触器

12.3　万向传动装置的修理

12.3.1　万向传动装置的主要故障

万向传动装置是用来连接变速器和驱动桥的。它由细长的传动轴及万向节和中间支承等组成。

在汽车行驶中,万向传动装置经常承受着很大的扭矩和冲击载荷,本身又做高速旋转,灰尘较大、润滑条件也不够理想,工作条件恶劣。在长期的使用过程中,由于零件的磨损、变形等耗损将影响万向传动的正常工作。

万向传动装置的故障主要有:传动轴发响和摆振;万向节和花键松旷发响;中间支承发响。

传动轴发响的原因是传动轴弯曲、轴管和凸缘焊接时歪斜,前后万向节方位装错破坏了等速性。万向节和花键松旷发响的原因是万向节十字轴及滚针磨损松旷或滚针断碎、花键与滑动叉花键槽磨损过甚;变速器输出轴上花键齿与突缘上花键槽磨损过甚;各处连接螺母松动等。中间轴承响的原因是轴承磨损过甚或缺油;轴承位置不当;橡胶垫损坏;中间支承支架紧固螺栓过松或过紧。

传动轴摆振的原因是:传动轴的旋转轴线与本身轴线不重合所引起的。

12.3.2　万向传动装置零件的检验与修理

(1)轴管的弯曲检验与修理

将传动轴用顶针顶住,其径向跳动不得超过 1.00 mm;传动轴两端万向节叉平面应对称,最大误差不得超过 0.30 mm;弯曲在 5 mm 以内时,可采用冷压校正;弯曲在 5 mm 以上时,最好采用火焰校正。

(2)传动轴管壁凹陷的修复

在传动轴管上,允许有深度不超过 2 mm,面积不大于 4 cm^2 的凹陷两处。但凹陷边缘在轴线上的相互距离应不小于 100 mm。深度大于 2 mm,面积不大于 6 cm^2 的凹陷只允许有一处,超过上述标准的,应进行修整,修整方法与弯曲热校法类同。

(3)传动轴花键与滑动叉键齿的修复

花键套与花键轴啮合间隙应为 0.025~0.12 mm,使用极限应为 0.40 mm。当键齿的配合间隙超过标准时,可采用堆焊法或更换新件法修复。

(4)中间支承的检修

中间支承主要耗损为橡胶垫环老化、磨损;轴承磨损松旷和发响、与轴承油封配合的轴颈磨损等。

橡胶垫、轴承、油封磨损严重,一般应更换新件。轴承和轴颈一般为过渡配合,如磨损间隙超限,最好刷镀修复,也可用堆焊或镀铬法修复。

12.3.3　万向传动装置的装配

传动轴在装配时,应注意保证其等速性和动平衡性,以防止由于装配不当而造成零件的早期磨损和损坏。

为了保证传动轴的等速性和动平衡性,装配时应注意以下几点:

(1)保证变速器第二轴与减速器主动轴的等速传动

现在的汽车一般采用不等速双万向节传动轴,以保证所联系的二轴能等速传动。为了实现等速传动,还必须满足两个条件:①传动轴两端的万向节叉在同一平面内;②输入轴和输出轴与传动轴的夹角相等。为此,在安装传动轴滑动叉时,应使两端万向节叉位于同一平面内,如有记号应对正。

为了使输入轴和输出轴与传动轴的夹角相等,在汽车装配时,应保证驱动桥钢板弹簧原规格和发动机原垫块厚度不变。因为输入轴和输出轴与传动轴的夹角相等,都是通过驱动桥钢板弹簧和发动机安装的角度予以保证的。

(2)保证传动轴的平衡性

为了保证传动轴的平衡性,装配时应注意以下几点:

①传动轴管两端焊有的平衡块,不得任意变动;

②有些车十字轴轴承盖板下装有平衡片,拆卸时不得丢掉,装配时按原位装回。

③防尘套上有两只卡箍锁扣,装配时应保证径向相对(相差180°)的位置。

(3)中间支承的紧固

在传动轴装配时,还应注意中间支承的正确位置和松紧度。中间支承前后轴承盖三个螺栓应按次序均匀拧紧,但先不拧死,待跑合一段后,让其自动找正中心,再按规定力矩拧紧。螺栓拧紧时,过紧会加剧轴承磨损,过松除了松旷发响外,也会加剧轴承磨损。

中间支承支架的安装应正直固定在车架上,固定后应动转自如。

安装十字轴时,各加油嘴一面朝向传动轴,并使其位于同一平面内,以便注油。

12.4 驱动桥的修理

汽车行驶时,后桥承受着较大的动载荷,零件上受到较大而复杂的力。在这些力的作用下,后桥的技术状况会逐渐变坏,影响了汽车的正常使用。修理时,要着重注意壳体的修复和主减速器的正确装配与调整,以恢复其工作能力。

12.4.1 后桥主要零件的检修

后桥壳一般由球墨铸铁、铸铁、铸钢或钢板冲压制成,并在两边压入用长钢管(碳钢或合金钢)制成的半轴套管。

后桥壳的主要耗损有:后桥壳弯曲变形或断裂;后桥壳裂纹;镶半轴套管的后桥壳座孔磨损;半轴套管颈磨损和前端螺纹损坏;螺纹孔及定位销孔损坏或磨损。

后桥壳的断裂易发生在钢板弹簧座附近,半轴套管则在桥壳与套管接合处,弯曲易发生在钢板弹簧外侧一段桥壳及半轴套管处。

后桥壳弯曲后,造成轮胎磨损增加,传动效率下降,滑行性差,严重时会影响制动效能,且半轴易折断。

轴颈磨损造成轴承松旷、轴头螺纹磨损,轻者车辆摇摆,严重时可使后轮甩出,造成事故。

（1）后桥壳和半轴套管的检验与修理

弯曲的检验及校正：后桥壳弯曲的检验，由于桥壳形式不同，可分为以下几种方法：

对于整体式后桥壳，当半轴套管已从桥壳拉出时，可利用检验壳上半轴套管座孔同轴度的方法来确定后桥壳的弯曲变形。座孔的同轴度大修允许值为 0.12 mm。

对于分开式后桥壳，可采用如图 12.14 的方法，测量从装制动底板的突缘到两半壳接合面的距离。要求在各处测量之差不超过 2 mm。对制动底板突缘以外，用样板贴合进行检验。

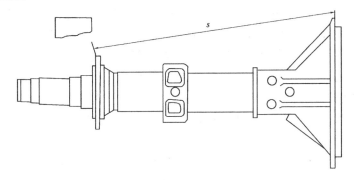

图 12.14　分开式后桥壳直线度检验

后桥壳的弯曲校正，一般在压床上冷校。如弯曲较大或桥壳刚度大时，可用热校，但温度应在 700 ℃ 以下，以免使材料性能发生改变，而使其强度下降。

（2）**其他耗损的修理**

对于后桥壳的裂纹，应根据不同情况，采用不同的方法修复。如裂纹不大，且不在承受应力大的部位，可用低温焊条（如黄铜钎焊）焊补，但应防止可锻铸铁回火形成白口。东风汽车为球墨铸铁后桥壳，应采用专用焊条或高钒焊条。如裂纹在钢板弹簧座附近，应先将裂纹填焊后，再焊接相适应的加强板。施焊时，可用结 422 普通焊条小电流分段进行焊接。

后桥壳上钢板弹簧中心定位孔磨损，应先进行补焊，补焊后，重新钻孔，但应保证孔的位置正确。

后桥壳半轴套管座孔磨损或同轴度差超过规定，可镗至修理尺寸，更换相应尺寸的半轴套管。

半轴套管断裂或磨损严重，应拉出旧套管，按规定过盈压入新套管。拆下的旧套管如无裂纹，可用堆焊或电镀等方法修复后再用。

对不可拆式结构，如发现半轴套管裂纹和损坏，可沿半轴套管根部切断，在桥壳内将座孔镗大，再压入新的半套管使用。压入时，应选择合适的过盈，把桥壳加热至800 ℃ 时压入，冷却后在根部电焊一圈，焊牢后再加工至标准尺寸。

(3)主减速器壳

主减速器壳的主要耗损有:壳体的变形和裂纹;轴承座孔的磨损;各螺纹孔的损坏。

由于主减速器壳承受主传动齿轮通过轴承所施加的力和加工、锻造、热处理残留的应力的作用,这些都会使它产生变形和裂纹。特别是牵引力所引起的反作用扭矩影响更大,使主减速器壳和后桥壳接合面处最容易产生变形和裂纹。另外,锥齿轮所产生的轴向力会使壳体侧壁变形,使齿轮的正确啮合位置发生变化,噪音增大,磨损增加,传动效率下降。

主减速器壳的检验与修理:主减速器壳的位置公差,如各轴线与平面的平行度和垂直度,可采用平行度、垂直度检验仪直接测量,也可用定心轴、百分表、平台进行间接测量,经计算后确定。当变形超过技术要求,或轴承座磨损逾限时,均可通过对轴承座进行镶套或铜焊修复后,再进行机械加工修复。

(4)半轴的修理

半轴常见耗损有:半轴的弯曲、扭曲;半轴的断裂;半轴花键磨损;半轴突缘螺栓孔和螺纹孔磨损。

对于半轴的弯曲,可将半轴放在平台 V 型块上,或夹于车床上用百分表在油封颈处测量(经过加工的表面),当径向跳动大于 0.5 mm 时,应进行冷压校正,但施压点为中部(未加工表面)。

半轴突缘平面应与半轴的中心线垂直,半轴突缘端面圆跳动大于 0.15 mm 时(测量应在半轴校弯后进行),可车削修正。

对于半轴内端键齿磨损,当配合间隙超过 0.6~0.8 mm,或半轴键齿扭斜为 1.00 mm时,应予以更换,也可将前端堆焊后修复。

12.4.2　后桥的装配与调整

后桥的装配与调整主要内容有主传动器的装配与调整、差速器的装配与调整以及圆柱齿轮装配位置的调整。

减速器和差速器的装配与调整又包括:主、从动锥齿轮轴承预紧度的调整;主、从动锥齿轮啮合间隙、啮合印痕的调整;差速器轴承预紧度的调整。

对于单级减速器,应先进行差速器的装配,然后调整主、从动锥齿轮的轴承紧度,最后调整齿轮啮合印痕与啮合间隙;对于双级减速器,差速器的装配与轴承紧度的调整可以在最后进行。

(1)轴承紧度的调整

1)主动锥齿轮轴承预紧度的调整

主动锥齿轮装配质量的好坏,关键在于锥齿轮轴承预紧度的调整。

轴承预紧度是通过将主动锥齿轮装合(不装油封),并按一定扭矩旋紧突缘螺母后,在各零件润滑的情况下,通过测量主动锥齿轮的转动力矩来进行判断的。测量的方法如图 12.15 所示,用弹簧秤拉突缘盘的拉力。各车型应符合规定(表 12.2)。

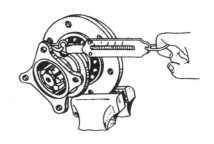

图 12.15　测量主动锥齿轮轴承预紧度

表 12.2　有关车型轴承预紧力矩

车　型	旋转锁母力矩 /(N·m)	弹簧秤读数 /kg	转动突缘力矩 /(N·m)
东风 EQ1090	200~250	1.7~2.55	1.0~1.5
解放 CA1091	200~300	1.7~3	1.5~3.5
北京 BJ2020	120~150	1~2(装油封)	

2)差速器轴承预紧度的调整

差速器轴承预紧度的调整大部分是通过左右轴承调整螺母来调整的(如东风 EQ1090、解放 CA1091)。调整时,先将螺母旋紧,再退回 1/10~1/16 圈,使最近的一个开口与锁止板重合,用锁止板固定。调整后,轴向推拉齿轮应无间隙感觉,转动齿轮时,无卡住现象。

(2)主、从动锥齿轮啮合印痕和啮合间隙的调整

1)检查啮合痕的方法

检查啮合印痕的方法是,将主从动锥齿轮轴承紧度调整好(单级要调好差速器轴承紧度)的主动锥齿轮装在主减速器壳上,从动锥齿轮也装于主减速器壳内。在从动齿轮相邻 120°三处,每处取 2~3 个轮齿涂以红丹(要涂得匀而薄),对从动齿轮略施压力,转动几圈,观察齿轮轮齿上的啮合印痕。

2)正确的啮合印痕

圆弧螺旋锥齿轮正确的印痕。其印痕的长度为全齿长的 2/3,距小端边缘 2~4 mm。在负荷下,要求沿全齿长接触,印痕离齿顶一般为 0.8~1.6 mm。齿轮正反面印痕应一致,如二者有矛盾,则以正面为主,但反面要能够保证正常工作为原则,否则,要修磨或成对更换,如图 12.16 所示。

近年来一些汽车经常采用延伸外摆线螺旋圆锥齿轮(或称奥里康齿、等高齿),正确的啮合印痕如图 12.17 所示。

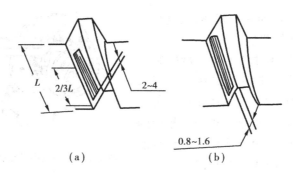

图 12.16　主传动齿轮的正确啮合印痕(格里森制)

(a)装配时;(b)在负荷下

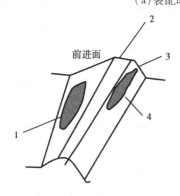

图 12.17　主传动齿轮的正确啮合印痕(奥里康制)

1—接触区在齿中央附近略偏大端和齿根;

2—大端;3—倒车面;

4—接触区靠近大端,略偏齿顶,不得有齿端载荷集中

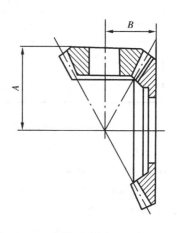

图 12.18　锥齿轮装配距离 A 与 B

(3)啮合印痕的调整方法

对于不正确的啮合,则利用改变两锥齿轮装配距离 A 与 B 来实现。图 12.18 所示双级结构装配距离 A 的改变是靠增减垫片来实现的,装配距离 B 的改变是靠对调中间轴主减速器侧盖下的垫片来改变的。增加前者垫片的厚度,主动锥齿轮离开从动锥齿轮,反之,则靠拢;对后者垫片从左面加到右面,中间轴右移,从动锥齿离开主动锥齿轮,反之,则移进。但不得改变左右原来垫片的数目,以免破坏原调好的轴承预紧度。

1)圆弧螺旋齿轮

圆弧螺旋齿轮(格里森齿)的调整方法是:当接触印痕在从动齿轮大端时(图12.19(a)),应将从动齿轮向主动齿轮靠近,如果因此而齿隙过小,可将主动齿轮向外移动;当接触印痕在从动齿轮小端时(图12.19(b))调整则与上述相反;当接触印痕在从动齿轮轮齿顶端时(图12.19(c)),应将主动齿轮向从动齿轮靠近,如果因此而使齿隙过小,可将从动齿轮向外移动;反之,当接触印痕在从动齿轮轮齿根部时,(图 12.19(d)),调整同上述也相反。为了在使用时方便,上述方法可简化为口诀:"大进从,小出从,顶入主,根出主"。

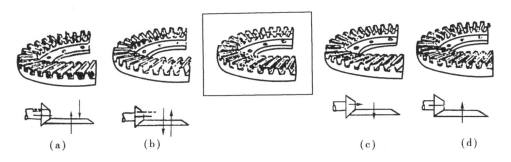

图 12.19　主传动锥齿轮啮合印痕及齿隙调整示意图
→格里森齿移动方向;→奥里康齿移动方向

2)准双曲线齿轮的调整

东风 EQ1090 和北京 BJ2020 主减速器为准双曲线齿轮单级传动,其啮合印痕的要求分别是:北京 BJ2020 啮合印痕长度为齿全长 1/2 ~ 3/4;东风 EQ1090 为齿全长 60%,即 25 ~ 30 mm,位置略偏小端,距离为 3 ~ 5 mm,印痕宽为 7 ~ 9 mm,距齿顶 0.8 ~ 2 mm。它们的调整主要是靠主动锥齿轮移动来实现的。如调不出,北京 BJ2020 再调整差速器轴承下的垫片;东风 EQ1090 可用差速器左右锁母旋松旋紧来调整。

东风 EQ1090 主动锥齿轮轴承座与减速器壳之间的调整垫片总厚度可按下式预选:

$$H = S + a - 45$$

式中:H——为垫片总厚度;

　　a——为主动锥齿轮安装距 A 的变动量(带"+"或"−"),刻在主动锥齿轮规定的表面上;

　　S——为主动锥齿轮前轴承下端面至后轴承下端面之间的实测距离;

　　45——换算系数。

经计算预选后,在调整时允许进行修正和必要的变动。调好啮合印痕后,可调整啮合间隙,使之符合要求。几种车型啮合间隙和啮合印痕要求见表 12.3。

表 12.3　国产汽车圆锥齿轮啮合间隙和印痕

车型 技术要求	东风 EQ1090	解放 CA1091	北京 BJ2020
原厂规定	0.15～0.40	0.15～0.40	0.15～0.25
大修允许	0.15～0.60	0.2～0.6	0.50
使用限度	0.80	0.80	
接触印痕	装配时,应达到全齿长 2/3,离小端面 2～3 mm,负荷时沿全齿长接触,一般离齿顶 0.8～1.6 mm。		

啮合间隙和啮合印痕调整时,应以啮合印痕为主,在满足印痕的条件下,可将间隙适当放大。因为啮合印痕是为了保证传动过程中的受力要求,而间隙主要影响速度变化时的冲击响声。

12.4.3　后桥的走合与试验

为了改善各运动配合副的工作状况和检查修理质量,后桥装配后,还应进行走合试验。后桥的修理与装配质量主要从齿轮工作时啮合印痕位置、噪音、轴承的温升和有无漏油等情况来判断。齿轮的噪音检验,目前尚无统一的控制标准,主要靠检验人员的经验来掌握噪音的强度和噪音的性质。仪器检验目前尚不理想,各轴承的温升是在运转 5～6 min 后,检查温度应不高于 50 ℃。

试验前按规定加注比正常使用时黏度低的润滑油。主轴转速一般为 800～1 400 r/min。

正转、反转、无负荷及有负荷均应试验,运转时间不小于 1.5 h,带负荷一般为 15 min。

运转中按要求检查轴承温升、有无漏油及噪音(允许有正常的齿轮均匀啮合声)或高低变化的击鼓声。

在试验台上进行有负荷试验时,应按规定施加制动力矩,如解放 CA1091 每半轴上为 294 N·m。

第 13 章　前桥及转向系的检修与装配

前桥及转向系性能的好坏直接影响到汽车的行驶稳定性和安全性。在长期的运行中,前桥和转向系各零件会发生各种耗损,如磨损、变形、裂纹和车轮定位角的改变等,这些将使汽车在行驶中发生行驶跑偏、转向沉重、方向不稳、前轮摇摆等故障,影响到汽车的安全行驶,因此,必须正确合理地进行检修和调整。

13.1　前桥及转向系的检修

汽车的前桥有转向桥和驱动桥两种,前者前轴断面一般呈工字形,它是转向桥的基础件,后者既转向又驱动,由前主减速器、差速器及主动半轴和转向系统(转向盘、转向柱、转向器、转向传统机构及转向轮)等组成。

13.1.1　前轴与检修

(1)前轴的耗损

前轴会产生的耗损有:前轴弯曲、扭曲;前轴裂纹和断裂;主销孔上下端面磨损;钢板弹簧座及定位孔磨损。

前轴的裂纹可用磁力探伤、敲击等方法检验。磨损用量具检验。前轴的弯扭,一般很难用目测法检视,需用专门的方法和量具检验。检验前轴的弯扭之前,应先检查定位基准的磨损情况。前轴检验的定位基准是:主销孔和钢板弹簧座,必要时要进行修整。

对于主销孔的修整,可用磨损较小的主销孔上平面为定位基准进行机械加工。定位基准经修整好后,再进行前轴弯扭的检验。前轴弯扭经校正后,最好以主销孔为定位基准,重新检验钢板弹簧座位置的正确性,如果误差较大,应当进行必要的修整。

(2)前轴的检验

前轴的检验弯曲变形的方法有以下三种:

①用试棒与角尺法测量。如图 13.1 所示,主要测量前轴上下弯曲,可在前轴两端分别进行。根据试棒和角尺的贴合情况,可测量出前轴在该端的弯曲角度。

②拉线法测量。如图 13.2 所示,测得的 h_1、h_2 及其差值,即反映了前轴的弯曲情况;h_1、h_2 不符合原厂规定时,即有弯曲;二者的差,即反映了左右弯曲不等。

③用前轴检验仪测量。如图 13.3 所示,它主要是由刻度盘 B、C、D、F 和刻度板

A、E所组成。它可以检验前轴各向的弯、扭。

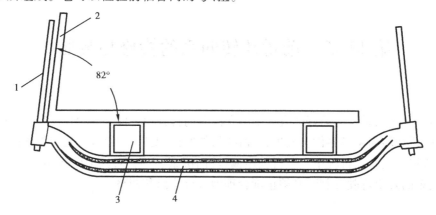

图 13.1　用试棒角尺法检查前轴

1—试棒；2—角尺；3—垫块；4—工字梁

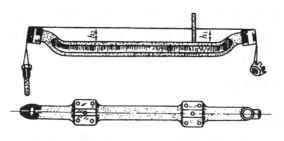

图 13.2　用拉线法测量前轴弯曲

（3）前轴的修理

1）前轴的弯曲校正

前轴弯扭在液压校正器上进行校正。液压校正器型号很多，有单缸、双缸、五缸、七缸等，图 13.4 为前轴弯扭双缸（液压压头 8 和千斤顶 2）校正器示意图。主要结构是由液压压头 8、液压千斤顶 2、垫块 3 及测量仪具所组成。该设计以压缩空气为原动力，通过气液动力泵 1 控制液压千斤顶和液压压头 8 进行弯扭。主设备以压缩空气为原动力，通过气液动力泵 1 控制液压千斤顶和液压压头 8 进行弯扭校正。机体上有平直轨道可供液压压头 8 的滚轮沿轨道左右移动。轨道末端装有可供支起、落下的活动支架。机体内装一个气动举升器 10，用于举升前轴转换工作位置。液压压头 8 是由可以沿机体道轨上移动的轧头体和在其上装置的液压缸所组成。液压千斤顶 2 的底座上装有四个可伸缩的钢珠，可推动液压千斤顶在机体轨道上移动，当受压时，钢珠缩入套内。

校正的步骤如下：

①纵向弯曲的校正　中部弯曲是将前轴放置在机架上，以钢板座平面为基准，用

246

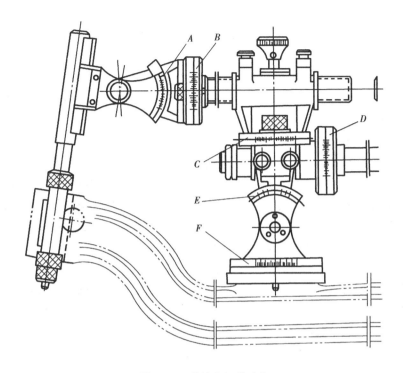

图 13.3　前轴弯扭检验仪

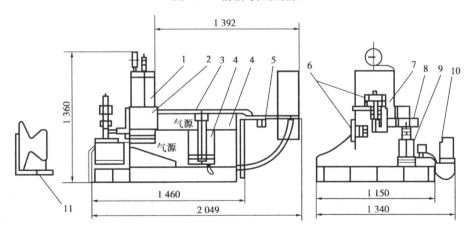

图 13.4　前轴弯扭液压校正器

1—动力泵;2—千斤顶;3—垫块;4—测量仪具;5—架子;6—前轴;
7—动力泵;8—液压压头;9—校扭样;10—气压举升器;11—L 型垫铁

垫铁 3 贴平,将液压压头 8 移至中间部位,接通油路向前轴施加压力进行校正。端部弯曲是将液压压头 8 移至钢板座平面处接通油路压紧前轴,然后移动液压千斤顶,对准前轴的两端部,接通油路施加顶力,予以校正。

②横向弯曲的校正　校正前轴的横向弯曲可借助于 L 型块 11 将前轴侧立于机体上进行。

③扭曲的校正　对于中部扭曲,前轴的放置情况与弯曲校正相同,将液压压头 8 移至一端钢板座平面处,接通油路施力夹紧,然后用校扭杆 9 连接另一端的前轴销孔,移动液压千斤顶 2 施力于扭力杆 9 进行校正。

2)前轴裂纹的修理

前轴不允许有任何裂纹。当前轴裂纹不大时,可用手工电弧焊修复,一般用直径 4 mm 的焊条,直流反接,焊接电流 100 ~ 180 A,焊前开 V 型坡口,焊缝高出基体 1 ~ 2 mm。当前轴有较大横向裂纹或多次热校强度不足时,可先将裂纹焊好,再加焊一个腹板加强。为了防止刚度变化过大,影响前轮定位失准,腹板在工字梁上下采用断续焊缝。如果裂纹严重,一般不焊,应更换新件。

3)前轴主销孔的检修

主销与主销衬套配合间隙超过规定,需进行修理。如主销孔尺寸变化不大,主销磨损较大,可采用电镀法修复主销;如果主销孔磨损严重,可采用修理尺寸法修复孔或采用镶换衬套法修复。

采用修理尺寸时,按规定选用加大的主销,同时主销孔按选定的级别进行铰或镗削。镗削时,以磨损较小的上端面为定位基准。当用到最后一级修理尺寸时,可进行镶套修复,镶套后铰孔,装配标准尺寸的主销。

4)前轴主销孔下端面的修理

由于主销孔下端面与主销止推轴承摩擦接触,容易引起磨损。根据磨损程度不同,采用锉平、锪钻和堆焊等方法修复。

当磨损不大时锉平,磨损较大时锪钻,如图 13.5 所示。当磨损厚度大于 2 mm 时,用 160 ~ 180A 电流堆焊后锪钻。装配时,应加垫片,保证转向节与前轴主销座孔上端面间隙符合要求。

13.1.2　转向节的检修

转向节是在变动的载荷下工作的,主要是承受纵向和垂直反力所形成的弯矩作用。当汽车越过不平路面、紧急制动和侧滑时,受力更大。特别是受到很强的冲击载荷时,受力情况最为严重。

(1)转向节的耗损

转向节产生的主要耗损有:转向节根部裂纹和断裂;转向节端部螺纹损伤;转向节内外轴颈磨损;主销孔的磨损;主销孔角度的变化;主销孔上下端面的磨损。

(2)转向节的检验

转向节根部及轴颈的裂纹,可用磁力探伤法或浸油敲击法检验。浸油敲击法是

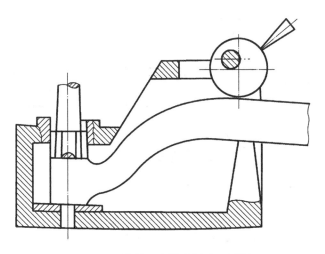

图 13.5　锪钻工字梁主销孔下端面

在无检验仪具时使用,所浸的为煤油。其他耗损的修复见表 13.1。

表 13.1　转向节的耗损及修理

耗损的部位及检修技术标准	修理方法
转向节端头螺纹损坏不多于 2 牙,超过者	堆焊后,重新车扣
内外轴承轴颈磨损在 0.04 mm 内,无裂纹	镀铁、镀铬、刷镀
内外轴承轴颈磨损超过 0.04 mm,有裂纹	一般换新
转向节主销衬套磨损超过 0.07 mm	重新镶换衬套
装转向节臂的锥形孔内键槽宽度磨损超过 0.1 mm	手工电弧焊、堆焊后重修整
转向节主销孔与前轴结合上下端面磨损	锉、削、锪钻或堆焊后修复

13.1.3　转向器主要零件的检修

(1)转向轴及蜗杆的检测

转向轴以空心管状直轴为例,其检修方法如下:

用百分表检查轴根部和中部的弯曲,如图 13.6 所示。

根部跳动应不大于 0.5 mm,中部应不大于 0.35 mm,或以转向轴下端蜗杆上下轴承滚道为基准,转向轴上端轴径向圆跳动应不大于 0.4 mm。

校正时,采用冷压校正。中部弯曲可先在轴内充满细砂,然后校正,以防轴管凹陷。并对轴管与蜗杆过渡处进行敲击检查,以防隐蔽裂纹不易察觉而导致严重事故。

蜗杆齿面磨损严重,齿面剥落或轴颈有裂纹,甚至无法调整啮合间隙时,应予更换。更换蜗杆后,应将其下端轴管翻过铆紧,以保证转向轴与蜗杆牢固结合而无松旷。如锥形轴颈磨损较大,一般换新。

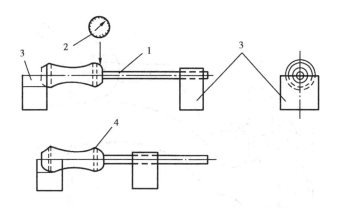

图 13.6　转向轴弯曲检查校正

1—轴向轴;2—百分表;3—V 型垫铁;4—施压部分

(2)其他主要件的检修

1)循环球式转向器

循环球式转向器的转向臂轴齿扇与齿条,螺杆与螺母上钢球滚道,如有脱层剥落,应予更换。齿条上钢球导管不得有破裂和损坏。

2)双销蜗杆式转向器

双销式转向器的转向臂轴弯曲,应予以校正;前端花键扭曲,超过 1 mm 应更换;臂轴与衬套配合间隙如超过 0.20 mm 更换衬套,重新铰削并注意两侧衬套的同轴度。对于双销及蜗杆滚道如有疲劳、脱层或剥落,应予以更换。

无论何种形式的转向器,如发生壳体翘曲、变形、漏油或硬裂、轴承座孔磨损、螺纹孔损坏,均应加以修复。

对于装有万向节及转向轴伸缩叉花键(东风 EQ1090,解放 CA1091)磨损的修复方法,与万向传动中所述的修复方法一样。

13.1.4　转向传动机构主要零件的检修

(1)转向垂臂

转向垂臂花键磨损至花键轴端面与花键孔端面齐平时,应予以更换(按规定应低 2～5 mm)。

(2)转向节臂

转向节臂上的锥形销颈与转向节上的锥形孔配合时,锥形销颈小端面应低于锥形孔,其凹入部分不得小于 2 mm;锥形销的键与键槽应配合紧密,但键不要顶住键槽底部,以免顶死,影响正常紧固。

(3)横直拉杆

汽车横拉杆弯曲变形不得超过 2 mm,前驱动桥弓形横拉杆两端变形不得超过

1.5 mm,超过者,要进行冷压校正。横拉杆接头上的卡簧槽深不得低于卡簧宽的 1/2。

　　直拉杆球节的孔磨损过大,球节就会有自行脱落的危险,造成汽车的失控,产生事故。当孔的磨损扩大 2 mm 时,即应堆焊后加工至标准尺寸,如图 13.7 所示。为了加工方便,也有另制一标准尺寸的钢板(厚度不小于 3.5 mm),焊在上面。

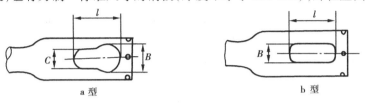

a 型　　　　　　　　　　　　　　　　b 型

图 13.7　直拉杆球节孔

　　球节销球面单边磨损超过 1 mm 时,应镶换或焊修,球节碗磨损过大,弹簧失效,螺塞损坏,应换新件。

13.2　前桥的装配与调整

13.2.1　转向桥的装配与调整

　　前轴与前轮的连接是靠主销将转向节与前轴装合在一起来实现的。主销的作用很关键。在主销装上后,要求转向节与前轴主销孔上端面间隙一般应不大于 0.1 ~ 0.2 mm。间隙不合适时,可在上端间隙处加减垫片进行调整。安装主销时,要求锁销与销孔重合,将锁销垫以软金属用榔头敲入。锁销装复后,锁销大头至少应露出 2 mm。若露出过少,换用加粗的锁销。

　　有的车型主销中部为锥形,该类型间隙的调整方法如下:将调整螺母 1 旋进或旋出,使主销向上或向下移动。从而调整前轴起落,使上述间隙合适。

　　调整时,旋转调整螺塞,使前轴上端面与转向节间隙为 0.05 ~ 0.08 mm,前轴下端面与转向节间隙为 1.5 mm 左右。然后锁紧螺母,将垫圈锁死,以保证该处垫片能自由转动。

　　安装主销与止推轴承时,应在衬套和轴承内加注润滑脂,止推轴承装在转向节凹座内,止推轴承开口应朝下,以防止外界泥沙侵入。在设计时,止推轴承外壳与凹座要有一定间隙,装配时,如不能保证,将使转向沉重。

13.2.2　转向驱动桥的装配与调整

　　转向驱动桥主销的轴承采用滚动或滑动轴承,滑动轴承体积小,不用调预紧度。滑动轴承翻边衬套镶在主销座内,主销座压入球形支承的上下两端。衬套翻边起止推作用。主销上下两段分别插入主销座的孔内和转向节外壳的座孔内,用止动销钉防止主销相对于转向节外壳转动。在上下盖与转向节外壳间有调整垫片,可调整主销的轴向间隙的大小。调整前,应拆下轮毂和球座的油封。如果调整正确,摇动转向节臂时,不应感到有松动量。否则,应抽出调整垫片(上下抽出一致)。如果摇动转向节臂的力过大,则应增加衬垫的厚度。调整垫片使转向节轴线与主销轴线之交点与万向节中心重合。锥形轴承装配时,应调整轴承紧度,一般用轴承盖下的垫片来调整。为了防止等角速万向节的轴向窜动,在转向节轴颈与球形支座内孔端面处设有两个止推垫圈,止推垫圈磨损较大时应予更换。

13.3 转向系的装配与调整

13.3.1 转向器的调整

(1)轴承紧度的调整

蜗杆轴承间隙过大,使配合松旷;间隙过小,又会增加阻力,加速磨损,因此应松紧适度。

循环球式转向器(图13.8)和蜗杆曲柄双销式转向器(图13.9),尽管结构不同,但轴承紧度的调整是一致的。它们都是通过增减转向蜗杆箱壳与下盖之间垫片来实现。增加垫片,轴承变松;减少垫片,轴承变紧。调好后,用手转动转向轴,应转动灵活。用手上下推动转向轴,不得有松旷感。用弹簧秤测方向盘拉力大小的方法可以检验轴承的松紧程度,方向盘拉力大小见表13.2。

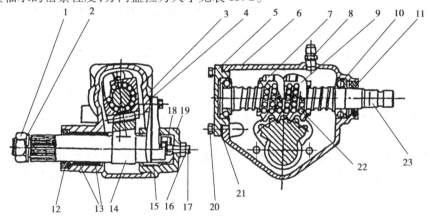

图 13.8 循环球式转向器(北京 BJ2020)

1—转向臂;2—下盖垫片;3—下盖;4—转向螺母;5—转向器壳;6—转向螺杆;7—侧盖;
8—螺母;9—钢球导管;10—齿条;11—齿扇;12—固定螺母;13—调整螺母;14—卡环;
15—转向臂轴;16—锁紧螺母;17—滚锥轴承;18—油封;19—锁紧螺母;
20—锁紧垫片;21—齿合印痕正确部位

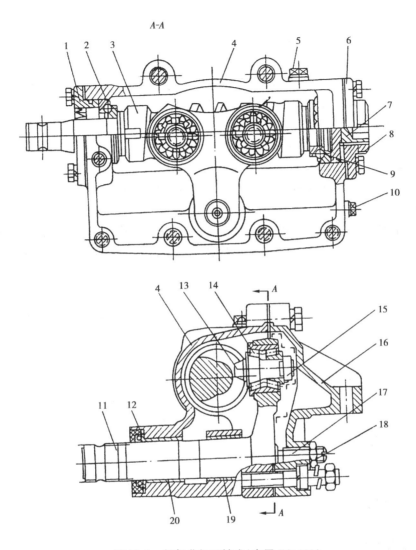

图 13.9　蜗杆曲柄双销式(东风 EQ1090)

1—上盖;2、9—角接触球轴承;3—转向蜗杆;4—转向器壳体;5—加油螺塞;

6—下盖;7—调整螺塞;8、15、18—螺母;10—放油螺塞;11—摇臂轴

12—油封;13—指销;14—双列圆锥滚子轴承;16—侧盖

17—调整螺钉;19、20—衬套

表 13.2　方向盘弹簧秤拉力

	东风 EQ1090	解放 CA1091
拉力/N	3～8	2～6
半径/ mm	240	250

253

循环球式转向器的结构,如图 13.8 所示蜗杆轴承有调整螺钉,锁紧锁母,再通过与壳体有配合螺纹的螺母松紧即可调整;旋入,轴承紧;旋出,则轴承松,调好后锁紧锁母。

曲柄双销式转向器下盖有调整螺钉和锁紧螺母。但需注意在上盖处垫片是保证调整转向器蜗杆中间位置的,在拆修和调间隙时不得任意更换。

(2)啮合副间隙的调整

啮合副间隙的调整系指蜗杆、滚轮,蜗杆蜗轮,蜗杆与曲柄双销啮合间隙的调整。

球面蜗杆滚轮式转向器(解放 CA1091),由于制造时滚轮与蜗杆中心线不重合,因此,只要改变转向垂臂轴轴向位置,使滚轮离开或接近蜗杆,就可以增大或减少它们的啮合间隙。

调整时,要使滚轮在蜗杆的中间位置(即汽车前轮摆正)。一种形式是通过调整螺母里面的调整垫片来进行的。增加垫片,间隙变大;减少垫片,间隙变小。另一种形式的转向器在其侧盖上有调整螺钉,用内六角扳手旋进或旋出,即能减小或增大蜗杆与滚轮的间隙。

循环球式转向器是用具有外螺纹与侧盖配合调整螺钉进行调整的。调整时,打方向盘使螺杆上齿条位于中间位置,将螺钉向里旋进,使转向垂臂向里移动,间隙变小;反之,则间隙变大。

蜗杆与蜗轮式转向器啮合间隙不能调整。

对于蜗杆曲柄双销式转向器,由于双销带锥度,故改变垂臂轴位置即可改变啮合间隙。旋进,间隙变小;旋出,间隙变大。一般是将锁母松开后将调整螺钉拧到底,再退回 1/8 圈为合适,然后锁死锁母。调整后,用力推拉垂臂轴,应无松旷感觉。

13.3.2　转向传动机构的调整

转向传动机构的调整包括:转向垂臂、横直拉杆球节、前轮前束三部分。调整不当,会影响汽车转向的灵活性和行驶的稳定性。

(1)垂臂的安装

垂臂未安装前,应将前轮摆在直线行驶位置。转动方向盘,从一端到另一端记住圈数,取其之半,即为滚轮在中部位置。此时,将垂臂装于轴上,摇动垂臂应无松旷,再锁紧螺母。锥形细牙花键是保证磨损后,可以通过向里移动而消除间隙之用。

(2)球节的调整

横直拉杆的球节应加足润滑脂,不得松旷,其调整方法是:将调整螺塞旋到底,使弹簧抵紧球座,再把螺塞退回 1/3 ~ 1/2 圈,使球节转动稍有阻力,但不能过紧,以无卡住现象为合适。然后上好开口销,予以锁止。

13.3.3　转向角的调整

汽车前轮转向角的调整是为了避免转向不足或车轮碰擦汽车的其他部分。转向角过大,汽车急转弯时,轮胎与翼子板或直拉杆等碰擦加剧轮胎磨损;转向角过小,使转弯困难,影响汽车的最小转弯半径和机动性。

转向角的检查,应该在前束调整正常后进行。

13.3.4　对转向梯形机构的要求

梯形机构在设计上应满足下式:

$$\cot \alpha - \cot \beta = \frac{M}{L}$$

式中:M——为两主销间距离;

L——为两销中心至后轴距离;

α——外转角;

β——内转角。

这样汽车转向可绕后轴延长线某点 O 作纯滚动。

在使用中,有些因素会造成 M 和 L 的变化,破坏了上式,以致加剧了轮胎的磨损,并影响行驶的稳定性。

造成 M 和 L 变化的原因大致有:前轴、转向臂或横拉杆弯扭变形;主销、主销衬套及各球节磨损严重;球节弹簧过软、折断,使拉杆松旷长度变化。在修理中要认真加以检查和调整。

第14章 制动系的检修

制动系技术状况的好坏,直接关系到汽车的行驶安全。制动系各部零件出现故障或失效,将导致制动失灵、跑偏或咬死等现象,从而影响行车安全,所以,对制动系及时、正确的保养与调整是非常重要的。

14.1 车轮制动器的检测与调整

14.1.1 制动鼓的检测与修理

制动鼓的耗损主要有:制动鼓与摩擦片的磨损和失圆;制动鼓的沟槽和拉伤;制动鼓的变形和裂纹。

制动鼓的内径可采用弓形内径规测量,如图 14.1 所示。当鼓内径失圆度大于0.25 mm 时,应进行镗削修理。

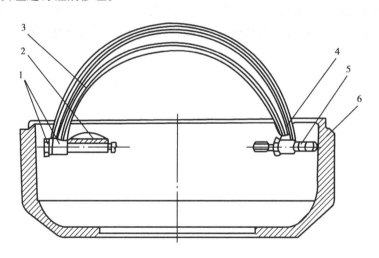

图 14.1 弓形内径规测量制动鼓

1—锁紧装置;2—百分表;3—弓形规;4—锁紧螺母;5—测量调整杆;6—制动鼓

在镗削时,应以轮毂轴承中心线为旋转中心,并以轴承外圈定位。同轴两制动鼓,镗削后直径差不超过 1 mm。

14.1.2 制动蹄的检测与修理

制动摩擦片的铆接工艺:

①清除蹄上的污垢;

②选择与旧片相同材质的摩擦片;

③用夹持器将蹄片与摩擦片夹紧,以蹄片铆钉孔为定位,逐个钻孔。然后再刳钻出大孔,刳孔深度为片厚的 $1/3 \sim 1/2$;

④在铆合机上铆合,铆合应从中间开始。铆合后铆钉应不松动,摩擦片不得有裂纹、缺角等情况;

⑤摩擦片铆合后,应进行修磨加工。

14.1.3 制动鼓与摩擦片间隙的调整

车轮制动器经修理装配后,还应进行调整。其目的是使蹄片与鼓具有适当的间隙,使蹄片张开时外圆与鼓内圆同心。

调整的顺序是:

①架起车桥,使制动鼓能自由转动。

②松开紧固蹄片支承销轴,锁紧螺母。

③转动蹄片支承销,使轴端标记位于相互靠近的位置。

④转动上端调整凸轮,使蹄片压向制动鼓,从制动鼓的检查孔用厚薄规检查每个蹄片两端与制动鼓是否贴紧。如果蹄片轴端发现间隙,用转动蹄片支承销的方法消除。

⑤反向转动上端调整凸轮,使蹄片上端与鼓脱离接触,产生合适的间隙为止。

14.2 气压制动系的检修

气压制动系的检修主要包括:制动控制阀、制动气室、空气压缩机和车轮制动器。对于车轮制动器,前已述及,空气压缩机与发动机类同且简单,不再叙及,这里只介绍制动控制阀与制动气室的检修。

制动控制阀是按照汽车行驶中不同的制动状况而控制制动气压的大小,以使汽车产生相应的制动力。因此,制动控制阀性能的好坏,将直接影响制动性能。

(1)制动控制阀主要零件的耗损与检修

1)制动控制阀主要零件的耗损

制动控制阀主要零件的耗损有:壳体的变形和破裂;膜片的变形和破裂;弹簧弹力减弱;进、排气阀磨损及关闭不严。

2）主要零件的检修

对于制动阀零件检修，先通过外表观察壳体是否变形、破损。在清洗制动阀时，注意橡胶件不得和油类接触，修理时，一般橡胶片应予以更换。在一般维护时，平衡弹簧应尽可能不要拆卸和调整，避免制动气压力发生变化。

（2）制动控制阀的装配

制动控制阀的类型很多，其装配过程大体相同。现以东风 EQ1090E 型并联制动阀为例介绍装配过程。

1）装配和调整平衡弹簧

平衡弹簧预紧力应符合规定。预紧力过大，造成平衡弹簧失去平衡作用，进入气室的气压接近储气筒的气压，使制动力增长过猛，制动过急；预紧力过小，制动时平衡弹簧过早收缩而平衡，关闭了进气门，使工作气压过低，降低了制动效能。EQ1090E 型制动阀平衡弹簧预紧力为 314 N。

2）芯管与膜片的装配

将膜片套于芯管上，用上下座板夹紧，拧紧固定螺母，然后在芯管上端安装平衡弹簧及座子，调整平衡弹簧的预紧力后，装入制动阀上体内，再将下体对位装合好。在装合上、下体时，应使膜片处于折皱位置，以防止膜片运动时撕裂。

3）调整进、排气门的间隙

进、排气口的间隙大小，影响制动系的工作。间隙太大，将导致制动踏板自由行程过大；间隙过小，使制动解除缓慢。对于 EQ1090E 型制动阀，进气间隙：主车为 2～2.5 mm，挂车为 1.5 mm；排气间隙：主车为 1.6～1.8 mm，挂车为 1.2 mm。

（3）制动控制阀的试验与调整

制动阀装配好了后，应进行密封性、灵敏度和输出气压的调整与试验，其试验可在车上或试验台上进行。

1）进气阀密封性试验

将储气筒气压升至 882 kPa，观察进气阀是否渗漏，气压表下降情况，每分钟的气压下降不大于 2 kPa。

2）排气阀密封性试验

踩下制动踏板，持续一段时间后，查看制动气室的压力表压力下降情况，每分钟气压下降不大于 10 kPa。

3）控制拉臂自由行程的调整

控制拉臂的摆动距离应为 1～3 mm。

4）制动气室最大工作压力的调整

不同的制动控制阀对气室的最大压力有不同的标准，EQ1090 为 490～539 kPa。制动气室最大工作压力的调整必须在试验台上进行，它是通过调整平衡弹簧上端的螺母来调整弹簧的预紧力的，调整后，不得随意变动。

14.3　液压制动系的检修

14.3.1　制动总泵与分泵的检修

(1)总泵与分泵的主要耗损

总泵与分泵的主要耗损有:缸筒的磨损和腐蚀;总泵、分泵、皮碗、活塞、油阀、皮圈损坏;回位弹簧力不足。

(2)总泵与分泵的修复

总泵、分泵缸筒磨损和腐蚀,当间隙增大超过 0.15 mm 时,可配换活塞。当缸筒圆柱度误差超过 0.025 mm,缸筒磨损超过 0.12 mm 时,可镶套修复或更换新件。

镶套时,套的材料用灰铸铁 HT150,取合适的过盈及壁厚,然后将镶入的缸套镗至标准尺寸。同一轴上两轮缸内径必须相同。

14.3.2　液压制动系的装配与调整

液压制动系装好后,要进行自由行程的调整和排除制动系内的空气。

(1)踏板自由行程的调整

踏板的自由行程,实际上是泵推杆与活塞间隙及总泵活塞空动行程在踏板上的反映。这一间隙是彻底解除制动和迅速产生制动的必备条件。如不留这一间隙,活塞与皮碗不能退回到最后位置,堵塞旁通孔,制动不能彻底解除。但留间隙太大,又会减少踏板有效行程,使制动产生过迟。严重时,要多次踩踏板,才能有效制动。一般汽车制动踏板的自由行程为 10～15 mm。

(2)制动系空气的排除

液压制动系修理安装后,管道中存留大量的空气,如不排除,由于空气的可压缩性,会使制动失效。

排除空气时,可由两人协同进行。一人将踏板连续踩下,至踏板升高后,踩住踏板。另一人将轮缸放气螺钉旋松少许,空气随油液一起排出,当踏板逐渐降到底时,先旋紧放气螺钉,再连续踩踏板,重复上述动作。如此反复,直至放出的油液无气泡。放出的油液用容器收集,沉淀后,以备再用。

放气由近及远逐缸进行(踏板要快踩缓抬,以使空气彻底排净)。空气放净后,要检查补充储油室制动液至加油口 15～20 mm 为合适,并要检查通气孔是否畅通,以使储油室与大气相通。

14.4　真空增压装置的检修

典型的真空增压制动系的组成及管路连接如图 14.2 所示。汽油发动机可利用进气歧管的真空度,柴油机一般另设一小型真空泵。

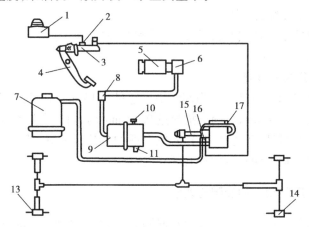

图 14.2　真空增压制动系管路示意图

1—制动液箱;2—信号灯开关;3—主缸;4—踏板;5—发电机;6—真空泵;

7—空气滤清器;8—单向阀;9—真空筒;10—真空指示灯开关;11—排污塞;12—动力缸;

13、14—制动轮缸;15—增压油缸;16—控制阀

14.4.1　真空增压装置的检修

真空增压装置由动力缸、控制阀、增压油缸三部分组成。图 14.3 为载货汽车使用的真空增压装置。

真空增压装置的技术状况变坏,多数原因是由密封被损坏引起的,在拆检装配时,应特别注意气压和液压部分各零件连接处的密封。

(1)动力缸的检修

动力缸的常见耗损是:端盖上的推杆油封、皮碗损坏而漏油;动力缸活塞磨损或密封件损坏而漏气;弹簧疲劳弹性减弱或变形等。

油封、皮碗损坏后,油将从增压油缸低压腔漏入动力缸右室,油的泄漏使压力下降,控制阀活塞推动力不够,控制阀和动力缸活塞作用迟缓,严重时甚至制动失效。

更换新油封,应用紫铜棒将油封轻轻敲入端盖内,注意不要使油封变形。更换皮碗,切勿装反。

动力缸活塞一般不易损坏,如不更换零件,不应拆散。更换零件后,应按一定的顺序装合。活塞板衬垫上应涂以密封剂,活塞密封皮碗及油绳(或毡圈)应润滑,活

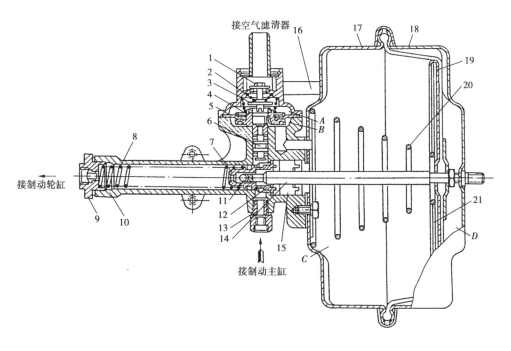

图 14.3　真空增压器结构示意图

1—空气阀;2—阀门弹簧;3—真空阀;4—控制阀膜片回位弹簧;5—控制阀膜片;6—控制阀活塞;
7—增压缸活塞;8—增压缸活塞回位弹簧;9—出油管接头;10—增压缸;11—球阀;
12—活塞限位座;13—进油管接头;14—推杆;15—密封圈座;16—通气管;
17—真空伺服气室前壳体;18—真空伺服气室后壳体;19—伺服气室膜片;
20—伺服气室膜片回位弹簧;21—膜片托盘

塞两边推杆长度及推杆总长都应保持原有尺寸,以保证装配后原位置不变。推杆端头螺母紧固后,为了防止松动,在两处用圆铳凿密。

动力缸装合前,应检查推杆在端盖孔中进出是否灵活且有无歪斜,端盖上的橡胶垫圈是否良好,缸内应清洁,并加以润滑。

(2)控制阀的检修

控制阀的常见耗损有:活塞运动阻滞;皮碗磨损漏油;膜片破裂;阀门密封不良;弹簧弹力减弱等。另外,如果装配不当,也会造成故障。

活塞皮碗漏油引起的故障与上述动力缸推杆油封、皮碗漏油时一样。换装皮碗时,刃口应朝向油道(向内),否则会漏油和渗入空气。

若油不清洁,含有较多杂质、杂物,会引起量孔堵塞、皮碗发胀,制动时,踏板费力,回位又受阻,制动消除慢,修理时,应将量孔清洗干净。

控制阀活塞在装配时,应涂制动液,装入后用限位垫和卡簧锁住,以防活塞脱出。总成拆散时,如无必要,活塞套筒可不必从动力缸端盖下拆下。

膜片、真空阀、空气阀是真空系统的关键部件,检查时,应特别注意。如膜片损坏,或阀密封不严,都会影响制动效果,在踩踏板时,特别是发动机停止运转时,真空度迅速下降,甚至使真空增压器失效。

阀的装配间距要严格控制,否则影响性能,五十铃和扶桑车此距离均为 17.0 ± 0.5 mm。装配间距过小,则不制动时真空阀与阀座距离增大,使制动时空气阀开放时刻延长和开度减小,造成增压作用迟缓和制动力小;装配间距过大,则放松制动时,制动作用不易消除。修理时,要严格检查,并注意阀片与阀座不得松动和滑移,否则,将使增压器失效。

制动开始起作用的时间和增压器的随动作用(即制动力与踏板力平衡作用)的好坏均与控制阀膜片弹簧的状况有关,如弹簧弹力减弱、长度缩短、变形或歪扭等都会影响上述作用,应更换。

(3)增压油缸的检修

增压油缸的故障除各连接部位密封不良而漏油外,主要出现在活塞组上,另外,还有油缸的磨损。活塞组的耗损有:皮圈损坏;活塞磨损;单向阀工作不正常等。

活塞皮圈损坏,则制动时高压油腔内的油就会沿边缘流向低压腔,使推动车轮轮缸的液压降低,从而降低了制动效能。这种情况在维持制动时,还会出现踏板反冲的现象。这是因为经皮圈回流到低压腔的油会使低压腔和总泵主缸的油压提高,而使主缸活塞回位,造成踏板强行回升(反冲)。更换皮圈时,刃口应朝向高压腔,如装反,其效果与上述皮圈损坏相同。

活塞顶部有油液通孔,由单向阀控制。此孔在制动时应封闭,不制动时,保持畅通;如制动时,活塞顶部通孔不密封,则制动液回流,出现与上述皮圈损坏相同的故障。

这个通孔能保证制动时蹄与鼓迅速接触(从油孔可以先向各轮缸供给一部分油液,随后阀关闭,油压继续上升使制动平稳)。当放松制动时,孔打开,油液从孔流回,制动力迅速解除。

修理时,应按其工作原理的要求,检查活塞组件的技术状况。活塞组从活塞推杆上拆下后,用酒精洗干净,检查叉形杆是否可以灵活移动。大修时,应更换皮圈。

用气密封试验检查球阀的密封性,如密封不良,应换新件。如叉形杆磨损使长度改变,不能推开球阀,使制动作用消除时,应更换新件或堆焊修复。

另外,如动力缸活塞装配不正确,使活塞推杆伸出过长,制动放松后,增压油缸活塞不能退到与限位垫圈接触的位置,则叉形杆也不能顶开球阀,因此,活塞与推杆连接后还应注意检查活塞的位置是否能退到底,以及此时动力缸与控制阀通孔是否畅通,如不畅通,应查明原因并消除。

14.4.2　真空增压器的试验

真空增压器修理后应进行试验,以检验修理质量和消除隐患。试验分为试验台实验和就车实验两种,但后者只能作简单试验,获得大体情况。

(1)试验台上试验

试验真空增压器的试验台,应具有真空泵、真空筒、制动主缸、真空表及液压表等实验设备。试验内容及要求见表 14.1。

表 14.1　真空增压器试验内容及项目

项目 内容	1 不工作时气密试验	2 油密试验	3 开始工作时压力试验	4 全负荷试验	5 全负荷时气密试验	6 真空动力缸活塞气密试验	7 单向阀气密试验
方法	将真空增压器真空来源接通	在增压器出口接油压表注油放气	真空进口与真空来源接通,制动主缸出油口接压力表	在真空增压器真空进口处给真空	接前第 4 项试验	上述试验不合格进行此项。拆动力缸与控制阀软管堵控制阀和滤清器出口	单向阀通真空增压一端接容量小于 250 mL 密封容器,另一端接真空来源
条件	真空度达到 500 mmHg 关闭	增压缸油压升至 12 MPa(真空度为 0)	当真空为 500 mmHg 时,主缸施压	当真空为 500 mmHg,主缸液压为 1.6 MPa	切断真空	当动力缸一侧真空为 400 mmHg 堵动力缸真空来源管	容器内真空达 500 mmHg 时,把真空来源切断
数据	15 s 内真空度下降小于 25 mmHg	油压下降 1 MPa 时时间大于 10 s	主缸出油口压力为 0.3～0.5 MPa 为真空增压开始压力	增压油缸液压为 8.7～10.8 MPa	动力缸呈真空一侧,真空度从 500 mmHg 下降,15 s 内下降小于 25 mmHg	真空从 400 mmHg 下降至 200 mmHg,时间大于 60 s	15 s 内,真空下降小于 20 mmHg

注:1 mmHg = 133.3 Pa。

(2)就车试验

试验前,调好蹄片间隙和制动踏板自由行程,放气并检验管道及接口是否良好。

放气前,先停止发动机运转,并连续踩制动踏板数次,使真空度下降为零,在制动主缸储液缸内加满制动液。放气次序应先放增压器控制阀,然后放增压油缸,再由近及远放各车轮轮缸,操作同普通液压制动系放气相同。

①真空达正常值后,踩下制动踏板,测量踏板与驾驶室地面之间距离。停止发动机运转,连续踩踏板使真空度为零时,再测上述距离。如果后一次比前一次大(即踩下踏

263

板程度比前一次小),则真空增压器性能良好,如距离相同,则真空增压器不起作用。

②启动发动机,使真空增压器处于正常真空状态,用力踩下踏板维持制动时,如踏板强行回升,则说明增压油缸皮碗损坏或装反,也可能是单向阀不密封。

③当发动机运转时,在增压器空气滤清器口附近放一棉纱线,如不踩踏板,线被吸引,则控制阀中空气阀漏气,如不被吸引,再踩下踏板时,线被强力吸引,有强烈的吸气声,则性能良好。如仍不被吸引,控制阀失效。

④启动发动机,踩下踏板后,把位于动力缸后面的锥形加油螺塞拆下,把手压在螺塞孔上,如手上感觉有吸力,则可能是动力缸活塞、控制阀真空阀或膜片漏气。

⑤从加油口螺塞孔测量动力缸活塞的工作行程。使发动机停止运转,并踩下踏板数次使增压器真空消失,从孔中测量活塞至孔边缘的距离。然后装上螺塞,启动发动机,使真空正常后,踩下踏板,拆下螺塞,重新测此距离。两次测量差值即为动力缸活塞工作行程。

14.5 驻车制动器的检修

14.5.1 驻车制动器的检修

驻车制动器常见的有带式、盘式和鼓式。带式稳定性差,盘式和鼓式应用较为广泛。

(1)盘式驻车制动器

盘式驻车制动器常见耗损有:制动蹄片磨损;制动盘拉伤起槽;活络部分销轴、衬套和销孔磨损。

①驻车制动器摩擦片磨损以致衬片表面与铆钉头距离小于 0.5 mm 时,应予以换新。更换方法与换离合器衬片相似,新片铆钉头以深入片厚 1/2 为合格。

蹄片出现磨损不均匀现象,有时甚至一面蹄铁外露,另一面磨损很少。这是调整不当或驻车制动器盘偏摇及销轴产生严重磨损所致,要找出原因,予以排除。

②驻车制动盘的工作面,因蹄片铆钉拉伤起槽深度超过 0.5 mm,应进行光磨。但光磨后制动盘减少应不大于 4 mm。

③驻车制动器各活络连接部分的销轴与销孔或衬套的配合间隙过大,会使蹄片在放松手制动时,失去正常的位置,造成蹄片间隙调整困难,磨损不均,因此,当间隙超过 0.20 mm 时,应进行修理。

对于原来有衬套的销孔,可以换衬套后铰削配合;对于原来没有衬套的销孔,可换加粗的销子,并将销孔铰削配合(配合间隙为 0.03 ~ 0.12 mm)。用手锤轻轻将销子敲入,无松旷感为正常。

④驻车制动器扇形齿板上的牙齿和棘爪有断裂或滑牙时,应堆焊后钳工修复。

(2)鼓式驻车制动器

东风 EQ1090、北京 BJ2020 为鼓式驻车制器,主要检修内容为:

①驻车制动蹄摩擦衬片铆钉头距表面 0.50 mm 时,应予以更换,方法同车轮制动器。

②驻车制动鼓表面磨损起槽超过 0.50 mm 时,可对鼓进行镗磨,其内径加大不超过 4 mm。

14.5.2　驻车制动器的装配与调试

(1)驻车制动器的调整

驻车制动器的调整主要是蹄片间隙的调整。但在调整前,应先校正驻车制动盘的翘曲。一般将其安装在变速器第二轴上,在半径 120 mm 处,用百分表测端面跳动应不大于 0.25 mm。超过时,可车削或磨削,也可在盘与突缘间加垫铜皮调整。

蹄片间隙的调整步骤如下,如图 14.4。

①在蹄片和制动盘之间,各插入一根长 250 mm,厚 0.30～0.60 mm 的厚薄规(也可以用废锯条)。

②旋转蹄臂拉杆 9 的调整螺母,直到拉动厚薄规有明显阻力为止,然后锁紧螺母。

③旋转蹄片上端两只调整螺钉 4,使蹄片与两制动盘保持平行;然后,将螺钉拧紧,并将蹄片下端小弹簧挂好。

④将驻车制动操纵杆 15 推至完全放松位置,调整传动拉杆 12 的长度,使其与拉杆臂 11 的销孔重合,穿上销子。不容许用拉动拉杆臂 11 的方法使销孔对齐。手制动装配调整完毕后,应达到要求:拉动驻车制动操纵杆至全行程的 1/2～2/3 时,例如,解放 CA1091 为棘爪在齿形板上移动 3～5 个齿,蹄片应完全压紧制动盘;调整驻车制动后,用

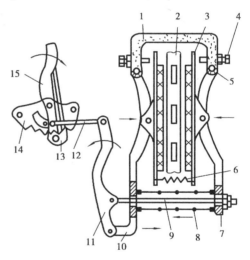

图 14.4　盘式驻车制动器
1—支架;2—制动盘;3—制动蹄;4—调整螺钉;
5—销;6—拉簧;7—后制动蹄臂;8—定位弹簧;
9—蹄臂拉杆;10—前制动蹄臂;11—拉杆臂;
12—传动拉杆;13—棘爪;14—齿扇;
15—驻车制动操纵杆

二挡不能起步或能使汽车在 20%(11°30′)的坡道上制动停车,而解除制动后,蹄片与盘不会发生摩擦。

(2)鼓式驻车制动器的调整

以北京 BJ2020 为例,其驻车制动器为鼓式驻车制动器,在将手柄拉出 5～10 个

齿后,蹄片应完全压紧制动器。

如拉动齿数过多,说明蹄鼓之间间隙过大,或联动机构松动,应予以调整。调整时,应先校准蹄片与鼓的间隙。其方法是:用螺丝刀拨动螺母1,直至用手不能转动为止,然后再向相反方向拨动螺母,使制动鼓能自由转动,又刚好不与蹄片摩擦为止。经上述调整后,手柄拉动行程仍大,需将手柄推至完全放松状态,把叉2和臂3脱开。推动臂3,使其向后和制动鼓底板靠住。转动叉2,缩短钢丝长度,直至叉上的孔和臂3上的孔对齐,将叉2和臂3重新连接即可。调整后再拉紧手柄时,所拉出的长度不得超过齿条上的7~11个齿,如图14.5所示。

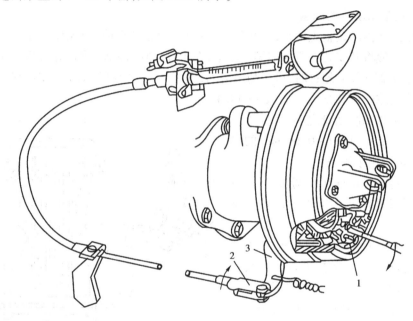

图 14.5　北京 BJ2020 驻车制动器的调整

1—螺母;2—接头叉;3—拉臂

驻车制动器的效能试验,一般应在变速器和分动器装配后一起进行。

东风 EQ1090 型汽车驻车制动器的手制动杆结构与上述盘式结构类似,调整方法也相同,而制动鼓和车轮制动器类似,装配调整也基本类似,这里不再赘述。

第15章 车架和悬架的检修

车架是承载汽车各主要总成(包括发动机、传动系、车身和车厢等)的基础件。在汽车使用过程中,车架受力复杂,特别是交变力,容易使其产生各种变形(包括弯曲、扭曲等变形形式)、裂纹以及松动等现象。而车架结构形式的差异,运行条件的不同,也使得车架的损伤也不尽相同。

车架的损坏将降低有关总成的使用寿命,使汽车的使用性能变坏,从而影响汽车的行驶安全性。

15.1 车架的检修

15.1.1 车架损伤原因分析

载货汽车车架所受弯矩和剪力如图 15.1 所示,汽车车架常见损坏部位如图 15.2 所示。

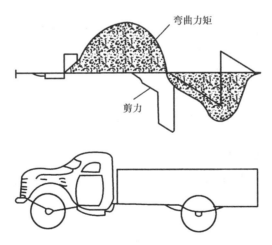

图 15.1 载货汽车弯曲力矩及剪力示意图

(1)车架的弯曲及裂断

汽车在行驶时,由于以上某些载荷的作用,车架会产生弯曲和剪切应力,特别是在路面不平、汽车超载、载荷分布不合理时,弯曲和剪切应力将产生很大的变化。

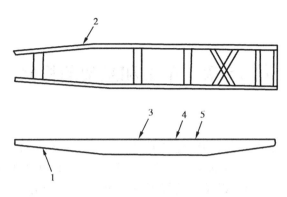

图 15.2　汽车常见损坏部位

某载货汽车静载时车架所承受的弯矩和剪力如图 15.1 所示,当汽车满载全制动时,应力值比静载荷时增大 2~2.5 倍。

最大弯矩在驾驶室与车厢结合处。虽然车架断面在设计时已考虑了受力变化,作成中部较宽,但由于载荷的偏移或结构不完善等,往往最大弯曲应力处最易出现断裂。

车架容易产生损坏的几个部位如图 15.2 所示。车架前部横架较稀,纵梁断面小,扭转刚度小,因而此处在动载荷作用下,纵梁下翼面易造成断裂(损坏处 1);在车架高度变化区,由于冲压造成表面波皱现象,引起应力集中,易产生裂纹(损坏处 2);车架第二横梁后的纵梁上翼(在车厢与驾驶室之间处)的弯矩最大处,易产生裂纹(损坏处 3);第三横梁处纵梁上平面,剪切应力较大易于损坏(损坏处 4);在副钢板弹簧支架处,当载荷偏后时,弯曲和剪切应力均较大,易于损坏(损坏处 5)。

纵梁裂纹一般是从上沿开始,这是由于纵梁材料较薄,上沿受压后翘曲,由于经常反复地翘曲,导致疲劳破坏,产生裂纹。

在车架应力集中处易发生裂纹,如螺孔、铆钉孔、纵横梁过渡处、转角处及槽形断面拐弯处等。尤其是不正确地拆卸和铆合,造成螺孔和铆钉孔破坏时,更容易产生裂纹。

(2)车架的扭转和歪斜

汽车在不平坦的道路上行走,车架受单边力和离心力时,均会造成车架的扭转和歪斜。

(3)剪切

在载荷作用下,车架纵梁所受剪力(剪力分布如图 15.1 所示)在前后钢板弹簧支架处最大。在载重汽车副钢板弹簧支座处,由于无横梁,有时会产生铆钉被剪断或铆钉孔铆接处开裂等破坏。

15.1.2　车架的修理

(1) 车架的除锈、除漆

为了保证车架的检修质量,车架在修理时,首先要进行除锈、除漆工作。清除方法可用喷砂、喷丸、化学方法及机械手工法等。

(2) 车架的弯曲检验与校正

行车事故造成的车架严重变形,一般用肉眼即可分辨。大修时,常采用拉线法及用角尺、直尺等量具来检查车架的变形,如图 15.3 和图 15.4 所示。

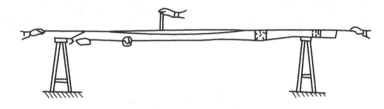

图 15.3　用拉线法检查车架

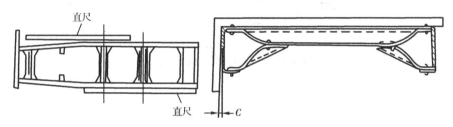

图 15.4　用直尺、角尺检查车架

纵梁直线部分的上平面的直线度,在 1 000 mm 上不大于 3 mm,侧面宽上直线度为 0.30 mm,车架宽度偏差为 ±3 mm。

车架是否扭斜及水平弯曲等,通常是通过测量对角线加以判断(图 15.5)的各区段对角线长度差允许值 A-A、B-B、C-C、D-D 为 5 mm;对角线交叉点对中线偏差为 ±2 mm。

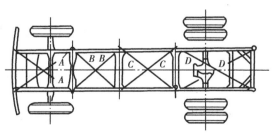

图 15.5　车架的扭斜检查

当车架纵横梁局部产生不大的弯曲时,可在车架装合情况下,用移动式液压机或专用工具进行校正,如图15.6所示。一般采用冷压校正,以免影响车架的机械强度。对于弯曲较大,采用冷压法不易校正的硬伤,可采用局部加热法校正。加热时,尽量地减少受热范围,用中性乙炔焰或木炭火加热至暗红色,即不超过700 ℃。校正后,应在空气流动缓慢的地方冷却,以免增大脆性,并检查变形误差及车架铆钉有无松动。

车架有严重弯曲、扭曲或歪斜时,应拆散校正,然后重新铆合。

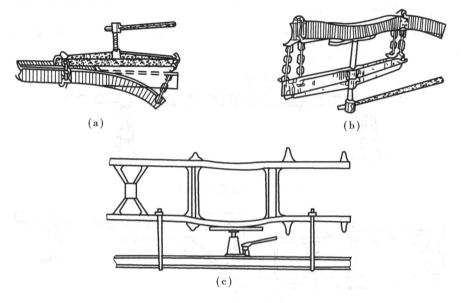

图15.6 校正车架的弯曲

(3)车架的焊修和铆接

车架如有铆钉松动应重铆,如有断裂或裂纹可以进行焊修,也可以铆焊接合。铆接质量可靠,但工艺不如焊修简便。一般车架在大修时,80%~90%有不同程度的断裂情况,对某一载货车型车架统计表明,断裂5处(次)以下占20%左右,5~10处(次)占30%左右,10处(次)以上占14%,尚有20%左右因车架断裂十分严重而无修复意义。

1)车架的铆接

①除去旧铆钉,最好不用錾子铲除,以免损坏铆钉孔。要用直径稍小的钻头钻除。钻除时,注意不要损伤铆钉孔。

②铆钉孔磨损大于0.5 mm,小于2 mm时,可以扩孔分级修理,级差为0.5 mm;大于2 mm,要填焊后,再按基本尺寸钻孔。

③应根据铆钉钻孔大小按GB 152—72《紧固件通孔及沉头座尺寸》规定,选择铆钉杆直径。

④铆接方法最好采用冷铆,也可以采用热铆。采用冷铆时,应先将四周孔用螺丝把好,只留一个小孔,再进行铆接。

采用热铆时,铆钉有电加热和火焰炉加热两种。不允许将铆钉放入铆孔,用氧-乙炔火焰加热。

⑤要求铆钉头不得有错位、清缝和裂纹等缺陷,铆钉要充满铆钉孔。铆钉头和铆接头与铆接件不允许有 0.05 mm 的间隙。

2）车架的焊接

对于车架纵梁断裂的修补与加固,应视其裂纹的长短及所在的部位采取不同的修理方法。

①当裂纹较短、且在受力不大的部位时,可直接用焊修的方法修复。焊修时,应在裂纹的末端前 10 mm 处钻一个直径 3～6 mm 的限制孔(图 15.7 中虚线为砂纸打磨范围),以防裂纹末端处产生应力集中,扩大裂纹。并按图开坡口,堆焊高度不应超过平面 1～2 mm,焊后锉平,保证焊缝刚度基本一致,以减少焊修表面应力集中。

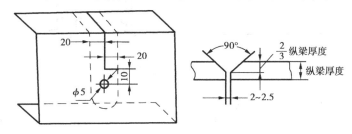

图 15.7　裂纹界限的确定及裂纹的修切

②当裂纹较长,但未扩展至整个横断面,且在受力不大部位或已达受力大部位(车架中部)时,均可采用三角形腹板加焊于裂纹处(图 15.8),或将纵梁损坏处按三角形(或菱形、椭圆形、矩形)腹板形状切除掉,然后,以同形腹板嵌入焊接,这样刚度变化比补焊小。应优先采用椭圆形挖补,挖补钢材的厚度、材质与原钢板应相同。

③当裂纹已扩展到整个横断面时(或虽未达整个横断面,但在受力最大的部位时),可以采用角状及槽状加强腹板,以对翼面和腹面同时加强。

④加强板厚度应不大于原车架钢板的厚度,且材质相同。

加强板的长度应根据焊缝大小及部位而定,受力较小处不短于 390 mm;裂纹大、同时受力较大处,应增加加强板面积和长度,长度不大于 660 mm。

为了减小应力集中,加强板的端部应做成逐渐减小的斜角形,如图 15.9 所示。加强板的形状如图 15.10 所示,其弯曲圆弧半径应不大于纵梁圆弧半径。

加强腹板可用铆接或焊接。如用铆接,应尽量地利用原来的铆钉孔;如用焊接,为了减少焊接部位的应力集中,并具有一定的挠性,应注意以下几点:

a. 若在受力大的部位焊加强腹板,要注意焊接应力对纵梁的影响。采用图 15.11 的方法较好。加强板比纵梁边缘宽 2.5t(t 为车架纵梁厚度),并把焊缝焊成凹形。

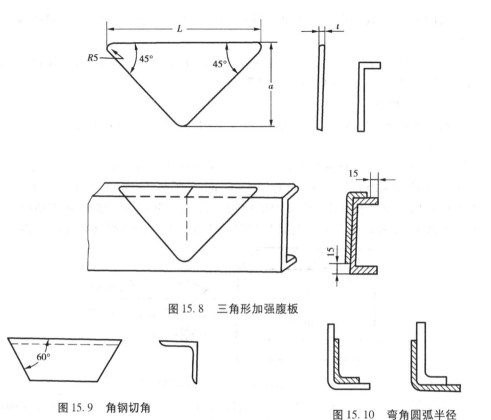

图 15.8　三角形加强腹板

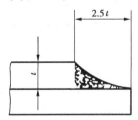

图 15.9　角钢切角

图 15.10　弯角圆弧半径

b. 车架上焊缝长度大时,应采用断续焊缝(图 15.12)。每段焊缝长度及间距可参考表 15.1。

图 15.11　加强板焊接方法

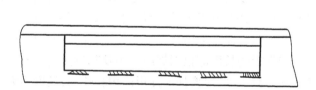

图 15.12　断续焊缝

表 15.1　断缝焊缝的长度及间距　　　　（mm）

加强板厚度	焊缝长度		最大间距 b
	最　小	标　准	
3.2 ~ 4.5	20	30 ~ 40	90
4.5 ~ 6.0	30	40 ~ 50	120
6.0 ~ 9.0	30	50 ~ 60	120

c. 加强角钢与纵梁翼面边缘相重合时,在重合处及弯角圆弧处不要施焊,焊缝距边缘不焊处约 20 mm,如图 15.13 所示。

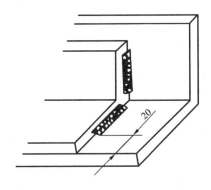

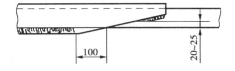

图 15.13　角钢与纵梁的焊法　　　　图 15.14　纵梁厚度的焊法

d. 加强板高度不大于纵梁高度时,在两极搭接处不施焊,并保证焊缝边缘有一定距离,如图 15.14 所示。

e. 施焊与铆接结合时,应先焊后铆,否则,将降低铆接质量。

f. 焊缝不能搭接交叉,坡口处应为凸焊焊缝,焊板搭接处应为凹焊焊缝。

g. 寒冷季节,应将施焊部位预热至 20~50℃,以免焊板炸裂。

h. 焊后缓冷,清除焊缝渣壳,并检查焊道,用砂轮修整焊缝。

15.2　钢板弹簧的检修

钢板弹簧经长期使用,会产生折断,弹性减退,钢板销、支架与吊耳磨损及铆钉松动等。

15.2.1　钢板弹簧耗损

造成钢板弹簧耗损的原因很多,仅从使用和保修方面分析主要有如下一些因素:

①道路崎岖,振动很大,很容易引起弹簧疲劳折断,以及各部磨损加剧。

②保修装配质量不好,如中心螺丝松动错位而产生错动磨损;钢板弹簧夹没夹紧,弹簧卡安装不当等,均易使钢板弹簧折断。

③驾驶操作不当,不适当的紧急制动和惯性力使前钢板弹簧负荷大大地增加。如高速行驶和猛打方向盘急转弯。前者使振动加大,后者使离心力增加,都容易造成钢板弹簧折断。

④超载和偏载使负荷增加不均衡,也是损坏的原因之一。

此外,润滑不良,减震器失效,都会造成钢板弹簧早期损坏。即使在很正常的使用条件下,在使用一定时间后,也会产生疲劳损坏。

钢板弹簧的折断,通常前钢板弹簧比后钢板弹簧严重,统计表明,某一型号的载货汽车钢板弹簧断裂而报废的,前钢板弹簧占10%,后钢板弹簧仅占3%,副钢板弹簧占5%。折断经常发生在第一片卷耳与第一道夹子附近,各片易损坏处是在上下片端部对应处。

在大修时检查发现,钢板弹簧的弹性减弱也是很严重的,见表15.2。

表15.2 钢板弹簧性减弱情况

数　值 ＼ 车　型		解放 CA10B	跃进 NJ130
无负荷时,钢板弹簧的标准弧高 / mm	前钢板	73～93	104～124
	后钢板	123～139	117～127
	副钢板	43±8	53～63
大修时,无负荷钢板弹簧弧高小于标准值者/%	前钢板	(小于73 mm)60	15
	后钢板	(小于123 mm)76	30
	副钢板		85

15.2.2 钢板弹簧的检验与修理

(1)钢板弹簧的检验

对于钢板弹簧叶片曲率半径,一般采用样板(新片)进行靠合试验。

钢板弹簧弹性减退表现在弧高的减小,一般在弹性试验器上检查有负荷或无负荷下弧高的减小即可。检查结果应符合《汽车修理技术标准》(JT 3101—81)的规定,同时,要求左右钢板弹簧总成片数相等,总厚度差不大于5 mm,弧高差不大于10 mm。

检查钢板销及第一片卷耳内衬套的磨损,以及支架和吊耳的磨损情况,应符合上述标准的规定。

(2)钢板弹簧的修理

①恢复钢板弹簧叶片曲率的方法　一般采用冷态下锤击整形和专用设备成型两种方法。虽能用锤击恢复叶片的曲率半径,但弹性恢复很小(锤击使叶片产生内应力,所以整形后应进行正火、淬火及回火处理,以恢复其弹性)。而采用专用设备的方法是用三个冷压轧辊进行碾压,下面两个为支承辊,上面可调,每碾压一次,将上轧辊向下调少许,反复碾压至叶片曲率符合标准。

②钢板弹簧热处理工艺　为了保证钢板弹簧的弹性和消除碾压应力,进行了上述冷调后,应进行热处理,其工艺要点如下:

A 正火　将叶片加热至860～880 ℃,保温5～10 min,在空气内冷却。清除残余内应力,获得细密珠光体,为淬火作准备。

B 淬火　将叶片加热至 850 ℃ 左右,保温 5 ~ 10 ℃(取出后夹在特制淬火架上,以保持原来应有曲率半径),迅速置于油中淬火。冷却液用 2 号或 3 号锭子油各 50% 。

C 回火　回火温度为 400 ~ 500 ℃,保温 45 min,然后在空气中冷却。

热处理后,为提高疲劳强度,可以进行抛丸处理,钢丸尺寸为 0.8 ~ 1.2 mm,弹丸速度为 70 m/s,钢板与抛丸叶轮距离为 0.5 m。

③钢板弹簧如有断裂,一般应予以更换新件。不宜将长片裁为短片使用(因为各片曲率半径不一致,不能保证良好地贴合)。

(3)钢板弹簧的装配要点

①装合时,应注意除净泥污和锈蚀,并在各片接触面涂以石墨滑脂,并复查各片曲率半径。

②有中心孔的,其中心螺栓直径较孔径不得小于 1.5 mm。中心螺栓应按规定扭矩扭紧。

③钢板弹簧夹子应按规定数量配齐,夹子内侧与钢板弹簧两侧间隙为 0.7 ~ 1.0 mm,夹子套管与钢板弹簧顶部距离为 1 ~ 3 mm,以保持各片自由伸张。同一副钢板弹簧总成上的夹子螺栓应从远离轮胎的一侧穿入,以防螺栓松动窜出,刮伤轮胎。

④已装配好并压紧的钢板弹簧,片与片之间应紧密配合,相邻两片在总接触长度的 1/4 长度内,间隙一般应不大于 1.2 mm。

第16章　汽车的总装与试车

　　将修竣后的汽车的各总成、合件、零件组装成为一辆完整的汽车的过程,称为汽车的总装。

　　汽车总装后,尚需加以调整,使各部分符合技术条件要求,最后在行驶中试车予以检查,并鉴定其是否确实修理完好,此项检查称为修竣检验。

　　总装配的工作是否完善,修竣检验是否确实,对汽车将来的使用性能及运行安全均有着极大的影响。

16.1　汽车的总装

　　汽车的总装配是以车架为基础。将各总成、合件、连接零件往车架上安装,使之成为一部完整的汽车。

　　装配前,要对各总成、合件及连接零件加以检查,要求有良好的技术状态。在装配中,应保持清洁,注意安装的顺序,并对某些零件、合件进行辅助加工和选配,以及进行必要的调整。同时,工作中应正确地使用工具和设备,防止损坏机件,以保证人身安全。

　　汽车总装的工作顺序是随汽车的构造不同而不完全一样,但主要的顺序则基本相同。汽车总装配的一般顺序及主要内容如下:

　　(1)安装前桥

　　将车架架好,前端用吊车提起,把装有车轮和钢板弹簧的前桥推至车架下面,使钢板前端孔与车架上支架孔对齐,装入钢板弹簧销;再用同样方法连接后端吊耳及支架,也可先在车架上装好钢板弹簧,再装前桥和车轮。如有减震器,应先将减震器装在车架上,最后将减震器与前桥连接。

　　安装中,应注意钢板弹簧销、吊耳销与衬套的配合,钢板弹簧销孔端部与吊耳端部的间隙最大不超过0.80 mm,否则,应加垫调整。销子装好后,应装好锁紧螺栓和润滑油嘴。

　　安装减震器时,拉杆孔中的橡胶衬套等应完整。对于不对称式弹簧,应注意安装方向。

　　(2)安装后桥

　　将车架后部悬吊,把装有车轮和钢板弹簧的后桥推至车架下面,用钢板弹簧销及吊耳销使后桥与车架连接。也可先在车架上装好钢板,再装后桥和车轮。一般注意事项与前桥相同。

(3)安装制动器

安装液压制动装置时,应先装上制动主缸,然后安装制动油管,使之与前后轮轮缸连接。安装气压制动时,应先装储气筒和制动阀,然后再连接各部气管。所有管路应安装牢固,以免颠震折断或磨破。

(4)安装离合器踏板及制动踏板

将踏板支架装在车架上,在踏板轴上装好离合器踏板和制动踏板。轴在支架孔内的间隙及制动踏板轴承孔与轴的间隙一般为 0.08~0.25 mm。装好离合器分离叉的拉杆、主缸推杆或制动阀拉杆,并装好各部拉簧。

(5)安装发动机和变速器

总装配时,先将发动机和变速器装合在一起,然后吊装到车架上,这样较顺利,但也可以分别安装。发动机支承处应注意安装橡胶软垫。发动机与车架有支承连杆时,应注意装配好。

(6)安装传动轴

传动轴装好中间支承后,置于车架下面,再将万向节凸缘接头与变速器及主传动器突缘接头用螺栓连接。装好的传动轴,其两端的万向节叉应在同一平面内。传动轴分成两段的汽车(如解放、跃进等),可先安装前面的短传动轴,再装后面长的。安装时,应注意短传动轴两端的万向节叉应互相垂直,而长传动轴两端的万向节叉应在同一平面内。

(7)安装消声器

消声器与排气歧管突缘之间应装有石棉衬垫,用夹箍将消声器安装固定。并安装好消声器排气管。对于消声器及排气管平箍的固定螺栓,必须装有弹簧垫圈。

(8)安装驾驶室

驾驶室吊装时,应注意不使外表各部受到碰损。驾驶室与车架固定处,应安置橡胶软垫。在固定螺栓的螺母下面,应安置平垫圈。当螺母扭紧后,应用开口销锁住。

安装驾驶室后,即可安装加速踏板、连接化油器节气门、阻风门的拉杆以及钢丝等连接部分。

(9)安装转向器

转向器壳在车架上的固定螺栓应安装弹簧垫圈。固定螺栓装上后不要扭紧,先将转向管柱在驾驶室内固定,再上紧固定螺栓。然后安装转向垂臂,安装转向垂臂时,可先将垂臂与直拉杆连接,再将前轮转至向前直线行驶位置,再把方向盘转至全部回转行程的中部(从一方极限位置转至另一方极限位置的总圈数之半),最后将垂臂装至垂臂轴上,垂臂螺母必须扭到底,螺母下面应垫以弹簧垫圈。

(10) 安装汽油箱

将汽油箱安装到原有位置。汽油箱位置在驾驶室内的,螺栓下如有弹簧,必须照原样装好,螺母拧紧后,用开口销锁住。汽油箱在车架侧方的,应用带衬垫的夹箍固定在车架的支架上。固定螺母下面应安装弹簧垫圈,最后连接油管。

(11) 安装保险杠、翼子板及脚踏板

用螺栓把脚踏板安装到车架上,然后装挡泥板及翼子板。挡泥板和翼子板之间应有布条,在翼子板与脚踏板连接处应垫以橡皮衬垫,最后将保险杠及拖钩装到车架上。

(12) 安装散热器及发动机罩

散热器与车架连接处,应安装橡皮软垫或弹簧。螺母不能拧紧到使弹簧垫圈压拢或橡皮软垫失去弹性,而且螺母必须用开口销锁住。然后紧好框架螺栓,连接橡皮水管,安好百叶窗及百叶窗拉杆与拉手等。百叶窗应能开足及关严,并开闭灵活。最后安装发动机罩等。

(13) 安装全车电气线路及仪表

电线所经各处,应与板壁表面紧密贴合,并装好线夹。两线夹之间的电线应拉紧。各接头处应接触良好和紧固可靠。电开关应可靠,灯泡应安装紧固,震动时,灯光不得闪烁。

(14) 各部加注润滑油、液

在安装黄油嘴及加油塞盖处,按规定加注润滑脂及润滑油。在液压制动主缸内加足制动液,排除管道中空气,并加满汽油和散热器内的水。然后进行车辆的初步试验与调整。

(15) 安装车厢

吊装车厢时,用 U 形螺栓将车厢与车架固定。在装 U 形螺栓处车架纵梁的槽内应安装衬木。安装顺序不是固定不变的,例如,车厢的安装也可以在安装电气线路以前进行。加注制动液常在安装制动踏板后进行。

汽车装配后,还应进行检查,调整离合器、制动器踏板自由行程、前轮前束、方向盘游隙、点火装置、化油器、制动蹄片间隙、轮胎气压等。这些检查、调整有的常在装配中或装配后进行。行驶中发现的缺点,还须再次检查调整。

16.2 汽车修竣后的检验

对于总装后的汽车,还必须进行行驶试验,检验各总成的技术状态,并对行驶中发现的故障进行调整修理,以达到大修标准,此项工作称为修竣检验。

修竣检验包括行驶前的检验、行驶中的检验、行驶后的检验三个阶段。

16.2.1　行驶前的检验

汽车行驶前的检验,主要是查明汽车各部是否齐全完整,装配是否正确妥当,发动机发动后运转和仪表等工作是否正常,应润滑的各部是否已加注滑油等。

检验工作一般由两人进行,工作时可以适当地进行分工和配合。准备进行检查的车辆,应停放在平坦、干燥的地面或检查地沟上。

检验的一般顺序,主要的检查项目、方法和应达到的技术要求如下:

(1) 查看车辆四周外表

①站在车前观察翼子板、保险杠、发动机罩、驾驶室等是否平正。不平正的原因通常是:车架变形未修正;左右钢板弹簧弹力不一致;左右轮胎尺寸及气压不一致;驾驶室翼子板变形未矫正等。要求左右翼子板高低差不得超过 15 mm。

②到车前检查保险杠拖钩是否安装牢固,散热器护罩、发动机罩、翼子板、驾驶室等是否有较大的凸凹未敲平、裂缝未修补、螺母是否有垫圈、螺栓是否紧固、各接缝处是否密合、前灯安装是否牢固。

③至驾驶室一侧检查车门开关是否轻便,关闭是否严密,铰链是否松动,门窗玻璃升降是否灵活,脚踏板是否安装紧固,并顺便检视挡风玻璃是否晃眼。

④至车厢一侧检查车厢部件是否配齐,螺栓(母)是否紧固和配好垫圈,车厢边板与前后板连接用栓钩栓杆有无松动。

⑤至车后观察车厢是否平正,后灯、制动灯等是否安装牢固。

⑥由车后转至另一侧,同上进行各项检查。

⑦在车辆的两侧有油箱、备胎架等时,也应检查其安装紧固情况。

⑧对于油漆好的车辆,在检查外表时,还须检查油漆颜色是否均匀,有无滴漆、起泡、皱纹、变色、斑点等现象。

(2) 从车下检查

①从车下(最好有检查地沟)检查转向器、制动主缸等是否安装牢固,各转向拉杆球销接合处是否松动(可由一人在驾驶室内转动方向盘),制动及转向机构各处开口销、弹簧垫圈、螺母等是否完整可靠。

②检查变速器、后桥壳内油平面是否合乎规定。并检查下曲轴箱、变速器、制动总泵等各处有无漏出或溅上的油迹。如发现油迹应擦干净,以便行驶后检查是否漏油。

③检查钢板弹簧各片是否错位,骑马螺栓(母)是否紧固,管路、电线是否装卡可靠,铆钉是否松动。

④检查传动轴万向节是否松动。

转向和制动部分安装的完好可靠程度直接地影响着行车安全,在检查时,应特别予以注意。

（3）打开发动机罩检查

①检查发动机罩打开与关闭时是否灵活。

②检查发动机附件是否齐全完好,安装是否可靠,燃料管路及电气线路是否完好和装卡固定,各部应无漏油、漏水现象。

③检查油底壳内油平面高度。

④汽缸盖的螺栓、螺母是否装紧。

（4）进入驾驶室检查

①制动踏板应比油门踏板高或平齐(液压制动应踩下制动踏板时检查),不合适时,应进行调整。手制动杆拉到底应为 3~5 响,不合乎要求者,应予以调整。

②挡风玻璃支撑机构是否可靠,关闭是否严密,驾驶室通风装置是否完好。

③制动及离合器踏板、手制动杆在地板的开缝内移动,不应有摩擦和卡住现象。踩下踏板至极限位置,或手制动杆拉至最后位置时,不应触碰地板,放松踏板时,应能迅速地回至原位。

④检查喇叭及灯光工作是否可靠。

⑤检查散热器百叶窗开闭是否灵活,关闭是否合缝。

⑥检查方向盘游动量是否在规定范围以内。

⑦拨动变速杆,试验是否能轻便地挂入各个挡位。

（5）发动机的检查

按发动机磨合试验中的试验要求进行。

（6）检查车轮及轮胎气压

发动机怠速运转,等待温度升至正常温度的时间内,或在发动机检验完毕后,进行车轮及轮胎气压的检验。

①检验轮胎气压是否合乎规定。

②顶起前桥检查前束是否合乎规定。

③转动方向盘,查验前轮转向角度是否达到要求,有无与直接杆、钢板弹簧、翼子板等碰擦现象。

④旋转前轮,检查制动鼓是否与制动蹄片摩擦,用手摆动轮胎,检查转向节主销及轮毂轴承等处有无间隙过大的松旷现象。

⑤顶起后桥,转动车轮检查制动鼓是否与制动蹄片有摩擦。以发动机驱动后轮旋转,检查后轮有无摇摆现象。后轮摇摆,一般原因是轮毂轴承松动,如双胎之间的距离在转动中发现间隔不均匀,则为轮胎钢圈变形或安装不当。

检查中发现的故障,应逐一排除,然后进行行驶检查。

以上所有检查顺序,不是固定不变的,可以按照工作的便利和不漏检的原则,规定不同的顺序。

16.2.2　行驶检验

行驶检验的目的,主要是检查底盘各总成工作是否正常(因为发动机已进行热试),行驶时,应装载规定载质量的75%;对于行驶距离,如无难以确定的故障,应不超过30 km,但也不应少于使车辆各运转部分达到正常温度的距离(一般冬季10 km左右即可);行驶速度以不超过30 km/h为宜。

对于开始行驶检验的车辆,一般操作应特别谨慎,注意安全,防止发生意外事故。故未经行驶检验确定前,车辆各机构不能认为是可靠的。

行驶时一般的试验项目、顺序及要求如下:

①行驶起步前,发动机应达到正常温度,并检查一遍仪表及信号装置的工作情况。

②离合器应分离彻底,接合平稳、可靠,无发抖、打滑、发响等现象。其检查方法是:踩下离合器踏板少许,此时,分离轴承应无响声。

③低速行驶2~3 km,使底盘温度逐渐提高及润滑逐渐正常,同时注意各部有无特殊响声,轻踩一下制动踏板,注意制动是否有效,然后提高车速。转向应轻便灵活、无跑偏、单边重及摇头现象。

④选择适当场地,检查车辆的最小转弯半径,必须合乎原车规定。

⑤在加速及减速行动中仔细查听变速器、分动器、传动轴、主传动器和差速器等处有无响声。查听响声时,应达到下列要求:

a. 在不同挡位及不同的稳定速度下,允许齿轮有不同的轻微响声,但不允许有敲击声;

b. 在任何一个挡位,当速度突然变化时,允许齿轮有瞬间的敲击声;

c. 传动轴在正常行驶时不应有响声,但在行驶动力不足,而未及时换入低速挡时,允许有响声;

d. 对于前桥等速万向节,当车辆作最大转弯时允许有响声。

判别响声来源时,一般可按下列方法:

①如汽车行驶时有响声,停车后响声也停止,则响声为底盘部分所发生;

②如发动机在运转,踩下离合器时有响声,则响声为离合器所发生;

③如发动机以较高速运转,变速器在空挡,放松离合器踏板有响声,则响声为变速器所发生。

④传动轴花键或中间轴承的响声,一般是间隙过大,可用手转动或推动传动轴而证实。

⑤如以上均无响声,则响声来自后桥。如只是上下坡或左右转弯时车辆后部有响声,则更易确定为后桥故障。

⑥检查变速器是否跳挡时,可在齿轮以较大负荷工作时速踩速放加速踏板即可

查明。

以上只对底盘故障检查的一般原则做简单介绍,详细的检查方法,可参阅《汽车技术使用》有关章节。

⑦对于大修后的车辆,必须认真地检验制动性能。完全制动时,车辆无跑偏现象,各车轮应同时制动。制动距离应符合规定要求。

手制动器在车速不超过15 km/h时,缓慢地拉动手制动杆,应能刹住车辆。或在20%～30%(11°～17°)的坡道上,能刹住车辆,车辆不往下滚动。

⑧路试中,还应注意车身驾驶室等处有无松动响声,门窗开关机构是否灵活牢靠,在汽车行驶中,门窗不得有自动打开的现象。

⑨必要时,行驶中应停车检查:变速器、差速器油温不应超过70 ℃(当气温为30 ℃时)传动轴油封、轮毂、轴承等处温度是否过高(一般较气温高20 ℃左右),用手摸时,以能忍受为宜。在未使用制动来停车时,制动鼓不应发热。并顺便检查是否有漏油、漏水等现象。

不论行驶前或行驶中发现有故障,都应及时排除;特别是转向、制动装置的故障,一定要在排除之后,才能进行行驶检验。

16.2.3　行驶后的检验

行驶后的检验,在于发现车辆经过行驶运行、道路颠簸震动,各部机件温度已逐步正常的情况下,有无漏水、漏油、松动、脱落,或温度过高等现象或故障。

①将车辆停放在干燥和较平坦的地面上,首先检查各轮毂和各制动鼓温度是否正常。

②检查散热器、水泵、汽缸盖衬垫等处有无漏水。

③检查汽油、机油及制动管道各处有无漏油。油底壳、正时齿轮盖、气门室盖等处是否渗漏机油。

④检查变速器、后桥、传动轴等各处衬垫螺孔及油封处是否漏油。如油封处温度不过高,有油渗出,停车之初滴漏二、三滴即停止,可视为正常情况。

⑤重点检查车轮、钢板骑马螺栓(母)、转向装置等处的螺栓(母)是否松动,横、直拉杆接头是否有间隙,钢板弹簧叶片是否整齐,发动机罩、驾驶室、翼子板、挡泥板、消声器、车销等处的螺栓有无松动脱落。

⑥检查发动机有无不正常的响声。

⑦检查灯光信号装置工作是否正常。

行驶后发现的全车各处的松动现象及外部,可以调整校正之处,应立即紧固及调整。如果是必须拆开修理的内部故障,则应返工修理。

行驶检查后的车辆,如经拆修或换装主要总成时,应对该总成重新予以行驶检验。

16.3　汽车修竣后的交车

(1)修竣车辆和总成出厂规定

①送修车辆或总成修竣合格后,承修单位应签发出厂合格证,并将技术档案修理技术资料和合格证移交送修单位。

②车辆或总成修竣出厂时,无论送修时的装备(附件)状况如何,均应按有关规定配备齐全。发动机应装限速装置。

③接车人员应根据合同规定,就车辆或总成的技术状况和装备等进行验收,如发现有不符合竣工要求的情况,承修单位应立即查明,及时处理。

④送修单位必须严格执行车辆磨合期规定,在保证期内若修理质量发生问题,承修单位应予以及时免费修理。

(2)交车

①修竣后的车辆必须经企业检验部门检验合格后方能出厂。

②对于大修竣工的汽车,应在明显部位安装铭牌,其内容包括发动机和车驾号码,承修单位名称及修竣出厂日期等。

③大修竣工的汽车经送修与承修单位按照修车合同和有关标准的要求,由双方确认合格后,方可办理出厂交接手续。

(3)大修车和磨合期规定

①磨合期的里程不得少于 1 000 km。

②在磨合期内,应选择较好的道路并减载、限速行驶。一般汽车按载质量标准减20%~25%,并禁止拖带挂车;半挂车按载质量标准减载25%~50%。

③在磨合期内,驾驶员必须严格执行驾驶操作规程,保持发动机正常工作温度。严禁拆卸限速装置。

④磨合期内应认真做好日常维护工作,经常检查,紧固各部分外露螺栓、螺母,并注意各总成的运转和工作情况,如发现异常征兆,应及时进行检查调整。

⑤磨合期满后,应进行一次磨合维护,其维护作业和深度可参照制造厂的要求进行。

⑥进口汽车按制造厂的磨合规定进行。

第 4 篇

现代汽车新结构的检修

第 17 章　发动机电子控制汽油喷射系统的检修

17.1　电子控制汽油喷射系统的工作特点和要求

电子控制汽油喷射系统(简称 EFI 或 EGI),是 20 世纪 60 年代开始发展起来的一种新型的发动机供油系统,由于其在提高发动机功率、降低油耗以及改善排放等诸多方面的显著优点,近年来在汽车上,特别是大、中排量的轿车和各型客车上获得了广泛的应用。

从《汽车构造》中已经知道,电子控制汽油喷射系统大致由空气供给系统、燃油供给系统以及电路控制系统三部分组成。在此,以最常见的 L 型为例,就各个系统的主要功用、工作特点及要求进行简要介绍。

17.1.1　空气供给系统

空气供给系统的主要功用是供应并控制汽油燃烧所需的空气量。空气经空气滤清器后,由空气流量计进行测量(在空气供给系统中采用空气流量计测定进气量是 L 型系统与其他系统的主要区别之一),然后通过节流阀体、经进气支管分配到各缸。在各缸进气管内与喷油器喷出的汽油混合后被吸入汽缸,其主要组成如图 17.1 所示。

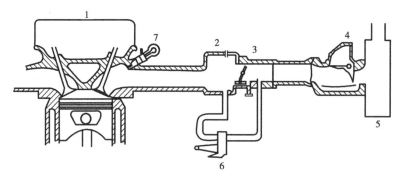

图 17.1　空气供给系统
1—发动机;2—稳压箱;3—节流阀体;4—空气流量计;
5—空气滤清器;6—空气阀;7—喷油器

空气供给系统区别于传统进气系统的主要特点:一是在控制空气量的同时,还要对进气量实施监测,其结果被送往电控系统的控制元件(简称 ECU)中,以作为确定基本喷油量的主要依据之一;其次是该系统应能根据发动机即时工况和外界条件,自行调节实际进气量,以满足此时发动机最佳运转状态对混合气浓度的需求。

上述两个特点实际上也反映了对该系统正常工作的基本要求,因为如果该系统不能对进气量进行精确的监测,或不能随时调节实际进气量,发动机就无法在最佳混合气浓度下工作,其动力性、经济性及排放品质等方面的优越性也就不复存在。

完成以上两方面要求的主要元件是空气流量计和空气补偿装置。

17.1.2　燃油供给系统

燃油供给系统的主要功用是按电子控制元件(ECU)的指令供应发动机在各工况下运转(燃烧)所需的最佳汽油量。从图 17.2 中可以看出,与传统供油系统相比,除喷油器外,该系统还加设了燃油压力调节器 5,由此,人们很自然地联系到其工作特点:恒压供油。

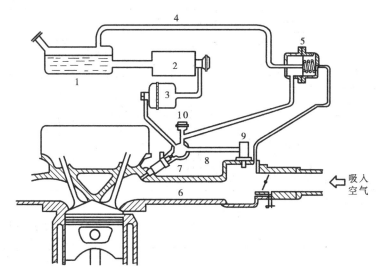

图 17.2　燃油供给系统

1—燃油箱;2—燃油泵;3—燃油滤清器;4—回油管;
5—压力调节器;6—各缸进气歧管;7—喷油器;
8—输出管;9—低温启动喷油器;10—脉动减震器

燃油从油箱由燃油泵 2 经滤清器 3 输入各喷油器 7,其压力由压力调节器 5 进行控制,而喷油器的喷油时间则由电控元件 ECU 通过喷油器上的电磁阀的启闭来控制。

影响某确定状态下流体的流量有三个基本参数:通道截面积、通过时间(通道开启时间)及压力。对于确定的发动机,通道截面积(喷油器口径)是一定的(也有少数是采用变口径喷油器或是喷油量随喷油器针阀行程而变化的喷油器),因此,喷油器喷油时间和喷油压力便是决定喷油量的两个主要因素。根据发动机工况改变喷油器喷油时间,以及维持相对恒定的喷油压力,是对燃油供给系统的基本要求。

应该指出的是,在实际使用过程中,喷油器口径往往会由于积炭等原因而发生改变,因此,保持喷油器技术状况良好也是维持燃油供给系统正常工作的一个重要方面。

17.1.3 电路控制系统

控制系统的功用是根据发动机运转工况、车辆运行状况以及环境状况来确定汽油的最佳喷射量和喷射时间。典型控制系统的组成如图 17.3 所示。

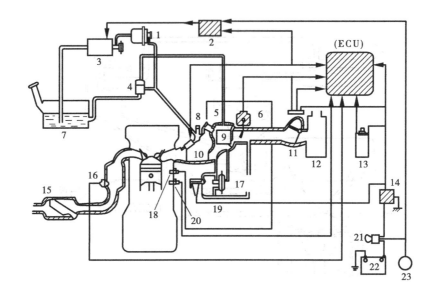

图 17.3 控制系统构成图

1—燃油滤清器;2—断路继电器;3—燃油泵;4—压力调节器;5—低温启动喷油器;
6—节流阀位置传感器;7—燃油箱;8—脉动减震器;9—稳压箱;10—喷油器;
11—空气流量计;12—空气滤清器;13—点火线圈;14—主继电器;15—催化转化器;
16—氧传感器;17—真空限制器;18—启动喷油器定时开关;19—空气阀;
20—水温传感器;21—点火开关;22—蓄电池;23—启动装置

　　各种传感装置(空气流量计、温度传感器、转速传感器、节气门位置传感器、转速传感器等)将发动机及汽车的运行情况以及环境条件(气温、气压等)以电信号的形式输入电控元件 ECU,电控元件根据这些信号所表征的参数计算出此时的最佳喷油量和时间,并命令执行元件(多半为各类电磁阀、开关、马达)动作(喷油器启闭或各种辅助装置动作)来完成供油和其他必要的工作。

　　传感元件灵敏可靠、电控元件指令正确无误、执行元件动作及时准确是对控制系统的基本要求。为了能根据实际运行的效果,随时修正指令,有些控制系统中还设有所谓"效果监测传感器",将执行 ECU 指令后发动机的实际运行效果反馈回 ECU,以修正计算和指令,使实际运行效果真正理想化。这一类传感器有监测排放结果的氧传感器和监测发动机点火提前量的爆震传感器等。

17.2　电子控制汽油喷射系统主要元件的常见故障与检修

　　电子控制汽油喷射系统故障大致可分为传感元件失效、执行元件失灵、线路以及电控元件故障等,其诊断方法也有多种。以下就几种典型元件为例,介绍其常见故障及基本诊断方法。应该指出,在正确使用和正常运行条件下,这种系统的故障率是很低的,在大多数情况下,该系统性能的下降是由于缺乏必要的维护、清洁和调整所致。不规范地作业,盲目拆卸,往往会造成真正的故障和元件的损坏,这是维修电子控制汽油喷射系统的大忌。

17.2.1　节气门位置传感器

　　节气门位置传感器又称节气门开度传感器。位于空气流量计后,进气支管前的节流阀体侧,通过节气门轴的转动动作来传递不同的节气门位置信息,以表征发动机的负荷情况。

　　节气门位置传感器的常见故障是怠速和全负荷触点的位移以及外部损伤。

　　在节气门完全关闭(油门踏板完全放松)时,节气门位置传感器内的怠速触点应该处于闭合状态,该状态可用简单的"导通法"来确认,如图 17.4 所示。

　　一般采用就车检查法。步骤如下:

　　①首先检查油门踏板及传动机构是否有松动或卡滞现象,确定节气门处于全闭状态。

　　②拆下节气门位置传感器的插件。

　　③用导通法判断此时怠速触点是否闭合。

　　a. 为闭合(导通),则进行④。

　　b. 为开断(不导通),则可松开两颗固定螺丝,按与节气门开启相同的方向微微转动传感器壳体,直至导通。

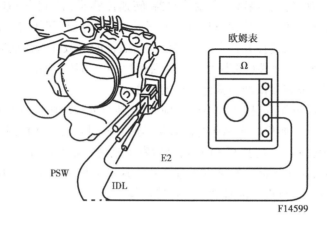

图 17.4　导通法检查节气门位置传感器

④踩下油门踏板至节气门接近全开(约 85% ~90% 开度)位置,并用导通法判断此时全负荷触点是否闭合。

c. 为闭合,则锁紧固定螺丝。

d. 为开断,则松开固定螺丝,按与节气门关闭相同的方向微微转动传感器壳体,直到导通。并重复过程③、④,直至两种情况下怠速触点与全负荷触点均为导通为止。

节气门位置传感器往往制作成不可拆卸的,对于磨损过度或破裂,一般只有通过更换来解决。更换时,拆下两颗固定螺丝,将壳体顺内部卷簧松弛的方向(与节气门开放方向相同)转动,直到卷簧弹力消失后再沿节气门轴向向外取下即可。更换新件按相反顺序进行安装,然后用上述导通法确定正确的固紧位置。

17.2.2　发动机温度传感器

发动机温度传感器用以检测发动机进气温度或冷却水温度,分别装于进气口、谐振腔、出水管或缸壁水套处。数量为 2 ~4 个,其结构与工作原理基本相同,多为负温度系数(NTC)型热敏电阻。现以水温传感器为例,介绍其常见故障及检查方法。

水温传感器的最常见故障就是热敏电阻温度系数发生变异,即其阻值变化不能正确反映水温变化的真实情况。

检查方法有两种:就车检查和单件(拆下后)检查,两种方法的原理和作法基本相同,在此就单件检查介绍如下。

检查所需的设备:万用表(用欧姆挡)、温度表(-10 ~100 ℃)、烧皿、热源。

将传感器拆下并按图 17.5 所示置于冷水中,逐渐升高水温,同时用万用表测量传感器两端子间的阻值。如果水温与传感器阻值之间的关系在表 17.1 所示的范围内,就说明传感器没问题。如果超出此表规定的范围,应该换用新的传感器。

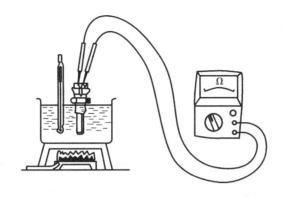

图 17.5 升高水温时传感器阻值的测试

表 17.1 水温与阻值的关系

冷却水温/℃	阻值/kΩ
-20	10 ~ 20
0	4 ~ 7
20	2 ~ 3
40	0.9 ~ 1.3
60	0.4 ~ 0.7
80	0.2 ~ 0.4

热敏电阻断路也是水温传感器的常见故障之一,用导通法即能很快地检查出来,见表 17.2。

表 17.2 使用欧姆表测量各端子间的导通情况

节气门开启角度	导通情况		
	IDL-E2	PSW-E2	IDL-PSW
从垂直位置起 67°	不导通	不导通	不导通
从垂直位置起 73°	不导通	导通	不导通
从垂直位置起小于 11.5°	导通	不导通	不导通

17.2.3 喷油压力调节器

喷油器喷油量要受到喷油器口径、喷油口开启时间和喷油压力的影响,为了使喷油量为喷油口开启时间的单值函数,以实现由喷油器电磁阀接通时间来精确控制喷油量,必须使喷油压力维持一个定值。这一要求是由喷油压力调节器来实现的。

由于汽油是从喷油口喷入各缸进气管内的,所以影响喷油量的喷油压力应是一相对压力,即燃油压力与进气管内气压之差,如图 17.6 所示。换言之,实际供油压力应随发动机工况即进气管内真空度的变化而不断地调整。因此,在实际结构中,除了平衡弹簧外,还将弹簧室与进气管连通,以引入进气管真空度,从而实现以不变的相对压力差供油。

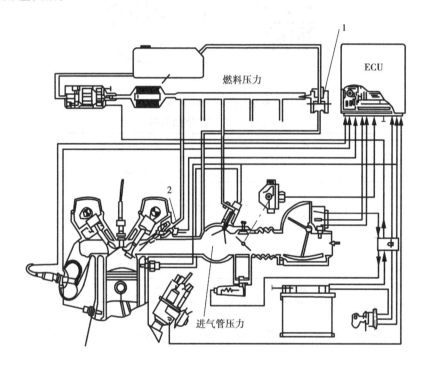

图 17.6　EFI 系统布置图

1—压力调节器;2—喷油器

喷油压力调节器的常见故障主要是膜片破损、阀座封闭不严等。

在确定是否是调节器自身故障引起发动机供油不良时,一般应先排除外部因素,方法如下:

①用夹钳夹紧调节器通往进气管的软管,切断真空源,观察发动机转速的变化,如发动机转速上升,则表明正常;否则,表明真空通路有故障。

②也可以用取下真空管的方法来检查。当真空管取下后,发动机转速应明显上升,当用真空泵或手动抽空管向管口抽吸真空时,发动机转速应下降。(用这种方法还可同时检查膜片有无破损。一般情况下如膜片破损,拆下的真空管内往往有残油,

当残油较多时,可大致确定是膜片破损)。

③用油压表及流量计测量供油管油压和流量。

在电子控制汽油喷射系统中,一般均采用定量电动汽油泵供油,供油压力为 0.8 ~ 1.0 MPa,流量为 2 L/min 以上。由于管道及滤清器等的阻尼作用,滤清器出油口压力一般为 0.5 ~ 0.8 MPa 可视为正常。

测量方法如下:

①启动发动机,拔下油泵继电器,待发动机自行熄火;关上点火开关,再接上油泵继电器。这一步主要是消除油管内残余压力。

②卸下汽油滤清器出油管,接上油压表和流量计。

③取下空气滤清器罩及滤芯。

④将点火开关开至点火挡。

⑤用手轻轻推动空气流量计叶片,同时,观察油压表和流量计显示,并记下读数。

以上检查均为正常时便可初步确定为压力调节器故障。进一步的检查可用油压表测量管道压力,正常管道压力应在 0.3 MPa 左右,低于 0.25 MPa 或高于 0.35 MPa 均应更换调节器。

17.2.4　喷油器

喷油器是燃油供给系统中最后一个、也是最重要的一个元件,其技术状况的好坏反映喷油的质与量,直接影响到发动机性能。

喷油器的常见故障主要为电磁线圈烧毁,针阀与座密封不良和喷油口积炭堵塞。

检查方法如下:

(1)检查电磁线圈

目前用以启动电磁线圈的电压为 5 V 和 12 V 两种,在没有资料的情况应先按 5 V 电压处理。

①取下各喷油器上的插接头。

②在喷油器电插头的电极上通过 5 V 直流电,当接通和切断电源时,应感觉到线圈吸引释放衔铁的"嗒嗒"声。声音轻微而清脆,且在电源接通时没有跳动现象为正常。应注意试验次数不宜过多,接通时间不宜过长,以免缸内进油过多及线圈过热。

③如试验失败,可考虑用 12 V 重新试验。

a. 松开喷油器压紧装置,取下喷油器;

b. 观察喷油口有无积炭等造成的阻塞,若阻塞严重,应先行清除。这一步主要是为排除电压外的因素引起 5 V 试验的失败,确保 12 V 试验的安全。

c. 以"点接法"(迅速接断电源)重复步骤②。如仍失败,应更换喷油器。

(2)检查针阀与座的密封性及喷油质量

①按上述方法取下喷油器,擦净外壳及喷油口。

②接上 0.35~0.4 MPa 的油源,观察喷油口有无滴漏,允许滴漏量 1 滴/min,如图 17.7(a)所示。

③接通 5 V 或 12 V 直流电源,观察喷雾形状和雾粒质量,如图 17.7(b)所示。喷雾锥角应符合要求,雾粒应细而均匀。

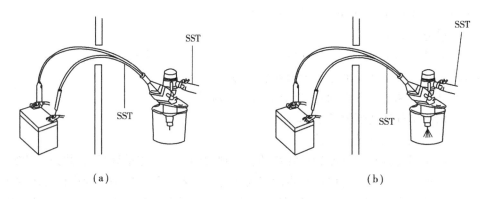

图 17.7　喷油器的检查

④测量 15 s 喷油量。具体标准视车型而异,一般为 40~50 mL。但有一点是共同的,即各缸(各喷油器)喷油量差不得大于 3%~5%。具体应用时,可以大多数喷油器平均喷油量为标准,对个别喷油质量差的,结合该缸的工作情况加以分析。

(3)清除喷油器积炭

清除喷油器喷油口和针阀座上的积炭,恢复喷油口径和针阀有效行程是喷油器维护工作的重要环节,许多喷油器故障实际上均可以通过清洗喷油器得以排除。在检查电磁线圈完好无损后,清除喷油器积炭,应为首选的排除故障的方法。

清除喷油器积炭在专用的喷油器清洁机上进行。

喷油器清洗机种类很多,常见的清洁机一般可以一次清洁多个(2~8 个)喷油器,效率高,且可进行喷雾质量和喷油量的测定与比较。

由于喷油器清洗机一般价格昂贵,有些修理厂采用简易人工清洗法(参阅第 1 篇第 5 章有关内容)。清洗时,应注意不要用尖硬物掏挖喷油口。人工清洗效果不如清洗机,一般只用于积炭不严重的喷油器。

17.3　电子控制汽油喷射系统故障诊断的基本方法

当 EFI 发动机不能启动或发生故障时,用化油器式发动机的传统经验的方法来排除是很难奏效的,必须采用与之结构和原理相应的方法来解决。这些方法基本上可分为"闪码法"和"系统诊断法"两种,现以目前最为常用的闪码法为例,介绍它的使用对象、方法和要点。必须指出,无论用什么方法,要诊断、分析和排除 EFI 系统的故障,光凭经验和感觉是根本不行的。科学的态度、先进的仪器和必要的资料与知识加上认真仔细的操作,才是取胜的唯一道路。

17.3.1 故障的显示

"闪码法",更确切地说应叫"解码法"。所谓"码",是指该 EFI 系统的故障诊断编码(Diagnostic Code)。现代发动机装备的 EFI 系统大都有故障自我诊断功能,制造厂将各种可能发生的故障(不可能是全部)编成"码"预存在系统中的相应模块里,当发动机在运行中某系统或元件发生故障,只要该故障涉及系统所监控的元件或线路,"闪码器"或特设的警告装置便会闪亮,或发出警告,向驾驶员显示"发动机已发生故障"(尽管这时发动机仍可以工作,甚至觉察不出发生什么故障)。

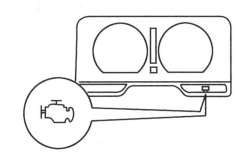

图 17.8 切克灯及其位置

一般闪码器或警告装置是设置在仪表板内的警示灯,俗称"切克灯",英文标志是"CHECK ENGINE"意为"检查发动机",如图 17.8 所示。自诊装置检测到系统故障时,此灯即亮起(一般为黄色),当驾驶员在行车中或发动机运转时发现该灯亮起,应尽快将车送往维修厂检查。

17.3.2 故障码的提取

切克灯亮起只是表明发动机有故障,进一步的工作是取出故障码。

现代 EFI 发动机,在发动机舱内或仪表板下方,装有一个(或两个)数据链连接器(DLC),也称故障诊断连接器或诊断盒,如图 17.9 所示。该盒形为火柴盒大小,盒体上设有 10 余个接线插孔,盒盖内部标有各插孔相应的标号,外部有"DIAGNOSIS"的字样。根据盒盖上的标号,将不同插孔用导线短接,可完成不同的检查项目,下面介绍如何用诊断盒取出故障码的一般方法。

(1)提取故障码的一般步骤

①启动发动机,暖机后熄火,松开加速踏板,使节气门全闭;

②测量蓄电池电压,应不低于 11 V;

③将自动变速器挡位杆置于"N";

④将点火开关置于"Ⅰ"(点火)挡,但不要发动;

⑤用专用线(SST)短接诊断盒中有关插孔(图 17.9 为 $TE_1 \sim E_1$);

⑥观察切克灯的闪烁,并记下编码;

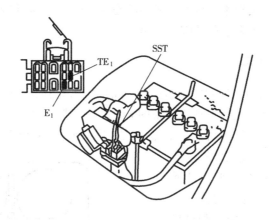

图 17.9　DLC 及其位置

⑦取下 SST，关上点火开关。

"CHECK ENGINE"警报灯的检查：

①当点火开关被置于 ON 位置而发动机没有启动运转时，"CHECK ENGINE"警报灯点亮。

②当发动机启动运转时，"CHECK ENGINE"警报灯应熄灭。

如果灯保持点亮状态，则表示故障诊断系统已检测到故障，或者该系统本身不正常。

（2）"闪烁法"表示故障编码的一般规律

故障码的显示一般采用切克灯或发光二极管闪烁来实现。

①编码为两位数组成：十位数和个位数。因此，每一编码的闪烁也分两个部分：第一部分显示十位数，第二部分为个位数。

②每闪亮一次表示 1 个单位，闪亮次数即为该位数上的单位数，如在十位数上闪 3 次代表"30"，在个位数上闪 3 次代表"3"，先在十位数上闪 3 次，再在个位数上闪 3 次，则表示编码"33"。

③在同一位数上每次闪烁间隔较短（一般为 0.25 s），两个不同位数间间隔较长（0.5 ~ 2 s），以示区别。

④无故障（正常）编码。通常为等间隔的闪烁或连续两次闪烁的重复。

⑤两个以上的故障。为系统同时存在两个及以上的故障，闪烁将会依故障码的数序，由小至大逐一显示，并周转重复。两个编码间隔时间比同一编码不同位数间隔更长（2 ~ 4 s）。例：

图 17.10 为无故障码，图 17.11 表明系统同时存在编码为"21"和"13"两个故障。

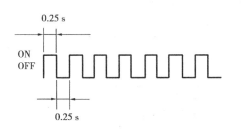

图 17.10　正常代码波形

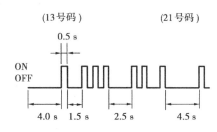

图 17.11　代码"13"和"21"

17.3.3　故障码的译读和解码器

故障码提取后,还需将其编码变为有具体内容的信息,才能了解其故障所在,以供分析及排除。这项工作必须借助于仪器与技术资料才能顺利地完成。

由于各厂家生产的发动机结构的差异以及电子控制模块和传感器类型的不同,各种车型的故障编码也各异。因此,提取故障码后,还需根据编码查对该车型的《维修手册》,才能"译"出其具体故障所在。

两种国内常见进口轿车故障码列于表 17.3 中。

除了《维修手册》外,利用各厂家为各车型配备的专用故障扫描仪(如通用公司 Tech1 型扫描仪、福特公司 Star 型自动测显仪等)也可测出故障所在。现在国内维修市场应用较多的是所谓"解码器",它兼具提码、译码功能,在不需要《维修手册》等资料帮助的情况下,对故障的排除提供方案。"解码器"是由一部微型电脑(主机),搜集有大量数据、资料、信息乃至维修方法的资料卡、测试卡以及附件组成。根据其搜集信息的范围和车辆结构特征的差异分为美国版、亚洲版和欧洲版等,分别适用于美国、日本、韩国和欧洲车型的故障诊断与检测。经过多年的改进和提高,现代解码器还具有显示故障元件的位置、元件的标准参数等重要信息,大大地方便了维修人员的作业,提高了维修质量。

解码器的缺点是价格昂贵,另外,其软件(资料卡、测试卡要不断地随车型的改型升级换代)使用上也有局限性。尽管如此,解码器仍不失为维修现代电控汽油喷射发动机的有力工具,特别是在缺乏如《维修手册》之类的技术资料的情况下,更显示出其无可比拟的优越性。

表 17.3 两种日产轿车发动机故障码

马自达 929 发动机故障码

代码	传感器或子系统	状 况	失效保护功能	输出信号波形
02	NE2 信号	无 NE2 信号	NE2 / G / NE1 / * NG OK OK / A OK OK NG OK NG OK / B NG NG OK NG OK NG / C NG NG NG	ON OFF
03	G 信号	有 NE1 或 NE2 信号却无 G 信号		ON OFF
04	NE1 信号	无 NE1 信号		ON OFF
06	转速信号	在 D, S 或 L 挡以 40 km/h 以上速度行驶 10 s 却无信号	保持 0 km/h 命令	ON OFF
08	空气流量计	断路或短路	喷油量固定为三种形态：①怠速开关接通②小油门开度③大油门开度	ON OFF
09	水温感应器	断路或短路	保持为 80 ℃ 命令	ON OFF
10	进气温度感应器（在空气流量计内）	断路或短路	保持 20 ℃ 命令	ON OFF
11	进气温度感应器（在动力腔上）	断路或短路	保持 20 ℃ 命令	ON OFF
12	节气门开度传感器	当点火开关断开时，输入电压大于/小于特定值	保持油门全开的命令	ON OFF
14	大气压力传感器（GEN）	断路或短路	保持海平面压力命令	ON OFF
15	左侧氧传感器（澳大利亚型）	发动机超过 1 500 r/min 传感器输出电压小于 0.55 V 10 s	取消反馈控制	ON OFF
17	左侧反馈系统（澳大利亚型）	发动机超过 1 500 r/min，传感器输出电压不变 >20 s		ON OFF
23	右侧氧传感器（澳大利亚型）	当发动机转速超过 1 500 r/min，传感器输出低于 0.55 V 10 s	取消发动机反馈操作	ON OFF
24	右侧反馈系统（澳大利亚型）	当发动机转速超过 1 500 r/min 时，传感器输出保持 20 s 不变		ON OFF

续表

代码	传感器或子系统	状　况	失效保护功能	输出信号波形
26	电磁阀(排污阀)	断路或短路	—	ON OFF
30	继电器(冷启动喷油器)		—	ON OFF
34	电磁阀(怠速控制)		—	ON OFF
36	右侧氧传感器加热器 (澳大利亚型)		—	ON OFF
37	左侧氧传感器加热器 (澳大利亚型)		—	ON OFF
41	电磁阀 (可变惰性充气系统)		—	ON OFF
65	A/C 信号 (EC—ATCU) (澳大利亚型)		—	ON OFF

丰田 2RZ 发动机故障码

码编号	征　兆	故　障　诊　断	故　障　部　位
—	正常	当没有任何其他码时,指示出这个码子以识别	—
12	RPM 信号	在发动机已被转动后的 2 s 内,无 NE 信号到达 ECU	分电器回路 分电器 点火器回路 点火器 启动马达信号回路 ECU
13	RPM 信号	当发动机转速达到 1 500 r/min 以上时,无 NE 信号到达 ECU	分电器回路 分电器 点火器回路 点火器 ECU
14	点火信号	连续 4～5 次无 IGF 信号到达 ECU	点火器和点火线圈回路 点火器和点火线圈 ECU

续表

码编号	征 兆	故 障 诊 断	故 障 部 位
21	氧传感器信号	在空气—燃油比进气反馈修正期,从氧传感器输出的电压,在一个连续的时间内没有超出稀和浓混空气侧的设定值	氧传感器回路 氧传感器 ECU
	氧传感器加热器信号	氧传感器加热器(HT₁)开路或短路	氧传感器加热器回路 氧传感器加热器 ECU
22	冷却水温度传感器信号	冷却水温度传感器信号(THW)开路或短路	冷却水温度传感器回路 冷却水温度传感器 ECU
24	进气温度传感器信号	进气温度传感器信号(THA)开路或短路	进气温度传感器回路 进气温度传感器 ECU
25	空气—燃油比稀故障	在反馈过程中的相当时间间隔中,氧传感器信号连续位于上(浓)或下(稀)极限位置	喷射器回路 喷射器 燃油管路压力 氧传感器回路 氧传感器 真空传感器 进气系统 ECU
26	空气—燃油比浓故障	空气—燃油比反馈补偿值或自适控制值,在相当的时间间隔内连续位于更新后的上(稀)或下(浓)极限位置 氧传感器(OX)开路	喷射器回路 喷射器 燃油管路压力 真空传感器 冷启动喷射器 ECU
31	真空传感器信号	进气歧管压力信号开路或短路	真空传感器回路 真空传感器 ECU
41	节气门位置传感器信号	节气门位置传感器信号(PSW)开路或短路	节气门位置传感器回路 节气门位置传感器
42	汽车速度传感器信号	除了发动机空运转外,当发动机转速在2 100~5 000 r/min之间,冷却液温度超过80 ℃时,8 s无SPD信号到达ECU	汽车速度传感器回路 汽车速度传感器 ECU

续表

码编号	征　兆	故　障　诊　断	故　障　部　位
43	启动马达信号	在汽车不移动的状态下,发动机转速达到 800 r/min 时还无 STA 信号到达 ECU	IG 开关回路 IG 开关 ECU
51	开关状态信号	在检查用接插件的端子 E_1 和 TE_1 被连接的状态下,无 IDL 信号到达 ECU	节气门位置传感器回路 节气门位置传感器 ECU

17.4　电子电路系统分析仪

上一节简要介绍了具有提码、译码以及指导故障排除作业功能的"解码器",本节将较为详细地介绍另一类 EFI 故障诊断设备——电路系统分析仪 DEFIA 3001 (DAE222 型)。如果说各类解码器是某些车型的"专用"诊断仪,那么 DEFIA3001 则是所有多点间歇喷射电控系统的"通风"分析仪,具有适用车型广、通用性好的优点,且价格较为便宜,在维修市场上也得到较多的应用。

DEFIA3001 不具有提码与解码功能,更不能像解码器一样直接向维修人员提供排除故障的方法,其主要功用是通过对喷油器喷油时间等主要工作参数的测定,以及对某些传感元件的模拟来帮助维修人员分析故障的所在。

下面通过对该仪器功能的分解逐一介绍其应用。

(1) 测定喷油器喷油的值——喷油器电磁阀电流脉冲时间

对于一个确定的 EFI 系统,喷油器电磁阀开启时间即表征喷油量的多少,这是系统各工作参数中最为重要的一个基本参数。系统组成中任一元件发生故障、脱离或进入系统,都会影响电控元件 ECU 对喷油量的计算与修正,喷油时间即会发生变化。因此,只要精确地测量喷油脉冲时间及其变化,便能了解系统及有关元件的工作情况和技术状况,可进一步分析系统工作是否正常。这是该仪器的最大特点,也是它能适用于多种车型(只要是间歇喷射)的根本原因。

测定步骤如下:

① 从仪器右侧电源线盒 14(图 17.12)中拉出电源线接于车上蓄电池两电极,此时,仪表上 12 V 信号灯 13 应亮起;

② 将测笔一端插入孔 5 中,再将功能开关 1 置于"ms"挡;

③ 将测笔另一端(探针)刺入喷油器电磁阀控制线内,以使其与线芯体接触;

④ 读出 LCD(3)上的喷油时间(ms)。

a. 在发动机热状况下,稳定运转 ms 数应为定值;

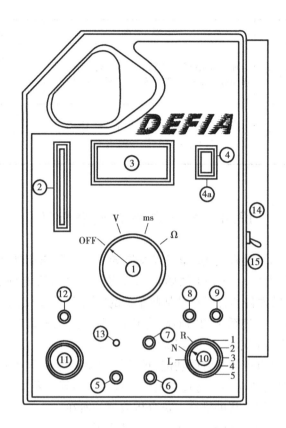

图 17.12　DEFIA 电路系统分析仪

1—功能开关;2—毫秒表柱;3—显示屏;4—蜂鸣开关;5—输入插孔;

6—接地插孔;7—5 V 电源输出;8—氧传感器代偿插孔;

9—水温传感器代偿插孔;10—代偿开关;11—点火脉冲控制钮;

12—点火脉冲输出;13—12 V 指示灯;14—电源线套卡;15—频率转换开关

b. 冷启动发动机 ms 数较大,启动后随发动机热起,ms 值逐渐下降;

c. 改变发动机工况 ms 值应变化;

d. 接入或切断空调、除霜器、大灯等负荷线路 ms 值应变化。

维修人员根据读数的变化可分析系统工作是否正常和故障的存在。

各不同热状态下 ms 数参数值为下:

   冷发动机 8 ~ 10

   暖发动机 6 ~ 8

   热发动机 4 ~ 6

（2）模拟传感器工作——传感元件代偿功能

DEFIA3001 可以模拟两类传感元件的工作：一类是电阻式温度传感器，另一类是电压式氧传感器。

1）代偿氧传感器工作

①同上所述接上车上蓄电池；

②将测笔一端插入插孔 8 中，并将转换开关 10 置于"N"位置，将接地插孔 6 用导线接地；

③将事先已发动并暖车后的发动机熄火，点火开关置于"OFF"挡；

④拔下氧传感器接插件；

⑤将仪器功能开关 1 置于"ms"挡，启动发动机，并使其以约 1 300 r/min 的速度稳定运转；

⑥将测笔另一端（探针）探及拔下的插头后部信号线桩头，读取读数（喷油时间）；

⑦将转换开关 10 拨至"R"位置，观察 ms 读数的变化，正常情况下的反应是 ms 值下降。再将 10 拨至"L"位置，ms 值应上升。在故障码表示是"氧传感器故障"时，用代偿法可以判断故障是来自氧传感器损坏，还是线路或 ECU 故障，即转换开关 10 由 N→R→L 转换时，ms 读数的变化是先下降，然后又上升，说明线路及 ECU 工作正常，问题在氧传感器本身；否则，故障则可能出在线路或 ECU 上。

氧传感器技术状况的进一步检验可利用该仪器的电压挡进行。在 1 300 r/min 的稳定转速下，氧传感器的输出电压应在 0.1～1.2 V 之间急速变化，而在急加速（猛踩油门）时，电压读数将维持高位（不再急速变化）1～2 s，以加大喷油量满足加速时对浓混合比的要求。不符合上述要求的氧传感器应予以更换。

2）代偿温度传感器工作

以水温传感器为例：

①将专用水温感应器代偿测试插头（双头）分别插入插孔 8 与 9 中（不分插头极性）；

②拔下水温传感器插接件，并使之与上述专用测试线另一端相连接；

③将仪器功能开关 1 置于"ms"挡；

④启动发动机，待运转稳定后（约 60 s）便可读取读数。

如果发动机处于冷态（水温在 20 ℃以下），应事先将转换开关 10 置于"3"（对福特车型应置于"1"处），当读数稳定后，将开关 10 由"3"转至"4"，1 s 后观察读数的变化，再由"4"转至"5"，重复读取读数，正常情况"ms"数应逐步递减；如是发动机处于热态（水温 80 ℃以上），应事先将转换开关 10 置于"5"（对福特车型则置于"3"处），并参照上述方法由"5"转至"4"及"3"（对福特车型用 1～3 代替 3～5 的变化），正常情况下"ms"数应逐步递增。

至于温度传感器技术状况的进一步检测可参见 17.2 节所述。

(3) 其他功能简介

DEFIA 3001 除上述两项主要功能外,尚有以下各项功能:

①5 V 电源 该仪器可将汽车蓄电池 12 V 电压转换成 5 V 直流电压输出,供需用 5 V 直流电测试(为启动喷油器电磁阀)的场合使用。

②频率转换 该仪器可将 D 型系统中真空压力传感器(MAP)的频率输出转换为"ms"在 LCD 上显示,借助于真空泵对 MAP 施以一定的真空度,对应显示的"ms"值来检测 MAP 传感器的技术状况。

③发送点火脉冲 该功能用于在发动机不运转(如不能启动)情况下,向点火控制系统发送点火脉冲信号,以"激活"发动机管理系统(EMS),实现在发动机停机状态下进行系统检测。

④测量电路电压和电阻 相当于万用表,其量程可通过量程开关进行变换。

电路系统分析仪可广泛应用于 L 型及 D 型电控喷射系统,如有《维修手册》等技术资料,基本上可解决一般的故障诊断。其缺点是在缺乏技术资料,特别是故障译码的情况下,诊断与测试往往常有一定的盲目性,这时,维修人员的知识与分析能力就显得特别的重要。

第18章 自动变速器的检修

18.1 自动变速器的工作特点与常见故障

从《汽车构造》中可知,自动变速器(简称 AT),由液力耦合器(或液力变矩器)、行星齿轮变速器以及液控装置三部分组成。结构决定了其工作特点。与传统的手动变速器(简称 MT)相比,自动变速器的最大特点是:换挡不再使用拨叉推动齿轮轴向位移来进入或退出啮合,而是通过液力推动活塞接合或分离离合器和制动器中的摩擦片来实现的。工作特点又决定了其故障特点。对于液控的自动变速器而言,其常见故障不再是传统变速器的齿轮、同步器、拨叉、导轨等的磨损变形等破坏,也不是由于齿轮磨损不均匀、轴承与孔磨损松旷等引起的大、小三点一线性的破坏,更不存在主、副轴线平行度的超差,以及由于上述原因造成的变速箱异响、震抖、跳挡或乱挡等故障。

自动变速器最为常见的故障是离合器打滑和自动换挡功能的失调。

18.1.1 离合器的工作条件与打滑

"离合器"与"制动器"在自动变速器中是指两个运转件(为输入轴和中心轮)之间或运转件与机体(壳体)之间的离合装置,二者的结构与工作原理基本上相同。在此,以离合器为例讨论其工作条件及故障特点。

离合器由壳体、活塞与鼓、若干对离合器片及压板(盘)组成,如图 18.1 所示。与传统概念中的汽车离合器截然不同的是,自动变速器中的离合器是在油液中工作的,离合器接合时,靠活塞的作用力逐渐挤出离合器片与压板之间的油液,离合器片上的摩擦层与压板表面的摩擦性质随活塞作用力的加大由液体摩擦向临界摩擦过渡,传递力矩(摩擦力矩)随之加大。当油液被挤干,摩擦性质将转为半干摩擦时,离合器已进入接合状态,被连接的两个机件已实现同步运转。另外,当汽车在运行中,由于行驶阻力较大而超过离合器传递能力时,离合器摩擦片与压盘之间会发生打滑,此时,储存在摩擦层微孔中的油粒便起到润滑作用,从而减轻磨损。

离合器在正常接合传递动力时的"打滑",是指传递动力能力的衰减,与上述过载保护性质的打滑性质完全不同,属于故障范畴。离合器的打滑多半是因长期运行,摩擦片表面磨损过量,摩擦层脱落,以及活塞作用力不足造成的。

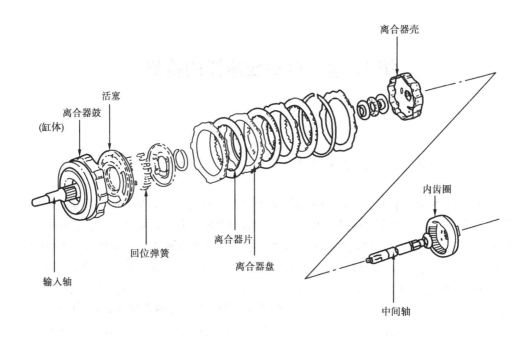

图 18.1　AT 离合器分解图

操作不当、维护不良往往会使离合器过早损坏,如长时间使用低速挡行驶,不按规定更换或使用不合要求(包括不同类别和质量低劣)的变速器油,油量过多或不足,以及外部机械损伤造成变速器缺油等。

18.1.2　自动换挡功能失调

自动变速器自动换挡功能失调,是指其不能按换挡图规定的换挡时刻及时换挡以及发生"失挡"等故障,这些故障会影响汽车正常运行性能,严重时汽车将无法行驶。

为了弄清楚这个问题,先看一下换挡图。

变速器设计中确定各挡传动比(i_g)是一项很重要的计算工作,其中包括"最佳换挡时刻"的确定,汽车的整车性能(如动力性、经济性、操纵性等)均与此有着密切的关系。不同的试车人员,对同一辆汽车路试测得的使用性能数据会有明显的差异,这其中的原因与他们对换挡时刻的把握不无关系。自动变速器也一样,不同的是其挡位的变换是在车辆出厂前由厂方按"最佳换挡时刻"已设定好,在汽车运行时,不随驾驶人员的意志而改变。汽车在设定良好的自动变速器的自动挡位变换下,能表现出最佳的综合使用性能。

换挡图是自动变速器各挡位工作范围以及换挡点的图面表示;以决定挡位的发

动机负荷(节气门开度%)和车速(km/h,或转换成相应的输出轴转速 r/min)分别为纵、横坐标,作出各挡区域曲线而成。不同类型的自动变速器具有不同的换挡图。下面以某丰田轿车的自动变速换挡图为例(图 18.2),看看如何应用换挡图来检查自动变速器的换挡点。

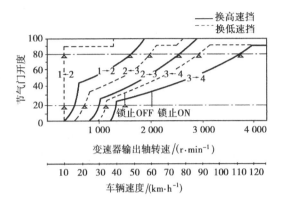

图 18.2　某丰田轿车 AT 换挡图

首先设定发动机的节气门开度(为 20%),然后在纵坐标 20 处作一水平线与各换挡曲线相交,即可找出各挡换挡车速。显然,不同负荷(节气门开度)下各换挡点也不同,且负荷越大,换挡点越后移(车速越高)。

从图中可找出 20% 负荷时各换挡点的相应车速(km/h):

换上挡		换下挡	
1→2	15	4→3	35
2→3	30	3→2	20
3→4	40	2→1	10

弄清换挡图后,就可以利用它来检查自动变速器的工作情况。

在实际操作中,应根据行驶条件设定适当的节气门开度,记下各换挡时刻(换挡时刻可借助于车上发动机转速表和车速表来确定。自动变速器在换挡时,发动机转速会产生突变,此时记下车速表的读数,即为换挡时车速),并与换挡图进行对照。如实际换挡点落在换挡图换挡曲线附近,则说明换挡时刻正确;如落在换挡曲线左方,则表明换上挡过早,或换下挡过迟,而落在换挡曲线右方,为换上挡过迟或换下挡过早。

在没有换挡图的情况下,有经验的检验人员可以凭感觉大致判断换挡时刻是否正常,譬如过早换上挡会产生换挡冲击、发动机运转发哽、车体震抖等现象,而过迟换下挡则有"拖挡"现象产生。

在行驶过程中,自动变速器不能进入某一上挡或下挡,则称为"失挡",失挡一般不属于调整问题,往往是由于液压系统管路或元件(如换挡阀)故障而致。

下面介绍如何利用节气门缆绳来调整换挡点的方法。自动变速器的换挡控制之一是由与发动机节气门开度(即负荷)同步动作的节气门缆绳进行的,即所谓"加速踏板控制液压"控制("加速踏板控制液压"与"速度控制液压"为决定自动变速器换挡时刻的两大因素,前者随发动机负荷的增加而加大,后者随汽车车速的增加而加大。一般而言,加速踏板控制液压相对较人时,趋于换下挡;而加速控制液压相对较大时,则趋于换上挡)。节气门缆绳的位置是否正确决定了发动机实际负荷是否被准确地传递到自动变速器内的节气门阀,以产生相应的加速踏板控制液压。如传递过量(传递量大于节气门实际开度),会使加速踏板控制液压过高,导致换挡延滞;反之,会导致换挡提前。为了便于检查和调整,在节气门缆绳上设有一个标记(图18.3),该标记在出厂时设定为:当节气门全开(100%负荷)时,应刚露出缆绳套管口0~1mm。检查时,如发现(应使节气门全开)此标记露出过多或不能露出,则应通过调整两个锁紧螺母进行重新设定。其一般规律为:标记过多露出,会造成换挡延滞;反之,则会造成换挡提前。

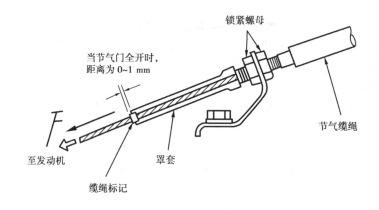

图18.3　节气门缆绳的调整

在检查调整节气门缆绳前,应检查加速踏板及其传动机件的位置与动作是否正常。

如在对节气门缆绳进行调整后,仍不能解决换挡失调的问题,则应考虑液压控制系统的故障。

18.2　自动变速器的检验

自动变速器的技术状况、发动机以及变速器本身的调整与基本状态等有极为密切的关系,行车中驾驶人员凭"体验"感觉到的"故障"有不少是由于发动机调整不当或变速器基础状态不佳引起的。必要的基础检验可以排除许多非实质性的故障源,迅速简捷地恢复其良好的性能。对于一些变速器内部的实质性故障,在解体前,借助于失速试验、滞试验和液压试验可进一步确定故障源,提高判断分析的准确度,以避免因盲目拆卸造成不应有的损失。

18.2.1　基础检验

基础检验系指自动变速器本身的基础状态以及发动机及制动系统的调整情况的检验,其包括以下内容:

(1) **发动机怠速检验**

检查当变速器挡位杆置于"N"时,发动机转速是否在规定的怠速转速范围内,怠速运转是否稳定等。

(2) **节气门全开检验**

全力踩下加速踏板,检查节气门是否全开,以确保发动机最大输出功率的实现。

(3) **节气门缆绳位置检验**

检查节气门全开时,节气门缆绳记号是否位于规定位置。这一检查对于保证及时换挡至关重要。

(4) **变速器油质与油位检验**

本检验用以判断变速器油量是否在规定值之内,以及油质是否恶化。要注意变速器油位的检验与发动机油位的检验方法上有很大差异。

具体方法如下:

①行车后(即发动机与变速器处在热状态下)驻车,保持发动机怠速运转;

②将挡位杆从"P"逐一换入"R"→"N"→"D"→"2"→"S",并在每一挡位作短暂停留,然后反向逐一换回"P"位,这一操作主要为了使油路系统均能充满变速器油,保证油位的真实性(如行车中已使用过各挡位,这一步操作可免去);

③拔出油位标尺,油液应在"热"区上下限之间为正常。在检查油位同时,观察油质,如污染严重,应进一步作放油检查,必要时应更换新油。

更换新变速器油后或在冷态下的油位检验:

①启动发动机并保持怠速运转;

②将挡位杆从"P"逐一换入"R"→"N"→"D"→"2"→"S",在各挡位作短暂停留,然后反向逐一换回"P"位;

③拔出油位标尺,油液应在"冷"区上下限之间为正常。

④行车后(热状态下)按前述方法复检,并以热状态下的检验为准判断油位是否合乎规定。

除以上几种检验外,基础检验还包括:如空挡启动开关和超速控制开关检验等其他功能性检验,这些检验尽管简单,但对变速器正常工作及排除故障均有很大帮助。

18.2.2　失速试验

汽车发动机通过液力耦合器或变矩器将动力传给变速器第一轴,如此时将变速器挡位杆置于行车挡(前进挡或倒挡),而使用制动器不让汽车移动,发动机仍不会停转,而以一种所谓"失速"的转速运转。即此时与变速器输入轴相连的涡轮转速与发动机曲轴(即泵轮)转速之比为零。

发动机在节气门全开状态下失速速度的测定称为"失速试验"。

失速试验主要用来检查发动机输出功率、液力耦合器或变矩器导轮和变速器中离合器有无打滑发生。其方法如下:

①预热发动机走热变速器,并做好基础检验;

②驻车时应注意,除使用驻车制动器外,还应在从动车轮前后塞垫三角木;

③确保车辆前后 10 m 内无障碍物与闲杂人员;

④左脚踩死行车制动器,将挡位杆置于"D"挡,急速踩下加速踏板,使节气门全开;

⑤在不超过 5 s 的时间内,记下发动机最高稳定转速,然后松开加速踏板,将挡位杆置于"N"或"P"挡,并松开行车制动踏板;

⑥用"R"挡重复以上步骤④与⑤。

正常失速转速在 2 000 ~ 2 200 r/min 之间(不同车型略有差异)。失速转速过低或过高均可能反映某部位的故障,见表18.1。

表18.1　失速转速与可能故障部位

失速转速		可能故障部位
过低		导轮单向离合器打滑,发动机技术状况不良
过高	所有挡位均高	管路压力过低,压力调节设定过低;管路油液泄漏,油泵磨损过度
	某挡位过高	相关离合器(或单向离合器、制动器)打滑

由于在全负荷下做失速试验,会使液力耦合器或变矩器迅速发热,且与变速器同时承受巨大的载荷,因此,每次试验不得超过 5 s,两次试验间隔应不少于 1 min。试验中,应加强安全防范,防止发生意外。

18.2.3　时滞试验

时滞试验是通过换挡时挡位接合所需时间的长短(时滞),以此帮助分析变速器内各离合器与制动器的技术状况。

时滞试验的操作步骤如下:

①预热发动机,走热变速器,并做好基础检验;

②在发动机怠速工况下,将挡位杆由"N"迅速准确地换入"D"挡。同时按下秒表记时;

③在试验变速器时,由于挡位机械接合产生的冲击(换挡冲击),并在冲击产生的同时再次按下秒表;

④记下秒表时间,将挡位退回"N";

⑤1 min 后再将挡位于由"N"换入"R"并重复上述步骤②、③、④;

⑥分析测得的时滞值。

正常时滞值:

N→D　不大于 1.2 s

N→R　不大于 1.5 s

过大的时滞值:

N→D 时:多为第一离合器(或称前离合器)C_1 过度磨损;

N→R 时:多为第二离合器(或称后离合器)C_2 或倒挡制动器 B_3 过度磨损;

N→D、N→R 均过大时:除上述原因,还应考虑管路油压过低的可能。

18.2.4　液压试验

上述几种试验方法可初步找出变速器故障的原因和部位,为确定判断的可靠性,可进一步借助液压试验来完成。

液压试验分速控液压检验与管路压力检验两种:前者需借助于转鼓(或车速表)试验台,按该车型技术手册检查不同车速下的速控液压;后者是在发动机怠速或失速转速时检查变速器管路压力。具体方法及标准油压值可参考各车型修理手册,其一般规律是,怠速油压:40~50 kPa,失速油压:80~100 kPa。

18.3　自动变速器的拆修要点

在对自动变速器进行了各种必要的检查与试验,确认其内部机构有故障时,应进行拆卸修理。各种不同型号的自动变速器要求不同,现将其一般拆修要点归纳如下。

(1)拆卸前的准备

查对变速器型号,向配件供应商了解该型号变速器配件供应情况,在不能保证起码易损件和必换件的情况下,不应立即拆卸解体。对于罕见车种,这一点尤为重要。一般不要采取先解体,找出损坏件后再找配件的做法。这样做往往会造成因配件困难,解体后由于密封圈、垫片等损坏而无法复原的尴尬局面。

对于第一次接触、不了解其结构的变速器,应具有该车型修理手册或相近型号车型的修理手册。

放干变速器油,卸下油盘,仔细检查残油中的杂质成分。一般来说,含有深褐色或黑色粉末为离合器片磨损,亮白色金属粉末为油泵、单向离合器、齿轮机构磨损。这能进一步验证原来判断的准确性。

（2）从车上拆下变速器

从车上拆下自动变速器是一件较有难度的工作。因受车身底板形状和位置的限制,直接从发动机后部拆下自动变速器往往显得空间不够。最可靠的方法是连同发动机一同从车上吊下,但这种方法要增加许多辅助工作,适于发动机本身也需解体检修时采用。在单独检修变速器时,可松开发动机后支承,使发动机后部下坠,以腾出变速器上部空间,有利拆卸。把变速器拉离发动机时,应沿轴向拉动,可伴以绕轴线的顺、反方向转动,但不得上下左右摆动,以免损坏变速器输入轴与液力耦合器或变矩器连接部分的表面状况与配合。

（3）变速器的解体与装合

①准备好工具及盛放各类零件的小盒,在干净平整的操作台上进行解体。如手头没有该车的修理手册,应准备好记录本和做记号的胶布条。

②拆卸应从前部油泵开始,由前至后,由外及里地逐步进行,并随时做好记录。

③自动变速器壳体大多用铝合金铸成,拆卸时,严禁使用撬棍和铁器直接敲打。

④拆卸液控阀体时,应小心仔细,上下阀体分离时要防止滚珠、卡环（片）等掉出,并记住正确位置。

⑤拆检单向离合器时,必须注意其正确装配方向,装合时,绝不能颠倒。

⑥零件拆卸后,应用汽油洗净,并用低压压缩空气吹干,不得使用易掉纤维的棉纱等擦拭阀类零件。

⑦垫上、O形密封圈等易损件原则上拆卸后应更换新件,不可凑合重复使用老化、变形、磨损的易损件。

⑧新离合器片、制动器片应在变速器油（ATF）中浸泡,待吸足油后才能装合。

⑨阀芯、活塞、密封件等装合时,均应涂上变速器油。

⑩装合时,严格按规定力矩拧紧螺钉。

自动变速器离合器片磨损及机件磨损一般采用换件修复。因此,检修自动变速器的关键和主要工作是故障判断、拆装和检验,这是一项十分细致的作业。清洁、仔细、有条不紊、安装到位、充分润滑是拆装过程中必须遵循的几个要素,切忌马虎与遗漏。

第 19 章　防抱死制动系统(ABS)的检修

防抱死系统(Anti-Lock Brake System)简称 ABS,它能够在汽车的制动过程中对制动压力进行自适应调节,避免因车轮抱死而产生滑移,实现对车轮滑移率的闭环控制,充分地利用了车轮与地面间的附着力,满足汽车制动的要求,使制动更加安全可靠,确保汽车行驶的方向稳定性。

19.1　防抱死制动系统概述

19.1.1　防抱死制动系统的分类

防抱死制动系统装置的开发研究是以提高汽车的行驶性能为目的,其原理是充分地利用轮胎和地面的附着系数,主要采用控制制动液压力的方法,给各车轮施加最适合的制动力。根据其控制方法、系统构成、部件形式主要有以下几种类型。

①控制全部车轮或控制部分车轮;
②独立控制各车轮或统一控制部分车轮;
③机械式或电子控制式;
④闭式或开式;
⑤真空式或液压电泵式;
⑥循环式或可变容积式(柱塞式)。

以上是防抱死制动系统设计方案的各种形式,为了满足该装置高性能、高可靠性、低价格、小体积等方面的要求,真正实际使用的防抱死制动系统仅仅是其中的一部分。

防抱死制动系统按传感器数量和控制通道数有如下几种形式。

(1)四传感器四通道式

根据两个传感器信号分别控制汽车两前轮,后轮可采用两种方式进行控制。一种是分别控制方式,另一种是将后轮的两个传感器的信号加以综合处理后同时进行控制的同步控制方式。

(2)三传感器三通道式

采用两个传感器分别控制汽车两前轮,用一个传感器(装于差速器上)同一条液压管路控制两后轮。

（3）四传感器三通道式

采用两个传感器分别控制汽车两前轮,把后轮的两个传感器信号加以综合处理后,用同一条液压管路控制两后轮。

（4）四传感器二通道式

采用两个传感器分别控制汽车两前轮,根据后轮的两个传感器信号计算出基准速度,利用对角前轮的制动液压控制后轮。

（5）二传感器二通道式

摩托车采用这种方式,因为摩托车前后轮具有独立的液压系统。这种方式没有电子控制器,属于机械式 ABS。

（6）一传感器一通道式

采用一个传感器、同一条液压管路只控制后轮。

表 19.1 为各种防抱死制的系统性能(操纵性、方向稳定性和制动距离)的比较。

表 19.1　各种轿车 ABS 系统及其性能

系统名称	传感器数	通道数	适用车型	控制方法	操纵性	方向稳定性	制动距离
四传感器四通道式	4	4	x 管路 前后管路	四轮独立控制	+ +	+	+ +
			x 管路	前轮:独立控制 后轮:选择控制	+ +	+ +	+
四传感器三通道式	4	3 + PLG	x 管路	前轮:独立控制	+ +	+ +	+
		3	前后管路	后轮:选择控制			
三传感器三通道式	3	3	前后管路	前轮:独立控制 后轮:近似选择控制	+ +	+ +	+
四传感器二通道式	4	2 + SLV	x 管路	前轮:独立控制 后轮:选择控制	+ +	+ +	+
		3		前轮:独立控制 后轮:对角前轮控制	+ +	+ +	+ -
二传感器二通道式	2	2	x 管路 (机械式)	前轮:独立控制 后轮:对角前轮控制	+	+ -	-
			x 管路 (液压式)	前轮:独立控制 后轮:对角前轮控制	+ +	+ -	+ -
一传感器一通道式	1	1	前后管路	前轮:无控制 后轮:近似选择控制	-	+	-

注:①评价标准:" - "号相当于无 ABS, + + > + > + - > - ;

②PLG—柱塞;

③SLV—选择阀。

19.1.2　防抱死制动系统的组成与作用

(1) ABS 系统的组成

典型的四轮防抱死制动系统的组成和装车实例如图 19.1 所示,其控制线路及液压管道如图 19.2 所示。共包括轮速传感器、电子控制器(简称 ECU)、执行器三大部分。其中,前后车轮速度传感器用于检测前后四个车轮的转速,制动灯开关在驾驶员踩制动踏板时将信号传送给 ABS 电子控制器,ECU 对前后车轮速度传感器检测的信号进行处理,判断车轮的运动状态,并向执行器发出指令,执行器通过各液压阀和液压管道控制通往各轮制动分泵的液压,以保证最合适的车轮滑转率,获得最佳的制动性能。

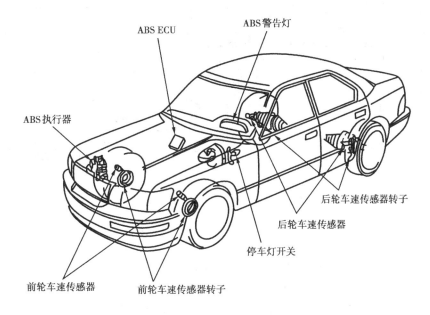

图 19.1　防抱死的制动系统组成和装车实例

车轮的滑转率为:

$$\lambda = \left(1 - \frac{车轮速度}{车辆速度}\right) \times 100\%$$

当车轮完全没有制动,车轮速度等于车辆速度,滑转率为零;当车轮完全抱死,在路面滑移,则车轮速度为零,车辆速度不为零,滑转率为 1。通常路面对汽车的纵向制动力和侧向力是随路面状况和车轮滑转率不同而变化的,它们之间的关系如图 19.3 所示。由图中可知,为了缩短制动距离,希望在最大制动力附近制动,而为了保持行驶方向稳定性和操纵性,则希望在侧向力最大的范围制动。兼顾两者的要求,通常由 ABS 控制车轮的滑移率在 0.10 ~ 0.30 之间。

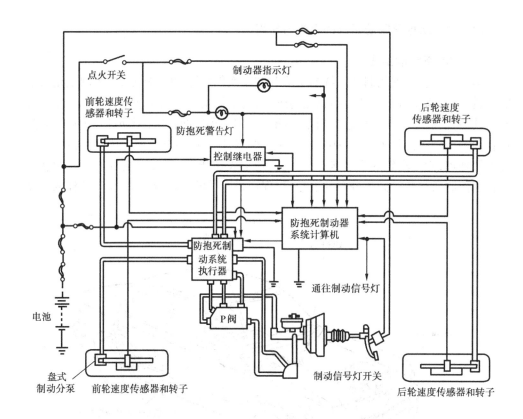

图 19.2　防抱死制动系统管线图

（2）ABS 系统的结构与作用

车轮速度传感器由永磁铁、感应线圈和测头组成。前轮速度传感器固定在转向节上，锯齿形转子装在前轮轴上随轴一起转动，如图 19.4 所示。后轮速度传感器固定在后悬架上，而转子装在轮毂上随车轮转动，如图 19.5 所示。

当锯齿形转子随车轮转动时，其凸起的金属齿经过传感器测头，就会使测头附近的磁场发生变化，在线圈中感应出近似正弦波的电压，如图 19.6 所示。此电压在单位时间内波动的次数反映了车轮旋转的速度大小，此信号输入计算机并经处理，即可得到车轮旋转速度和加速度。

在有些汽车上直接装有减速传感器，可以检测汽车制动时产生的负加速度。

（3）ABS 系统执行器

执行器根据 ECU 的指令控制从制动总泵通向各车轮制动分泵的油液压力，进而控制车轮滑转率，其外形如图 19.7 所示。

1）执行器的组成

执行器可分为电磁阀、储油罐和由电机驱动的柱塞泵，如图 19.8 所示。当防抱

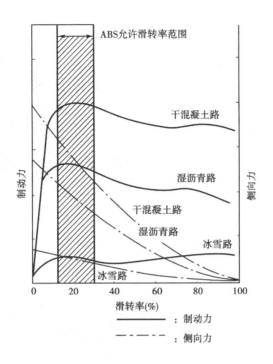

图 19.3　制动力、侧向力与滑转率关系

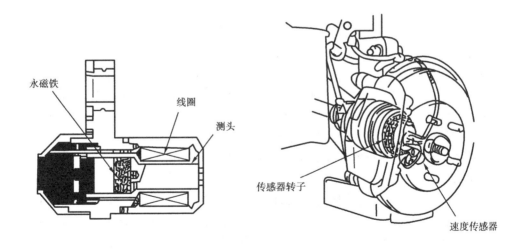

图 19.4　前轮速度传感器

死制动系统工作时,三位电磁阀可根据 ECU 指令选择"增压"、"保持压力"和"减压"
三种状态。下面以前轮为例说明执行器的工作过程。

　2)执行器的工作过程

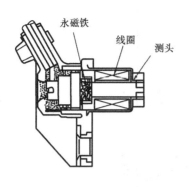
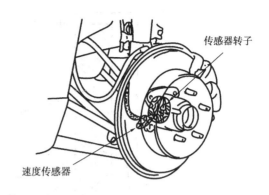

图 19.5　后轮速度传感器

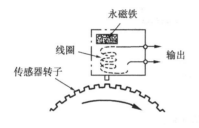
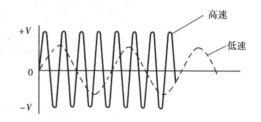

图 19.6　传感器原理

在一般制动时,防抱死制动系统(ABS)不工作,ECU 不给电磁阀线圈通电。这样电磁阀在回位弹簧作用下处于下方,A 孔打开而 B 孔关闭,电机也不驱动油泵转动。当驾驶员踩下制动踏板时,制动油压直接由 A 孔经 C 孔传送到前轮盘式制动器分泵,这就是以前所介绍的一般制动过程,如图 19.9 所示。同时也说明,即使在 ABS 失效时,通过一般制动系统仍可照常制动。

在紧急制动时,执行器根据 ECU 信号控制作用于车轮的制动液压。

①减压

当速度传感器显示前轮快要抱死时,ECU 给电磁阀线圈通电,电磁阀被吸到上方,A 孔关闭而 B 孔打开,制动油液从前轮制动分泵经 C 孔、B 孔流入储油罐。同时 ECU 控制电动油泵旋转,将制动油液从储油罐送往制动总泵。这样就使前轮制动分泵油压减小,防止了前轮抱死。这个油压减小的速率是通过"减压"与"保持压力"过程交替进行而实现的。

②保持压力

当速度传感器示车轮转速已处于预定范围,则 ECU 将 2A 电流通往电磁阀线圈,

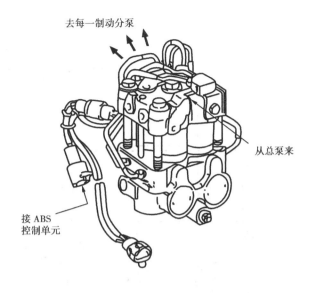

图 19.7　ABS 执行器

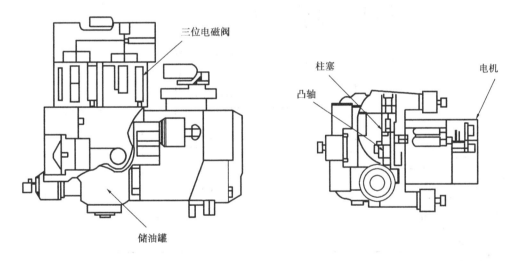

图 19.8　执行器组成

线圈中电磁力减小,在电磁力与回位弹簧力的综合作用下,电磁阀处于中间位置,使 A 孔和 B 孔均关闭。前轮制动分泵中油压维持一定值。

③增压

当前轮制动分泵压力需要增加以增大制动力时,ECU 使电磁阀线圈断电,电磁阀下行,A 孔打开而 B 孔关闭,同时 ECU 仍使电动油泵旋转。油压从总泵经 A 孔和

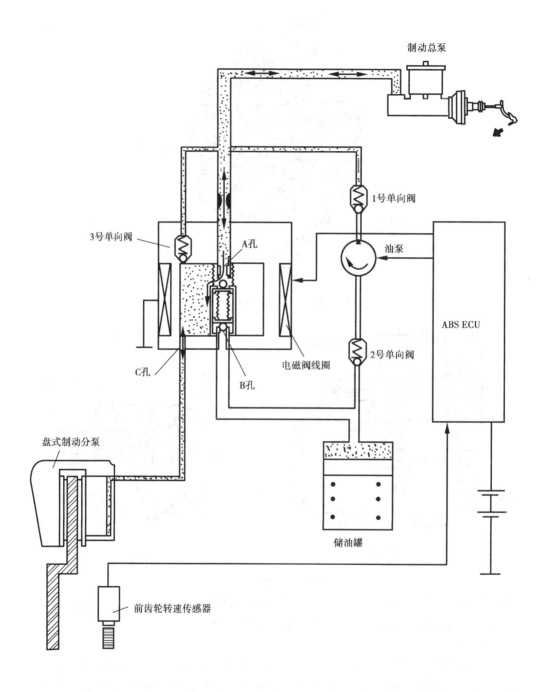

制动总泵

1号单向阀

3号单向阀

A孔

油泵

ABS ECU

C孔

电磁阀线圈

2号单向阀

B孔

盘式制动分泵

储油罐

前齿轮转速传感器

图 19.9　ABS 执行器工作原理

C 孔传送到制动分泵使压力增高。这个油压增高速率也是通过"增压"和"保持压力"过程交替进行而实现的。

　　通常四轮防抱死制动系统中的执行器包含有四个电磁阀,用以分别控制四个车轮分泵的液压,其组成如图 19.10 所示。

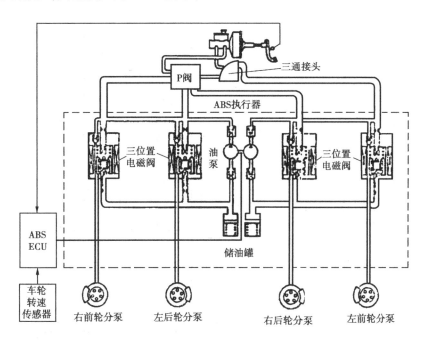

图 19.10　四轮防抱死制动系统执行器

(4)计算机

　　计算机通常是指电子控制器,即 ECU。一般由速度快、抗干扰的芯片和电子线路组成。ECU 连续不断地接收从四个车轮速度传感器来的车轮转速信号,计算每个车轮的速度和加速度,估算车辆速度,计算车轮滑转率。根据车轮速度和加速度变化情况向执行器发出减压、保持压力和增压指令,使车轮制动分泵的制动压力变化。图 19.11 是一个控制实例,当紧急制动,车轮接近抱死时,车轮转速急剧下降;当车轮的负加速度达到该道路附着条件下的临界值时,ECU 控制执行器给车轮制动分泵减压,使车轮转速再急剧下降。当负加速度值不再增大时,ECU 使执行器进入保持压力阶段。如果车轮速度增加太快,其正加速度达到某一临界值时,ECU 则控制执行器使制动分泵增压,并通过增加与保持压力过程交替进行,使车轮速度维持一定的较低转速。如此往复循环,可使汽车获得最佳的制动性能。

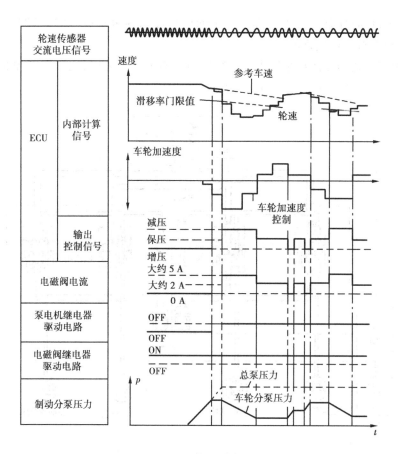

图 19.11　车轮速度控制过程

19.2　防抱死制动系统的故障与检修

　　计算机(电子控制器)对防抱死制动系统的故障具有记忆和显示功能。如果 ABS 系统发生故障,在汽车驾驶室前方仪表板上的 ABS 系统警告灯会亮。这时,应根据维修手册上的说明,卸下供检查用端子,用导线连接指定的端子,即可根据 ABS 系统警告灯上读出闪亮时间的长短为标志的故障代码,从而采取相应的维修方法。

　　由于各种汽车的故障检查方法和故障代码都不一致,有的还需增加专用检测仪器设备才能进行,故应仔细查阅有关车型的维修手册。

19.2.1　防抱死制动系统常见故障检修方法

　　电子控制防抱装置常见的故障是制动时车轮抱死、制动效能不良或手制动松开时制动灯亮等。现以皇冠(CROWN)汽车的电子防抱制动装置为例进行讨论。其电子防抱死制动装置的控制图如图 19.12 所示。

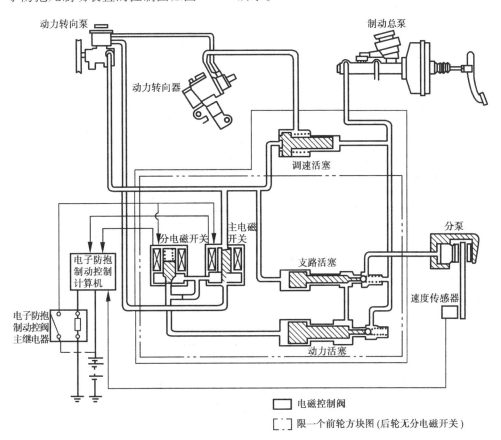

图 19.12 皇冠（ROWN）汽车电子防抱装置控制图

当汽车紧急制动时,若车轮出现完全抱死的现象,表明电子防抱死制动系统已有故障,可按下述程序检测诊断并排除故障,如图 19.13 和图 19.14 所示。当汽车制动时,感到制动效果不良,表明电子防抱制动系统的控制装置工作不正常,可按以下程序检测诊断并排除故障,如图 19.15 所示。

若汽车在行进中,未使用行车制动器,且手制动器也未被使用,但发现制动警示灯亮,则表明制动系统有故障,可按以下程序判断排除。

①带有电子防抱制动装置的汽车,在使用过程中,如果发动机启动且制动踏板已踩下,此时踏板有可能弹起,这就表示防抱制动控制已发挥作用,属于正常现象。反之,如果发动机熄火,而制动踏板已踩下,踏板有轻微下沉现象,这即表示防抱制动控制松离,这也属于正常现象。

②当踩下制动踏板后,并转动转向盘,即可感到轻微的震动,这也是正常现象,并

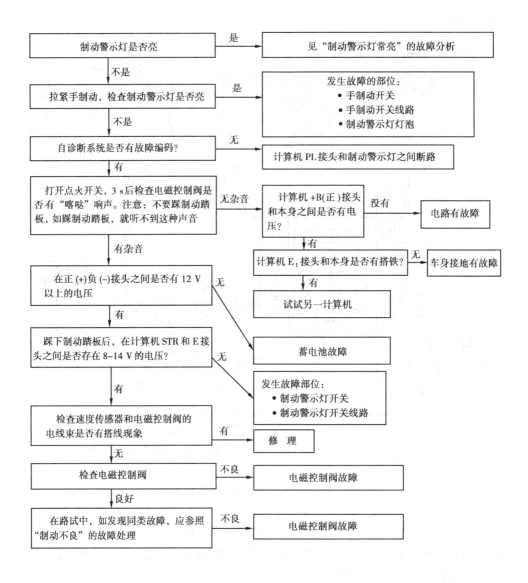

图 19.13

非故障。当使用电子防抱制动装置时,也会有轻微的震动,且踏板不时地有轻微的下沉现象,这是因道路表面系数变化而导致的断开阀开启。这种现象是正常的,并非故障。

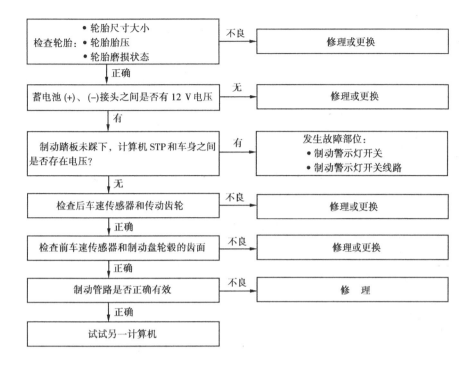

图 19.14

19.2.2　电子防抱制动装置的自诊断编码的查读

电子防抱制动装置（ESC）计算机具有内装式自诊断系统。系统中若某一部件失效,诊断系统即能指出发生故障的部位,同时使制动系统恢复到常规制动装置的功能。自诊断系统首先利用制动警示灯将发生故障的部位显示给驾驶员,驾驶员可根据诊断指示灯的闪烁规律来读取故障编码。接通点火开关,若制动防抱装置有故障,其诊断指示灯就会闪烁,1、2、3 号故障的闪烁规律如图 19.16 所示。若装置中有两个故障编码存在,则按数字大小,由小到大显示。故障码数,是按每隔 0.75 s 闪动一次,闪动的次数即为故障编码数,如图 19.17 所示。若制动装置内无故障编码,则点火开关接通后,自诊断指示灯就不会亮,即使制动警示灯亮着时,如果踩下制动踏板诊断编码 0、1、2 和 3 显示出来,且制动警示灯会熄灭 0.5 s。

故障排除之后,诊断系统恢复正常,则计算机储存的缘故障编码,在点火开关关闭后,就会消除。

电子防抱制动装置的故障编码表列于表 19.2。

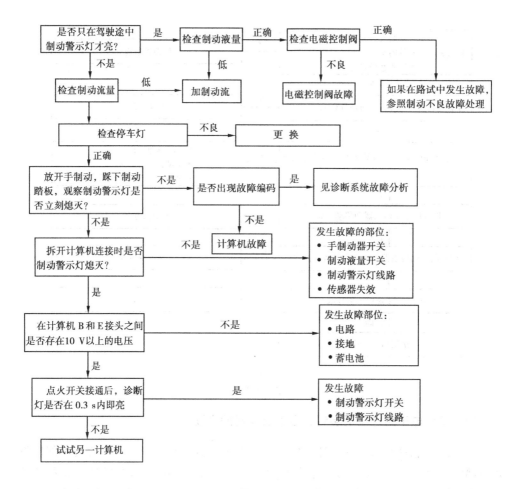

图 19.15

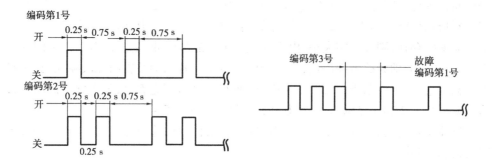

图 19.16 制动防抱制动装置故障代码显示规律　　图 19.17 两个以上的故障编码显示方法

表 19.2　电子防抱制动装置的故障代号

故障代码	诊断指示灯闪烁情况	诊断结果	故障部位	制动灯
0	开关	计算机故障	计算机	开
1	开关	主继电器或线圈线路断路或短路	主继电器主继电器线路	开
2	开关	电磁阀断路或接地间短路	电磁阀电磁阀线路	开
3	开关	电磁阀接头或线圈之间短路	电磁铁电磁阀线路	开
无指示	关	速度传感器断路或短路	速度传感器速度传感器线路	开
		计算机无电源	电源线路计算机	开
		电磁控制阀机械故障		开,但在停驶时会熄灭
		动力转向液液压低	动力转向泵	开,但在停驶时会熄灭
		动力转向液渗漏	动力转向管路	开,但在停驶时会熄灭

19.2.3　电子防抱制动装置的就车检查

丰田皇冠轿车的电子防抱制动控制的电路如图 19.18 所示。

（1）检查前轮速度传感器

前轮速度传感器的安装位置如图 19.19 所示。检查时,拆开电线连接后,测量传感器线圈的电阻,用万用表测量 SSR R" +" 和 SSR R" -" 之间的电阻值,标准的电阻值为 1 200 ~ 1 700 Ω。如电阻不符合规定,应更换速度传感器。

（2）前轮制动盘毂齿轮的检查

检查时,应拆下制动盘毂(注意拆卸时不要碰坏齿轮),检查制动盘毂齿轮是否有碎块或锈蚀,如果破碎超过轮齿的 1/3,则应更换制动盘毂。检查后,装好制动盘毂,如图 19.20 所示。

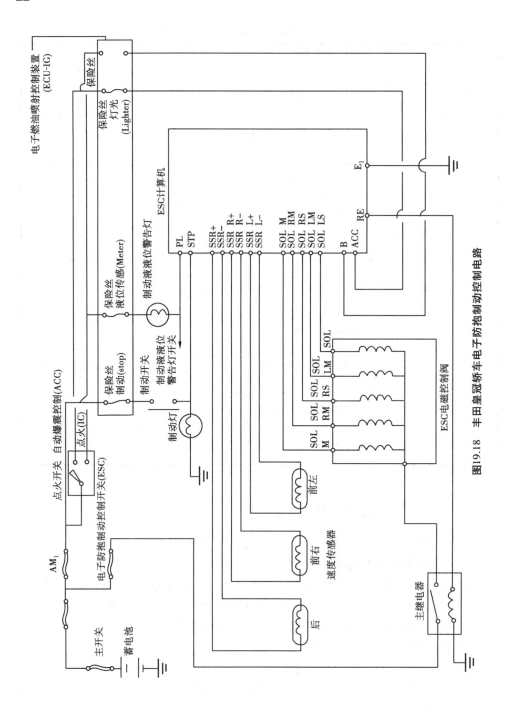

图19.18 丰田皇冠轿车电子防抱制动控制电路

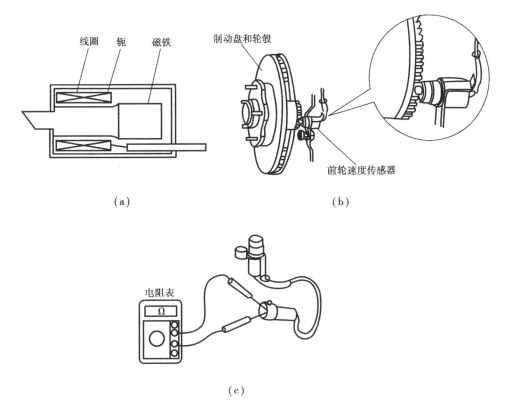

（a）　　　　　　　　　　　　　（b）

图 19.19　前轮速度传感及其检查

（a）传感器结构;（b）传感器安装位置;（c）传感器检查

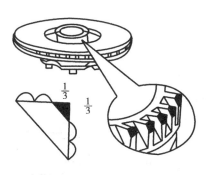

图 19.20　前轮制动盘毂齿轮的检查

（3）后轮速度传感器的检查

后轮速度传感器及其安装位置如图 19.21 所示。检查时,拆开电线连接,用万用表测量传感器线圈的电阻值(在 SSR"＋"和 SSR"－"之间测量),标准值应为 185～

210 Ω。如不符合要求,应更换传感器。检查后,应接好电线接头。

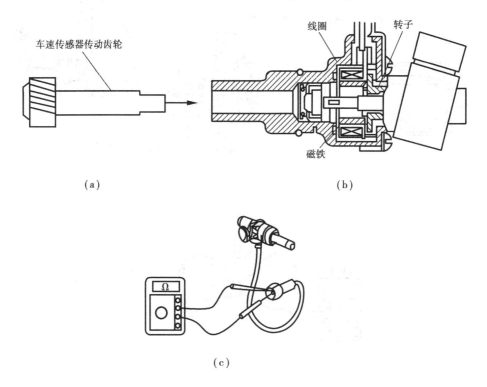

图 19.21 后轮速度传感器安装位置及其检查

(a)后轮速度传感器传动齿轮;(b)后轮速度传感器的安装位置;

(c)后轮线速度传感器的检查

从后轮上拆下速度传感器和传动齿轮,转动传动齿轮,用定向器检查能否顺利而毫无阻力的旋转。如果转动时感到有阻力,则应更换速度传感器。

检查传动齿轮是否磨损严重,是否有碎块或裂痕。若有上述现象,连同速度传感器和传动齿轮可一同更换。

(4)主断电器的检查

检查主断电器,当接通点火开关时,应能听到主断电器内有触点吸合的响声。如图 19.22 所示,可用万用表测量主断电器的电阻。测量时,可从主断器底板上拆下主断电器,测量各接头间的电阻值,1、2 接头间的电阻值

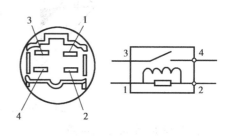

图 19.22 主断电器的检查

应为 60 ~ 80 Ω,3、4 接头之间的电阻值为无穷大。

(5)电磁控制阀

检查丰田皇冠轿车电子防抱制动装置的电磁阀时,可按以下步骤进行:

1)检查制动液液压(图 19.23)

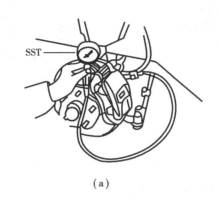

(a)

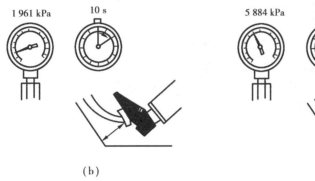

(b)

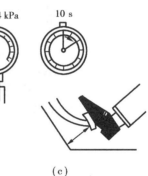

(c)

图 19.23　检查制动液液压

从制动分泵上拆下放气螺塞,并接上专用的压力表(SST:09709 ~ 29017);用压力表进行放液;关掉发动机,踩下制动踏板,使压力表压力示值为 1 961 kPa,保持 10 s,检查制动踏板总行程是否有变化,如有变化,应检查制动管路是否有渗漏现象。然后再启动发动机,踩下制动踏板,使压力表示值达到 5 884 kPa,保持 10 s,再检查踏板总行程有无变化,如果踏板总行程发生变化,则应将电磁控制阀分解进行检查。

检查时,应对左前轮和右前车轮分泵以及后轮分泵的制动液液压加以检查。

2)检查动力转向液液压(图 19.24)

拆开动力转向泵的液压软管,接上专用的动力转向液压表(SST:09631 ~ 22020),将压力表接在位于电磁阀的一侧,进行放液,并检查液量是否正确;检查液温是否达到 80 ℃,启动发动机,在怠速状态下,关掉压力阀,读取动力转向液液压,其最小值为 7.355 MPa。检查时,动作要快,不允许将压力阀关闭 10 s 以上。如压力过

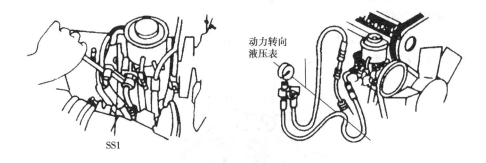

SS1

图 19.24　检查动力转向液液压

低,应修理动力转向泵。

3)检查制动液液压与动力转向液液压间关系(图 19.25)

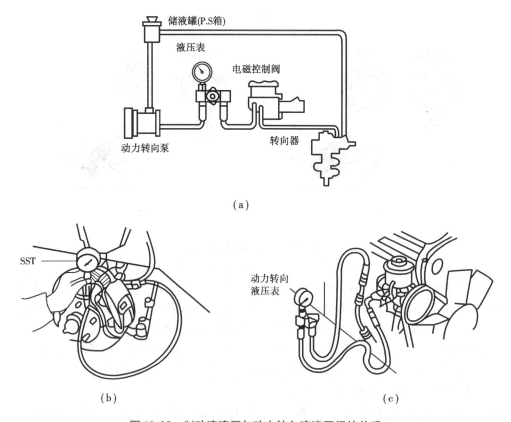

储液罐(P.S箱)

液压表

电磁控制阀

动力转向泵

转向器

(a)

SST

动力转向
液压表

(b)　　　　　　　　　　　　　　　　(c)

图 19.25　制动液液压与动力转向液液压间的关系

(a)测量系统的连接简图;(b)连接制动液压力表;(c)连接动力转向液压力表

检查时,车轮应处于直行位置,使动力转向压力阀全开,检查动力转向液的温度是否处于 80 ℃。

　　自前制动分泵拆下制动液放气螺塞,接上专用压力表,并进行排液,然后,拆开动力转向软管与动力转向泵的连接,将专用的动力转向液压表接在位于电磁阀的一侧,对整个系统放液。启动发动机,此时,制动液液压应在 2 941 kPa(低) ~ 9 807 kPa(高);动力转向液液压应在 1 569 ~ 2 550 kPa(低)、3 236 ~ 4 609 kPa(高)。如不符合规定,应拆下并检查电磁控制阀。

　　4)检查电磁控制阀电磁开关(图 19.26)

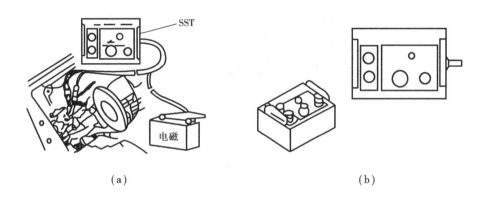

图 19.26　电磁控制阀电磁开关的检查
(a)连接图;(b)检查设备

　　拆开电磁控制阀的电气连接,将专用的检查工具(SST 09990 ~ 00120)接在控制阀接头上。将前左分泵的放气螺塞卸下,接上专用压力表,并进行放液,启动发动机,踩下制动踏板,使压力表示值为 5 884 kPa,扭开电磁开关,观察制动踏板是否下沉 1.5 mm。关掉开关后,检查制动踏板是否又回到原来位置。检查时,为了防止损坏总泵活塞,在踩制动踏板前,不要扭开电磁开关,而且扭开开关的时间不得大于 10 s,以避免电磁控制阀内的电磁线圈被烧掉。扭开开关时,应注意倾听电磁控制阀是否有吸合响声。检查时,每次只能扭开一个开关。如发现故障,则应更换电磁控制阀及动力转向装置。

　　5)检查电子防抱装置(ESC)控制系统线路

　　①测量系统电压　用具有高阻抗(大于 10 kΩ/V)的电压表测量各电线接头间的电压,它们应符合表 19.4 的规定,各接头的名称和符号如表 19.3 和图 19.27 所示。

　　②测量 ESC 系统电阻　测量时,测试棒应从有电线的一侧插入电线接头,如图 19.28 所示,拆开 ESC 计算机的电线连接,测量电线连接各接头间的电阻值,它们应符合表 19.5 的规定。

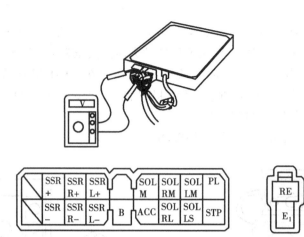

图 19.27 电子防抱制动装置系统电压的检查

(a)电压表的连接;(b)插座中接头的位置和符号

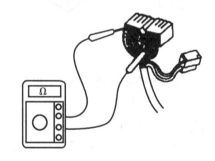

图 19.28 ESC 系统电阻测量

表 19.3 接头名称和符号

符　号	接头名称	符　号	接头名称
RE	电子防抱制动装置主继电器	SOL M	后主电磁阀
E1	接地	SOL RM	前右主电磁阀
SSR +	后速度传感器 +	SOL RS	前右副电磁阀
SSR −	后速度传感器 −	SOL LM	前左主电磁阀
SSRR +	前右速度传感器 +	SOL LS	前左副电磁阀
SSRR −	前右速度传感器 −	PL	制动警示灯
SSRL +	前左速度传感器 +	STP	停车灯开关
SSRL −	前左速度传感器 −	ACC	附加设备
B	蓄电池		

表 19.4　标准电压值

接　头	标准电压/V	条　件
B-E1	10～14	点火开关开
ACC-E1	10～14	点火开关位于 ACC 位置
STP-E1	10～14	制动踏板踩下(停车灯开关开)
RE-E1	10～14	点火开关开而制动警示灯处于关闭状态
PL-E1	10～14	点火开关开而制动警示灯处于关闭状态
SOL M-E1	10～14	点火开关开而制动警示灯处于关闭状态
SOL RM-E1	10～14	点火开关开而制动警示灯处于关闭状态
SOL RS-E1	10～14	点火开关开而制动警示灯处于关闭状态
SOL LM-E1	10～14	点火开关开而制动警示灯处于关闭状态
SOL LM-E1	10～14	点火开关开而制动警示灯处于关闭状态

表 19.5　标准电阻值

接头符号	标准电阻/Ω		条　件
SSR + ～SSR −	185～210		点火开关处于关闭位置
SSR + ～SSR R −	1 100～1 700		
SSR L + ～SSR L −	1 200～1 700		
E1～车身	0		
RE～E1	60～80		
RE～E1		无穷大	点火开关处于关闭状态 拆下主继电器 拆下两只电磁控制阀
SOL M～E1			
SOL RM～E1			
SOL RS～E1			
SOL LM～E1			
SOL LS～E1			
SOL M,SOL RM SOL RS,SOL LM SOL LS 各接头间			

第20章 空调系统的检修

汽车空调系统能够满足人们对车厢内的空气温度、相对湿度、空气流速及洁净度的需要。为了保证空调系统具有良好的技术状况和可靠性,延长其使用寿命,必须做好相应的使用和维护工作。当空调出现故障时,应及时进行检查,并准确地判断出故障部位,正确合理地采取检修措施,及时排除故障,使空调系统处于良好的技术状态。

20.1 空调系统的工作特点与要求

20.1.1 汽车空调系统的基本组成与类型

(1)汽车空调的基本组成与作用

汽车空调系统的基本组成包括压缩机、冷凝器、储液干燥器、膨胀阀、蒸发器、风扇、管路和控制部件等,如图20.1所示。

压缩机可把制冷液气体由低温低压变为高温高压,并可维持连续不断的制冷剂循环,完成吸热放热过程。目前多采用立式往复型和斜板盘式压缩机。压缩机的安装位置:有的在发动机上方,有的在发动机旁,有的装在变速器旁。它依靠汽车发动机传动而运转,其间设置电磁离合器,可由驾驶员自行调整。

冷凝器是一种换热器,将压缩机中排出的高温高压制冷剂气体凝结为中温中压的液体,其热量向外排出。冷凝器有管片式、管带式等形式,一般都安装在车头部位的散热器前,少数安装在其他部位,中型客车常安装在车厢两侧或后侧。装冷凝器时,从压缩机排出来的制冷剂必须由冷凝器的上端入口进入,而出口必须在下端,否则,会引起系统的压力升高,导致冷凝器胀裂。

储液干燥器是储存冷凝的制冷剂,并进行干燥吸湿处理,去除制冷剂中的水分,将残存在制冷剂液体中的气体分离,滤除杂质,确保膨胀阀不堵塞。在储液干燥器的上部装有玻璃观察孔,用以观察制冷剂是否足够。如玻璃很明净,表示系统有足够的制冷剂;如有气泡,则显示系统进了空气;如看到乳白色雾状物,表示干燥剂从器内逸出,随制冷剂在系统中循环。如果系统出现水堵、脏堵等现象,说明储液干燥器中的干燥剂(硅胶、氧化铝、碳酸钙、氯化钙)吸湿能力已经饱和,且有脏物,必须予以更换。平时维修,储液干燥器必须最后安装,或用一个工艺储液器代替,最后换装。有些储液干燥器上装有可熔塞,如果冷凝器或储液干燥器内的温度和压力因散热不好

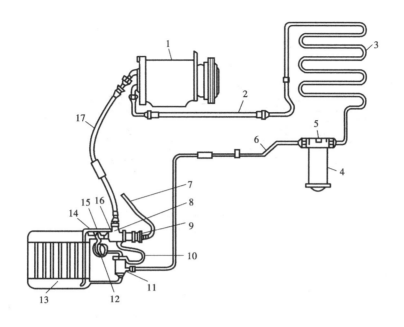

图 20.1 汽车空调基本组成

1—压缩机;2—软管;3—冷凝器;4—储液干燥器;5—观察孔;6—液管;

7—真空软管;8—吸入节流阀;9—真空装置;10—均衡管;11—膨胀阀;

12—毛细管;13—蒸发器;14—感温包;15—放油管;16—止回阀;17—低压管路

或其他零部件过热而上升,当温度达到 375～383 K 时,可溶塞就会烧化,从而排泄系统中的高压制冷剂,防止其他机件的损坏。

膨胀阀为自动恒温控制式膨胀阀,且以外部均压式居多。它位于大蒸发器的进口处。根据蒸发器负荷大小自动调整进入蒸发器的制冷剂量,使蒸发器发挥最大的冷却效率,使之适宜在各种不同条件下工作,并对制冷剂进行减压和降温。在压缩机停止运转时关闭阀门,避免制冷剂发生倒流现象。

蒸发器也是一种热交换器,它是在系统中产生冷效应的装置。当制冷剂在系统中循环时,流经蒸发器时,会因喷出压力降低而开始汽化,吸收蒸发器外壁热量。当空气由风扇吹出蒸发器时,空气的热即被蒸发器外壁吸收而成为冷空气。此时,空气中的水蒸气在蒸发器外壁上凝结成水滴,滴落于蒸发器的底板而经过管路排放于车外,达到除湿的作用。但在外界温度很低时,蒸发器上会结霜,则可通过温度控制和除霜装置除霜,也可将风量开大、温度升高进行化霜。同时,经过滤网过滤空气中的杂质和灰尘,使进入车厢内的空气更为清洁。

高级轿车多数采用隐蔽式蒸发器,安装在仪表板下方。目前大部分轿车的空调系统为全空调,因此,与蒸发器并列的还有暖风加热器,如图 20.2 所示。后置式蒸发器一般安装在后车厢顶部;中型客车的蒸发器有的安装在车厢后底部,再用管道输送到车顶各风口,有的安装在车顶后方。大型客车则将蒸发器、副发动机和压缩机等安装在一起,放置在车身一侧前轮后面,有利于车身平衡,且维修方便。

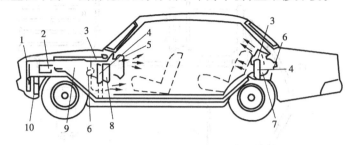

图 20.2 轿车空调系统基本布置

1—冷凝器;2—压缩机;3—蒸发器;4—冷却器;5—暖风器;6—风扇;

7—后部冷却机组;8—加热器;9—发动机;10—储液干燥器

(2)空调系统的类型

1)按驱动形式分,可分为独立式空调和非独立式空调两种类型

①非独立式 空调制冷压缩机由汽车发动机驱动,空调的制冷性能受发动机工作影响较大,工作不稳定,尤其是低速时,制冷不足,而在高速时,制冷量则过剩,并且消耗功率将大幅度地增加,对发动机的动力性能有一定的影响。因此,这种类型的空调多用于制冷量相对较小的小型客车和轿车上。

②独立式 用一台专用的空调发动机(辅机)来驱动制冷压缩机,因而空调的工作不受主机的影响,在停车时也照常使用,并且制冷量大,工作稳定。但由于增加了一台发动机,不仅成本增加,体积、质量也有所增加。因此,多用于大、中型客车上。这种类型的空调系统按组成空调系统各主要总成的布置,还可分为整体独立式和分体式两种。整体式空调系统是将组成空调系统的各部件安装在一起组成一个独立的总成,而分体式是将压缩机、冷凝器、蒸发器等各部件根据需要布置在汽车各个部位,然后用管路连接成一个完整的系统。

2)按功能来分,可分为单一功能型和冷、暖一体式两种类型

①单一功能型 这种类型的空调系统是将冷气装置、暖风装置、强制通风装置等各自独立安装,独立操作,单独工作,互不干扰。一般多用于大型客车和加装冷气装置的轿车上。

②冷、暖一体式 这种类型的空调系统的显著特点是采暖、制冷和通风合用一台风机,共用一个风道和送风口,冷风、暖风和通风在同一面板上操作。这种结构又分为冷、暖风可分别工作的组合式和冷、暖风可同时工作的混合调温型两种。目前原装轿车空调都采用后一种,它具有结构紧凑,占用空间小,调温容易,操作控制方便等优点。

20.1.2　空调系统的工作特点与要求

汽车空调与房间空调一样,都是以获得一个舒适的空气环境为目的,但由于房间与车厢条件有很大的差别,因此,与房间空调相比,汽车空调则具有下面一些特点:

①汽车车厢乘员密度大、车窗面积大、厢壁薄、隔热困难,因此,空调负荷较大,与同样空间的房间相比,要求的制冷、制热量要大得多。

②汽车空调的驱动不可能依靠外部电源,而必须由汽车发动机或辅助发动机(副机)来驱动,前者将对汽车的动力性造成影响,而后者由于增加了一台发动机,不仅结构复杂,体积质量增加,而且给整车的布置也造成困难。

③对于由汽车发动机驱动的非独立式空调(轿车空调几乎 100% 是这种驱动方式),由于主发动机转速可在 600 ~ 6 000 r/min 的范围内变化,最低转速与最高转速相差 10 倍之多,空调系统的制冷、制热量将在很大程度上受到发动机工况的影响,很难保持稳定运转。

④由于汽车空间有限,整个空调系统的布置较为困难,很难设计一套结构紧凑、且同时满足各类汽车的空调系统。

⑤由于道路条件相差很大,汽车在行驶过程中免不了要受到剧烈的颠簸、震动、风吹日晒以及泥水的冲刷,因此,汽车空调的工作条件很差,如果可靠性不高,不仅影响其使用寿命,维修工作量也将很大。

⑥由于车厢高度有限,因此,较难组织合理的空气运动和车厢内温度分布。

由此可见,汽车空调系统的设计和生产难度远大于普通房间空调,并且元器件和总成质量要求更高,调节、控制机构复杂。虽然我国很早就能生产高质量的房间空调,但对汽车空调设计、生产则还是依靠引进技术或进口组装。

对于汽车空调,尤其是非独立式轿车空调,其压缩机的使用条件要比一般房间空调和冷冻设备的压缩机工作条件恶劣得多。因此,在结构和性能上有下列特殊的要求:

①制冷能力强,尤其要求有良好的低速性能,以确保汽车在低速行驶和怠速时也具有足够的制冷能力。

②节省动力,尤其是汽车在高速行驶时,动力消耗不能过大,否则,不仅油耗增加,还会影响汽车的动力性。

③体积小、质量轻,以适应现代轿车发动机室内安装空间越来越小的趋势。

④要能够经受如震动、高温、泥灰冲刷等恶劣的运行条件,可靠性高。

⑤启动与运转平稳,震动小、噪声低,且对汽车发动机的不利影响要小。

20.2 空调制冷系统的检测

汽车空调制冷系统的检测其主要作业有制冷系统高、低压的检测,放出制冷剂和抽真空作业,加注和补充制冷剂,加注和补充冷冻油,以及制冷系统的检漏等。

20.2.1 制冷系统工作的压力的检测

要了解制冷系统工作循环进行的情况,必须测量制冷系统工作时高压侧和低压侧的压力,制冷系统工作压力的检测方法如下:

①将歧管压力计正确连接在制冷系统相应的检修阀上,如果是手动检修阀,应将阀调节在"中位"。歧管压力计上的两个手动阀处于关闭状态。

②用手拧松歧管压力表座上高低压注入软管的连接螺母,让系统内的制冷剂将高低压注入软管中的空气排出,然后再将连接螺母拧紧。

③启动发动机,并使发动机转速保持在 1 500～200 r/min,然后开动空调 A/C 开关和鼓风机开关,使压缩机工作,鼓风机高速旋转,温度调节推杆处于最冷位置。这时,高压表和低压表上的读数即为制冷系统的高压侧压力和低压侧压力。

20.2.2 制冷剂的放出

在检修和更换如压缩机、冷凝器、储液器等制冷系统各部件时,如系统内还有制冷剂,必须首先放出系统内的制冷剂后,才能进行相应的检修作业。从制冷系统内放出制冷剂的作业程序如下:

①将歧管压力计正确连接到制冷系统相应的检修阀上,如采用手动检修阀,应使手动检修阀处于"中位"。这时,歧管压力计将显示系统内的平衡压力,一般为 0.49 MPa 左右。

②将中间注入软管出口端放在一块干净的软布上。

③缓慢打开歧管压力计高压侧手动阀,制冷剂便会从中间注入软管喷出,同时注意中间软管是否有较多的冷冻油随制冷剂一起流出,如有冷冻油,应适当关小歧管压力计高压侧手动阀,如阀门关小后仍然有较多的冷冻油流出,应立即将中间注入软管出口端放入一只量杯中,让流出的冷冻油存在量杯中。

④在放出制冷剂的过程中观察歧管压力计读数,当压力降低至 2.343 MPa 以下时,将低压侧手动阀也缓慢打开,直到压力表读数为零时,系统内的制冷剂便完全放空了。

⑤检查量杯中放出的冷冻油量,等制冷系统修复完毕后,在加注制冷之前,应给制冷系统补充同样多的冷冻油。

20.2.3 制冷剂的充注

对于新安装或因修理更换制冷系统零部件而被放空的汽车空调制冷系统,在完成安装或维修作业后要重新注入制冷剂,一般可按图20.3中的程序进行。

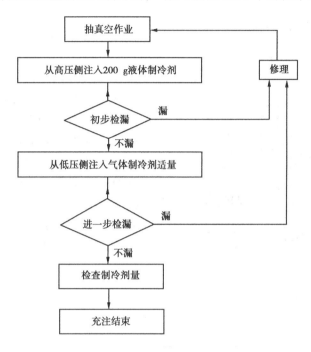

图20.3 制冷剂充注流程图

(1)抽真空作业

利用真空泵抽真空的步骤如下:

①把歧管压力计与空调制冷系统检修阀连接起来,如采用手动检修阀,应使其处于"中位"。

②卸下真空泵上进气口与排气口保护盖,把歧管压力计5中间注入软管连接到真空泵进气口上,如图20.4所示。

③启动真空泵。

④打开歧管压力计高低压侧手动阀,系统内的空气和水汽便按图20.4中箭头所示的路线由真空泵抽出。

⑤抽真空进行5~10 min后,关闭歧管压力计高低压侧手动阀,停止真空泵,这时,低压表读数为500~600 mmHg(1 mmHg = 133.322 Pa),高压表应在零以下,否则,说明系统有较大泄漏,应停止抽真空作业,进行检漏并修理泄漏部位,然后再进行抽真空作业。

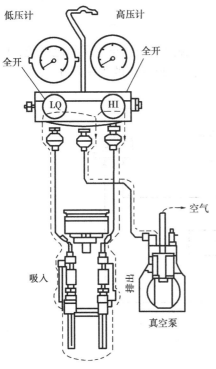

低压计　　　　　　高压计

全开　　　　　　　　　　全开

LO　　HI

吸入　　　　　　排出

空气

真空泵

图 20.4　真空泵与制冷系统的连接

⑥观察低压表,在停止抽真空 10 min 内指针是否返回(即所抽的真空度是否能保持住,也称为抽真空试漏)。

⑦若指针在 10 min 内有明显的返回,说明制冷系统还有泄漏部位,应及时进行检修;若指针在 10 min 内无明显变化,说明系统基本上没有大的泄漏点,可继续抽真空作业。

⑧再次启动真空泵,打开歧管压力计上高低压手动阀,连续抽真空 20 ~ 30 min。使低压表指示的真空度达到 740 mmHg 以下,如果时间允许,可延长抽真空时间。

⑨如遇阴雨天气,应延长抽真空时间或增加抽真空次数。

⑩关闭歧管压力计高低压手动阀,停止真空泵,抽真空作业即告结束。

抽真空作业可归纳为如图 20.5 流程图。

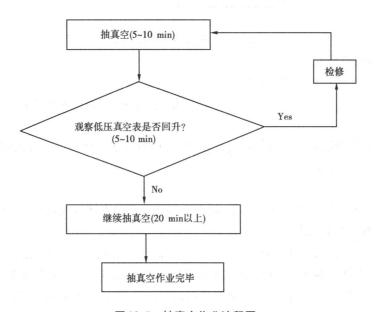

抽真空(5~10 min)

检修

观察低压真空表是否回升?
(5~10 min)

Yes

No

继续抽真空(20 min 以上)

抽真空作业完毕

图 20.5　抽真空作业流程图

（2）从高压侧注入液态制冷剂

液态制冷剂可以从制冷系统高压侧维修阀注入，其加注方法如下：

①抽真空作业完成后，将中间注入软管从真空泵上卸下，改接到制冷剂注入阀接口上，装好制冷剂罐，并用注入阀打开制冷剂罐，然后将与歧管压力表座相连接的中间软管接头稍微松开一些，直到听到"咝咝"声后再拧紧，以排出中间注入软管中的空气。

②打开歧管压力计高压侧手动阀，制冷剂便经高压侧注入软管进入系统高压侧，这时，观察低压表指针是否随高压表指针一起升高，若低压表指针不回升或回升很慢，说明系统内部有堵塞点，应停止充注并进行检修。

③若低压表指针随高压表一起正常回升，可将制冷剂罐倒立，使制冷剂呈液态进入系统。

④注入规定量的制冷剂后，关闭高压侧手动阀和注入阀后，即可进行检漏或试运行。

图20.6所示为从高压侧充注液态制冷剂示意图。

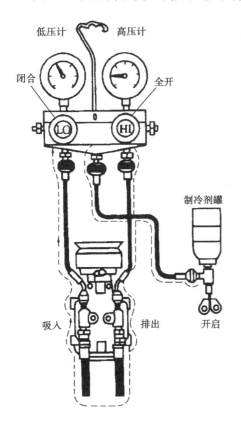

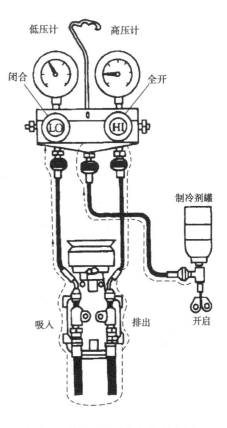

图20.6　从高压侧注入液态制冷剂　　　　图20.7　从低压侧注入气体制冷剂

从高压侧注入一定量的液态制冷剂(200 g 左右)一般在抽真空后和初步检漏之前进行,以使制冷系统内有一定量的制冷剂并保持一定的压力,便于用卤素检漏仪进行检漏作业。另外应注意,采用这种方式充注制冷剂时,不允许打开歧管压力计表座上的低压手动阀,也决不允许运转压缩机,否则,有可能造成制冷剂罐爆裂的危险。

(3)从低压侧注入气态制冷剂

气态制冷剂一般从制冷系统低压侧检修阀注入,用于初步检漏后充足制冷剂量或给系统内补充制冷剂,其加注方法如下:

①将歧管压力计连接于制冷系统检修阀上,中间注入软管与制冷剂注入阀和制冷剂罐连接好,若是补充制冷剂,需排出三根注入软管内的空气,方法是打开表座上高低压手动阀,并拧松与注入阀连接的中间注入软管的连接螺母数秒钟,由系统内的制冷剂排出三根注入软管内的空气,然后关闭表座上的高低压手动阀。

②启动发动机,并使之保持在 1 500 ~ 2 000 r/min 转速下运转,接通空调 A/C 开关使压缩机工作,鼓风机以高速旋转,温度调节推杆或旋钮调至最大冷却位置。

③用注入阀打开制冷剂罐,并保持罐体直立,缓慢打开表座低压侧手动阀,气态制冷剂便由制冷剂罐经注入软管、低压侧检修阀被压缩机吸入制冷系统低压侧,如图20.7 所示。同时,调节表座低压侧手动阀开度,使低压表读数不超过 4.2 kg/cm^2。为了加快充注速度,可将制冷剂罐直立放在温度为 40 ℃ 左右的温水中,以保证制冷剂罐内的液态制冷剂具有一定的蒸发速度。

④若使用的是小容量罐,在加注一罐后仍需加注时,可关闭表座上的低压侧手动阀,从空罐上卸下注入阀,把它装到待用的制冷剂罐上,排出中间注入软管内的空气后,再继续加注到适量为止。

⑤充注完毕后,关闭表座低压侧手动阀,关闭注入阀,关闭空调 A/C 开关和鼓风机开关,让发动机熄火,卸下歧管压力计即可。

(4)制冷剂充注量及其检查

1)采用质量法确定制冷剂的充注量

对于每种车型,其空调系统都有其规定的制冷剂充注量。如果已知该车型的空调系统规定的制冷剂充注量,只要在抽真空作业以后,充入规定质量的制冷剂即可。例如,桑塔纳轿车空调规定的充注量为 1 ~ 1.2 kg,如用 300 g 或 400 g 封装的小罐制冷剂,只需按规定充入两罐半到三罐就行,无须再行检查;如用大罐封装的制冷剂充注,可将罐体放在磅秤或台秤上,一边充注一边称量,直到加入规定质量的制冷剂为止。几种常见车型空调系统的制冷剂充注量见表 20.1。

表 20.1 几种常见车型空调系统制冷剂充注量

车 型	制冷剂充注量/kg
上海桑塔纳	1～1.2
天津夏利	0.55
广州标致 505	0.9～1.0
上海 SH760	1～1.2
长安奥拓	0.60
丰田 CROWN 单风口	0.8
丰田 CROWN 双风口	1.2
尼桑 CEDRIC	0.9～1.1
丰田 HIACE 单风口	0.75～0.8
丰田 HIACE 双风口	1.35～1.45
丰田 LITEACE	1.5
三菱 ROSA BM310	3.3
丰田 COASTER	2.7
北京切诺基	0.91

采用质量法确定空调制冷剂充注量虽然方便、精确和简单,充注完后无须再检查制冷剂量是否合适,但前提是必须已知该车型制冷剂的规定充注量。然而,由于车型很多,要知道每种车型的规定充注量是不可能的,因此,质量法具有很大的局限性。另外,即使知道其规定充注量,在补充制冷剂时,应该补充多少制冷剂还是无法知道,也不能采用质量法。在大多数情况下,一般多采用下述方法来检查和判断系统内制冷剂充注量的多少。

2)利用歧管压力计的高低压表读数判断系统制冷剂量

虽然各种车型空调系统制冷剂充注量各不相同,但在不相同的条件下,其正常工作时的高低压侧压力却都是大致相同或相近的,根据这一结论,采用歧管压力计来测量系统工作时高低压侧的压力值进行对比,即可大致判断出系统内制冷剂量是否合适。检查条件如下:

①车门、车窗全闭；

②鼓风机在最高转速挡运转；

③温度控制杆在最大冷却挡位置；

④回风控制杆处于内循环挡位置；

⑤发动机转速稳定在 1 500 ~ 2 000 r/min；

⑥接通空调 A/C 开关；

⑦空调系统稳定运行 5 ~ 10 min 后检查。

在上述工作条件下，如制冷剂加注量合适，系统工作正常，其高压侧压力应为 $12 ~ 16$ kg/cm^2，低压侧压力为 $1.5 ~ 3$ kg/cm^2。上述高低压范围值取高限还是取低限，决定于环境温度和冷凝器的冷却条件。环境温度越高，冷凝器冷却条件越差，系统高低压侧的压力值也越高；反之，则压力值越低。检查时，如歧管压力计高低压表读数与规定数值相差不大，可认为制冷剂量基本合适，系统工作正常；如出入较大，则认为制冷剂量过多或过少，应及时补充或从低压侧放出多余制冷剂。如经调整制冷剂量后仍然达不到正常工作压力，则说明系统有故障，应予以检修。

(5)制冷系统的检漏

1)检漏仪器检漏

检漏仪检漏是汽车空调检漏作业中最常见、最主要的检漏手段，即用卤素检漏灯或电子卤素检漏仪对制冷系统各部件或连接管路进行检漏。采用检漏仪检漏的前提是制冷系统管路内必须有一定压力（$1 ~ 3$ kg/cm^2 以上）的制冷剂，因此，在进行检漏作业之前，应适当加入一定量的制冷剂（对轿车空调来说，在抽真空作业进行完毕后，从高压侧注入 200 g 左右的液体制冷剂即可），或不放出系统内原有的制冷剂以备检漏之用。

重点检查部位有：

①拆修过的制冷系统部件及各连接部位；

②压缩机轴封、前后端盖密封垫、检修阀和过热保护器；

③冷凝器散热翅片及制冷剂进出连接管口；

④制冷系统各管路及连接部位。

一般来说，对于制冷系统高压侧部件及管路的检漏，应在压缩机运行过程中或压缩机刚刚停止运行时立刻进行，这时系统压力较高，较小的泄漏点容易暴露。对压缩机轴封的检漏也最好在压缩机运行时进行。而对低压侧管路的检漏，则应在压缩机停止运行时进行，这时低压侧压力相对较高。对于蒸发器、膨胀阀及其连接管路的检漏，由于其安装相对较隐蔽，检漏仪探头较难直接触及，因而无法对其直接检漏，可使风机在低速下运行，将检漏仪探头直接伸入出风口内或在蒸发器总成附近进行间接检漏，当发现有泄漏时，再拆下蒸发器总成，对其进行单独试漏。

2)皂泡法检漏

当没有检漏设备时,可利用肥皂水对可能产生泄漏的部位进行直接检查。方法是通过歧管压力计给制冷系统内充入 8 ~ 10 kg/cm² 左右的干燥氮气,然后将肥皂水涂在需要检查的部位(如管路各连接头、焊缝等),如果发现有排气声或吹出肥皂泡,则说明该处有泄漏点。该方法简单实用,应用较广泛。如果没有氮气瓶,也可充入一定压力的制冷剂进行检漏,只不过有可能造成制冷剂的浪费。

3)油迹法

由于 R-12 制冷剂与冷冻油互溶,如制冷剂发生泄漏,也会带出少量的冷冻油,泄漏出的制冷剂很快蒸发掉了,而带出的冷冻油则残留在泄漏部位形成油斑,时间一长粘上尘土便形成油泥,根据这个现象即可找出泄漏部位。

4)着色法

将某种颜色的染料加入制冷系统中,并随制冷剂一起在管路中循环流动,当系统管路或部件发生泄漏时,加入的染料也随之渗漏出并粘在泄漏部位使之变色,通过观察制冷系统管路和部件的颜色,便可很容易发现泄漏点。

5)真空保压法

在抽真空作业完成以后,不要急于加注制冷剂,而是保持系统真空状态一定的时间(一般数十分钟至数小时)后,观察歧管压力计低压表上真空度是否发生变化。如真空指标没有变化,则说明系统无泄漏;如真空指标上升,则说明系统有泄漏。这种方法只能判断系统是否有泄漏,而无法具体显示出泄漏部位,因此,只用于加注制冷剂前的初步检漏。

(6)冷冻油的加注

1)冷冻油的加注量

为了保证汽车空调系统的正常工作,系统内应加注一定量的冷冻油。当更换制冷系主要部件或制冷剂发生严重泄漏时,应补充一定量的冷冻油。轿车空调冷冻油的补充可参考表20.2。

2)冷冻油的加注方法

冷冻油的加注方法一般有如下三种,应根据具体情况来选用。

①直接从压缩机上的加油螺塞孔加入适量冷冻油。这种方法只适用于有加油口的压缩机(如日本三电 SD5 系列压缩机)。方法是先放出系统内的制冷剂,然后旋开位于压缩机上部的加油口螺塞,用量杯加入规定冷冻油即可。

②从压缩机压管加入冷冻油。方法是放出系统内的制冷剂,拆下压缩机低压侧软管,用一只漏斗将规定量的冷冻油注入压缩机的低压侧即可。

③抽真空法加注冷冻油。可用于任何制冷系统冷冻油的加注,并可避免拆开制冷系统管道。加注方法如下:

表20.2　更换制冷系统主要部件时冷冻油的补充量

更　换　部　件	冷冻油补充量/mL
压缩机	向无油的新压缩机中加入或换下的压缩机中相同的油量再多加30 mL
冷凝器： ①无渗漏油迹 ②有大量渗漏油迹	10～30 40～60
储液干燥器	10～20
蒸发器总成	20～50
管路： ①无渗漏油迹 ②有大量渗漏油迹	不加油 10～20
系统漏气： ①无渗漏油迹 ②有大量渗漏油迹	不加油 10～20

a. 准备一只玻璃量杯,量杯内注入略多于需要补充量的冷冻油;

b. 将歧管压力计高压侧注入软管与制冷系统高压侧检修阀相连接,再将真空泵与歧管压力计的中间注入软管相连接;

c. 将低压侧注入软管一端接制冷系统低压侧检修阀,另一端浸入盛有冷冻油的量杯中;

d. 关闭歧管压力计低压侧手动阀,打开高压侧手动阀,然后接通真空泵,冷冻油便被真空泵由量杯中经注入软管和低压侧检修阀进入制冷系统低压侧管路或压缩机低压侧。

e. 当吸入规定量的冷冻油后,停止真空泵工作,并从量杯内取出注入软管连接到歧管压力计低压侧接头上,打开表座上低压侧手动阀,启动真空泵进行抽真空作业。

20.3 空调系统的故障与检修

20.3.1 空调系统的故障与排除方法

汽车空调系统的故障主要以制冷装置为主,主要有:完全不制冷;制冷量不足;间断性制冷;空调工作时噪声大等。

造成上述故障现象的原因很多,可归纳为制冷系统故障、电路及控制系统故障、机械系统故障和操作调控系统故障等,具体故障原因及排除(或检修)方法列于表20.3、表20.4、表20.5和表20.6。

表20.3　完全不制冷的故障及检修

故障原因	排除或检修方法
1)制冷系统故障 ①系统内无制冷剂或制冷剂完全泄漏 ②储液干燥器完全脏堵 ③膨胀阀进口滤网完全脏堵 ④膨胀阀打不开 ⑤压缩机进排气阀片损坏,使压缩机失去吸气和排气能力	①检漏并加以修复后充注制冷剂 ②更换储液干燥器 ③清洗或更换膨胀阀进口滤网 ④更换膨胀阀 ⑤检修压缩机进排气阀板组件,或更换同规格压缩机
2)电路及控制系统故障 ①电磁离合器不工作 ②鼓风机不转	①检修电磁离合器及有关电路和控制器件 ②检修鼓风机及有关电路
3)机械系统故障 ①压缩机皮带过松或断裂 ②压缩机卡死无法转动 ③鼓风机风扇被卡死	①上紧或更换压缩机驱动皮带 ②检修或更换压缩机 ③检修鼓风机风扇
4)风道及操作调控系统故障 ①热水阀打开 ②空气混合门处于暖风位置	①关闭暖气芯热水阀 ②重新调整空气混合门位置

表 20.4　冷气量不足故障及检修

故障原因	排除或检修方法
1)制冷系统故障 ①制冷剂充注量不足或制冷剂部分泄漏 ②制冷剂过量 ③冷凝器散热不良 ④膨胀阀开启量过大或过小 ⑤膨胀阀进口滤网部分脏堵 ⑥储液干燥器部分脏堵 ⑦制冷系统内有空气 ⑧冷冻油加注量过多 ⑨压缩机效率过低 ⑩制冷系统管路部分阻塞	①补充制冷剂量,或检修泄漏部位,并充注制冷剂 ②放出多余制冷剂 ③改善冷凝器散热效果 ④重新调整或更换膨胀阀 ⑤清洗或更换膨胀阀进口滤网 ⑥更换储液干燥器 ⑦放出系统内制冷剂,反复抽真空后,重新充注制冷剂 ⑧放出多余的冷冻油 ⑨检修或更换压缩机 ⑩更换或疏通阻塞管路
2)电路及控制系统故障 ①鼓风机转速太低 ②电磁离合器打滑 ③温度控制器损坏或失调,使蒸发器表面温度过高或过低 ④冷凝器冷却风扇不转或转速太低	①检修鼓风机及有关电路 ②检修电磁离合器 ③更换或重新调整温度控制器 ④检修冷凝器冷却风扇及有关电路
3)机构系统故障 　压缩机驱动皮带过松、打滑	上紧压缩机驱动皮带
4)风道及操作调控系统故障 ①蒸发器空气进口滤网脏堵 ②风道连接处漏气或风道外壳破裂漏气 ③暖风热水阀打开 ④蒸发器空气通道脏堵 ⑤空气混合门位置不合适	①清除蒸发器空气进口滤网杂质 ②检查或修复送风通道 ③关闭暖风热水阀开关 ④清除蒸发器表面杂质 ⑤重新调节空气混合门位置

表20.5 间断性制冷故障及检修

故障原因	排除或检修方法
①电磁离合器打滑 ②电磁离合器、鼓风机控制电路或开关接触不良 ③制冷系统中含有水分而造成膨胀阀"冰堵" ④控制放大器损坏或调整不当	①检修电磁离合器 ②检修电磁离合器、鼓风机控制电路或开关 ③放出制冷剂,更换储液干燥器,并反复抽真空后注入制冷剂 ④更换或重新调整空调放大器

表20.6 空调系统噪声故障及检修

故障原因分析	排除或检修方法
①压缩机进排气阀片破损或压缩机轴承等零件损坏 ②电磁离合器打滑 ③电磁离合器轴承磨损或损伤 ④压缩机驱动皮带松弛打滑 ⑤鼓风机风叶震动或鼓风机安装松动 ⑥压缩机托架、冷凝器及其他机件固定松动	①拆修或更换压缩机 ②检修电磁离合器,调整离合器间隙 ③更换电磁离合器轴承 ④张紧压缩机驱动皮带 ⑤检修鼓风机 ⑥上紧松动件的紧固螺钉

20.3.2 空调系统的检修

(1)压缩机的检修

压缩机的常见故障主要为压缩机压缩效率下降或不产生压缩效果、泄漏、运转力矩增加或卡死,以及运转噪声增加等。

压缩机压缩效率下降或无压缩能力主要是由于压缩机进、排气阀片破裂而关闭不严,汽缸衬垫损坏或内部高低压腔串气所致。故障现象为低压侧压力过高而高压侧压力过低,空调制冷能力下降,甚至完全不制冷。当进、排气阀片破裂时,低压表和高压表指针将会摆动而变得不稳定。若内部串气时,压缩机外壳温度将很高。

压缩机最易泄漏的部位是前端轴封,有时表现为压缩机不运转时不泄漏,而运转时才发生泄漏,这一点在检漏时务必注意。

压缩机运转力矩增加或卡死通常都是由于润滑不良或没有润滑所造成,即冷冻油不足或没有制冷剂的情况下运转压缩机便会出现这种现象。这时,电磁离合器将会打滑而发出很大的噪声。

压缩机噪声主要来源于传动皮带打滑,电磁离合器打滑以及压缩机内部主轴承损坏等,检查时应辨别清楚。

当压缩机出现上述故障时,应将其从系统拆下后进行拆检和修理。在分解压缩机前,应将压缩机中的冷冻油倒在一个量杯内,待压缩机修好后,再加入等量的新冷冻油,同时,还应准备好相应压缩机的修理包(即压缩机易损件的包装),否则,将无法进行压缩机的拆修。压缩机的拆卸和安装应严格按照相应的维修手册规定的步骤进行,不可随意乱拆。在没有拆检条件(如无相应的修理包)时,应更换同规格的新压缩机,或用相同性能的压缩机进行代换。

压缩机代换的原则是:

①压缩机理论排气量相同或相近;

②最高连续工作转速相同或相近;

③旋转方向相同。

代换时,应尽量选用相同类型的压缩机,如安装方式不同,可根据代换的压缩机安装脚重新加工安装架即可。另外,电磁离合器驱动皮带盘直径和带盘形式也应尽量相同。

(2)冷凝器和蒸发器的检修

冷凝器和蒸发器都是热交换器,常见故障为盘管泄漏、翅片变形以及散热片被杂物阻塞等。当冷凝器和蒸发器盘管泄漏时,应按原有型号、规格予以更换。如无同型号的冷凝器,也可视安装位置换用稍大一些的冷凝器,但不宜用小于原车的冷凝器进行代换,否则,将会因冷凝器散热面积不足而使冷凝温度、冷凝压力升高,造成系统制冷量下降。蒸发器损坏后,由于受安装位置的限制,一般必须更换原型号的蒸发器总成,当然也可根据具体情况对蒸发器损坏或泄漏部位进行修理(如焊修或胶粘)。对于散热翅片弯曲变形的冷凝器和蒸发器,可用螺丝刀头或钢锯片将散热翅片矫正。最后,应彻底清除冷凝器和蒸发器表面的杂质,经检漏确认无泄漏后方可安装。

(3)储液干燥器的检查

轿车空调制冷系统所采用的储液干燥器属一次性设计,损坏和失效后一般无法修复,只能更换新品。

储液干燥器的故障主要表现为干燥剂吸水量达到饱和而失效和过滤网阻塞。当制冷系统工作时,很容易发生"冰塞"故障,说明储液器中的干燥剂已无吸湿能力而达饱和;而当储液干燥器进出管口出现温差(出口管温度低于进口管温度)时,或者储液干燥器本身外表面有潮湿冰冷现象(俗称"出汗")时,便说明储液干燥器内部过滤网已被杂质阻塞(即脏堵)。遇到上述情况时,必须及时更换相同规格型号的储液干燥器,否则,将会影响制冷系统的正常工作。另外,只要打开制冷系统管路(如更换制冷系统总成或管路)时,同时也应更换储液干燥器。在正常情况下,储液干燥器一般每三年更换一次。

当需要更换储液干燥器时,如一时还买不到相同规格的新储液干燥器更换时,可将原储液干燥器清洗烘干后继续使用,方法是由储液干燥器一端倒入无水酒精后不断地摇晃,然后将脏酒精从储液器进口一端倒出,这样反复清洗直到清洗干净为止,再用氮气或R-12制冷剂由出液口端吹入,观察畅通情况,最后再放入烘箱内加热至60~100 ℃,将其烘干即可作为应急时使用。

在更换新储液干燥器时,只有当安装时才可打开储液干燥器进出管口的堵头。另外,储液干燥器应是最后装入制冷系统的一个部件。

(4)热力膨胀阀的检修

热力膨胀阀的常见故障主要有进口滤网堵塞,阀门卡死在全开位置和全闭位置而失去调节作用,感温包漏气,以及过热弹簧失调等几种情况。故障的检测可以就车进行,或拆下膨胀阀后进行有关试验和调整。

1)就车检测

将歧管压力计与系统高、低压维修阀连接好,保持发动机转速2 000 r/min左右,启动空调压缩机,观察低压表。

①低压表读数偏低(制冷剂量正常的情况下),说明膨胀阀堵塞或阀门开启不足,这时,首先给膨胀阀加热(如用电吹风或50 ℃左右的热抹布),如果加热的同时低压表指示的压力升至正常值或接近正常值,说明是因系统管路内水分造成膨胀阀"冰堵",并非膨胀阀故障。如果加热膨胀阀的同时低压表读数并未上升,可将膨胀阀感温包从蒸发器出口管处拆下,并紧握在手中或用热抹布对其加热。如低压侧压力上升,则说明感温包与蒸发器出口管壁安装位置不当,或感温包包内制冷剂部分泄漏,使膨胀阀开度不足;如压力还不升高,则可能是膨胀阀进口滤网脏堵,或感温包内制冷剂完全泄漏,而使阀无法打开或膨胀阀卡死在关阀位置,这时,必须将膨胀阀从管路上拆下进行检查。

②低压表读数偏高,可将膨胀阀感温包从蒸发器出口管路上拆下,并将其放入0 ℃左右的冰水中,如低压表压力降至正常值或接近正常值,说明感温包与蒸发器出口管壁接触不良,或缺少绝热保护,或包扎位置不当(离出口过远),应重新选定位置,并增加绝热保护。如压力还不能降至正常值,说明膨胀阀卡在全开位置或过热弹簧失调,应拆下进行检查。

2)拆下检查

拆下的膨胀阀可先进行清洗。清洗时,应将膨胀阀分解。分解过程中在拆卸过热弹簧调整螺钉时,必须记住下螺钉(母)的圈数,然后用干净的无水酒精清洗全部零件,将其擦净吹干后重新装合。在重装过热弹簧调整螺母时,应按原拧下时的圈数上紧,装合后的膨胀阀便可进行有关试验和调整。

膨胀阀的检验方法如下:

按图20.8将歧管压力计与膨胀阀、制冷剂罐连接好,在低压注入软管与低压表接口之间接一个三通 8,在三通垂直接口上旋上一只中心钻有 $\phi0.66$ mm 小孔的盖 6。将膨胀阀的感温包浸泡在可调水温的水盆中,关闭歧管压力计高低压手动阀。然后,通过开罐阀打开制冷剂罐,并排出高压注入软管内的空气,拧开高压侧手动阀,并将高压侧的压力值调整到大约 5 kg/cm² 。改变水盆中水的温度,同时读取不同温度下低压表的压力值,将低压表压力随感温包温度(水盆中水的温度)的变化关系与曲线图 20.9 进行比较,如实测点落在曲线的阴影区域内,说明膨胀阀工作正常,否则,应调整或更换膨胀阀。

上述方法应用于内平衡式膨胀阀的测试,如要测试外平衡式膨胀阀,还必须在膨胀出口处增加一接头,以便连接膨胀阀的外平衡管,如图 20.10 所示。

膨胀阀的调整可根据实测值落在图中阴影区以外的具体位置来决定调整的方向。若实测点落在阴影区以下,说明膨胀阀开度过小,应适当调小过热弹簧的预紧度;反之,若实测点落在阴影区以上,则应适当调大过热弹簧的预紧度以减小阀的开度。经调整后,再次进行测试,如还无法满足要求,则应更换热力膨胀阀。

(5)制冷系统管路的检修

制冷系统使用的管子有金属(铜、铝)管道和橡胶软管两种,管道接头有扩口型、O 形圈式和插入式三种,如图 20.11 所示。

制冷系统管路故障主要是管道接头泄漏、金属管道震裂、震断或压扁,橡胶软管老化破裂或被车体刃角处戳破等。如出现上述管路故障,应换用相同规格形式的管道。如一时购不到相同规格的管道,也可用其他相近的制冷系统管道代换,或对破损的管道进行修复,不能用普通胶管代用。

对于泄漏破损的金属管道,可想办法焊接起来继续使用。对于损坏的橡胶软管应视具体损坏情况决定是否可以修理。如胶管破损面积不大而胶管长度又有余量,可把破损处切除,按胶管内径加工一个两端带防退齿环的接头插入两边胶管内,用管箍紧固即可。如破损面积较大,而胶管长度又没有余量,可将其切断后另增加一同规格胶管,然后用上述同样办法连接。如胶管与金属接头采用挤压式连接,且破损又刚好在此处,可把金属接头管沿与胶管连接处锯断,把破损胶管切除,在金属接头管外圆涂少许黏结剂,然后插入胶管内,外面用管箍紧固即可。

对于管接头泄漏时,应拆开检查 O 型密封圈是否损坏,如果已损坏,应换用同规格 O 型密封圈,并按上紧力矩上紧接头螺母即可,但切不可上得太紧,以免将 O 型密封圈夹坏而再次发生泄漏。如采用喇叭口式接头,应拆开仔细检查喇叭口接合面是否光洁,是否有裂纹及变形,如有应重新扩口或用砂纸修复,然后紧固即可。

管道修复后,应进行仔细检漏后方可充注制冷剂。

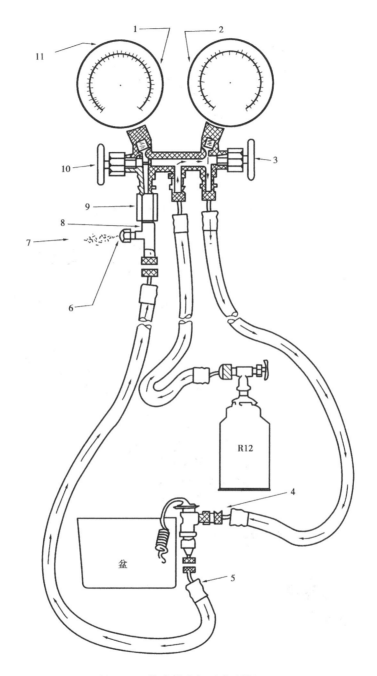

图 20.8　热力膨胀阀测试连接图
1—低压表;2—高压表;3—高压侧手动阀;4—膨胀阀进口;5—膨胀阀出口;6—钻有小孔的盖;
7—制冷剂蒸气;8—三通;9—接头;10—低压侧手动阀;11—水盆;12—膨胀阀;13—开罐阀

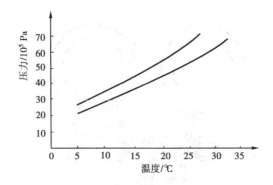

图 20.9　膨胀阀出口压力与感温包温度的关系曲线

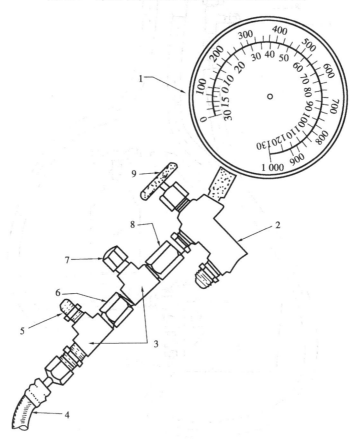

图 20.10　测试外平衡膨胀阀的连接方法

1—低压表;2—表座;3—三通;4—低压注入软管;5—外平衡管接头;
6、8—接头;7—带孔盖;9—低压侧手动阀

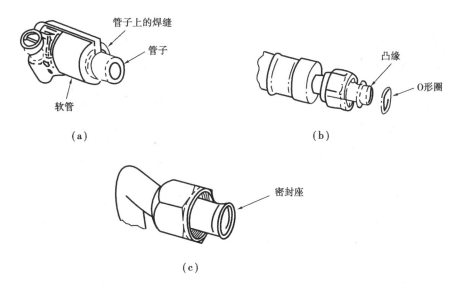

图20.11 制冷系统管道接头形式

(a)软管卡子式;(b)O形圈式;(c)喇叭式

20.3.3 空调控制系统主要控制部件的检修

(1)电磁离合器

电磁离合器常见故障及检查方法如下:

①电磁离合器电磁线圈损坏。这时,可用万用表电阻 R×1 挡测量线圈的电阻值,其标准电阻值一般为 3.6~4.5 Ω,如果测量值与标准值相差较远,则说明电磁线圈损坏,应予以更换。

②压力盘内表面和皮带盘端面磨损严重,甚至磨出凹槽。可拆下主轴端的锁紧螺母,拆下压力盘进行检查,如发现严重磨损痕迹,应修磨平整,或更换后装合。

③离合器轴承磨损松旷或缺少润滑脂以及润滑脂渗漏。故障现象是离合器运转噪声较大,润滑脂渗漏到摩擦面后会造成离合器打滑。拆开检查后,应根据情况更换磨损轴承并加注适量的润滑脂。

④电磁离合器接合间隙变大或变小。电磁离合器间隙可用厚薄规进行测量,如图20.12 所示。电磁离合器的正常间隙值一般为 0.4~0.7 mm,如果测量值不在正常间隙范围之内,可通过压力盘轮毂下面的调整垫片进行调整,如图20.13 所示。

(2)波纹管式温控器的检查

接通空调 A/C 开关,将空调温控旋钮或推杆调至最大冷却位置,鼓风机以低速挡送风,用一纸板挡住鼓风机空气进口,然后测量蒸发器温度,当蒸发器温度降至1.5 ℃时,波纹管式温控器应动作,以断开电磁离合器电路,防止蒸发器表面结霜。

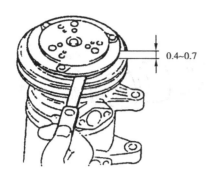

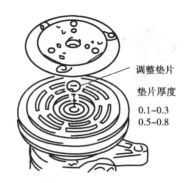

图 20.12　电磁离合器间隙的测量　　　　图 20.13　电磁离合器间隙的调整

如动作温度过高,则压缩机工作时间变短,冷却能力下降,可逆时针转动温控器上的调整螺钉,或改变感温管的位置,使动作温度下降到 1.5 ℃;如动作温度过低,则会造成蒸发器表面温度低于 0 ℃ 而结冰挂霜,同样影响蒸发器的冷却能力。这时,可顺时针旋动调整丝或改变感温管的安装位置,使温度控制器的动作温度升至 1.5 ℃;如经调整还不能达到工作要求,或温控器根本不动作,说明温控器已损坏,应予以更换。

(3)热敏电阻式电子温控装置的检修

热敏电阻式温度传感器故障一般是其温度—电阻特性发生变化。其检查方法是:从蒸发器总成上拆下热敏电阻,将它浸入冷水中,然后用万用表电阻挡测量热敏电阻的阻值,同时用玻璃棒温度计测量冷水的温度,这样可得到该温度下热敏电阻的阻值。如图 20.14 所示。改变水温后,再测热敏电阻的阻值,不同温度下的电阻值应落在图 20.15 中所示两条曲线的范围之间,否则,说明热敏电阻式温度传感器有问题,应予以更换。

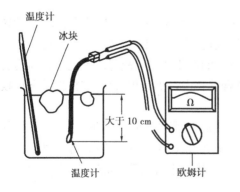

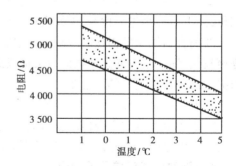

图 20.14　热敏电阻的检查方法　　　　图 20.15　热敏电阻特性曲线

(4) 空调温控放大器的检修和调整

空调温控放大器的故障主要有温度控制,发动机怠速转速控制失调或失灵,放大器输出继电器(位于空调放大盒内)线圈烧坏、触点饶蚀、触点粘连等。空调放大器的检修应在制冷系统及其他有关外围电路及元器件完好的条件下进行。判断空调放大器好坏的最简单方法是替代法,即用同型号的空调放大器进行代换,如代换后系统工作正常,即可说明空调放大器有故障。检查空调放大器时,可先检查放大盒内部的输出继电器线圈和触点,如继电器有问题,可用相同容量的继电器代换;如断电器完好,再根据印刷板线路检查各有关三极管和其他元器件是否正常。一般损坏较多的元器件是:电源稳压元件(如三端稳压块、电源调整管等)、末级驱动功率三极管等,而组成中心控制电路的集成电路大都采用汽车空调专用集成电路,其损坏较少,即使损坏也很难检测,并且无相应的替代电路。

在检测中,如果仅是电磁离合器通电、断电时的转速和温度范围发生改变,则说明空调放大器工作点失调,可在空调放大盒上找到电磁离合器断开转速设定电位器和蒸发器温度设定电位器,仔细调整两只电位器,使放大器的工作点恢复正常即可。调整时,应保证蓄电池电压在 12.5 V 以上;正常时,电磁离合器的断开转速为 650 ~ 800 r/min。如工作点过高,可将断路转速设定电位器朝一定方向旋动。空调放大器在出厂时,其停止压缩机工作的蒸发器出风口侧温度已设定为 3 ℃,启动压缩机工作的蒸发器出风口侧温度设定为 4 ℃,如检查中发现偏差时,可打开空调放大盒温度设定电位器孔口密封,顺时针旋动电位器,则压缩机停机温度下降;逆时针旋动电位器,则将使压缩机停机温度升高。

(5) 压力开关的检查

1) 高压开关的检查

高压开关的检查应在制冷系统完好的情况下进行。其检查方法是:将歧管压力计接到制冷系统高低压检修阀上,用纸板盖在冷凝器散热空气出口处,以恶化冷凝器的冷却效果,这时高压侧压力会逐渐升高,当高压表指示压力达到 21 ~ 23 kg/cm² 时(视车型不同而异),高压开关应断开电磁离合器电路,压缩机停止工作,待高压表压力降低到 19 kg/cm² 以下时,压力开关应接通电磁离合器电路,压缩机重新恢复工作。如无上述动作或保持常开或常闭,则说明高压开关损坏,应予以更换。

2) 低压开关的检查

拆下低压开关上的线插,用万用表电阻 R×1 挡测量其电阻值,当系统压力高于 2.1 kg/cm² 时,其触点应接通,电阻值应为零;而当系统内制冷剂泄漏或放出制冷剂后,系统内压力低于 2.0 kg/cm² 以下时,其触点应断开,电阻值应为无穷大。如不符合上述条件,则说明低压开关损坏,应予以更换。

当压力开关损坏后,又无相同规格的压力开关代换时,对于低压开关,可用跳线将其短路后使用;如是高压开关损坏,测量制冷系统工作压力也正常时,也可暂时将其短接使用,但这时对制冷循环已不起过压保护,应尽快购回新的高压开关更换。在未换新高压开关之前,应随时注意压缩机皮带有无打滑现象,如压缩机皮带未松,而又发生尖叫声和打滑现象时,说明制冷系统压力过高,应立即停止空调的使用,以免产生故障。

(6)鼓风机挡位开关及调速电阻器的检修

鼓风机挡位开关接触不良或调速电阻器烧坏时,将造成鼓风机不转动、转速过慢或无法调节送风速度等故障现象。检查时,可拆下鼓风机调速电阻器及挡位开关组件,用万用表测量各挡位的电阻值,如发现异常,应更换或修理挡位开关,更换调速电阻。当调速电阻烧坏后无原型号电阻器更换时,可用直径相同的电炉丝拉长后,测出与原损坏电阻相同的电阻值后在测点处切断,做成与原电阻大致相同的形状,焊在原电阻器的位置上即可使用。

(7)发动机怠速提升装置的检修及调整

大多数原装轿车空调系统安装有发动机怠速提升装置,其检查步骤如下:

①接通发动机点火开关,按下空调 A/C 开关时,用手感觉或用耳听安装在发动机旁翅子板上或化油器旁(如上海桑塔纳等)的电磁真空转换阀是否动作,如不动作,可拆下电磁真空转换阀上的线插,用万用表测量其线圈电阻,正常时的电阻值在 $38 \sim 44 \, \Omega$ 之间,如不符合,说明已损坏,应予以更换;如电阻值正常,可直接用蓄电池的 12 V 电压试验电磁真空转换阀是否动作。如动作正常,说明空调放大器至电磁真空转换阀之间的电路有故障或空调放大器本身有故障,应予以检修。

②检查电磁真空转换阀至真空源(真空罐或发动机进气歧管)间的真空管路以及至化油器上真空促动器之间的真空管路是否完好、漏气、松脱和插错。

③启动发动机后,反复按动空调 A/C 开关,检查怠速提升真空促动器是否动作,动作行程是否足够。如动作行程足够,发动机转速不升高或转速升高不够,说明怠速调节螺钉松脱丢失或怠速调节螺钉失调,应配上调节螺钉,调节发动机转速(带压缩机时)至规定的转速,一般在 $900 \sim 1 \, 200 \, r/min$ 之间。如真空促动器行程不足,则说明真空促动器损坏或化油器旁的怠速提升杠杆机构卡死。可用手扳动怠速提升杠杆机构,如动作灵活,应更换真空促动器;如卡死,可拆下来清洗后重新安装,然后再次检查并调整即可。

(8)拉线式操作机构的检修与调整

普通轿车的送风口选择、回风选择,以及送风温度的调节均采用钢丝拉线式操作机构,其检查和调整方法如下:

1)送风口选择拉线的检查

接通鼓风机开关,使鼓风机旋转,扳动操作面板上送风口选择推杆或旋钮,检查各送风口是否能正常切换,如选择推杆扳不动或扳到相应的位置后送风方式没有按要求切换,则说明这部分控制拉线机构有故障,这时应检查仪表板下方的送风通道壳上各送风转换风门门轴上的钢丝拉线是否松脱,用手转动风门轴,检查风门是否活动自如。如拉线松脱,应连接好拉线;如风门轴转动不灵活,说明风门卡滞,应拆修。如钢丝拉线没有松脱,风门轴转动灵活,说明拉线操作机构有问题,应从仪表板上拆下空调操作面板,检查里面的拉线控制机构是否随调节推杆动作,钢丝拉线是否有松脱现象,如有故障应及时检修或更换。

2)回风选择拉线的检查

回风选择拉线的检查方法与送风口选择拉线基本相同。

3)温度调节控制拉线的检查

在冷暖一体化再热空气混合式全空调系统中,温度调节控制拉线不仅控制空气混合风门,调节送风温度,而且还同时控制暖气芯进水口处的热水阀的开度,即二者是温度控制推杆通过钢丝拉线联动控制的。当温度控制推杆移向最冷位置时,空气混合门将关闭通过暖气芯的空气通道,使来自蒸发器的冷空气不经再热混合即从风口送出,同时,也将热水阀完全关闭,而当温度控制推杆移向温度较高处的过程中,空气混合门动作,使暖气芯的空气通道逐渐打开,同时,也将热水阀打开一定开度。因此,检查时,在扳动温度控制推杆的过程中,应同时检查空气混合门轴的动作和热水阀的动作。当温度控制推杆处于最大冷却位置时(最左边位置),应检查热水阀是否处于全闭状态,空气混合门是不是将暖风通道全部关闭,如达不到上述要求,应拆下空调操作面板,检查和调整拉线控制机构。

(9)空调操作系统真空控制通路的检查

对于一些进口的中、高档轿车和国产(如广州标致505、北京切诺基等)汽车,其回风和送风口的选择采用了真空控制方式。它具有操作轻便,工作可靠等优点。其故障主要有真空管路破损漏气、真空管松脱或真空管装错等。当真空管路破损漏气时,应换用同规格橡胶真空软管,发现真空管从真空管接头脱落时,应及时插好;如插上后太松,可适当固定,以免再次松脱。真空管装错或干脆不装的现象在拆修发动机、仪表台、空调送风通道或蒸发器总成的过程中是很常见的,这时应从仪表板上拆下空调操作面板(即真空通路控制器),找出其上的真空源接头,并接好它与真空源(真空罐或发动机进气歧管的真空接口)的真空软管,然后启动发动机,并开动空调,按下送风选择按钮中的任一挡如面部送风挡(FACE),然后用手指伸向真空通路控制器上众多的真空管接头口,找到有真空吸力的那个真空接头,便是该送风挡的真空通路接头,最后逐个试装通向真空促动器的真空管,当装到某一真空管时,面部送风正常,则将真空管装好,再换另一挡位,按同样的方法进行试装,直到安装完全部真空管即可。为了避免拆卸真空管后在装复时插错,在拆卸时,最好在真空管和真空管接头上做上记号,待安装时按记号安装即可。

参考文献

[1] 陈家瑞. 汽车构造[M]. 北京:机械工业出版社,2001.

[2] 廖佩金. 汽车运用与修理[M]. 北京:石油工业出版社,1995.

[3] 上海市教育局,等. 汽修修理[M]. 上海:上海科学技术出版社,1991.

[4] 林平. 新型汽车自动变速器结构·原理·检修[M]. 福州:福建科学技术出版社,1997.

[5] 羊拯艮. 汽车修理[M]. 合肥:安徽科学技术出版社,2001.

[6] J. 厄尔贾维克,等. 汽车构造与检修[M]. 北京:机械工业出版社,1999.

[7] 刘长生. 汽车摩擦学[M]. 合肥:安徽科学出版社,1998.

[8] 戴焯. 汽车电子控制装置[M]. 北京:北京理工大学出版社,1999.

[9] 齐志鹏. 汽车空调系统[M]. 北京:人民邮电出版社,2002.

[10] 方贵银,等. 汽车空调技术[M]. 北京:机械工业出版社,2002.

[11] 戴冠军,等. 现代汽车新结构、新技术使用维修手册[M]. 北京:国防工业出版社,2001.

[12] 龙志新. 发动机修理[M]. 哈尔滨:黑龙江科学技术出版社,1996.

[13] 月晟. 底盘修理[M]. 哈尔滨:黑龙江科学技术出版社,1996.

[14] 本书编写组. 现代汽车空调器的使用与维修[M]. 北京:电子工业出版社,1994.

[15] 崔心存. 现代汽车新技术[M]. 北京:人民交通出版社,2001.

[16] 李仁光. 汽车维修[M]. 大连:大连海事大学出版社,1996.

[17] 姚京亮. 中国汽车检测维修数据使用手册[M]. 北京:机械工业出版社,1998.

[18] 姜年强. 汽车修理工艺[M]. 北京:人民交通出版社,1997.

[19] 汪贵平. 汽车发动机电控汽油喷射系统故障诊断与排除[M]. 北京:人民交通出版社,1995.

[20] 邓定瀛,等. 自动变速器原理运用[M]. 重庆:重庆大学出版社,2002.

[21] 王道双,等. 汽车电子控制系统的原理与检修[M]. 北京:北京理工大学出版社,1995.

[22] 丁钊,等. 汽车修理[M]. 北京:人民交通出版社,1997.

[23] 何光里. 汽车运用工程师手册[M]. 北京:人民交通出版社,1993.

[24] 郭可察,等. 汽车运用与修理[M]. 北京:人民交通出版社,1980.